尼山丛书

第八届
尼山世界文明论坛
文集

第一卷

尼山世界儒学中心
中国孔子基金会秘书处 编

山东友谊出版社·济南

图书在版编目（CIP）数据

第八届尼山世界文明论坛文集：1-4 / 尼山世界儒学中心，中国孔子基金会秘书处编 . — 济南：山东友谊出版社，2023.8

ISBN 978-7-5516-2794-8

Ⅰ.①第… Ⅱ.①尼… Ⅲ.①文化史－世界－国际学术会议－文集 Ⅳ.① K103-53

中国国家版本馆 CIP 数据核字 (2023) 第 158032 号

第八届尼山世界文明论坛文集
DI-BA JIE NISHAN SHIJIE WENMING LUNTAN WENJI

责任编辑：韩刚立
装帧设计：刘洪强

主管单位：山东出版传媒股份有限公司
出版发行：山东友谊出版社
　　　　地址：济南市英雄山路189号　邮政编码：250002
　　　　电话：出版管理部（0531）82098756
　　　　　　　发行综合部（0531）82705187
　　　　网址：www.sdyouyi.com.cn
印　　刷：济南乾丰云印刷科技有限公司

开本：787 mm×1 092 mm　1/16
印张：111　　插页：8　　字数：1810千字
版次：2023年8月第1版　印次：2023年8月第1次印刷
定价：398.00元

目 录

嘉宾致辞

在 2022 中国(曲阜)国际孔子文化节　第八届尼山世界文明论坛
　　开幕式上的致辞 …………………………………………… 李干杰　3
在 2022 中国(曲阜)国际孔子文化节　第八届尼山世界文明论坛
　　开幕式上的致辞 …………………………………………… 胡和平　6
深化文明交流互鉴　为弘扬全人类共同价值作出贡献
　　——在第八届尼山世界文明论坛上的致辞 ……………… 刘延东　9
2022 中国(曲阜)国际孔子文化节　第八届尼山世界文明论坛
　　开幕式讲话 ………………………………………………… 武维华　13
东帝汶总统奥尔塔视频致辞 …………………………………………… 15
所罗门群岛总理索加瓦雷视频致辞 …………………………………… 16
吉尔吉斯斯坦国务秘书萨帕尔别科维奇视频致辞 …………………… 18
希腊前总统帕夫洛普洛斯视频致辞 …………………………………… 20
塞尔维亚前总统尼科利奇视频致辞 …………………………………… 22
日本前首相、组委会名誉主席福田康夫视频致辞 …………………… 24
韩国前总理李寿成视频致辞 …………………………………………… 25
新西兰前总理希普利视频致辞 ………………………………………… 26
2022 中国(曲阜)国际孔子文化节　第八届尼山世界文明论坛
　　闭幕式致辞 ………………………………………………… 白玉刚　28
第八届尼山世界文明论坛共识 ………………………………………… 32
壬寅年公祭孔子大典祭文 ……………………………………………… 34

主旨演讲

安乐哲致辞 ……………………………………………………………… 37

以儒家智慧超克现代弊病	郭齐勇	44
孔子的仁永之道与文明多样性	孔垂长	47
"天下归仁"和文化共同体	李润和 李文美	49
文化自信与国际话语权	龙永图	52
深度整理古籍文献,传承发展中华智慧		
——学习"两办"《关于推进新时代古籍工作的意见》笔札	舒大刚	55
中国道路的独特性与人类文明新形态	王国良	60
中华优秀传统文化与人类文明新形态	王立胜	78
文明互鉴及其意义	杨国荣	83
礼之用 和为贵 先王之道斯为美	叶小文	87

文化交融

Cultural Interactions and Shared Values of Humanity		
	Arun Kumar Yadav	93
新时代中阿(中国—阿拉伯国家)文明交流超越"文明冲突"	丁俊	97
中庸之道与世界多元文明格局	韩星	104
从《孙子兵法》与《战争论》看东西方"武德"之共同价值取向		
	扈光珉 扈潇	119
"一带一路"倡议与文明交流	孔庆峰	131
Emancipation from the Evolutionary Perspective	Ilya Kanaev	145
人类多元文明"和之道"	申圣超	158
构建中华文化的世界体系		
——基于百年变局和世纪疫情	隋云鹏	162
齐文化法治思想精要及其现代性转化研究	王玲	173
文化交融发展与人类共同价值		
——以卡里·托克"一带一路"道德基础论为中心	杨朝明	185
弘扬中华文明蕴含的全人类共同价值,阐明中华文明对		
人类文明进步事业的重大贡献	张志强	193

文明交流

中国近现代哲学回应后现代	梁燕城	203
《论语》"和而不同"思想的世界意义	柳宏	219
儒家思想和韩国近代民族宗教	朴成浩	232
"三教合一"与跨文明互鉴	秦彦士	238
从轴心期理论看人类共同价值与交流互鉴		
——以孔子和儒学为例	王恩来	251
论朱子"人禽之辨"的内涵及其逻辑	王闻文	263
对非共情传播能力建设		
——一项基于民族志的研究	王宇栋	284
新时代儒学视域下中国外交理论探析	王曰美	294
论儒学与辩证唯物主义之共性		
——以宇宙物质观、演化观、认识论为中心	解光宇	309
程明道思想中的"德福一致"观念：以牟宗三的观点为线索	郑宗模	319
天人合一思想的现代价值	郑吉雄	332

中西文化

中西文明差异之比较	蔡家和	345
现代主体与儒学话语		
——兼与福柯话语理论对勘	郭萍	358
从中西哲学的元问题看其对人类共同价值的不同贡献	郭沂	377
马克思与孔夫子：一个跨时空的相遇	何中华	387
绵延与转化：钱穆先生的中国文化观及世界意义	孔德立	404
中西哲学中的德性概念比较		
——以亚里士多德的"德性"和《大学》中"明德"概念为例		
	李娟 贾晓东	410
儒学：由对象到方法	李若晖	417

中国传统文化精神与铸牢中华民族共同体意识
　　——以书法文化为例 ………………………………… 孟鸿声 428
儒墨比较的一个向度：墨家从"天本论"到"义本论"的转向 …… 曾振宇 432
"三合然后生"：康有为论孔子人道教的优越性 …………… 翟奎凤 444
儒法文明的重构：西方冲击与中日现代国家建设的两条道路 … 张广生 462
浙江衢州南孔文化的精神特质 ……………………………… 张宏敏 477
互镜与融通
　　——从"一多关系"反思中西形而上学的特质 ………… 张丽丽 498
以"两创"促进"两个结合"实现中华优秀传统文化的新发展 …… 赵金刚 511
东方设计学
　　——中华优秀传统文化走向世界的文化通道 ………… 周武忠 521
推动文明交流互鉴　构建人类命运共同体 ………………… 王杰 533

中华文明

孔子仁学精义与现代新旨 ………………………………… 成中英 537
"执中"：成就儒家一种自由 ………………………………… 冯晨 548
孔子自由观及其正义论基础 ………………………………… 黄玉顺 562
"儒道经典智慧"对二十一世纪文明的可能贡献
　　——以《论语》《道德经》为本的诠释 ………………… 林安梧 581
"文明以止"：中华民族的文明理念与精神特性 …………… 林存光 594
中华文化在当今世界发展中的作用 ………………………… 孙聚友 602
"内圣外王"的哲学省思 …………………………… 谢晓东　刘舒雯 612
中国古代神话孕育伟大的民族精神 ………………………… 闫德亮 624
走向"天的人化"：人学视域中的天人之辨 ………………… 张恒 635
中国哲学的认知与悟道
　　——以朱子格物致知为中心 …………………………… 朱人求 651
中国古代民本思想的当代价值探析 ………………………… 诸凤娟 666

人类文明

一多视角下中国早期哲学的两种形态 ………………………………… 蔡杰 677
王阳明"知行合一"思想对新时代干部队伍作风建设的资源价值研究 ………………………………………………………………… 冯静武 693
韩愈参大颠,何以无特操? ……………………………………… 李勇强 702
试论中华优秀传统文化的当代价值 …………………… 李宗桂 张造群 722
"泰山府君"信仰源流辨考 ………………………………………… 刘晨 747
孟子与荀子:他们到底在争什么?
　　——论孟荀之争的性质及传统两千年之误读和误解 ……… 路德斌 758
论党性修养对阳明心学合理内核的融摄 ………………………… 彭彦华 768
儒、释、道人格精髓当代价值的创造性转化之原则和机理 ……… 邵龙宝 781
汉代经学语境下的经典诠释与王道理想
　　——以虞翻的《周易》诠释为例 …………………………… 王新春 796
"讲仁爱""讲道德"的孔孟仁说 ………………………………… 向世陵 821
子家驹定律:人皆柔顺于"委食"
　　——公羊学语境下昭公流亡的政治哲学分析 ……………… 余治平 829
荀子社会治理思想论略 …………………………………………… 郑治文 846
《淮南子》"道治"模式探讨 ……………………………………… 朱康有 861

儒家思想

孔子:心不违仁与富贵为人之所欲
　　——心学与共同富裕的理想之一 …………………… 陈卫平 汤颖 881
论朱子的通礼思想
　　——以《仪礼经传通解》为中心的考察 …………………… 董恩林 894
道德生存与天命的分合及其意蕴
　　——以朱熹与阳明对《孟子·尽心》首章诠释为中心 ………………………………………………………………… 高瑞杰 郭美华 913
论罗近溪之赤子之心及其现代意义 ……………………………… 金慧洙 929

孔子道德理想与礼乐文化统一模式	兰甲云	941
王阳明"知行合一"说特质、结构及其当代意义	李承贵	957
人伦、历史与道统：孟子圣人观的文化意涵	李振纲	974
马一浮《论语》诠释特色及其理论意蕴探微	刘伟	986
方法论视域下孟荀王霸思想的殊与同	马秋丽	999
陆象山在湖北的心学实践	欧阳祯人	1016
徐复观的人文精神思想探析	秦树景	1029
此"法家"非彼"法家"：古籍所称"法家"词义考析	俞荣根	1039
论荀学复兴及其当代价值	张明	1065

追寻实践智慧
　　——王阳明"良知"论的精神旨趣 …… 习细平　张新国　1079

《论语》"仁"学的体系特征与现代伦理建构 …… 张中宇　1092

传统文化

民国时期孔府"司法"权力实践表达的空间与限度
　　——1920年曲阜"苏景福欺孀霸产"案透视 …… 成积春　冯振亮　1113

圣哲垂范：道德智慧的启示
　　——《周易》"君子""大人""圣人"析 …… 黄黎星　1123

家礼的文化生命意义	孔令宏	1133
《黄帝内经》"至道之要"辩义	刘兴明	1143
早期儒家的生态思想及当代意义	任蜜林	1150

文化遗产视野下的泰山文化研究
　　——基于《泰山文化研究综述》（2014—2020年）的分析 … 王晓涛　1159

关于中医药理性精神的新思考	吴克峰	1166
21世纪，中国儒学如何创造化转化	颜炳罡	1169
农耕文化背景下的后土崇拜及其祭祀活动变迁	于晓雨	1181
杨慈湖"心"之本体建构及其工夫阐释	曾凡朝	1189

持敬而尚仁
　　——先秦儒家的身体观 …… 张利明　1209

尼山艺术论坛

现代君子之风的审美构型	王一川	1221
新时代文艺创作要在汲取优秀传统文化力量　为世界人民贡献特殊声响和色彩中回应"世界之问"	范玉刚	1225
在传统的河流中汲取 ——"两创"视域下阎肃歌词创作的"三内"解读	吴可畏	1231
新时代网络文艺与中华优秀传统文化的传播路径	周根红	1247
舞蹈"国潮"现象中的"破"与"立"	李丽娜	1253
山东地方戏曲的数字化转化与创新性传播	周爱华	1266
从《白鹿原》看中华优秀传统文化的审美创作	曹成竹	1271
新时代"黄河影像"电影的国际传播路径研究	刘强	1278
从《雅典学院》到《稷下学宫》 ——中西古典文化图像化的比较研究	孟宪平	1285
早期电影批评的儒家美学立场陈辩	邢祥虎	1291
5G 移动传播语境下的城市形象创新性表达 ——以 2021 年度山东省优秀广告作品为例	李超　丁昱新	1299
优秀传统文化节目何以成为"爆款" ——当代文艺创作中优秀传统文化"两创"谈	牛光夏	1306

尼山文物论坛

京杭大运河沿线书院遗产调查与保护利用研究	王京传　郭静	1313
保护儒家文化遗产　传承中华优秀传统文化 ——泉州府文庙整体保护与深度阐释	何振良	1332
打造曲阜文物保护特色阵地：孔府文献的收集、整理与利用亟待加强	吴佩林	1337
发挥孔子庙的社会教化功用	孔祥林	1342
儒家建筑文化遗产价值分析	张龙	1345
文庙里的文化认同	刘续兵	1352

尼山文学论坛

弘扬中国文学精神　讲好当代中国故事	王跃文	1357
兴观群怨与翕纯皦绎	老藤	1360

尼山报告文学论坛

报告文学创作刍议 ……………………………………… 李朝全 1365
时代的文体　真实的文体　人民的文体
　　——中国报告文学再认识 ………………………… 张　陵 1370
革命历史题材报告文学书写新路径 …………………… 徐锦庚 1378

尼山世界青年论坛

《王制》的天下格局与内外秩序
　　——以儒家"风俗"论为线索 ……………………… 郜　喆 1383
民本归于王权："阴阳组合结构"中的儒家军政关系理论 …… 陈　林 1399
李瀷《论语》仁说浅说 ………………………………… 宋　陆 1412
《新语》与《系辞》
　　——论陆贾易学视域下的治术哲学 ………… 杨易辰　杨玉婷 1416
韩国安东地区儒家文化资源的保护传承与创新发展 …… 潘丽丽 1427
论道德情感与宗教情感
　　——以《论语》和《宗教经验之种种》为例 ……… 李　阳 1434

尼山世界儒商文化论坛

内圣外王：创世界一流企业
　　——关于构建全球当代工商文明的思考和实践 …… 周云杰 1443
新儒商气质与当代工商文明的构建 …………………… 黎红雷 1446
经营企业，教学为先
　　——幸福企业家文化分享 …………………………… 吴念博 1455
以道御术，中西合璧
　　——对方太文化的探索 ……………………………… 茅忠群 1467
从儒家文化中探索日本商业伦理的形成以及百年企业经营理念
　　之根源 ……………………………………………… 细沼蔼芳 1484
泰国儒商谢国民的家族传承与企业治理 ……………… 许福吉 1498
欧洲对当代中国儒商现象的观察和研究 ……………… 宁洲明 1511
儒商文化的内涵、当代价值与传承发展 ……………… 陈晓霞 1522
试论中国文化整合 ……………………………………… 涂可国 1539

尼山华侨华人论坛

文明交流互鉴与创新发展 中华文明与世界文明 …… 丹斯里林玉唐 1561
与自由主义展开深度对话:中华文化走向世界的必由之路 …… 王学典 1563
华侨华人的责任和担当
　　——后疫情时代的思考和对策 ………………………… 陈军 1568
从华侨历史看中华文化的浸润
　　——肯尼亚暨东非华侨华人的起源及发展 …………… 韩军 1570
以文化人
　　——在海外华文教育中根植中华文明的根性 ………… 李复新 1573
大变局时代的人文纽带:华侨华人与中外文明交流 …………… 陈奕平 1576

尼山中外名校校长论坛

英国赫瑞瓦特大学校长视频发言稿 ……………… 理查德·威廉姆斯 1581
大学在数字革命和人工智能时代扮演的角色
　　——马来西亚拉曼大学校长视频发言稿 ………… Ewe Hong Tat 1584
意大利诺瓦拉 ACME 美术学院校长视频发言稿 ………………………
　　………………………………………………… Pietro Previde Prato 1587
物联网社会给可持续发展国际合作带来的影响与机遇
　　——德国北黑森应用技术大学副校长视频发言稿 …………………
　　………………………………………………………… Michael Namokel 1589
新一轮科技革命背景下的白俄罗斯国立技术大学 ……………………
　　…………………………………………… Sergei V. Kharytonchyk 1591
美国南阿拉巴马大学副校长致辞 ………………………… 理查德·卡特 1593
德国克劳斯塔尔工业大学校长发言稿 ………………………… 沙赫纳 1594
新一轮科技革命和产业转型背景下大学的责任与使命
　　——日本山口大学副校长视频发言稿 ………… Marc Loehr 1596
新时代的香港高教与创科 ………………………………… 李焯芬 1599
韩国蔚山大学校长视频发言稿 …………………………… 吴然天 1601
科学、技术和行业变革中的大学角色 ………………… Ian Young 1602
全球新一轮科技革命与技术转型背景下大学的责任与使命 …………
　　………………………………………………………… 西蒙·麦克迪 1605

高等教育的全球本土化	王永刚	1611
新一轮科技革命和产业变革背景下大学的责任与使命	罗兰	1614
通过研究和创新应对挑战并进行变革	罗伯特·克莱夫·兰迪斯	1617

尼山中希古典文明对话会

人类文明新形态视域下中希古典文明交流互鉴研究	卜祥伟	1625
亚里士多德幸福理论的中国意义	陈治国	1630
身份视域下的中希哲学特质试论	刁春辉	1635
古希腊文明知识在中国的传播历程及其意义	贾文言	1640
孔子与柏拉图：中西教育智慧的"照鉴"	孙清海	1644
汉帝国与早期罗马帝国皇位继承比较研究	王振霞	1648
古典文明比较研究个例二则	张绪强	1659
情感秩序与理性结构——从类型学角度看中国古代文明与古希腊文明	谢文郁	1664

尼山世界中医药论坛

国际化视域下中医药海外传播现状分析及未来发展模式研究	朱文佩 王颖 张光霁	1675
基于"中医惠侨"的中华文化海外传播实践与研究	朱晓玲 孙志广 杜晓萍 张旭	1683
中医药服务出口基地在推动中医药服务贸易发展中的作用及实践	李刃 朱华旭 张舒	1691
来华留学生中医文化教学中的问题与思考	袁晓琳 张建华 程慧娟	1696
《经验济世良方》国内外版本传藏考	杨金萍 孟玺	1702
日本《史记·扁鹊传》研究著作简介	朱丽颖 王振国	1714
中医创新的重要途径——多学科交叉与融合	卢祥之	1720
中国古代分类方法与《黄帝内经》理论建构研究	邢玉瑞 胡勇 张惜燕	1725
齐鲁文化视域下的齐鲁医派研究	王振国 孙慧明 宋咏梅	1735
古代齐鲁医家对《伤寒论》传承的贡献——以存世文本为中心	宋咏梅 赵秀	1746

嘉宾致辞

在 2022 中国（曲阜）国际孔子文化节第八届尼山世界文明论坛开幕式上的致辞

(2022 年 9 月 27 日)

李干杰

尊敬的武维华副委员长，

尊敬的各位驻华使节、国际组织代表，

尊敬的各位领导、各位嘉宾，

女士们、先生们、朋友们：

大家上午好！

尼山灵秀地，四海迎宾朋。今天，我们相聚圣水湖畔、尼山脚下，举办 2022 中国（曲阜）国际孔子文化节 第八届尼山世界文明论坛。首先，我谨代表山东省委、省政府，代表好客山东、好品山东，对各位领导、各位嘉宾、各位朋友前来出席本次活动，表示热烈欢迎！对大家长期以来给予山东发展的关心、支持、帮助，表示衷心的感谢！

山东是中国东部沿海的人口大省、文化大省、经济大省。作为人口大省，山东是全国唯一的户籍人口、常住人口"双过亿"省份。作为文化大省，泰山在这里崛起，黄河在这里入海，孔子在这里诞生，山东是"孔孟之乡、礼仪之邦"，是中华文明的重要发祥地之一，是儒家文化的发源地。作为经济大省，2021 年全省 GDP 达到 8.3 万亿元，位居全国第三。

各位嘉宾、各位朋友！

文明因多样而多彩，价值因相合而相通。本届论坛围绕"人类文明多样性与人类共同价值"交流研讨，主题鲜明、意义重大。七年前，习近平主席指出，"和平、发展、公平、正义、民主、自由，是全人类的共同价值"。这一价值理念，蕴含了亲仁善邻、协和万邦、和而不同等中华优秀传统文化基因,为人类文明进步注入新的力量;反映了中华民族最深沉的价值观念,体现了社会主义核心价值观,鲜明表达了当代中国的价值立场;切中了时代发展主题,致力于推动自身发展、共同发展,为构建人类命运共同体奠定了价值基础;彰显了宏阔的国际视野和强烈的人文关怀,超越种族和民族,描绘了不同文明共存共荣的美好愿景。

全人类共同价值在中国的实践,创造了中国式现代化新道路。习近平主席强调我们要实现的现代化,"是人口规模巨大的现代化、是全体人民共同富裕的现代化、是物质文明和精神文明相协调的现代化、是人与自然和谐共生的现代化、是走和平发展道路的现代化",这一重要论断,深刻阐明了中国式现代化的丰富内涵和鲜明特征。

一个国家的现代化道路,必然植根于自身优秀传统文化。中国式现代化新道路也是如此。中华优秀传统文化为中国式现代化新道路提供了丰厚滋养。中国古语讲"道法自然""天人合一""不涸泽而渔",这些都体现了人与自然和谐共生的理念。"和为贵""好战必亡"等,则昭示我们必须始终走和平发展道路。中华优秀传统文化为中国式现代化新道路注入了精神力量。"天行健,君子以自强不息"的奋斗精神,"精忠报国"的家国情怀等,这些铭刻在中华民族骨子里的精神力量,都为走好中国式现代化新道路提供了强大动力。中华优秀传统文化为中国式现代化新道路丰富了价值追求。"民为邦本,本固邦宁"的民本思想,崇德向善、见贤思齐的良好风尚,孝悌忠信、礼义廉耻的传统美德,与中国式现代化新道路的价值追求高度契合,凝聚了实现中华民族伟大复兴的思想共识,指明了路径方向。

各位嘉宾、各位朋友!

中国式现代化新道路在艰辛探索中形成、在不断创新中发展。当前,山东正沿着这一前景光明、未来可期的道路,加快新时代社会主义现代化强省建设。我们坚定不移推动高质量发展,聚焦做大做好"蛋糕",持续深化新旧动能转换,经济发展质量效益明显提升,物质基础不断坚实。我们坚定不移加强政治建设,积极发展社会主义政治文明,深入践行全过程人民民主,治理体系和治理能力不断提升。我们坚定不移加强精神文明建设,大力弘扬社会主义核心价值观,一批道德模范、时代楷模等相继涌现,物质文明和精神文明相得益彰。我们坚定不移推动共同富裕,强化基础性、普惠性、兜底性民生保障,办好就业、教育、医疗等民生实事,人民群众的获得感、幸福感、安全感持续增强。我们坚定不移强化生态保护,坚持走生态优先、绿色发展之路,加快建设绿色低碳高质量发展先行区,努力实现人与自然和谐共生。

各位嘉宾、各位朋友!

习近平主席要求我们,大力推动中华优秀传统文化创造性转化、创新性发展。面向未来,我们将深耕人文沃土,赓续中华文明,为弘扬全人类共同价值贡献山东力量。

我们将聚力打造文明交流互鉴新高地,深入实施哲学社会科学创新工程,深化文化阐释,加强"山东文脉"建设,扩大尼山世界文明论坛影响,更好开展文明对话。

我们将聚力探索文化活态传承新模式,加快重大文化片区和国家文化公园山东段建设,实施"齐鲁文艺高峰"计划,打造一批文化新地标,做好文化传承创新文章。

我们将聚力塑造文旅融合发展新优势,加快壮大千亿级文旅产业集群,大力实施"数字文化"工程,积极培育新型文化企业、文化业态、文化消费模式,做强"山东手造"品牌,让优秀传统文化焕发新的生机活力。

我们将聚力拓展文化对外传播新途径,积极融入共建"一带一路"高质量发展,深化国际友好城市交流合作,举办更多深受欢迎的文化活动,讲好中国故事山东篇章,不断凝聚实现中华优秀传统文化创造性转化、创新性发展的强大合力。

各位嘉宾、各位朋友!

山海总相逢,未来皆可期。让我们高擎文明之旗,高扬合作之帆,携手应变局,同步向未来,为弘扬全人类共同价值、促进文明交流互鉴作出新的更大贡献!

最后,祝"2022中国(曲阜)国际孔子文化节 第八届尼山世界文明论坛"圆满成功!

谢谢大家!

在2022中国(曲阜)国际孔子文化节第八届尼山世界文明论坛开幕式上的致辞

(2022年9月27日)

胡和平

尊敬的各位领导、各位嘉宾，

女士们、先生们、朋友们：

很高兴在充满收获喜悦的仲秋时节，与大家相约孔子故里，参加2022中国(曲阜)国际孔子文化节 第八届尼山世界文明论坛。我代表文化和旅游部，对活动开幕表示热烈祝贺！对参会嘉宾表示诚挚欢迎！

2573年前，中国伟大的思想家、教育家孔子在曲阜诞生。孔子创立的儒家学说以及在此基础上发展起来的儒家思想，对中华文明乃至人类文明产生了深刻影响，是中华优秀传统文化的重要组成部分。多年来，中国(曲阜)国际孔子文化节 尼山世界文明论坛以传承儒家思想、弘扬儒家文化为己任，推出了一系列纪念、研讨、交流等活动，特别是自2020年开始，两大品牌融为一体，同期举办、相得益彰，高端对话启迪思想、纪念活动精彩纷呈，深受中外学者关注、广大民众喜爱，逐步成为弘扬中华优秀传统文化、促进中外文明交流互鉴的重要平台，也是齐鲁大地上的一张亮丽文化名片。本届论坛聚焦"人类文明多样性与人类共同价值"主题，围绕文化遗产保护、文化创新发展、文明交流互鉴、人类文明新形态、共同价值与全球治理等事关全人类前途命运的重大问题深入研讨，从儒家视角提供中国方案、中国智慧，对弘扬人类共同价值、构建人类命运共同体具有重要意义。

"万物并育而不相害，道并行而不相悖。"自古以来，中华文明就以开放包容闻名于世，包括儒家思想在内的中华优秀传统文化，在同其他文化的交流交融中，海纳百川、兼收并蓄，不断焕发新的生命力。儒家思想中"和而不同"的价值观、"推己及人"的伦理观、"协和万邦"的治理观，为中华民族形成发展、中华文明传承延续提供了丰厚滋养，也为各民族和谐共存、全人类文明进步提供了有益启示。作为负责任大国，中国始终高举文明交流互鉴旗帜，坚持弘扬平等、互鉴、对话、包容的文明观，尊重文明多样性，践行真正的多边主义，大力支持包括联合国教科文组织、联合国世界旅游组织在内的国际组织工作，积极推动国际文化和旅游规则朝着更加公平、正义、多元、开放的方向发展，共同为建设更加美好的世界提供正确思想指引。在此，我提出三点倡议。

一是努力营造开放包容环境，保护人类文明多样性。"和羹之美，在于合异。"人类文明多样性是世界的基本特征，也是人类进步的源泉。中方愿与各国持续完善政府间文化合作机制，加强政策对接，在标准互通、资源共享、人才流动、市场培育等各方面，创造更加开放包容的政策环境。我们欢迎文化和旅游领域国际组织来华开展合作、举办活动，推进中外互设文化中心；支持更多国家，尤其是发展中国家成为中国公民组团出境旅游目的地，提升入境旅游便利化程度，大力开展边境旅游合作。

二是发挥好文化赋能作用，为高质量发展提供支撑。文化如水，润物无声。经济社会高质量发展，离不开文化的浸润、文化的滋养。我们将大力发展文化事业、文化产业，构建更高质量、更有效率、更加公平、更可持续的文化供给体系，充分发挥文化在可持续发展、高质量发展中的重要支撑作用。适应信息化发展趋势，推动5G、大数据、人工智能、虚拟现实、增强现实、超高清等技术在文化领域应用，促进文化产业转型升级、文化服务提质增效，更好满足人民文化需求、赋能经济社会发展。积极推动中外联合开展舞台艺术精品创作、精品旅游线路推介、数字文化产品研发生产等方面的务实合作，为可持续发展打造新亮点、提供新动力。

三是积极推动文化交流合作，共建人类命运共同体。"海纳百川，有容乃大。"不同文明交流互鉴，是人类文明繁荣发展的重要动力，也是满足各国人民幸福生活的重要途径。我们应各施所长、各尽所能，通过双边、多边合作等多种形式，充分发挥整体优势、协同优势，携手打造符合各方利益的优质公共产品。我们将实施"文化丝路"计划，为沿线各国在音乐、美术、演艺、图书馆、文化遗产等领域建立联系、加强合作搭建长效平台。深入推进丝绸之路国际剧院、博物馆、艺术节、图书馆、美术馆五大联盟建设,举办"相约北京"国际艺术节、丝绸之路国际艺术节,组织展览展会、创客论坛、文创集市等多彩活动,为各国文化艺术人才实现理想、成就人生提供广阔舞台。继续推动中外思想文化交流,支持中外联合开展课题研究、人才培养,举办文化和旅游领域各类国际培训,广泛邀请各国汉学家、中国问题研究专家来华座谈研修,碰撞思想火花、联通彼此心灵。

女士们、先生们、朋友们!

习近平主席提出,当今世界,人类已经成为你中有我、我中有你的命运共同体,利益高度融合,彼此相互依存。中方愿与各国一道,秉持和平、发展、公平、正义、民主、自由的人类共同价值,用好国际孔子文化节、尼山世界文明论坛等重要平台,充分交流思想、推进务实合作、增进彼此友谊,努力画好不同文明求同存异的"同心圆",以文明之光照亮世界和平发展之路。

最后,预祝 2022 中国(曲阜)国际孔子文化节 第八届尼山世界文明论坛圆满成功!

谢谢大家!

深化文明交流互鉴
为弘扬全人类共同价值作出贡献
——在第八届尼山世界文明论坛上的致辞

(2022年9月27日)

刘延东

各位嘉宾,

女士们,先生们,朋友们:

大家上午好!

尼山秋色,孔子故里,不仅风景秀美,而且儒风满城。今天,我们共同出席2022年中国(曲阜)国际孔子文化节 第八届尼山世界文明论坛。出席本届论坛的嘉宾包括国际政要、文化精英、专家学者以及各界翘楚,多年来为推动文明交流互鉴、传播全人类共同价值作出了不懈努力和贡献。在此,我谨代表国际儒学联合会,向各位嘉宾与朋友们表示热烈欢迎和诚挚感谢!

本届论坛的主题,是研讨关于人类文明多样性与全人类共同价值的时代意义。文明多样性是人类社会的基本特征。在我们生活的地球,有200多个国家和地区、2500多个民族、5000多种语言,各有千秋,多姿多彩。尽管人们在肤色、语言、民族、教育程度、文化遗产、宗教传统、精神观念、审美情趣、思维方式等方面有诸多差异,但文明没有优劣之分,只有特色之别,都是值得珍视的瑰宝,是全人类的共同财富。

纵观历史,任何一种文明不论产生于哪个地域、哪种社会土壤,都是流动的、开放的,这是文明传播发展的重要规律。多样文明的交流互鉴是人类文明繁荣发展、生生不息的根本动力。我们所熟知的中国敦煌,作为古代丝绸之路的"咽喉之地",也是宗教、文化和知识的交汇之地。莫高窟美轮美奂的壁画,既有中国本土艺术特点,又融合了古希腊、古罗马、南亚印度、西亚波斯、中亚粟特等地区的艺术风格。敦煌文化正是在中华传统文化沃土上、吸收外来文化而开出的瑰丽花朵。

中国古语道:道并行而不悖,殊途而同归。不同的文明背后,往往蕴藏着人类相通的价值理念,这是人类共同利益所系,标识着未来发展的大势所趋。文明交流互鉴可以丰富人类文明的色彩,使不同文明的审美价值取向实现互通,使普遍认同的价值理念得以凝练与升华,从而形成全人类共同价值。时至今日,和平、发展、公平、正义、民主、自由的全人类共同价值,凝聚了人类各种文明的价值共识,反映了各国人民价值理念的最大公约数,超越了意识形态、社会制度和发展水平差异,顺应历史潮流和时代的需求。多样文明的交融与共同价值的引领,能够让各国人民享受更富内涵的精神生活,开创更有选择的未来。为文明互鉴和民心相通搭建桥梁,能够有效消弭封闭、偏见与隔阂,共绘人类文明与繁荣的多彩画卷。

女士们,先生们,朋友们!

当前,人类社会既充满无限希望,也面临风雪交加、灾难频发、动荡不宁的危机。百年变局加速演进,世纪疫情和气候变化给人类带来严峻挑战,单边主义、保护主义抬头,经济全球化遭遇逆流,可持续发展议程进程受阻,南北鸿沟继续拉大。人类社会正站在何去何从的十字路口,风险与挑战都是前所未有的。

面对新形势,中国国家主席习近平深刻指出,应对共同挑战,迈向美好未来,既需要经济科技力量,也需要文化文明力量。在人类命运日益休戚与共的今天,越来越要求深化文明相处之道,搭建人民相知相亲的桥梁,摒弃制度模式偏见,跨越意识形态藩篱,展示不同文明优长,欣赏不同国家对实现共同价值的探索实践,团结合作、共克时艰,携手向着构建人类命运共同体的目标勇敢前行。对此,我有四点体会与大家分享。

第一,立足百年变局,拉紧人文交流纽带,为促进民心相通筑牢根基。我们正在经历的这场百年变局,不限于一时一事、一国一域,而是深刻而宏阔的时代之变。百年变局下,国际形势的不稳定性不确定性更加突出,如果以"文明进化""文明冲突"来认识和对待文明,以所谓"先进文明"打压、取代其他文明,采取"小院高墙"和极限制裁,将是历史的悲剧、人类文明的灾难。中华文明历来倡导各美其美、美人之美,我们应该深化人文交流,以开放包容的文明将不同国家和民族紧紧联系在一起。2014 年,习近平主席在纪念孔子诞辰 2565 周年国际学术研讨会暨国际儒联第五届会员大会开幕会上发表重要讲话,提出了中国优秀传统文化中蕴藏着解决当代人类面临的难题的十五个重要启示,这些思想既是中国传统文化精华,与其他文明中的智慧也有异曲同工之处,所汇编的"典亮世界丛书"已于近日正式出版。我们应以更宽广的胸怀和视野,加深对彼此文化的理解和欣赏,打造传播文明之美的交流互鉴平台,推动建设一个更加多彩、更有活力的大美世界。

第二,面对世纪疫情,倡导守望相助,为共建人类健康家园铸就合力。人类文明史也是一部同疾病和灾难的斗争史。新冠肺炎疫情吞噬人类多年发展成果,近 70 个国家的 12 亿人口深受疫情蔓延、粮食安全威胁、能源危机等影响。事实再次表明,在全球性危机的惊涛骇浪里,各国不是乘坐在 190 多条小船上,而是乘坐在同一条命运与共的大船上。面对世纪疫情,我们更应坚持求同存异、和而不同,以文明交流超越文明隔阂,以文明互鉴超越文明冲突,以文明共存超越文明优越,为共克时艰提供精神支撑和心灵慰藉,守护好人类的共同家园。

第三,应对分歧挑战,坚持和平共处、和谐共生,为人类和平与繁荣注入动力。当前,世界和平发展面临挑战,南北差距、复苏分化、发展断层等问题更加突出。人类发展指数 30 年来首次下降,世界新增 1 亿多贫困人口。一些发展中国家因疫返贫、因疫生乱,发达国家也有很多人陷入生活困境。习近平主席洞察世界大势,鲜明提出了全球发展倡议、全球安全倡议,这是蕴含中华文明智慧、彰显大国责任担当的中国方案。我们应秉持和衷共济、合作共赢,捍卫《联合国宪章》基本原则,践行共商共建共享的全球治理观,挖掘各种文明的和平合作内涵,彰显不同文明在解决现实问题上的有益成果,以文明之光照亮未来发展之路。

第四,迎接数字时代,展现数字文明内涵,为构建数字命运共同体凝聚共识。当前,人类社会已加速迈入数字时代,以人工智能、区块链、虚拟现实、大数据等为代表的数字技术已经进入寻常百姓家,"物联""数联""智联"等正在重构人类生产生活方式。我们应该深化数字时代的文明内涵,促进开放合作,引导"数字向善",反对数字霸权,打破数字垄断,推动数字世界成为人类生活新空间、国家主权新疆域、全球治理新领域,让数字文明为推动构建人类命运共同体作出贡献。

女士们,先生们,朋友们!

下个月,中国共产党将召开第二十次全国代表大会,为中国未来发展规划宏伟蓝图。国际社会对此十分关注。中国将坚持以中国式现代化来实现中华民族伟大复兴,并以中国发展给世界带来新机遇,为世界和平与发展和人类文明进步贡献智慧和力量。

山东作为中华文明的重要发祥地之一,多年来为儒学传播弘扬作出了积极贡献,感谢山东为这次会议所作的努力。我们期待通过多种形式的交流合作,与海内外专家学者和各界翘楚,共同做优秀传统文化的传承者、世界文明多样性的维护者、不同文明对话的践行者,为促进世界和平与繁荣作出新的更大贡献!

最后,预祝尼山世界文明论坛取得圆满成功!谢谢大家!

2022中国(曲阜)国际孔子文化节
第八届尼山世界文明论坛开幕式讲话

(2022年9月27日)

武维华

各位嘉宾，各位专家学者，

女士们，先生们，朋友们：

大家上午好！

今天，来自世界各地的朋友们聚首在中国古代伟大圣哲孔子的诞生地，共同出席2022中国(曲阜)国际孔子文化节 第八届尼山世界文明论坛，共同探讨"人类文明多样性与人类共同价值"，意义重大而深远。在此，我谨对本届节会的召开，表示热烈的祝贺；对莅临节会的各位嘉宾、专家学者和社会各界同仁，致以美好的祝愿！

尼山，这片神奇的土地，是儒家思想的起源地，也是中华文明的重要发祥地。近年来，山东深入学习贯彻习近平主席关于弘扬中华优秀传统文化的重要论述，落实"两个结合"，坚持守正创新，全力推进中华优秀传统文化创造性转化、创新性发展，实施了一系列举措，在文化建设领域取得了理论和实践创新的重要成果。

习近平主席指出，和平、发展、公平、正义、民主、自由，是全人类的共同价值。要尊重世界文明多样性，弘扬全人类共同价值，倡导不同文明交流互鉴。这一系列重要论述，是习近平新时代中国特色社会主义思想的重大理论创新，也是推动构建人类命运共同体的理论基石和行动指南，为世界和平发展和人类文明进步指明了方向，注入了动力，提振了信心。

女士们，先生们，朋友们！

我们欣慰地看到，孔子所一贯倡导的谦逊学习、包容共生的价值理念和行为准则，不仅为中华民族和中国文化奠定了精神文化的底色，也为世界历史和人类文明增添了光彩和煦的亮色。儒家的交流与对话、包容与互鉴的和合思想，一直在五千年中华文明的赓续和传承中发挥着积极作用，也为世界不同民族交流合作、不同文明互鉴融通提供了重要启示。今天我们开展文明对话、探寻文化共识，无疑将有助于构建人类命运共同体，共同为人类创建美好的明天。

——让我们以"虽千万人，吾往矣"的担当精神，顺应历史大势，共同构建稳定和谐的国际秩序。处理国与国之间、民族与民族之间、文明与文明之间的关系，最根本的方式是交流与对话、包容与互鉴，要坚持把和平与发展放在第一位，顺应历史大势，致力于稳定国际秩序，弘扬全人类共同价值，推动构建人类命运共同体。

——让我们以"各美其美、美美与共"的开放胸襟，加强交流互鉴，尊重不同文明。当今，人类生活在不同文化、不同种族、不同肤色、不同宗教和不同社会制度组成的世界里，各国人民形成了你中有我、我中有你的命运共同体。文明因交流而多彩，文明因互鉴而丰富。任何一种文明，无论它产生于哪个国家、哪个民族的社会土壤之中，都是流动的、开放的。互相尊重，交流互鉴，和合共生，是构建人类命运共同体的必由之路。

——让我们以"立天下之正位，行天下之大道"的人文情怀，讲好中国故事，贡献中国力量。中华文明讲仁爱、重民本、守诚信、崇正义、尚和合、求大同，必将为人类文明多样性带来生机与活力，必将为普惠平衡、协调包容、合作共赢、共同繁荣的全球发展新时代提供强大支持。我们要进一步讲好兼爱非攻、亲仁善邻、以和为贵、和而不同的中国故事，为世界提供中国方案、贡献中国力量。

女士们，先生们，朋友们！

大道之行，天下为公。"心合意同，谋无不成。"让我们坚定信心，携手并肩，沿着"和平、发展、公平、正义、民主、自由"的光明大道，踔厉奋发，行而不辍，携手前进，去迎接人类更加幸福美好的明天！

最后，祝这次节会圆满成功，祝各位在节会期间愉快安康！谢谢大家！

东帝汶总统奥尔塔视频致辞

(2022 年 9 月 27 日)

尊敬的贵宾，

女士们、先生们：

热烈祝贺第八届尼山世界文明论坛开幕！我很高兴受邀出席本届论坛，在此我想与大家分享一点感想。

人类面临的全球性挑战，已变得更加复杂，且令人畏惧，需要全球及区域性协作，应对共同挑战，共创美好未来。我们希望文化和文明发挥其重要作用，它们和经济、科学与技术同样重要。

孔子是世界文化巨匠，是最伟大的思想家、教育家之一，对亚洲文明发展有着深远的影响。尼山是孔子的诞生地，在此举办本届论坛，进行文明文化对话具有重要意义。尼山论坛搭建了一个重要平台，促进世界各国文明进行平等交流，促进文化互鉴。文明因交流而多彩，文明因互鉴而丰富，各国文明交流互鉴，是人类文明进步的重要驱动力，并促进世界和平发展。

今年是东帝汶和中国建交二十周年，东中两国是可靠的好伙伴，相互尊重、互利共赢、平等以待。东帝汶风景迷人，有丰富的旅游资源，我们有世界上最丰富的生物多样性。我们的珊瑚健康无损，未受工业污染和气候变化的破坏，我们还有丰富的咖啡、椰子、天然气和石油资源，我们提供优质的投资环境，发展潜力巨大。

我希望山东省作为中国东部沿海人口过亿的重要省份，中国的第三经济大省，能拓展与东帝汶的合作伙伴关系。山东高速集团是第一家在东帝汶开展业务的中国企业，承建了诸多基础设施建设项目，为东帝汶的经济社会发展作出积极贡献。希望未来我们能深化东帝汶和山东省之间的友好交流和务实合作，包括农业、旅游、石油化工、教育和文化等领域。欢迎山东企业到东帝汶投资，也欢迎山东游客来东帝汶旅游观光。

我预祝本届尼山世界文明论坛取得圆满成功！

谢谢！

所罗门群岛总理索加瓦雷视频致辞

(2022 年 9 月 27 日)

祝贺第八届尼山世界文明论坛开幕！非常荣幸受邀线上参加第八届尼山世界文明论坛。

我注意到本届尼山论坛的主题，是人类文明多样性与人类共同价值，人类文明多样性与人类共同价值的关系是核心议程。我十分敬仰举世闻名的文化巨匠孔子，尼山世界文明论坛正是在孔子的出生地举办，孔子相信平等，不论贫富，有教无类。教育无疑是改变人生的一种方式，它探索人性，培养、塑造人的性格，美德形成于教育，其中，知行合一是重中之重。

在此，我要向各位表示祝贺，你们恪守承诺，捍卫世界文明多样性，推动世界和平与发展，打造人类命运共同体。我向你们致敬，你们为推动不同文明间的交流互鉴，以及创造更和谐的世界，发挥着重要作用。这些正是当今世界所需要的。你们的认真与奉献精神，以及对联合国发起的倡议，包括鼓励世界文明对话、捍卫世界文明多样性、推动世界和平与发展，以及创建人类命运共同体作出了积极回应，不仅贡献突出，也为全世界带来了积极影响及连锁效应。

自中国和所罗门群岛建立大使级外交关系以来，山东省深化了与所罗门群岛所属省州的合作交流。2021 年 8 月，伊莎贝尔省和中国山东省召开的线上会议取得了圆满成功。在此期间，双方共同探讨了在旅游、农业、林业、渔业和矿业领域的合作前景，共建两省友好关系。在 2022 年 4 月中国—太平洋岛国应对气候变化合作中心启用仪式上，签署了建立山东省和伊莎贝尔省友好合作关系的意向书，这正是两国共同倡导的价值观和理念，这对于所罗门群岛和中国是一次很好的机会，能共同推动双边人民交流互鉴，为人类社会创造更美好的未来。

所罗门群岛和中国带头弘扬尼山世界文明论坛精神，这一点至关重要。

所罗门群岛和中国的双边关系说明,我们面临的困难越多,保持信心、加强文明交流越是重要。

最后,我坚信,尼山世界文明论坛精神在所罗门群岛和中国生生不息,我相信本届论坛闭幕后,人类社会发展进步成果和蓝图将会实现!我在此表示祝贺。

我祝愿第八届尼山世界文明论坛取得圆满成功!

吉尔吉斯斯坦国务秘书萨帕尔别科维奇视频致辞

(2022 年 9 月 27 日)

女士们、先生们,

尊敬的论坛与会者和嘉宾:

首先,欢迎大家!

特别感谢论坛主办方举办本次活动!论坛以伟大的思想家、政治家和教育家孔子的出生地命名,极具象征意义。他不仅对中国社会、历史和文化的发展产生了巨大的影响,而且为世界文明的发展作出了巨大贡献,孔子是公认的世界文化人物。

今年中吉迎来建交 30 周年,在相当长的一段时间里,我们在相互信任和支持的基础上建立了可靠的双边伙伴关系。在当前抗击新冠肺炎疫情和世界形势严峻的背景下,中吉按照两国元首确定的方针,继续稳步发展各层级全面战略伙伴关系。

当前,中吉合作正在蓬勃发展,双边关系达到极高水平。中国是吉尔吉斯斯坦的好邻居、忠实朋友和可靠伙伴,中吉两国最高领导人保持着密切、友好的关系,互信程度高,这些都有力地推动了中吉多方面合作的发展。

亲爱的朋友们,加强中吉地区合作是双边关系的重要组成部分。值得注意的是,中吉地区合作逐年加强,几乎每年我们都能见证两国地区间建立友好关系。在抗击疫情期间,吉尔吉斯斯坦获得了来自中国政府,以及中国地方省市,包括山东的大量人道主义援助。

谈到两国人文方面的交流,我们应该注意到,从伟大的丝绸之路时代起,数百年的交往历史和文化交流发挥了桥梁作用。两国文化交流的悠久历史凝聚成联结两国人民的牢固纽带,这种纽带作用每年都在加强。文化领域的交流合作是双边合作的重要领域,也是文明对话的基础,文化交流合作深化了彼此的认知,增进了两国人民情谊。多年来两国睦邻友好,双方定期举办吉尔吉斯斯坦和中国文化日和创意团体巡演,这些活动有助于双方了解彼此的传统。

值得一提的是,在中国文化部的协助下,根据《玛纳斯》演唱大师居素甫·玛玛依的唱本,在北京和中国其他城市上演了汉文版歌剧《玛纳斯》。通过歌剧《玛纳斯》,中国人民得以了解吉尔吉斯斯坦人民的历史、文化和独特性。

2021年10月,中吉人文交流中心在中国的中央民族大学揭牌,恰逢吉尔吉斯共和国独立30周年、中吉建交30周年。这些活动为进一步加强两国人民之间的友好关系,为两国人民的友谊注入了新的内涵。

我希望在不久的将来,两国能开展一些活动,这些活动将载入两国文化和人文交往史册,双方在教育领域的合作十分活跃。在吉尔吉斯斯坦,对中国文化和历史感兴趣的人每年都在增加,这促进了汉语的广泛传播。我国高校中开设了汉学院、孔子学院,2017年在比什凯克开设了一所专门开展汉语教学的中学,中方每年都会为我国提供在中国高校学习的公费留学生名额。此外,中国为吉尔吉斯斯坦公务员在中国举办了各种主题的培训课程。

亲爱的朋友们,当然,关于中吉关系还有很多值得一提的事情,因为自1991年吉尔吉斯斯坦独立以来,在时间相对较短的双边合作中,中吉已经有很多共同点。同时,两国人民的交往史可以追溯到数百年前。我想强调的是,吉方高度重视对华人文领域合作。

感谢中方主办今天的活动,我们随时准备与中国朋友和伙伴开展交流合作。

最后,感谢中方的邀请,希望本次论坛能够成为交流思想的平台,成为世界不同文明对话的平台。祝大家身体健康,幸福快乐,事业成功!

谢谢!

希腊前总统帕夫洛普洛斯视频致辞

(2022 年 9 月 27 日)

很高兴出席第八届尼山世界文明论坛框架下的"中国—希腊古典文明对话"活动！我很荣幸，能够将自己的祝福从雅典送到山东——伟大哲学家孔子的诞生地，他与诸多古希腊哲人有共通之处。

除此之外，今年还是中希建交 50 周年，本次活动的举办可谓是恰逢其时。2019 年 5 月 15 日，我和习近平主席在北京会面，并在亚洲文明对话大会中发表讲话。我今天的发言内容和彼时并无大异，因为经典的议题往往经得住时间的考验，仅仅是发言地点从北京变成了西方文明的摇篮雅典。

众所周知，中国和希腊是两个古老的文明的传承者。两国之间存在差异，但也有许多共通之处，这些共通之处主要体现在以人为本、追求和平和尊重差异这三点。没有不关注人类生存发展的伟大文明，也没有不向往和平的伟大文明，最重要的是，没有不尊重"文明之间并无高下"这一核心宗旨的伟大文明。伟大的文明能够互相尊重，彼此借鉴，真正的文明知晓，世界文明的大河总是被不同文明的精华所充盈。因此，它们互相尊重，不论高下，文明互鉴是文明的精髓，虽然我们总能听到"文明冲突"这个字眼，但它其实是个伪命题。不幸的是，很多时候正是这些口口声声说着"文明冲突"的人，导致了人类的颠沛流离。正如我们在"阿拉伯之春"事件中所看到的那样。

希腊和中国的人民都知道，真正的文明之间是不会产生冲突的，而是会相互借鉴和学习，文明间的交流也绝不会中断。今天这场对话构建了文明沟通的桥梁，这座桥梁帮助不同的文明展示它们的愿景，助力它们价值和追求的实现，即我们之前所提到的，对人的关注，对自我价值的守护，对自我人格的完善，以及对和平的追求。我们经历着艰难的时代和各种困难的状况，此时和平是我们最大的请求。我们生活在动荡的年代，也因此必须为了守护和平而奋斗,因为没有和平便不可能有创新,也就不会有人类价值的实现。相反的,不平等所带来的种种问题,正在深深压迫着人们,这种压迫是我们所无法接受的。

我们希腊人无论是过去、现在,还是未来,都和中国一同深化文明交流互鉴,为世界范围内的文化交流作出贡献。我还想在雅典代表希腊强调另外一点,我们希腊文化也是欧洲文化的一部分,我们将展示欧洲在保卫世界和平方面不可或缺的角色,展示欧洲文化的无限力量。毕竟,希腊文化是欧洲文化的基础。

现在,我将以最简单明了的方式结束我的发言。在这个动荡的年代,我们必须为了人类和人类的创造,在文明的对话中保卫和平。当然,我们希腊人也会带着自己的文化和欧洲的文化贡献出自己应尽的一份力量,让我们的后代能够生活得更幸福,拥有更多的创造力和希望。

谢谢大家!

塞尔维亚前总统尼科利奇视频致辞

(2022 年 9 月 27 日)

尊敬的朋友们：

我很荣幸能够在尼山世界文明论坛致辞！世界上很少有国家能像中国这样拥有悠久的文明和圣人孔子，这是无可比拟的。

中国是我们非常亲密的好朋友，而山东省是其中一个重要组成部分。习近平主席是一位真正富有智慧的领导人，我对他给予高度评价，希望他能再次访问塞尔维亚。几年前，他曾到访塞尔维亚，但新冠疫情给国际旅行造成了障碍。我们很高兴看到由山东省负责建设和运营的贝尔格莱德中国文化中心进展顺利。

2016 年应我的邀请，习近平主席和夫人彭丽媛访问塞尔维亚。当时，我们共同为该中心奠基，那是一段很美好的回忆。我相信武契奇总统，将进一步为我们两个国家和两个民族之间的友谊注入活力，特别是在我亲爱的朋友习近平主席下次访塞期间。塞尔维亚是中国最可靠的欧洲伙伴，这是我们永远不会放弃的。因为塞尔维亚人民对中国和中国人民有着真挚的情感。

塞尔维亚目前的主要发展计划都与中国有关，塞尔维亚将始终有中国企业的巨大发展空间。特别是那些已在塞投资兴业的企业，如山东高速集团。当然，我们也欢迎来自其他领域的中国企业来到塞尔维亚。

我们不应该忘记，如今的世界充满了危险性与不确定性。我认为，要真正实现国际关系民主化，实现各国、各民族之间的和平，以及不同文明之间的共存，唯一的道路就是不屈服于他人的利益、意志和暴力。那些认为自己是例外的想法大错特错。我们有着同样的愿望，应该有公平的发展机遇，这是世界上所有国家和人民实现幸福的关键所在。

伟大的孔子说过，"己所不欲，勿施于人""以直报怨，以德报德"，这就是我对每次相聚所奉行的基本信条,尤其是你们在世界上最伟大思想家孔子的出生地举办的此次论坛。我曾有幸访问过曲阜。塞尔维亚人民尊重中国人民的努力和责任,我们相信中国和中国领导人能够实现他们的奋斗目标,我们有同样的想法,怀着对美好明天的信念。

祝愿尼山世界文明论坛取得圆满成功!祝大家好运!

日本前首相、组委会名誉主席福田康夫视频致辞

(2022年9月27日)

各位来宾:

第八届尼山世界文明论坛顺利召开,我表示衷心的祝贺!日本高校《古代汉语》的教科书选入了唐代诗人王维的作品,在《九月九日忆山东兄弟》这首诗中,表达了王维迎来重阳节"独在异乡为异客,每逢佳节倍思亲"的心情,这里的"佳节"就是重阳节。

在今年,也就是即将到来的10月4日,正好是中日邦交正常化50周年纪念的时节。50年前的1972年9月29日,中日发表关系正常化共同声明,在两国之间逐渐牵起了一架细细的吊桥。在那之后6年,1978年10月23日,初次访日的中国国家副主席(原文如此,编者注)邓小平与当时的日本首相福田赳夫,在首相官邸进行了条约批准书的交换仪式,在和平友好条约缔结的那一刻,中日之间的吊桥成为坚不可摧的铁桥。又过了30年,在2008年5月7日,我与来日访问的中国国家主席胡锦涛,本着中日命运共同体的理念,签署了《中日关于全面推进战略互惠关系的联合声明》。

在那之前的2007年,当时我作为日本现任首相第一次拜访曲阜孔庙,在那里写下拙字"温故创新"作为纪念,是对论语中"温故知新"的致敬。如今第八届世界文明论坛在尼山的召开,大家共同探求"人类命运共同体"的理念,可以说是正当其时。同时,也希望人们能够借此机会认识到,守护重阳节的传统,正是人类共同价值本身的体现。

祝愿论坛成功举办,谢谢大家!

韩国前总理李寿成视频致辞

(2022 年 9 月 27 日)

各位朋友,女士们、先生们:

大家好!

第八届尼山世界文明论坛在孔子的诞生地举行,在此我表示热烈祝贺!我们都知道,孔子不仅对中国社会、对韩国社会乃至全世界都影响深远,特别是中韩两国同属儒家文化圈,有诸多共同语言。

中韩人文往来历史悠久,儒家文化已深深融入和影响着现代韩国社会的政治、文化、教育等各个方面。儒家文明作为中韩人文精神的基石,对引领现代社会发展具有重要的借鉴价值和启迪意义。儒家倡导的和谐、勤俭、忠孝、仁义等思想精神,影响着中韩两国,甚至全世界民众的思维方式和行为规范,这为强化中韩两国的经济、文化交流起到了重要作用。

今年,是中韩建交 30 周年,也是中韩文化交流年。孔子曰:三十而立,意味着中韩两国关系将更加成熟稳健,中韩建交 30 年来取得的合作成就,与两国有着深厚的历史渊源和紧密的文化交流密不可分。相信今后两国以共通的儒家文化为基础,将展开更多交流,合作更加紧密。

尼山论坛至今已成功举办了七届,对促进世界不同文明之间的交流、建设与和谐发挥了重要作用,真正实现了有意义、有深度的国际交流。不同的文明、不同的族群,不可避免地存在利益冲突和误解,虽有肤色、语言的差异,但更拥有对人性共同的追求。希望我们在儒家思想中汲取未来和平友好发展的智慧和动力,彼此理解,消除隔阂偏见,播撒和平兼爱理念。我坚信通过文明对话,一定能实现全人类共同价值,共享人类文明进步和社会发展的成果,共同创造人类社会更加美好的未来。

最后,预祝第八届尼山世界文明论坛取得圆满成功,祝愿在座的各位身体健康!

谢谢大家!

新西兰前总理希普利视频致辞

(2022 年 9 月 27 日)

很高兴参加第八届尼山世界文明论坛！无论身在何处，我们的价值观和理念定义了我们是谁。然而，当我们见面并分享这些价值观和故事时，我们如何回应？这决定了我们作为一个民族、一个国家和一个世界的潜力。

欢迎你们在这个时候举办这次重要论坛，不仅是为了赞美世界各地文明的特殊性，还要找到新的方式，让友谊把我们连接在一起，分享各自的历史，同时为未来奠定基础。

新西兰是一个年轻的国家，大约一千年前，毛利人移居到这里，我的祖先二百年前来到这里。我们热爱生活，必须跨越地平线才能到达这里，我们正在建立自己的特殊身份。我们热衷于冒险，热爱这里的沃土和大海。它们实际上帮助我们找到乐趣，赋予了我们粮食，也给我们一种深刻的认同感和依恋感。

我们的艺术和创意、教育以及社区发展方面的影响力在不断扩大，我们分享着自己的故事，与世界上其他国家和地区的人民建立着联系。在此基础上，我们才能相互交流、相互理解。山东和新西兰就建立了诸多联系，既有城市之间的，也有产业之间的。当然，你们很多年轻人来到这里求学，享受新西兰独特的环境、交朋友。他们加深了对我们的理解，为未来搭建了一座桥梁，这将深化文明发展并增进彼此了解。这样的交流潜力巨大，我们需要探索方法，不应害怕彼此，而是要有开放的思想，不要担心彼此的分歧，找到共识，以理解为基础，建立平台，迈向未来。

如何创造一个更加美好的未来，疫情给我们带来了挑战，世界经济在很多方面困扰着我们，我们需要正视这些问题。毛利人说，我们应当从历史中寻找未来。我们要思考自身文明的价值是什么，把它作为一个平台以建立新的关系。当人们问毛利人什么是最重要的事情时,他们有一个很好的说法,那就是人民、人民、人民!

女士们,先生们,我们必须勇敢地跨越边境和界限,跨过大陆和国家。当前,我们面临着地缘政治和其他紧张局势,但是文明为未来提供了平台。

祝愿此次论坛圆满成功,祝各位与会嘉宾能有所收获,非常期待聆听各位的真知灼见,向大家致以美好的祝愿!

2022中国(曲阜)国际孔子文化节 第八届尼山世界文明论坛闭幕式致辞

(2022年9月28日)

白玉刚

尊敬的各位嘉宾,女士们、先生们、朋友们:

九月的尼山儒风雅韵、叠翠流金。经过大家共同努力,"2022中国(曲阜)国际孔子文化节 第八届尼山世界文明论坛"圆满完成各项议程,即将落下帷幕。受李干杰书记、周乃翔省长和尼山世界文明论坛组委会委托,我谨代表山东省委、省政府,尼山世界文明论坛组委会,对节会的成功举办,表示热烈祝贺!向与会的各位来宾和关心支持山东发展的各界朋友,以及为论坛成功举办作出辛苦努力和贡献的全体同志,表示衷心感谢!

本届节会,隆重热烈。全国人大常委会副委员长、九三学社中央委员会主席、中国科学院院士武维华先生出席并作重要讲话,中共中央政治局原委员、国务院原副总理、国际儒学联合会会长刘延东女士专门发来视频祝贺并作重要讲话,尼山世界文明论坛组委会名誉主席、全国人大常委会原副委员长许嘉璐先生向论坛举办表示热烈祝贺,中共中央宣传部副部长、文化和旅游部部长、尼山世界文明论坛组委会主席胡和平先生专门发来视频致辞,中共山东省委书记、省人大常委会主任李干杰先生作了精彩致辞;东帝汶总统若泽·曼努埃尔·拉莫斯·奥尔塔先生,所罗门群岛总理梅纳西·索加瓦雷先生等8位外国政要、前政要视频致辞。全国政协文化文史和学习委员会副主任叶小文先生,中共中央宣传部副部长张建春先生等中央部委领导同志以及31个国家的45位驻华使节出席开幕式。开幕式还同时设置了25家线上分会场,5000多人同屏同步参会。

本届节会名家云集，共组织2场主旨演讲，1场高端对话，1场高端访谈，8场分组对话，30场专题研讨和体验交流活动，为中外专家学者碰撞思想，凝聚共识，搭建起高端化、多层次的对话平台。清华大学国学研究院院长、国际儒学联合会副会长、尼山世界文明论坛学术委员会主任陈来先生，原国家外经贸部副部长、博鳌亚洲论坛原秘书长龙永图先生，武汉大学国学院院长郭齐勇先生以及来自22个国家和地区的600余位专家学者线下参会。俄罗斯总统文化顾问弗拉基米尔·托尔斯泰先生，国际知名汉学大师安乐哲先生，以及250余位国际专家学者线上参会。希腊前总统帕夫洛普洛斯先生，俄罗斯驻华公使斯捷普基娜女士，中国驻俄罗斯大使张汉晖先生、驻希腊大使肖军正先生，以及43对国际友城的近200名国际代表、70余位中外名校校长参加了有关论坛活动，共同成就了一届成功、精彩、圆满的盛会。

这是一届人文荟萃、群贤毕至的盛会，开启了尼山世界文明论坛转型的新篇章。"物相杂，故曰文。"广义的人文内涵丰富、包罗万象，涵盖文化、艺术、美学、哲学、历史、法律等等众多领域。人类社会的每次跃进，人类文明的每次升华，无不伴随着人文思想进步。本届论坛，围绕"人类文明多样性与人类共同价值"深入研讨，设立了文物、文学、报告文学、艺术论坛，中医药论坛，儒商文化论坛，青年论坛，华人华侨论坛，中外名校校长论坛9场平行分论坛，群贤毕至、成果丰硕，掀开了由学术论坛向人文综合论坛转变升级的新篇章。

这是一届美人之美、美美与共的盛会，拓展了世界各文明交流互鉴的新视野。"文明因多样而交流，因交流而互鉴，因互鉴而发展。"本次大会，安排了多层次学术交流活动，组织了"驻华使节齐鲁文化行""好客山东 好品山东"品介会、"驻华使节访谈""国际友城市长对话""中国希腊古典文明对话""孔子与托尔斯泰思想对话会"、中日韩出版协作共同体启动仪式等多场主题外事交流活动。与会专家学者以广阔的胸怀、平等的视角、欣赏的眼光进行文明对话，围绕"文明交流互鉴与创新发展""中华文明与世界文明"等议题深入探讨，提出了许多具有前瞻性、思想性、创新性的真知灼见，为人类文明发展贡献了"尼山智慧"。

这是一届守正创新、与时偕行的盛会，展示了中华优秀传统文化的新风采。"变者其久，通则不乏。"创新创造是文化的生命所在、本质特征。本次大会,用科技为文化赋能,组织开展了"孔子与世界思想家"光影秀、中华优秀传统文化经典全国书法篆刻名家精品展、"中华手造·山东手造"精品展、中华儒学经典著作集成《儒典》赠书和大型文脉工程《齐鲁文库》启动仪式等文化活动,让与会嘉宾在"可参观""可视听""可体验""可携带"中,多维领略中华优秀传统文化韵味。今天上午,600多位嘉宾参加祭孔大典,全球孔庙同步"云祭孔",百万余人"线上线下"礼敬圣贤,共同感受中华礼乐文化的独特魅力,呈现了一场跨越时空、激荡心灵的文化盛宴。

这是一届和而不同、求同存异的盛会,达成了弘扬全人类共同价值的新共识。"大知闲闲,小知间间。"只有坚持多元文明平等对话,才能消除傲慢与偏见,增进理解和认同。本次大会,与会专家学者开诚布公、平等交流,在碰撞思想中达成共识,普遍认为人类文明多彩多样、共生共荣,高度赞同"和平、发展、公平、正义、民主、自由"的全人类共同价值。大会集聚专家学者智慧和美好愿景,通过了第八届尼山世界文明论坛共识,在构建人类命运共同体、不断深化文明交流互鉴等方面形成重要成果,向世界发出了弘扬全人类共同价值的"尼山宣言"。

女士们、先生们、朋友们!

文明源于历史,活在当下,照鉴未来。让我们以文明交流超越文明隔阂,以文明互鉴超越文明冲突,以文明共存超越文明优越,携手往前走、一起向未来,大力弘扬全人类共同价值,促进人类文明更好永续发展。

弘扬全人类共同价值,需要自觉尊重人类文明多样性。"物之不齐,物之情也。"世界文明百花园姹紫嫣红、绚丽多彩,每一种文明都扎根于自己的生存土壤,凝聚着一个国家、一个民族的非凡智慧和精神追求。我们真诚期待与大家一道,自觉尊重人类文明多样性,推动文明交流互鉴,加深对彼此文明的认识、理解和欣赏,通过孔子文化节、尼山世界文明论坛这个平台,促进多元文明平等对话、共生共荣,为人类文明发展建言献策,让世界文明百花园群芳竞艳。

弘扬全人类共同价值,需要携手构建人类命运共同体。当前,世界之变、时代之变、历史之变正以前所未有的方式展开,人类再次面临何去何从的历史当口。"合则利、分则败"的人类发展史启示我们,构建人类命运共同体是大势所趋、人间正道。当前的困难和挑战进一步告诉我们,构建人类命运共同体恰逢其时、正当其势。我们真诚愿与各方一道,顺应时代潮流,携手推动构建人类命运共同体,助力历史的车轮滚滚向前!

弘扬全人类共同价值,需要深入讲好中华文明的故事。中华优秀传统文化是中华文明的智慧结晶和精华所在,是中华民族的根和魂。山东文脉源远流长,是中华文明的重要发源地、儒家文化的发祥地,在弘扬中华优秀传统文化方面资源丰富,可以深度耕作。我们将牢记习近平总书记嘱托,扛起文化大省使命,深入实施"儒学大家"计划,建好尼山世界儒学中心,加强"山东文脉"工程建设,高水平建设三大国家文化公园、四大中华文化体验廊道、八大文化传承发展片区,构建全域"两创"新标杆和文化旅游深度融合高质量发展新格局,当好中华优秀传统文化的守护者、传承者,当好文化"两创"的探路者、先行者和示范者。

弘扬全人类共同价值,需要以更广阔的胸怀拥抱世界。世界是一个"机遇的海洋"。随着区域全面经济伙伴关系协定落地生效,国家新旧动能转换综合试验区、中国(山东)自贸试验区、上合示范区、黄河流域生态保护和高质量发展、绿色低碳高质量发展先行区等重大国家战略叠加聚集,山东扩大开放的优势前所未有,为深化拓展对外开放合作、文明交流互鉴提供了难得机遇。我们将认真总结节会的举办经验,以更加广阔的视野和胸怀进一步突出论坛的世界性、人文性、包容性、创新性,搭建不同国家和地区展示多样文明,加强交流合作的高端平台,大力弘扬全人类共同价值,为推动构建人类命运共同体作出山东贡献!

女士们、先生们、朋友们!

"志合者,不以山海为远。"三天来,我们相聚尼山圣水湖畔,共话文明、共商合作、共谋未来,碰撞出了思想的火花,架起了友谊的桥梁,书写了对话合作的精彩诗篇。让我们一起相约下一届孔子文化节和尼山论坛,共同续写人类文明对话交流新的华彩篇章!

衷心祝愿各位嘉宾、各位朋友:身体健康、工作顺利、万事如意!

现在,我宣布:"2022中国(曲阜)国际孔子文化节 第八届尼山世界文明论坛"闭幕!

第八届尼山世界文明论坛共识

世界之变、时代之变、历史之变正以前所未有的方式展开，人类文明面临着新的机遇和挑战。把握历史机遇，应对共同挑战，创建美好未来，需要我们掌握历史主动，正确判断当今人类发展大潮流、世界变化大格局，更加重视弘扬全人类共同价值，加强和深化文明交流互鉴。我们齐聚中国曲阜尼山，围绕"人类文明多样性与人类共同价值"展开交流和对话，并谨向世界各文明的传承发扬者发表本届论坛共识。

我们认为，文明的多样性是人类进步的源泉。世界各种文明，各有特点，各有优长，共同塑造着人类的历史、现在和未来。文明多样性是人类文明的自然样态，维系着人类文明发展的生态平衡。文明不存在优劣之别，高下之分。不同文明之间不应该存在歧视、敌视和冲突。应以海纳百川的宽广胸怀善待不同文明，尊重不同国家人民对自身发展道路的选择，以文明交流超越文明隔阂，以文明互鉴超越文明冲突，以文明平等超越文明优越。只有文明之间求同存异，相互磨合，和谐共生，世界才能丰富多彩、欣欣向荣。

我们主张，人类拥有共同的价值追求。世界各国历史、文化、制度、发展水平不尽相同，但各国人民都追求和平、发展、公平、正义、民主、自由的全人类共同价值。这些共同价值是将世界连接在一起的精神纽带，使人类具备了对话合作的前提和基础，超越了地域、文化的差别，构成一个有机整体。四海一家，六合同风。在共同价值的引导下，世界上的人们能够真正联合起来，心心相印，同甘共苦，向着一致的美好目标努力前行。

我们相信，人类文明的发展必然是多样性与共同性的统一。多样性让人类文明色彩斑斓，充满生机和活力；共同性让生活在地球上的人类具有凝聚力、方向感。我们既不能以多样性拒绝、否认共同性，也不能以共同性抹杀、取消多样性。多样性不是封闭自守的理由，共同性也不是征服扩张的借口。我们应当在尊重多样性的基础上追求共同性,在维系全人类共同价值的前提下推动文明多样性向着积极、健康、光明的方向发展。

　　文明因交流而多彩,文明因互鉴而丰富。世界各国相互联系、相互依存,全球命运与共、休戚相关。只有相互尊重、相互理解、相互欣赏、相互支持,才能在竞争中求合作,在合作中谋共赢。让我们同心协力,和衷共济,共同应对当前文明发展遇到的风险和挑战,建设一个持久和平、普遍安全、共同繁荣、开放包容、清洁美丽的世界。

壬寅年公祭孔子大典祭文

维公元二〇二二年九月二十八日，岁在壬寅，时属仲秋，值至圣先师孔子诞辰二千五百七十三年，华夏儿女、四海宾朋，敬拜于曲阜阙里孔子庙大成殿前，秉至诚敬仰之心，谨备蔬果鲜花，献以礼乐佾舞，敬告夫子及诸圣哲、贤儒之灵。其辞曰：

宇宙洪荒，华夏泱泱；盘古开天，爰及三皇。
五帝肇基，夏禹更张；文武周公，缵绪商汤。
甲骨钟鼎，文明之光；诗书礼乐，王道荡荡。
平王东迁，周室苍惶；明王不作，诸侯恣狂。
攻伐失序，伦理无章；礼坏乐崩，斯文将亡。

圣王之道，何堪其殇；三代之统，栖栖遑遑。
东鲁有人，出类拔萃；天生仲尼，长夜清光。
志学不惑，知命从心；存亡继绝，六经阐扬。
礼别乐和，宽裕温良；春秋继诗，窃议朝堂。
布衣定制，天下咸往；诸侯卿相，平治垂裳。

夫子大成，万世慕仰；教化人伦，于斯立方。
诗书不传，庠序废坠；杏坛设帐，学以大昌。
修齐治平，立心立命；君子之儒，宽厚自强。
志道据德，依仁游艺；从容中道，内圣外王。
有教无类，万仞门墙；延及后世，文脉绵长。

大哉孔子，道冠古今；伟哉圣人，德业发皇。
郁郁文哉，礼乐华章；护佑华夏，瓜瓞无疆。
迨及当代，其命维新；允富允教，乃隆乃彰。
汇通中西，百虑同归；远来近悦，迭用柔刚。
天下一家，四海咸辉；命运与共，协和万邦！
伏惟尚飨！

（撰文：鲍鹏山）

主旨演讲

安乐哲致辞

Thank you for inviting me to participate in the 8th Nishan Forum on World Civilizations. I find the main theme chosen for this year's Forum to be particularly compelling: "The Plurality among Human Civilizations and Shared Human Values." This is a timely topic that I have been thinking a lot about over these past several years.

非常感谢主办方邀请我参加第八届尼山世界文明论坛。我觉得今年论坛的主题特别引人注目:"人类文明多样性与人类共同价值"。这是一个十分契合当今时代发展的主题,在过去的几年里,我也一直对此有很多思考。

Over the first two decades of the twenty-first century, the rise of East Asia and of China in particular has occasioned a seismic sea change in the economic and political order of the world. This newly emerging geopolitical order is challenging the modern system of sovereign and equal nation states ushered in by the Westphalian Treaty more than three and a half centuries ago. Such a zero-sum system of single international actors each playing to win has and continues to produce a culture of international anarchism in which each state is out for itself.

进入21世纪的这20年间,东亚的崛起,特别是中国的崛起,给世界经济政治秩序带来了翻天覆地的改变。这一新出现的地缘政治秩序正在挑战三个半世纪前《威斯特伐利亚条约》(Westphalian Treaty)开创的主权平等的民族国家现代体系。而这种每个国际参与者都希望独赢的零和体系已经并将继续引起一种国际无政府主义文化,在这种文化中,每个国家都只想着独善其身。

This Westphalian model can be read as a scaled-up version of liberal individualism replicating its defining values of individual autonomy and simple equality. This zero-sum game of winners and losers at an international level has proven to be woefully inadequate in addressing the pressing issues of our times: global warming, pandemics, environmental degradation, income inequities, food and water shortages, massive species extinction, proxy wars, global hunger, and so on. The issues defining of this human predicament are themselves organically interrelated, and unless they are addressed in a wholesale manner, there can be no effective resolution. Traversing any and all national, ethnic, and religious boundaries, this perfect storm can only be engaged and weathered effectively by a global village working collaboratively for the good of the world community as a whole.

威斯特伐利亚模式可以被解读为自由个人主义的放大版,复制了其个人自主和简单平等的典型价值。事实证明,在解决我们这个时代的紧迫问题——全球变暖、疫病流行、环境恶化、收入不平等、食物和水资源短缺、物种大量灭绝、代理人战争、全球饥饿等方面,这种国际层面的赢家和输家的零和游戏的不足令人深感遗憾。造成这一人类困境的问题本身是有机地相互关联的,除非以全面的方式处理这些问题,否则就不可能有有效的解决办法。只有全人类联合成一个整体,跨越所有的国家、种族和宗教的界限,为整个国际社会的利益共同努力,才能有效地应对和经受住这场全面风暴。

The distinguished Princeton political philosopher, Michael Walzer in his *Thick and Thin: Moral Argument at Home and Abroad*, wants to endorse the politics of difference and, at the same time, to describe and defend a certain sort of universalism, a way of taking the world as a world(以天下观天下). He is arguing that we must search for "a thin and universalist morality inside every thick and particularist morality" itself.

著名的普林斯顿政治哲学家迈克尔·瓦尔泽(Michael Walzer)在其《厚与薄:国内外的道德论证》(*Thick and Thin: Moral Argument at Home and Abroad*)一书中支持差异政治的同时,描述和捍卫了某种普遍主义,即一种把世界视为一个世界的普遍主义——以天下观天下。他认为,我们必须在"每一种厚的、特殊的道德"本身中寻找"一种薄的、普遍的道德"。

By thick moralities, Walzer is referring to Liberalism, Islam, Buddhism, Hinduism, Christianity, Judaism, Sub-Saharan Ubuntu, Confucianism, and so on. Again, Walzer insists that minimalist meanings are embedded in the maximal morality, expressed in the same idiom, sharing the same historical, cultural, religious, and political orientations. He is searching for what Tang Junyi calls "the inseparability of the one and many" (一多不分).

关于厚的道德，瓦尔泽指的是自由主义、伊斯兰教、佛教、印度教、基督教、犹太教、撒哈拉以南地区的乌班图精神、儒教等等。瓦尔泽再次强调，极简主义的意义蕴含在最高的道德中，使用相同的习语表达，有着相同的历史、文化、宗教和政治取向。他想要寻找唐君毅所说的"一多不分"。

Walzer as a self-confessed liberal looks to "a common, -variety of justice" as a possible source of this moral minimalism, and while he sees any agreement on its content being a matter of mutual recognition rather than persuasion, it seems its commonality is to be found analogically in historically and culturally embedded values that are reiterated in different times and places. Importantly, for Walzer, getting to the substance of this thin morality, it does not reference a minor or emotionally shallow morality; on the contrary, thin and intensity come together as "morality close to the bone." And what Walzer wants from this minimalism is nothing less than "a certain limited, though important and heartening, solidarity" that can bring the people of the world together.

瓦尔泽自认是自由主义者，他展望"一种常见的、丰富多样的正义"作为这种道德极简主义的可能来源，尽管在他看来，任何关于其内容的一致意见都是相互认可的问题，而不是说服的问题，但它的共同点似乎是在不同的时间和地点重复的历史和文化价值中通过类比找到的。重要的是，对瓦尔泽来说，这种薄的道德的实质并不是指一种次要的或情感上肤浅的道德；相反，薄结合一定的强度就是"贴近骨子里的道德"。而瓦尔泽想从这种极简主义中得到的，正是"一种虽然有限的、但重要且鼓舞人心的团结"，可以把世界人民团结在一起。

I am wholly persuaded by Walzer that today's much fragmented world is much in need of just such a catalyst for human solidarity, and I want to join him in common cause in the search for just such a minimalist morality, but at the same time offer an alternative answer drawn from the Confucian rather than the liberal tradition.

瓦尔泽完全说服了我,今天这个支离破碎的世界非常需要这样一种促进人类团结的催化剂,我想加入他,和他一起寻找这样一种极简主义道德,但与此同时,我想要从儒家而非自由主义传统中给出另一种答案。

If we begin from the fact that the population of China is almost twice that of a combined Eastern and Western Europe, and larger than the entire continent of Africa, we can appreciate the scale of the diversity that has been pursued over millennia among so many disparate peoples, languages, ways of life, modes of governance, and so on. While this diversity is truly profound, there seems to have been enough of a shared minimalist morality to hold China together as a continuous history and civilization for four thousand years and counting. Foregoing any appeal to a single, univocal concept, what has over time provided a sustained "consensus" in the etymological sense of "shared feelings" lies in the family-based values promoted through the written Chinese character and the classics born of this writing system.

如果我们从中国人口几乎是东欧和西欧人口总和的两倍,比整个非洲大陆人口还多这一事实出发,我们就可以理解中国几千年来在众多不同的民族、语言、生活方式、治理模式等方面所追求的多样性风格。虽然这种多样性确实很深刻,但似乎有一种共同的极简主义道德,足以将中国作为一个持续四千年并仍在发展的历史和文明维系在一起。抛开任何对单一的、明确的概念的诉求,随着时间的推移,汉字和基于这一书写系统的经典所宣扬的以家庭为基础的价值观,在"共有的感情"的词源意义上提供了持续的"共识"。

I am a dedicated empiricist, and firmly believe that all theorizing should begin from our immediate experience. This being the case, I would posit that China is an empirical example of how family feeling captured in its own language of "family affection" (*qinqin* 亲亲) and "family reverence" (*xiao* 孝道) has sustained this continental civilization with all of its diversity over the millennia as a persistent culture. Again, China's own distinctive concept of the political is a sense of order that emerges from an isomorphism between family, state, and world (家国天下同构), where state and world are simulacra of the family itself.

我是一个忠实的经验主义者,坚信所有的理论都应该从我们的直接经验开始。在这种情况下,我认为,中国在用"亲亲"和"孝道"的语言表达的家庭情感是如何在几千年的时间里,以其多样性作为一种持久的文化,来维持这个大陆文明这件事上,是一个经验的例证。同样,中国自己独特的政治概念是一种秩序感,这种秩序感产生于家国天下同构,其中,国家和世界是家庭本身的模拟。

Indeed, throughout the *Mencius*, this model of state and world governance as it is ultimately ground in personal cultivation within the family is captured in the technical term Mencius created for this conception of the political by combining the ideal of personal consummation in one's roles and relations (*ren* 仁) with proper governance (*zheng* 政) as "consummate governance" (*renzheng* 仁政).

事实上,在整本《孟子》中,这种在根本上以家庭内部的个人修养为基础的国家和世界治理的模式,在孟子将个人在角色和关系中的"仁"与适当的治理"政"相结合,所创造的"仁政"的政治概念这一专业术语中得到了体现。

But importantly, the argument is not that the other thick moralities should be persuaded by this Confucian emphasis on family feeling, but rather that Italians, Ugandans, and Indonesians in going to their own immediate cultural experience might be prompted to acknowledge that on reflection, it is family feeling that serves as the minimalist morality within their own thick cultures.

但重要的是,这个论点并不是说其他厚的道德应该被儒家对家庭情感的强调所说服,而是说意大利人、乌干达人和印度尼西亚人在思考自身的直接文化经验时，可能会经过反思意识到，在他们自己厚的文化中，正是家庭情感充当了极简道德。

One major problem is that the contemporary philosophical discourse, is dominated by liberal values, in its theorizing of the conception of the political, it has not regarded family with its partial relationships as a relevant model for its regulative institutions or as a paradigmatic source of social and political order.

一个主要的问题是，当代哲学话语被自由主义价值观所主导，在其对政治概念的理论化过程中，它没有将家庭及其部分关系作为其调节制度的相关模式或作为社会和政治秩序的范式来源。

And certainly many of the citizens of the developed nations as well as the privileged urban elites in those that are less-developed subscribe to the liberal model of societies and their governments based on the Enlightenment understanding of human beings as free, rational, and autonomous individuals.

当然，许多发达国家的公民以及欠发达国家享有特权的城市精英都赞同自由主义的社会模式，而且他们的政府建立在启蒙运动对人类是自由、理性和自治的个体的理解之上。

But at the same time, the vast majority of the rest of the world's peoples in Africa, Asia, and the Middle East do not seem to define themselves in such individualistic terms. Their self-understanding is that they are embedded in a social ecology of daughters and sons, mothers and fathers, spouses, siblings, cousins, neighbors, members of clans, all with close ties to specific geographic areas, and communities, religious and secular.

但与此同时，在非洲、亚洲和中东的世界其他地区的绝大多数人似乎并不以这种个人主义的方式来定义自己。他们的自我理解是，他们植根于一个由女儿和儿子、母亲和父亲、配偶、兄弟姐妹、表兄弟姐妹、邻居、宗族成员组成的社会生态中，所有这些都与特定的地理区域、社区、宗教和世俗有着密切的联系。

Except for the Westernized elites in such areas, most of the people would define themselves in a much more relational, "Confucian" language than in

Enlightenment and modern liberal terms.

除了一些地区的西化精英,大多数人会用一种更具关系性的"儒家"语言,而非启蒙运动和现代自由主义的术语来定义自己。

From Fei Xiaotong's "differential model of kinship association"(差序格局) to the Muslim concept of *pashtunwali*, ethical obligations radiate outward centrifugally in concentric circles from the family to community and analogically to the world beyond.

从费孝通的"差序格局"到穆斯林的"普什图瓦里"(*pashtunwali*)概念,伦理义务以同心圆的方式离心向外扩展,从家庭到社区,再类推地向外扩展至世界。

It is therefore an important philosophical task of our time to inquire more deeply into the role of family feeling in the formulation of a minimalist ethic for human solidarity and for a new planetary order.

Thank you.

因此,在我们这个时代,一项重要的哲学任务就是,更深入地探讨家庭情感在制定极简主义伦理方面的作用,为了人类团结,为了新的全球秩序。

谢谢大家!

以儒家智慧超克现代弊病

郭齐勇
（山东嘉祥曾子研究院　武汉大学国学院）

唐代诗人王勃的名句"海内存知己，天涯若比邻"，脍炙人口，诸君耳熟能详。人类今天进入了信息、网络时代，新的交通工具与交往方式，使人与人的时空阻隔变得不那么重要了。但今天有了另外的问题，例如，上句古诗可以倒过来读："比邻若天涯"。这反映了当代人际疏离的现象。在高层住宅里，住在对面、隔壁单元房的人，楼上楼下的人，彼此不相识。有的小夫妻近在咫尺，却各在自己的房间埋首操作电脑、手机，面对面的亲密交流、沟通中间，徒增了电子媒介。至于父母与子女之间，同事与朋友之间，个人与社会、国家之间，陌生人之间，人与生态环境之间的关系都有了新的面相与新的问题。

当今世界日益成为一个地球村，意义世界的解体与丧失、人的孤独与异化、生态环境的严重破坏、族群间的紧张与冲突、人内在心理的疾病增多等，这些所谓现代性危机是人类共同面对的问题。每个文明都应该为现代社会的健康发展提供一些养分，我们中国能提供什么？我觉得从中国哲学智慧，特别是儒家智慧里面可以提炼、转化出一些东西，提供给现代文明，纠正一些偏颇。

在西方，一元外在超越的上帝、纯粹精神是宇宙的创造者。人与神，心与物，此岸与彼岸，身体与心灵，主观与客观，价值与事实，理性与情感，统统被打成两橛。中国哲学则打破了彼此的隔阂，强调两者的互动互补。儒家强调天人的贯通，肯定人性中有神性，主张在生活世界和日用伦常中去实践，消解心灵的偏执，破开自设的囚笼，悟得生命的本真，因此它具有开放性，不会导致宗教迷狂，没有那样激烈的排他性。

"天人合一"的主张，包含有经过区分天人、物我之后，重新肯定的人与自然、人与超自然、人与社会、人与他人的统一,强调的是顺应自然而不是片面地征服、绝对地占有自然。中国哲学家强调整体的和谐和物我的相通。他们不仅把自然看成是一个和谐的体系,不仅争取社会的和谐稳定,民族、文化间的共存互尊,人际关系的和谐化与秩序化,而且追求天、地、人、物、我的和谐化。

儒家智慧关于天、地、人、物、我之间的"和谐"思想、"宽容"思想,不仅为人类自然环境的生态平衡和社会人文环境的生态平衡提供了智慧,而且也是现代社会重要思想资源。儒学表达了自然与人文和合,人与天地万物和合的追求。其宽容、平和、贯通、兼收并蓄、博大恢宏的品格,是可以贡献给全人类的。

儒家的安身立命之道,和而不同、仁民爱物、民胞物与、中庸之道等理念与方法有深远的意义和价值。儒学的核心价值如五常(仁义礼智信)、四维八德(孝悌忠信、礼义廉耻)等,都可以改造、添加进现代的内容,予以创造转化。应特别关注孝悌、仁爱、敬诚、忠恕、信义、廉耻等德目在现代社会的洗汰与转化。

公民社会的交往伦理当然要突破古代的交往伦理。儒家有丰富的群己关系的智慧,有"成己"与"成人"、"立己"与"立人"、"己达"与"人达"之论。在"己"与"人"的关系上,孔子主张"己欲立而立人,己欲达而达人"(《论语·雍也》);"己所不欲,勿施于人"(《论语·颜渊》)。这就是忠恕之道。成就自己是在成就别人的共生关系中实现的。成就自己,同时必须尊重别人,不尊重别人,也不能成就自己。在个人与社会、国家、大群的交往上,我们提倡"忠",即"己欲立而立人,己欲达而达人",尽己之心,讲求奉献;在个人与陌生人、与他者的交往上,在不同国家、民族、宗教、文化的对话及人与自然的关系问题上,我们提倡"恕",即"己所不欲,勿施于人",推己之心,将心比心,宽容厚道。这就是"群己"这一新伦之"理"。

传统"五伦"已不够用了,应建立新的"六伦"关系。现代社会"同事""群己""邻里"之间的伦理变得越来越重要。在"同事"关系中有"上下级关系",如何健康地重建、细化,还有很多工作可做。

我继承李国鼎、孙震、韦政通,特别是张申府、张岱年先生的思想,倡导新六伦。我把"新六伦"表述为:父(母)子(女)有仁亲、夫妻有爱敬、兄弟(姊妹)有情义、朋友有诚信、同事有礼智、群己有忠恕。

城市社区与乡村儒学、民间书院的振兴让我看到了希望。

"子之所慎：斋，战，疾。"(《论语·述而》)孔子慎重地对待这三件事：斋戒、战争与疾病。

古代祭祀活动很多，参与者先要斋戒沐浴，整洁身心，才可能以虔诚、敬畏之心，去祭祀神灵。

战争事关国家的安危，百姓的存亡，必须小心慎重。孔子告诫子路：赤手空拳地与老虎搏斗，不用船去渡河的人，我是不与他共事的。我找共事的，一定是面对任务恐惧谨慎、善于谋略而能完成它，即"临事而惧，好谋而成"的人。

孔子病了，不敢随便吃药，因为关系到人的生死。

以上是孔子不能不谨慎的地方。

世界与中国的历史上经常发生战争与瘟疫，直接影响百姓的生存。

今天的世界仍然不太平，我们认为从孔子到熊十力的中国儒学对化解今天人类的危机，能起一些作用。

应调动人类的智慧，以仁智勇来应对现代挑战。孔子讲："足食足兵，民信之矣。"孔子把人民的信任，把"取信于民"放在首位。《孙子》开篇讲："兵者，国之大事也。死生之地，存亡之道，不可不察也。"民间疾苦，生灵涂炭，儒者怎能不动恻隐之心？

我们不盲目地反战，但我们强调区分战争的正义与否，应制止非义的战争，起码应有我们的声音。

华盛顿指出：抵制权力诱惑，非外在压力，纯内心自觉。对人类文明威胁最大，破坏惨烈的，是不受制约的权力，其次才是自然灾害。

我们面对新冠疫情的挑战，已有三年的防控经验，成就斐然。当然，有些工作还可以做得更细致一些。如硬性隔离、入户消杀等。重要的是与防疫共在的民生问题、物价问题，及人的焦虑、抑郁的问题是大的系统工程，需要调动各方面的积极性，稳妥地做细做实。

孔子的仁永之道与文明多样性

孔垂长

（2022 年 9 月 26 日）

各位嘉宾，各位学者，各位同道，大家好！

"2022 中国（曲阜）国际孔子文化节　第八届尼山世界文明论坛"盛大开幕，借此机会，我代表全世界三百万孔氏族人，代表至圣孔子基金会，对"2022 中国（曲阜）国际孔子文化节　第八届尼山世界文明论坛"的召开表示热烈祝贺！向所有参会嘉宾和学者同道对先祖孔子的礼敬和纪念表示崇高的敬意！

2500 多年前，孔子以仁礼之道奠定了中华礼乐文明的根基，中华礼制以祭祀等仪式和一系列制度维系着文明的传承。孔子认为，礼的精神既尊重历史的传承，也蕴含时代的创新，"殷因于夏礼，所损益可知也。周因于殷礼，所损益可知也。其或继周者，虽百世可知也。"今天我们纪念孔子，是回望中华民族的礼制之源，也是继承孔子的精神，在全球化和文明多样化的时代，探寻中华民族乃至人类的生存之道。

孔子说："为国以礼。"有子说："礼之用，和为贵。先王之道，斯为美。"中华礼乐文明以"和合大同"为追求，在人与人之间，倡导以敬为先，互相礼让，以建立和谐秩序；在国与国之间，倡导维护文明底线，并互相尊重对方之地位，以寻求天下大同。

孔子认为，礼之秩序的建立既要基于天道，也基于人心，还要尊重习俗与传统。同样，在今天的时代，不同文明之间的相处，既有共同的价值基础——这就是文明，也要尊重文明的多样性。只有在交流与互鉴之中，才能不断弥合分歧、共同发展。

近年来每当 9 月 28 日，全球有越来越多的地方在祭祀孔子，孔子所倡导的既尊重"和而不同"又追求"和合大同"的仁礼精神也得到越来越多人的认可。我们希望,中华文明与世界各大文明之间,更多一些在交流之中的彼此理解和尊重,而中华民族在更多一些文化自信的同时,也以更加开放与包容的心态,学习世界各大文明的先进之处,同时让以孔子思想为代表的中华优秀文化更多地传播到世界各地,期待一个更加和谐的大同世界推动人类的共同发展。

祝本届中国(曲阜)国际孔子文化节　尼山世界文明论坛圆满成功!

"天下归仁"和文化共同体

李润和(韩国，国立安东大学)　**李文美**(安东大学)

大家好！

我是韩国安东大学教授李润和，今天发表的论文题目是"'天下归仁'与文化共同体"。我要发表的论文分为四个主题。下面简单概括重要部分。

第一，关系秩序中的个人自由和责任。

人类只有以普遍本性为基础，发挥个人独特的个性，才能真正实现自我。人类在日常世界中，在不超越人伦界限的范围内，为享受自由而不断努力。为了实现真正的自我和享受真正的自由，首先要进行自我修养，以规定个人生活理想的价值为导向。

处于关系秩序中的个人应该通过自我修养，为道德自由而努力。同时在自己和他人的关系中，要发挥主体作用，积极地对自己和他人的行为自觉地负责。在人类的相互关系中，责任不是单方面的，而是相互负责。基本上，人类的行为是自由意志的产物，它与被因果法则所束缚而产生的自然现象具有本质的区别。对人类自由意志的信任使对行为结果的责任追究到行为主体，即导致其结果的当事人个人，这是理所当然的。因为只有人类才有自由意志，责任与这种自由意志发生的行为结果是相关的。

关于责任，儒学的忧患意识源于对理想现实的展望。忧患意识是以强烈的道德意识为基础，经常用危机的观点来看待现实，试图克服危机。责任意识来自这种忧患意识。没有关于现实的问题意识，就不可能有危机意识，没有危机意识，就很难产生处理问题的责任意识。

第二，"克己"和"正心"的当今意义。

"克己复礼为仁"基于孔子对人类存在的肯定、对人类尊严的信任以及对生活的热爱,以此为前提,表达了他对现实世界的肯定和希望。"克己复礼"非常明确地代表了孔子关于"仁"的实践方案的理想;此外,以诚意和正心为基础,通过修身齐家,在现实世界中不断实践《大学》中治国平天下的理想;同时提出了适用于任何时代的人类所需的普遍答案,因此一直备受关注。如果说现实中"复礼"是以与他人关系为前提,具有体现理想社会现实性的社会规范性质的话,"克己"则超越了通过自我反省保存或培养道德性的原理意义,能够理解与我一起构成社会的他人,并维持与他们的共存,它具备实施规范的基本条件,具有更强的实践意义。

作为道德实践的具体主体,"克己"不仅要确立能够解决个人内外矛盾的"己",而且要建立人际关系,因此不仅可以解决处于危机状况中的自己,还可以解决与自己有关的社会矛盾,这可以成为非常重要的现实性自我修养。从这一点来看,《大学》的"正心"也是通过个人认识到自己的本性,通过道德主体的自觉,理解与我一起构成社会的他人,为了维持与他们的共存,需要正确理解并实践作为社会规范的"礼",使之成为真正的共同体意识恢复和实践的原动力。

第三,"复礼"的实践性和"天下归仁"的普遍性。

如果说仁具有道德主体向他人发展的倾向性,那么礼则会使得他人对主体产生影响。因此,在儒学中,仁所具有的意义是通过完成个人的道德而帮助他人完成道德,而礼则是在与周围社会成员的关系中,通过尊敬和照顾他人而完成道德。从理论上讲,仁是礼的本质,但从实践的立场来看,礼是实现仁的行为的根本。

虽然对仁和礼关系的讨论自然而然地引来了对克己复礼的多种解释,但最终从内部来看,通过人性化的自我反省确立道德上的自我,从外部来看,其归结为主体性的、自发性的参与现实的讨论。因为他们肯定了仁的实践可以通过确立道德主体,扩展到人类自发、能动性的社会伦理活动。如果将礼定义为以与他人关系为前提实现理想社会的实践规范,那么"复礼"就意味着通过个人自觉,依靠社会关系回归生活。换句话说,"复礼"不仅是学会了社会所赋予的礼并自觉恭行,而且从体现仁的道德价值的伦理行为来看,具有实践礼的扩张意义。

最终,"为仁"和"归仁"超越了个人的自觉,具有追求家人、社会以及国家与天下连接的共同体和平的人类普遍价值的意义。因此,以"克己复礼为仁"的孔子思维为依据的道德省察和伦理行为,对今天的我们来说,仍然可以成为确保和平幸福生活的最重要的实践依据。

最后,关于实践儒学价值的文化共同体的成立,个人见解如下:

最近,共同体在概念和实际面貌上变得灵活多样,其成员超越地理限制,加强互动,具有强烈的追求共同连带的倾向。考虑到文化所具有的这种普遍性、人类连带性和道德性质,以文化为基础的共同体具有超越民族或国家等共同体的利己性的潜力,而事实上这些正在成为现实。

"文化共同体"不是以政治、经济问题为中心的主题,而是以文化和精神指向为目标的地区合作共同体。即,文化共同体是指以经过历史洗礼的文化和精神共同性为基础,相互尊重文化个性和多样性,探索人类能普遍认同的所有价值观,谋求更加密切的文化价值的正式、非正式的文化连带体制。

在实践儒学价值的共同体讨论中,这些价值不能成为否认西方文明普遍要素的封闭的地区主义理论,也不能被利用为国家主义意识形态。同时,要想实践儒学价值,首先应该像之前多次强调的那样,在东亚人的日常生活中应该出现变化的可能性,而且个人应该切身感受到这种变化。当然,也要注意胡塞尔的哲学性文化共同体建立建议,即摒弃个人、日常的视角,以旁观者的开放姿态看待世界;另一方面,共同体讨论不应局限于知识分子的讨论,要打破追求富国强兵的 20 世纪文明论的局限。更进一步说,2022 年 9 月,即目前而言,包括资本、市场经济、全球化影响下的政治、经济、军事和文化共同体在内的所有共同体,为了平息新冠肺炎大流行、乌克兰战争等余波,应该为文化的相互理解和创造文化价值而更加努力。

谢谢大家的倾听!

文化自信与国际话语权

龙永图

各位来宾，女士们、先生们：

今天能有机会参加尼山世界文明论坛，十分高兴。有幸听取了这么多政要、专家学者的讲话，使我对当前的国际形势和国际关系的发展有了更多深层次的理解。

我多年从事对外工作，其中一直困扰着我们的是国际话语权问题。经过40多年的改革开放，今日的中国已经和过去不能同日而语。我们已经成为全球第一工业大国、第一出口大国、第一外汇储备国和第二大经济体。但我们在国际上的话语权与我国的经济实力不相匹配，更与我国5000多年文明大国的影响力不相匹配。更令人困惑的是随着我国经济的崛起，对于我国政治、经济、外交政策出现了许多杂音。西方媒体充斥着对我国的质疑、误解，甚至对立仇恨。为了给我们的发展营造更好的发展环境，为了能为世界和平发展作出更多的贡献，提高我国的国际话语权的任务十分紧迫，但又相当艰苦，要作出长期的努力。

党的十八大以来，以习近平同志为核心的党中央十分重视让世界听到中国的声音。习近平总书记讲："世界那么大，问题那么多，国际社会期待听到中国声音、看到中国方案，中国不能缺席。"习近平同志还特别重视从历史和文化的高度，回答世界关于中国的发展道路和一个不断发展的中国怎样处理同外部的关系等问题。

大家还记得习近平主席在2015年深秋，在接见"读懂中国"国际会议外方代表时讲的一段很有名的、十分深刻的讲话。习主席讲："我们从哪里来？我们走向何方？中国到了今天，我无时无刻不提醒自己，要有这样一种历史感。"

我们提出了中国梦,它的最大公约数是中华民族的伟大复兴。中国有坚定的道路自信、理论自信、制度自信,其本质是建立在5000多年文明传承基础上的文化自信。

我们今天举行的尼山世界文明论坛就是本着"以至诚为道,以至仁为德,和而不同,协同万邦,利己达人"等中华文化的理念,把世界大同、天下一家的梦想作为我们追求的目标。这是扩大我们的传播影响,争取我们的国际话语权的文化基础。正是基于这种文化自信,我们才可以建立起我们的话语体系,打破西方话语体系长期的垄断。

这就是为什么在提高我们的国际话语权方面,我们必须十分强调自信,包括道路自信、理论自信、制度自信,特别是我们的文化自信。只有自信,我们才能在世界上发出响亮而清晰的声音,响亮表现中国作为一个大国的担当;清晰表现中国脚踏实地,以说到做到的精神,对人类作出贡献。

当前,在建立国际话语权方面,我们面临许多问题,讲什么?怎么讲?我认为在讲什么的方面,要特别重视先讲习近平主席提出的弘扬全人类共同价值,推动构建人类命运共同体的理念。面对百年未有之大变局,世界向何处去?大家都很困惑,包括西方也众说纷纭,甚至不知所措。习近平主席给出了明确的答案,那就是构建人类命运共同体。构建人类命运共同体体现了我们始终从广阔的世界眼光,从人类发展的大潮流、历史变化的大格局出发,关注人类的命运和前途。基于这个目标,我国的对外政策就是坚持开放、不搞封闭,坚持互利共赢、不搞零和博弈,坚持主持公道、伸张正义,这一切又都是基于我们认同的人类共同价值:和平、发展、公正、公平、民主、自由,这些共同价值从来不是西方的专利,许多都是来自我们几千年的文明史。我们要认真地研究这些共同价值怎样来自我们的传统文化当中,让世界看见这些共同价值存在于中华民族的基因当中,从而坚持文化自信,理直气壮地推动构建人类命运共同体。在加强我国的话语权方面还有一个怎么讲的问题。当然我们应该注意用外国人听得懂的方式做到入耳入心,但更重要的是要讲事实,宣传在构建人类命运共同体方面,我们中国人这些年做了什么。

我们在践行我们的全球治理观方面,始终强调真正的多边主义,它与少数国家搞小圈子,图谋一己之私利成为鲜明的对比。在最近举行的上海合作组织元首理事会期间，习近平主席就总结了上海精神的内容，也就是：互信、互利、平等、协商、尊重多元文明、谋求共同发展。一位土耳其的朋友说，上海合作组织成立以来，中国发挥了积极的作用，上合组织已经成为当今世界幅员最广、人口最多的综合性国际组织，为其他组织的发展树立了榜样。上合组织就是真正的多边主义典范，越来越多的国家申请加入上合大家庭，表明上合组织的理念深入人心，发展前景被广泛看好。上合组织命运共同体的形成为世界向构建人类命运共同体迈出了重要的一步。

这些年来，在构建人类命运共同体中，我们最大的工程是建设高质量的"一带一路"。"一带一路"建设已经给世界带来了真正的变化，目前中国企业对沿线国家的投资累计超过1000亿美元，对外承包工程超过7200亿美元，随着1000多公里的中国－老挝铁路的通车，我们不仅看到了年轻时就梦想着的泛亚铁路的建设，而且雅加达到万隆的高速铁路很快也要建成，这将是东南亚第一条高速铁路。中欧班列已经开通了82条运行路线，可以到达国外200个城市。特别是近年来数字经济的发展，在"一带一路"实施的八年来，已经覆盖了广泛的基础设施网络，形成了基于产业链、供应链的经贸格局，"一带一路"已经成为构建人类命运共同体的实践平台和现实路径。人类社会先后经历过农业文明、工业文明，并正在开启数字文明。而数字文明特别需要坚持"联结、融合、共生"，倡导协同发展和共享发展，这正好契合"一带一路"倡议的共商、共建、共享的原则，"一带一路"一定会成为人类新文明的强有力的纽带。

女士们、先生们，面临极其严峻的国际形势，我们依然充满了信心。我们知道扩大我国的国际话语权，关键还是要把自己的事情做好，使我们的国家更加安全、繁荣和富强。在我国传统文化的支撑下，我们一定要坚持文化自信，把中国故事讲好，让世界读懂中国，久久为功，创造一个更好的国际环境，为国家实现民族复兴，为世界实现和平发展作出我们的贡献。

深度整理古籍文献，传承发展中华智慧
——学习"两办"《关于推进新时代古籍工作的意见》笔札

舒大刚

（四川大学　国际儒学研究院　古籍整理研究所）

继40年前中共中央《关于整理我国古籍的指示》之后，今年4月11日中共中央办公厅、国务院办公厅又印发了《关于推进新时代古籍工作的意见》（下称《意见》），这是中国人文化自信继续向深度广度推进的重要标志。《意见》号召："做好古籍工作，把祖国宝贵的文化遗产保护好、传承好、发展好，对赓续中华文脉、弘扬民族精神、增强国家文化软实力、建设社会主义文化强国具有重要意义。"因为中国古籍是中华文明和学术思想的主要载体，是中国古代社会的历史文化、哲学思维、精神信仰和价值伦理的集中承载，整理好古籍文献，深入挖掘和阐释其中蕴含的思想学术、特别是哲学思维，对我们总结历史、服务当代、走向未来都是非常重要的。中华古代圣贤认识世界的方式方法、阐释世界的理论观念，以及分析处理世界的原则尺度，都系统地反映于古籍文献之中。整理古籍不仅仅是从形式上、物质上对古籍进行修复、还原或标点工作，而且是深入挖掘其中丰富内涵、系统阐释其思想学术，并实现其创造性转化、创新性发展，做好马克思主义与中国革命具体实际结合、与中华优秀传统文化结合的伟大事业。特别是阐发古籍中蕴含居于群学冠冕地位的"哲学"思维，更是首要的任务。"哲学"是爱智之学，是人们认识世界、解析世界、改造世界的根本理论和基本方法。真正对中华先贤哲学思维进行研究和总结，就能从根本上认识中华文明特征、中国话语体系和东方智慧模式，为实现中华文化"两创"、马克思主义"两结合"找准切入点，把握总纲领。

《意见》明确要求，"系统整理蕴含中华优秀传统文化核心思想理念、中华传统美德、中华人文精神的古籍文献，为治国理政提供有益借鉴。"中华古籍浩如烟海，十分丰富，按大类分有"六艺（经学与史学）、诸子、诗赋、兵书、术数、方技"六略（或"经、史、子、集"四部），分别反映了儒家理论、诸子（含释道）哲学、文学艺术、军事谋略、科学技术和医药保健等学术成果及其哲学思维，我们要讲明上述各门科学在中国古代的学术创新、理论创造和哲学升华，自然非深入钻研古籍文献而莫可如何！认真整理、发掘、梳理和研究这些文化古籍，是后世学人反观古代历史文化，追溯古先圣哲智慧，为当代治国理政服务的必由之路，也是实现中国特色的哲学社会科学体系构建不可或缺的内容。

《意见》特别关心"注重国家重大战略实施中的古籍保护传承和转化利用。系统整理蕴含中华优秀传统文化核心思想理念、中华传统美德、中华人文精神的古籍文献，为治国理政提供有益借鉴。"中国现存传世古籍以儒家经典"六经"（《乐经》亡佚）时代最早、影响最大，据《庄子·天下篇》所言，"《诗》以道志"是情感哲学，"《书》以道事"是历史哲学，"《礼》以道行"是行学科学，"《乐》以发和"是音乐哲学，"《易》以道阴阳"是宇宙哲学，"《春秋》以道名分"是政治哲学。"六经"是先贤智慧在不同领域的学术思考和哲学表达，是中华文化根、魂、源最具特色也最集中的呈现。《周易·系辞传》"易有太极，是生两仪，两仪生四象，四象生八卦，八卦定吉凶，吉凶生大业"，系统地构建了中国人的宇宙观和万物生成论；《序卦传》"有天地然后有万物"，有万物然后有男女、夫妇、父子、君臣、上下、礼义的理论，系统展示了中国古人认识万物进化、社会发展的系统观和历史观。以《周易》为代表的"三易"系统的"阴阳"观念、"穷变通久"、"中正""时中"、"变易""不易""简易"等辩证逻辑，《尚书·洪范》"五行"（水火木金土）揭示的事物相生相克的物类普遍联系、推衍生灭的唯物观念，又为我们认识宇宙、解释社会、指导人生，提供了理性武器。《论语》中"志于道，据于德，依于仁，游于艺"的构想，《孟子》中"四端""五行"及"尽心知性""知命知天"的揭秘，《礼记·中庸》"天命之谓性，率性之谓道，修道之谓教"和《大戴礼记·本命》"分于道谓之命，形于一谓之性"的定义，为中国人提供了知性知天、做人做事的根本法则。"史部"地理类《山海经》这样的志怪之书,也为我们保存了"德仁义礼信"或"德顺礼信"的宇宙观和人生观。"子部"著录的中国古典哲学另一分支《老子》《庄子》等经典所代表的"尊道贵德""自然无为"的哲学体系,具有丰富系统的辩证法思想。《老子》以"道"为万物本体,以"德"为万物生成模式,《庄子》以"相对"主义、"无为而无不为"为运动方式,一定程度上展现了那个时代最高的对事物变化、转化的认识水平。《吕氏春秋·不二》"老聃贵柔,孔子贵仁,墨翟贵廉(兼),关尹贵清,子列子贵虚,陈骈贵齐,阳生贵己,孙膑贵势,王廖贵先,儿良贵后",以及《尸子·广泽》"墨子贵兼,孔子贵公,皇子贵衷,田子贵均,列子贵虚,料子贵别囿"等价值揭示,西汉王褒、严君平、扬雄"道德仁义礼"的五德构建,都为我们展现了丰富的古代智慧的认识历程,也为我们总结古代哲学思想提供了丰富的元素。至于"诗赋"和"集部"文献,更是汇集了许多哲学思想的文学表达。

"民族的才是世界的"。文化因互鉴而精彩,文明以互补而进步。《意见》反复强调,要"把中华优秀传统文化的精神标识和具有当代价值、世界意义的文化精髓提炼出来、展示出来"。中华民族不仅为古代人类文明进程的发展,提供了"四大发明"和"二分之一以上的科学发现和技术创新",还为人类认识世界改造世界提供了系列且特别的思想方法。自十九世纪末二十世纪初以来,中外学人撰写了多部《中国哲学史》,在中华哲学思维的西式表达和对话方面,取得很大成绩。但是除了1915年在中国出版第一部《中国哲学史》(谢无量编著)尚保持中国固有话语体系外,其他有关中国哲学的著述,多半是运用西方模式来书写《中国哲学史》,人们习惯于在西方哲学框架下进行"中国哲学"填空,难免削足适履和遭遇中国有无哲学之拷问。现在,认真归纳总结蕴藏于古籍中的思想理念、传统美德和人文精神,是我们重写文明进步的"中国文化史",重塑丰富多彩的"人类文明史"的需要,有意识地构建中国特色、中国风格和中国话语的"中国的哲学史"体系,是实现中华传统文化创造性转化、创新性发展的必由之路,也是提高文化自觉,增强文化自信,丰富世界哲学思想宝库的需要。中国以"三易"阴阳、《洪范》"五行"为代表的宇宙观,以《易传》为代表的"天人合一""三才合一"的实践学说,以《老》《庄》抽象的"道"为代表的形上哲学,以《论语》《大学》《中庸》《孟子》《荀子》为代表的"人本""民本"和"性本"哲学,以扬雄、韩愈、周程张朱陆王"心性""理气"为代表的性理哲学,以佛道"成仙""成佛"为代表的出世哲学,为我们树立了中国古代哲学的突出坐标。我们可以利用这些古典资源,进行历史的恢复和哲学的再思考。

《意见》呼吁"挖掘古籍时代价值",在古籍整理的传统方式(注释、笺证、训诂、章句、正义、集疏等)基础上,融会贯通"我注六经,六经注我"的方式方法,"提高古籍普及出版质量,做好经典古籍精选精注精译精评",依托古籍特别是经典文献,揭示和阐发其中蕴含的哲学思想、道德伦理和知识技能。面对日益缺失的信仰问题,我们可以重新阐释《礼记·祭义》中孔子关于"夏人尊命"(重天道、贵自然)、"殷人尊神"(敬祖宗、明阴阳)、"周人尊礼"(重礼乐、贵仁义)的概述,揭示三代圣贤如何解释人类乃至万物"从哪里来、到哪里去、现在怎么办"的问题,实现人类普遍需要的"现实关怀、临终关怀和终极关怀"。面对中国哲学史书写过分西化问题,我们可以利用"三易"揭示的"阴阳"观念、《洪范》揭示的"五行"学说,《易传》和"蜀学"揭示的"三才"思想,孔子子思倡导的"中庸"理论,儒家经典确立的"尊师重教""学以致道""教学为先""格物致知"等认知途径,构建起中国自己系统的揭示事物本质、发展规律、运行模式和守中原理的世界观、认识论和方法论。面对道德滑坡、价值观混乱问题,可以利用儒、道等诸子思想资料,构建"道为之元,德为之始"、"仁义礼乐"为用、"孝悌忠信礼义廉耻"为行的道德哲学和情感哲学;利用《论语》《孟子》等古籍中对道德伦理、人文情怀、社会关系和日用常行的各种论述,梳理归纳出"孝悌忠恕勤、温良恭俭让、恭宽信敏惠、仁义礼智信、天道命性情"等实践伦理,为提高人们的个人品德、家庭美德、职业道德、社会公德和天地大德服务。面对"中国哲学史"撰写过分西化的问题,我们可以利用典籍中的诸子学说、百家理论,以及分散在"六略"或"四部"文献中的丰富资料,描绘出中华先民在认识世界、解释世界时的不同角度,不同立场,不同重点,不同标准,不同层面,不同作用……的复杂纷繁、五彩缤纷的心路历程、思想火花和哲学思维,构建中国特色的哲学史学术体系和话语体系。

　　文献从来都是思想学术的最好载体,也是新思想新学术酝酿的温床。从前,孔子利用"旧法世传之史"整理阐释形成上传下启的"六经";后世儒者通过"游文于《六经》之中,留意于'仁义'之际"等方式,创造性地构建起了庞大的儒家学派和系统的儒学理论。今天,我们也可以深入整理阐释古籍,融汇百家学术,用中国固有的观念术语、思维框架和思维模式,在更大的视阈中还原出本来的学术历史,挖掘出别样的哲学体系,进而丰富(而不是雷同)世界哲学文化宝库。我们高兴地看到,在经过近百年"以西律中""以欧范华"的实验和探索之后,有若张立文、郭齐勇等先生,已经逐渐掀起了"重写中国哲学史"的活动,这是吾人值得庆幸和期待的!

中国道路的独特性与人类文明新形态

王国良

（安徽大学哲学系）

习近平总书记最近提出，要"弘扬中华文明蕴含的全人类共同价值"，"讲清楚中国人的宇宙观、天下观、社会观、道德观，展现中华文明的悠久历史和人文底蕴"[①]。在漫长的历史进程中，中华民族以自强不息的决心与意志，筚路蓝缕，跋山涉水，走过了不同于世界其他文明体的发展历程。我们要深入阐明中国道路独特发展历程，阐明中华文明蕴含的世界意义，要立根铸魂，更好构筑中国精神、中国价值、中国力量，为构建人类命运共同体、促进人类大同、实现人类文明新形态作出积极贡献。

一、传统中国道路

中国，位于亚洲大陆东部，东南延伸到一望无际的海洋，北部毗连茫茫戈壁草原，西北通过喜马拉雅山脉和葱岭连接中亚和南亚地区。中华文明从起源时就幅员辽阔，族群繁庶，文明的规模和能量巨大。考古发现证明，在黄河流域的中原地区和长江流域的平原地区，几大文化区几乎同时出现并相对独立发展壮大。新石器晚期中国以仰韶文化即华夏文化（约公元前7000—前5000）为中心的几大文明区都表现为定居的农耕文明。农业生活不仅培育了家园感、故乡情，而且最易引发对自然环境的亲和感，人们对不变的土地、树木、山川河流与周而复始变化的四时寒暑、日月运行，逐渐认识了解而感到熟悉亲切。中国较早的经典《诗经》中的许多篇章表现了人类跟随自然的节奏而生活的过程和情趣，人们在自己的生活中体验到与生动的自然界有不可名状的息息相通之处，由此积淀为人与自然和谐共存心理。《豳风·七月》虽然流

---

① 习近平：《把中国文明历史研究引向深入，增强历史自觉坚定文化自信》，《求是》2022年第4期。

露出对农业生活忙碌辛苦的感叹,但更表现了华夏先民跟随自然节奏生活的时新情绪:"春日载阳,有鸣仓庚。""四月秀葽,五月鸣蜩。""七月食瓜","八月剥枣","九月筑场圃,十月纳禾稼。""朋酒斯飨,曰杀羔羊。跻彼公堂,称彼兕觥,万寿无疆。"诗中表现先民通过劳动感受到自然的流转生机以及人的性情与自然性情相交融的和谐统一,表现出生活就是人与大地万物的相互依托,以及在辛苦之后享受劳动成果的舒畅心情。通过《诗经·国风》的诗章我们可以推断,上古时期的几大定居的农业文明很容易通过交通、移民、战争相互接近、相互接受和相互融合,已经有大致相同的习俗、信仰、文化、语言。长期的农业生产生活让中华文明形成爱好自然的伟大传统。

传统中国即近代以前中国的发展道路大致经过"邦国"联盟、(不发达奴隶制)、封建制、郡县制三个阶段(加一个附带阶段)。

在世界史人类学视野里,人类早期的发展阶段通常称为部落和部落联盟时期。在中国词语里,早期部落通常称为"邦"和"国",中国社会的早期发展阶段也可相应地称为"邦国"联盟时期。《尚书·尧典》称尧"协和万邦",《左传·哀公七年》说"禹合诸侯于涂山,执玉帛者万国",这里的"万邦"和"万国"说明当时中国大地部族林立,人口众多,且相互联系,有统一的领导。如果以仰韶文化为标志,中国至少在5000年前就进入邦国联盟时期。

在邦国林立即农业氏族组织时期,氏族部落的人已经猜测到人起源于动物,产生了氏族的动物图腾崇拜。图腾是氏族的徽号和保护神。在氏族融合过程中,动物图腾也不断整合,由蛇等动物整合(夏后氏)为龙,由燕子等其他鸟类整合为凤。龙、凤已经是具有抽象性理想性的动物,后来成为中华民族共同的图腾。氏族部落一般都有祖先崇拜。祖先崇拜对氏族家庭直至民族能够起到巨大的维系文明的作用。各部族祖先崇拜不同,但通过战争、移民、部落联盟等交往活动,各部族祖先崇拜也实现不同程度的融合,炎、黄二帝逐渐被推为中华民族的共同祖先,反映到思想家的脑海里,就形成天下一体的大同理念和天下观。中国其实是个大熔炉,中华民族是不同种族和不同文化在漫长的历史中不断交流融合而形成的文化共同体。包容、开放的心态,铸就了伟大的中华文明。

司马迁著《史记》,以《五帝本纪第一》开篇,五帝又以黄帝为第一,黄帝以前的历史以及历史人物难言之,确实有内在的缘由,即:中华文明发展到黄帝时期,才开始出现有政治意义的组织模式、治理模式,才开始出现国家的雏形,即原始部落联盟,或邦国联盟,黄帝统一了黄河流域的大片土地,成为中原部落联盟的首领。司马迁说:"轩辕之时,神农氏世衰。诸侯相侵伐,暴虐百姓,而神农氏弗能征。"①神农、黄帝之交,社会的原始自然秩序趋于解体,天下纷扰,诸侯混战,其中蚩尤、炎帝最为横暴和强盛,侵凌百姓,弱肉强食。面对蚩尤、炎帝的挑战,黄帝坚决起而应战,联合其他部落打败蚩尤、炎帝,除暴安良,建立邦国联盟,这次胜利,对后世产生了深远影响。春秋战国时期,齐威王提出"远效黄帝,近师桓公",把齐桓公管仲联合华夏诸侯打败夷狄交侵的功业与黄帝的功业联系起来,至少表明管仲的事业与黄帝的功业有前后一致的继承性。春秋初期,夷狄交侵,中国不绝如线。管仲举起"尊王攘夷"的大旗,团结华夏各国共御外辱,在中华民族历史上第一次打退了外族对华夏民族的入侵,有功于中华民族。孔子对此作过很高评价:"管仲相桓公,霸诸侯,一匡天下,民到于今受其赐。微管仲,吾其被发左衽矣。岂若匹夫匹妇之为谅也,自经于沟渎而莫之知也。"(《论语·宪问》)"桓公九合诸侯,不以兵车,管仲之力也。如其仁!如其仁!"(《论语·宪问》)在孔子看来,如果不是管仲的功业,华夏部族就要处于夷狄的奴役之下,连衣服都要改换成外族的服装了。孔子把"仁"看做是很高的境界,未尝轻易许人,但对于管仲的作为却连称"如其仁!如其仁!"可见管仲的事业符合孔子的理想。孔子对管仲的赞许未尝不可看做孔子对黄帝的颂扬。

黄帝时期创造了先进的社会文明体系和社会生活方式,提高了劳动生产率,把广大人民的生活水平提升到新的水平。儒家道统的核心内容,就是仁义精神,就是民本思想,就是以人民为中心。黄帝的自然社会政治实践,就是以人民为中心,就是儒家民本思想的源头。"黄帝之初,养性爱民"(《万机论》)[2],"万民欲令黄帝行天子事,黄帝仁义"(《龙鱼河图》)[3],"黄帝修德抚民,诸侯咸去神农而归之。"(《帝王世纪》)[4]"轩辕乃修德振兵,治五气,艺五种,抚万民,度

---

① 司马迁:《史记·五帝本纪第一》,北京:中华书局1982年11月版,第3页。
② 转引自马骕:《绎史》一,北京:中华书局2002年1月版,第36页。
③ 转引自马骕:《绎史》一,第34页。
④ 转引自马骕:《绎史》一,第32页。

四方","顺天地之纪,幽明之占,死生之说,存亡之难。时播百谷草木,淳化鸟兽虫蛾,旁罗日月星辰水波土石金玉,劳勤心力耳目,节用水火材物。有土德之瑞,故号黄帝。"[1]。

黄帝建立中华民族历史上第一个部落联盟,或邦国联盟,奠定了国家雏形,开启了中华民族治国理政的最初模式。"置左右大监,监于万国。万国和"[2]。这就是说,黄帝治理邦国联盟的最初方式是向各邦国派驻代表"大监",监督考察协调各部落的政治经济社会文化活动,统一政令岁历生产生活节律,万国之间得以统一协调发展,人力物力智力得以集中运用,民族精神向心力得以凝聚,中华民族得到蒸蒸日上的飞跃式发展。周代的封建制,向各个地区分封王族功臣勋戚为诸侯,"封邦建国",是黄帝"监于万国"模式的扩张。春秋战国时期,中国社会从封建制向郡县制过渡转化,郡县制,主要就是根据具体情况把国家划分成若干区域,由中央集权政府派出官员到各地进行管理。郡县制实际上是"监于万国"制度的具体化、彻底化。从某种意义上说,黄帝确立的"监于万国"的管理模式对中国影响深远,反映了黄帝在国家肇造时就表现出高度的政治智慧。

《史记·五帝本纪》的帝系是黄帝、颛顼、帝喾、尧、舜。接着是《夏本纪》。我们通常说尧舜禹、夏商周,司马迁把尧舜和禹分开,单独为夏禹作《本纪》,当别有深意。同是邦国联盟,尧舜禹时代联盟盟主或领袖是禅让制,是选贤举能,从夏禹开始,联盟盟主开始世袭传授。夏商周成为三代,在文化上有损益传承关系,但夏商和周之间有重大区别。夏和商依然是邦国联盟,盟主实行世袭制,夏商在社会体制上属于邦国联盟的后期,存在大量的奴隶与奴隶劳动,具有准奴隶制特征;受其统治的小邦,还有未受其统治的远邦如"淮夷"等整体而言尚未有明显奴隶劳动特征。殷商在社会性质上可以定性为不发达的奴隶制,属于过渡阶段。

周原为大邦殷商西部的从属于殷的小部落,殷商后期统治者腐败堕落,小邦周联合其他小部落打败了大邦殷,取得领导地位。周取得领导地位后,实行了重大的制度变革,即把传统的邦国联盟制度改为封建制,即"封邦建国"制。

---

[1] 司马迁:《史记·五帝本纪第一》,第3、6页。
[2] 司马迁:《史记·五帝本纪第一》,第6页。

如果说早期的邦国联盟制的形成是一个自然历史过程,那么封建制就是第一次有意识的政治制度建设。"武王克纣之后,立武庚,置三监而去,未能抚有东土也;逮武庚之乱,始以兵力平定东方,克商践奄,灭国五十。乃建康叔于卫,伯禽于鲁,太公望于齐,召公之子于燕。其余蔡、郕、郜、雍、曹、滕、凡、蒋、邢、茅诸国,碁置于殷之畿内及其侯甸;而齐、鲁、卫三国,以王室懿亲,并有勋伐,居蒲姑、商、奄故地,为诸侯长;又作雒邑为东都,以临东诸侯;而天子仍居丰、镐者凡十一世。"①这就是封建制的建立过程。也是中国道路第二个阶段"封建制"开始的过程。

根据中国传统的史学理论,封建制在中国历史上首次出现时大约延续了1500年时间,即从公元前1700年至前200年,相当于殷周时代至春秋战国时期,特别是西周,是比较典型的封建制社会。春秋战国时期开始从封建社会向郡县制过渡。春秋战国时期被称为"王纲解纽","礼坏乐崩",实际上就是封建制解体、新的郡县制产生发展。战国后期秦王朝的统一初步完成了这一过渡,第一次确定郡县制为国家政治体制。

从秦朝开始,中国道路进入第三阶段,即郡县制阶段。郡县这一术语由"郡"、"县"两个语词构成,通常用以表示由中央派遣的非世袭的太守、县令及从属官吏所构成的地方行政体系对所属的分层行政区划实行统一而划片的领导,即对全国进行分层区划,由中央集权或君主制中央政府以及各级地方行政机构对全国实行统一领导。最初这些地方行政单位可能只是建立在新拓殖或新占领地区,后来才施行于原来属于贵族封地的区域。

"县"首先出现在春秋战国时期的新兴国家之中。"郡"作为行政单位的涵义在"县"之后出现,它最初只在《左传》公元前493年的史录中出现。大约在公元前400年,魏国设置了第一个"郡"。此后郡的体制广泛普及。"郡"与军事占领地区更紧密相关,与早期的"县"相比,具有更明确的非世袭特征。到战国时代的最后150年间,"郡"和"县"已经普遍存在。"郡"是较大的行政单位,可被划分为数量不等的若干个"县"。

郡、县合并作为复合词,直到司马迁的《史记》才见运用。因此,直到秦朝完成向新体制的过渡,才使用郡县这一术语,甚至可能是司马迁本人所创造,

---

① 王国维:《观堂集林》卷十《史林二》,北京:中华书局1959年版,第452页。

用以描述变化了的形势。在《史记》中,郡县常常与秦朝以及贵族体制的消亡相关。秦朝统一全国不久,召开了一次政治学术讨论会,有政府官员和不少博士参加。有博士认为应该恢复分封制,廷尉李斯否定了这种观点,建议实行郡县制。李斯向秦始皇建言:"昔者五帝地方千里,其外侯服夷服诸侯或朝或否,天子不能制。今陛下兴义兵,诛残贼,平定天下,海内为郡县,法令由一统"。(《史记·秦始皇本纪》)于是秦朝分天下为三十六郡,正式实行郡县制。

在近代以前的中国社会历史理论中,封建和郡县,分别代表不同的社会政治组织形式和先后两个社会发展阶段。传统史学家普遍用这两个范畴来理解中国历史。在封建制度下,社会不是由国王直接统治,相反,是由世袭的地方贵族以分权的形式进行统治,这些贵族被授予一片封地由其治理;郡县社会则是由中央集中管理,国家划分成若干行政区域,通过由君主按照一定考核程序任命的官员进行治理。封建社会有一个世袭贵族集团,等级森严;而郡县社会有一个以财富、才能和教育程度为基础的精英士大夫集团,是相对开放的社会体系。此外,二者还有如下区别:首先,封建制度对于土地、劳动力、产品的出售有严格的社会政治制度的限制;在郡县制度中,这些物品的出售有相对的自由。其次,封建制度具有军事尚武精神,郡县社会则具有市民的或商业的观念。最后,封建秩序在意识形态上有很深的宗教和神灵信仰,郡县社会却趋向于人文的、世俗的精神。

中国道路的第三个阶段,郡县制阶段,从秦朝开始。但郡县制运行并不稳定,从汉代开始封建制部分复活,从汉到唐朝是郡县制与封建制交替并存时期;到宋代郡县制再度占据主流地位,封建制基本退出历史舞台,贵族基本消亡,儒家知识分子构成统治阶层的精英集团。宋元明清是郡县制的全盛、成熟和走向衰落时期。郡县制从秦朝算起,到清朝覆亡,大约运行 2000 年时间,其中秦朝到唐朝约 1000 年时间是不完全郡县制,从宋朝到清朝约 1000 年时间是完全郡县制。

中国在历史上既是疆域概念,又是文化概念。中国最初是指华夏文明的核心区,四周分布北狄、南蛮、东夷、西戎。在核心区遭到侵犯时讲夷夏之分,但夷夏之分很快不以疆域、种族、肤色为标准,而是以文明和野蛮为实质内容,奉行中国礼仪文教则为中国,否则就是夷狄。就是中国本土核心区,如果不实行中国礼仪文明制度,也可以说是"亡国",是"新夷狄",而夷狄如果奉行中国文教,即为"新中国"。例如《左传·宣公十二年》记载晋楚之战,晋属于华夏核心国,楚国是外邦蛮夷,楚国打败了晋国,但春秋左传记载说楚是君子,晋反而是夷狄,就是因为楚国所到之处不抢占别国土地,不虐待俘虏,而晋国却烧杀掳掠,抢占土地,失去中国文明精神。从疆域来说,中国可大可小,大的时候,比如唐朝,根本就不清楚中国的边界在哪里。从文化来说,只要奉行中国礼仪文教,都可以称为中国。"夷狄进至于爵,远近大小若一",这就是大同。大同理想,天下为公,直到康有为、孙中山,依然是奋斗的理想。

二、现代世界体系

西欧社会发展道路,古希腊罗马的奴隶制度奴隶经济与近代资本主义经济制度发展较为充分,给人留下深刻印象。罗马帝国灭亡,西欧社会进入中世纪封建社会。与古代中国相比,西方进入封建社会时间较晚。封建社会于后期开始解体,接着进入君主专制的民族国家时代,这一时代与中国郡县制有相似之处,但时间较短,形成中世纪封建社会与资本主义社会的过渡阶段。绝大部分学者认为,近代资本主义是从欧洲起源,并以欧洲为中心向全世界扩张,形成近代以来以欧洲为核心的资本主义体系。马克思恩格斯曾经把欧洲资本主义的扩张称为"历史转变为世界史",是世界历史的形成。马克思和恩格斯在《德意志意识形态》中指出,只有资本主义的经济成长才能把世界普遍联系起来,社会历史向世界历史的转变,是通过资产阶级的活动才得以实现的,或者可以说是资产阶级创造了世界历史。由此,世界历史作为一种历史状态,是在资本主义工业文明的基础上发展起来的。资本主义工业文明的发展加速了各区域人们的交往,各个互相影响的活动范围越大,历史就会在越来越大的程度上成为世界历史。因此,资产阶级成为世界历史形成的主体。他们创造的巨大的生产力开拓了世界市场,推动了社会和科学技术的进步,进一步为世界历史形成提供了可能。对于资产阶级构造世界历史的功绩,马克思恩格斯在《共产党宣言》里作出鲜活描述:"资产阶级在历史上曾经起过非常革命的作用。"

"资产阶级,由于开拓了世界市场,使一切国家的生产和消费都成为世界性的了。……资产阶级挖掉了工业脚下的民族基础。……过去那种地方的和民族的自给自足和闭关自守状态,被各民族的各方面的互相往来和各方面的互相依赖所代替了。物质的生产是如此,精神的生产也是如此。……

资产阶级,由于一切生产工具的迅速改进,由于交通的极其便利,把一切民族甚至最野蛮的民族都卷到文明中来了。它的商品的低廉价格,是它用来摧毁一切万里长城、征服野蛮人最顽强的仇外心理的重炮。它迫使一切民族——如果它们不想灭亡的话——采用资产阶级的生产方式;它迫使它们在自己那里推行所谓的文明,即变成资产者。一句话,它按照自己的面貌为自己创造出一个世界。

……

资产阶级在它的不到一百年的阶级统治中所创造的生产力,比过去一切世代创造的全部生产力还要多,还要大。自然力的征服,机器的采用,化学在工业和农业中的应用,轮船的行驶,铁路的通行,电报的使用,整个大陆的开垦,河川的通航,仿佛用法术从地下呼唤出来的大量人口,——过去哪一个世纪料想到在社会劳动里蕴藏有这样的生产力呢?"(《共产党宣言》)

然而,十年以后,马克思在《资本论》中就对资本主义起源和资产阶级在历史上的作用作出几乎全盘否定。

马克思在《资本论》中揭露资本主义经济运行体系的不公正、不平等,资产阶级利用生产资料私有制和雇佣劳动制无情地榨取雇佣劳动者的剩余劳动,导致财富越来越集中到少数资本集团手中,绝大部分劳动者变得越来越贫困。一方面是物质财富极为丰富,另一方面是广大人民缺乏消费能力,"市场内需不足"。"国民财富和人民贫困本来就是一回事。"[①]由此不断引发经济危机。

马克思在《资本论》第二十四章《所谓原始积累》中对资本主义起源即原始积累时期对所在国和拉丁美洲、非洲、亚洲广大地区犯下的罪恶行径进行无情的揭露和批判,在欧洲实行"隐蔽的雇佣工人奴隶制",在新大陆则实行"赤裸裸的奴隶制,"[②]戳穿了资本主义起源于勤劳、节俭、精打细算的"美丽"谎言。资本主义初期阶段几乎是奴隶制的复活重演。

[①] 马克思:《资本论》第一卷,北京:人民出版社1972年9月第一版,第841页。
[②] 马克思:《资本论》第一卷,第828页。

"美洲金银产地的发现,土著居民的被剿灭、被奴役和被埋葬于矿井,对东印度开始进行的征服和掠夺,非洲变成商业性地猎获黑人的场所:这一切标志着资本主义生产时代的曙光。"[1]"巨额财富像雨后春笋般地增长起来,原始积累在不预付一个先令的情况下进行。"[2]"奴隶贸易是它进行原始积累的方法。""在欧洲以外直接靠掠夺、奴役和杀人越货而夺得的财宝,源源流入宗主国,在这里转化为资本。"[3]

"所谓的基督教人种在世界各地对他们所能奴役的一切民族所采取的野蛮和残酷的暴行,是世界历史上任何时期,任何野蛮愚昧和残暴无耻的人种都无法比拟的"[4]马克斯·韦伯所吹嘘的具有"新教伦理"的"那些谨严的新教大师,新英格兰的清教徒,1703年在他们的立法会议上决定,每剥一张印第安人的头盖皮和每俘获一个红种人都给赏金40镑;1720年,每张头盖皮的赏金提高到100镑;……每俘获一个妇女或儿童得50镑,每剥一个妇女或儿童的头盖皮得50镑!……英国议会曾宣布,杀戮和剥头盖皮是'上帝和自然赋予它的手段'。""欧洲的舆论丢掉了最后一点羞耻心和良心。各国恬不知耻地夸耀一切当作资本积累手段的卑鄙行径。……直到目前为止,利物浦'受尊敬的人'仍然是赞扬奴隶贸易的品德","资本来到世间,从头到脚,每个毛孔都滴着血和肮脏的东西。"[5]

近代欧洲人的罪恶被越来越多的人揭穿。《中华读书报》2014年12月31日第四版有一篇关于苏珊·桑塔格去世十周年的纪念报道,其中引用桑塔格一句话说"白种人是人类历史的癌"。此话固然偏激,符合桑塔格一向的风格,但还是以她掌握的事实为依据。所谓是人类历史的癌,无非是癌要扩散到全人类,或者作为绝症导致人类灭亡。美国女学者丽莎·A·琳赛在她的著作《海上囚徒 奴隶贸易四百年》中揭露,在欧洲人入侵美洲以前[6],拉丁美洲在1500年有人口五千万,白种人去了之后,仅仅100年时间,到1600年,拉丁美

---

[1] 马克思:《资本论》第一卷,第819页。
[2] 马克思:《资本论》第一卷,第821页。
[3] 马克思:《资本论》第一卷,第822页。
[4] 马克思:《资本论》第一卷,第820页。
[5] 马克思:《资本论》第一卷,第821—829页。
[6] 一般把哥伦布发现美洲称为"地理大发现",本文认为用"入侵美洲"表述更为符合事实。

洲就只剩八百万人口,白种人利用杀人武器的高明,到处抓人开矿挖金银,每个奴隶干活不到十年就累死了。海地岛原有六万人,不到 100 年时间只剩五百多人。于是出现奴隶劳动力短缺。于是开始长达 400 年的从非洲贩卖奴隶,一共贩卖三千多万人,其中有一千万人死在途中,扔到海里。据作者说,所谓英国工业革命,百分之九十的产品都是服务于奴隶贸易,没有奴隶贸易,没有拉丁美洲人口的灭绝,就没有西欧资本主义的兴起[①]。还有学者估计,欧洲人入侵美洲以后,"从新大陆被掠夺到各地的贵金属,数量大概相当于旧大陆(欧洲)数千年来开发出的总量。"[②]在四百年的奴隶贸易过程中,非洲损失的人口约有 1 个亿。甚至有学者估计非洲损失总人口达到 2 个亿。[③] 这是只有全世界唯一产生过发达奴隶制的欧洲能干出来的罪恶行径。那些所谓欧洲最早出现资本主义是由于什么城市独立,什么"新教伦理"的论调,基本就是掩盖历史真相的虚构。

第一次系统阐述现代世界体系理论的学者是伊曼纽尔·沃勒斯坦。沃勒斯坦《现代世界体系》四卷本巨著详细叙述了从 16 世纪开始以欧洲为中心形成的资本主义体系及其运行扩张过程,它由中心区、半边缘和边缘区或者是中心区、半外围区和外围区三个部分组成整体结构,三个不同区域承担三种不同的经济角色:中心区利用边缘区提供的原材料和廉价劳动力,生产加工制成品向边缘区销售获取高额利润,边缘区还为中心区提供销售市场;半边缘区介于二者之间,对于中心区是边缘区,对于边缘区又成为中心区。三个地区劳动分工的不平等性正是世界体系得以运行的基础。这个世界体系的根本特征就是不平等。"世界经济体的不同区域被派定承担特定的经济角色,发展出不同的阶级结构,因而使用不同的劳动控制方式,从世界经济体系的运转中获利也就不平等。"[④]以 16 世纪而论,"边缘区是奴隶制和'封建制',中心区是雇佣劳动和自我经营……半边缘区是分成制……如果情况不是这样的话,就不可能确

[①] 丽莎·A·琳赛:《海上囚徒 奴隶贸易四百年》,北京:中国人民大学出版社,2014 年版,第 212—213 页。
[②] 许倬云:《中西文明的对照》,杭州:浙江人民出版社,2013 年版,第 194 页。
[③] 张箭:《地理大发现研究》,北京:商务印书馆 2002 年版,第 444 页。
[④] 沃勒斯坦:《现代世界体系》第一卷,北京:高等教育出版社,1998 年版,第 194 页。

保剩余产品流入西欧以保障其资本主义制度的生存。"①欧洲资本主义经济世界在接下来的几百年里不断扩大，最后形成现在的"现代世界体系"，而体系之内的中心—半边缘—边缘区域也不断变化。在这个过程中，从政治层面看，国家的形成和由多个国家构成的国家体系的出现，是这个世界体系的重要标志。处于国家体系之中的国家，为了进行资本积累而展开竞争，在世界经济的中心区出现了强国，边缘区出现了弱国，强国之间互相竞争便形成了历史上的"争霸"运动，弱国对强国的不满便形成"反帝运动"和"反体系运动"。在资本主义世界体系中，始终充满压迫、剥削和不平等。各区域内部和他们相互之间都充满复杂的阶级斗争和政治斗争。该体系本身固有的不平等和由此引起的各种紧张关系始终不能消除，致使它如今已经进入混乱的终结时期。从文明文化层面来看，产生于16世纪欧洲的资本主义世界体系本来也是一种特殊的文明，但随着其在全球的扩张，这种文明通过"社会科学"和"意识形态"这两种机制，逐渐被普遍化，转变为"普世价值"。如果接受资本主义体系以及与此体系相配合的"普世价值"的控制，落后边缘地区将永远落后受剥削，几个老牌资本主义国家英、美、法、德将永远富裕。西方文明在拉丁美洲和非洲已经经营了五百年，西方文明如果是好的文明，按说，拉美与非洲大部分国家人民应该早早过上小康生活。但事实是，拉丁美洲和非洲依然贫穷落后，特别是拉丁美洲，大部分国家已经是白人为主，原住民、印第安人，在许多国家占人口总量不超过10%，而且大多住在本国落后边远地区，完全或基本上边缘化了，基本上"亡国绝种"②，这就是当今世界的现实。

　　托马斯·皮凯蒂在他所著的《二十一世纪资本论》中指出，贫富差距不断扩大是资本主义逻辑运行的必然结果。

　　社科文献出版社2014年4月出版，沃勒斯坦领衔，美国五位专家合著《资本主义还有未来吗？》，该书认同《二十一世纪资本论》作者的观点，贫富差距不断扩大是资本主义社会的根本特征，作者运用康德拉季耶夫定律、熊皮特定律和霸权周期理论揭示资本主义社会发展规律，认为贫富差距扩大造成的后果

---

① 沃勒斯坦：《现代世界体系》第一卷，第99页。
② "当外国征服者出现的时候，美洲印第安人总共不少于七千万，也许还要多，一个半世纪以后就减少到总共只有三百五十万。"加莱亚诺：《拉丁美洲——被切开的血管》，北京：人民文学出版社，2001年版，第30页。

是人民大众购买力越来越低,大量商品无法售出,生产率下降,大量资金外流,或转变为金融资本,到处寻租与投机。金融资本的投机性必然会不断制造金融危机,最近的美国和欧洲的金融风暴是典型的证明。沃勒斯坦等认为,这样的金融危机在最近二十年还会更大规模地爆发一次,极有可能导致资本主义社会的崩溃,时间大概在2040—2050年之间,资本主义社会之后会被什么样的社会制度取代,作者们无法预测,但希望世界的精英们能够尽快找到解决方案,避免社会崩溃。

资本主义经济体系的不公正不平等,决定了其政治体系也不可能平等公正。有些资本主义国家定期改选执政者,换来换去都不过是为资本大亨服务,不可能有重大政策改变。

沃勒斯坦认为,"创立资本主义不是一种荣耀,而是一种文化上的耻辱。资本主义是一剂危险的麻醉药,在整个历史上,大多数的文明,尤其是中国文明,一直在阻止资本主义的发展。……占人类四分之一的中国人民,将会在决定人类的共同命运中起重大的作用。"[①]

三、中国道路新阶段:(不发达资本主义)、社会主义

西方资本主义用奴隶制对拉丁美洲进行饱和式掠夺,把拉丁美洲的巨大财富搜刮殆尽,又用同样的手段方法向亚洲扩张。大约在19世纪,中国作为最边缘地区被卷入西方资本主义的体系中。具有讽刺意味的是,大约在1830年前后,当欧洲从全世界掠夺巨大财富,拼命向全世界扩张时,中国的国民生产总值居然还是全世界第一位。西方资本主义的入侵给中国带来巨大灾难,使中国一步步沦为殖民地、半殖民地社会,中国可以说从此进入"不发达的资本主义"阶段。西方列强,还有后来学习西方强盗殖民逻辑的俄国、日本,蜂拥而至,企图全面掠夺、霸占、瓜分中国的资源、领土,疯狂地屠杀中国人民。先进的中国人一方面学习西方先进的科学技术,一方面对帝国主义的侵略进行坚决的抵抗。也可以说,当资本主义体系在全世界所向披靡、欲把中国纳入体系之中,像对待拉美印第安人一样随心所欲地宰割时,遭遇到中国的强烈抵抗,用沃勒斯坦的话来说,就是中国要阻止西方资本主义在中国发展。中国人

[①] 沃勒斯坦:《现代世界体系》第一卷,中文版序言第1—2页。

民在抵抗资本主义入侵的同时,也在不断探索、寻找适合本国历史国情需求的发展道路。这种抵抗、探索和寻找,表现为一次次变法和革命。

我们今天回顾中国近现代一百多年的社会发展历程,也许会一致认同"这是三千年未有之大变局"。我们如果想要更具体地概括把握中国近现代历史的特征,除了西方列强的侵略之外,也许给我们留下深刻印象的特征就是"革命",以至于有人用数次"革命高潮"来描述中国近现代社会发展历程,或干脆将其称之为"革命史"。确实,在近现代较短的一百多年时间里,无论从革命爆发的次数、规模,还是激烈程度,都远远超迈历朝历代,并且在世界史上这也是罕见的现象。

毫无疑问,中国近现代革命历程受到近代西方社会历史、思想文化的巨大影响。正是西方用贸易和武力封锁了中国通往东南亚的海上贸易通道,以罪恶的鸦片贸易抵消与中国的贸易逆差,以武力逼迫中国对西方开放,迫使中国从此走上痛苦的、发展变革之路。美国的费正清学派用"冲击—回应"说来概括近代西方与中国的互动关系,从强调西方社会对近代中国的强势影响方面说,确实不无道理。虽然有"西方中心论"之嫌,但此时西方的影响浩浩荡荡,确有顺之者存、逆之者亡之势。更重要的是,晚近先进的中国人甚至主动地到西方上下求索救国救民的真理,希图借助西方的文化理想、理论体系来指导中国社会的发展变革,并与中国的社会实际相结合,从此开出落后国家通往自立于世界民族之林的现代化强国之路。近代中国的每一个革命事件,几乎都受到相应的西方思想体系的影响。马克思主义传到中国,同时也激活了中国传统思想文化资源,马克思主义与中华优秀传统文化相结合,开出中华文明新的发展形态。

至少在鸦片战争前后,西方的许多学者基于对中国社会历史的肤浅了解,把中国社会看成是基本陷于停滞状态的落后社会,现代早期许多西方学者,把资本主义起源于欧洲看成是一种荣耀。德国社会学者马克斯·韦伯,通过对中国社会历史的考察,特别是对中国的儒教和道教的考察,认为中国社会内部没有能够促使理性资本主义产生的"宗教伦理",因而无法靠自身的力量走上理性资本主义道路(确实,中国文明不会以对其他国家采取大规模屠杀方式来掠夺其他国家的财富,甚至不会采用奴隶制方式奴役其他弱小民族,中国文明史已经充分证明了这一点)。换句话说,如果没有外部因素的推动和影响,中国至少很难走上资本主义道路。

二十世纪的许多史学工作者,运用主要与欧洲社会相适应的西方史学理论模式来阐释中国社会历史,把中国社会历史发展强行纳入欧洲社会发展模式中,认为中国社会也必然经历作为普遍规律的奴隶社会、封建社会、资本主义社会阶段,并进而到达社会主义社会。运用这种分析框架确实产生了一大批研究成果,并推动了中国史学的发展,但也遗留下一系列史学难题,例如中国的封建社会为何如此漫长的问题就始终困扰着史学界,由此而产生解释其原因的"超稳定结构说"。在社会如何向新阶段过渡的问题上,近年还衍生出关于"跨越卡夫丁峡谷"之猜想的论证。看来,如何理解封建社会成了问题的关键所在。

问题在于,把中国前近代社会看成是封建社会,是违背中国社会性质的误解。实际上,与欧洲封建社会"Feudalism"相对应的中国封建制,至少到唐代已开始终结,此后约1000年的历史属于郡县制。当近代西方势力开始冲击、影响中国的时候,中国正处于郡县制的全面衰落时期,郡县制的各种痼疾弊病已充分暴露,不足以应付全新的世界大变局,中国社会内部已开始探寻新的发展方向,酝酿新的变革,在探索走出郡县社会的道路。

早在明清之际,被称为启蒙思想家的著名学者黄宗羲、顾炎武、王夫之等人已开始激烈抨击郡县制的弊端,并不约而同地把目光转向封建时代,试图汲取封建制的精华以补救郡县制的缺陷。黄宗羲说:"三代以上有法,三代以下无法"[1],因为三代以上之法乃天下之法,非"为一己而立",三代以下之法乃"一家之法"。顾炎武说:"有圣人起,寓封建之意于郡县之中,而天下治矣。……方今郡县之敝已极,而无圣人出焉,尚一一仍其故事,此民生之所以日贫,中国之所以日弱而益趋于乱也。"[2]。令人遗憾的是,他们的探索由于清朝政权的高压统治而被迫中断。但是,近代西方的冲击激活了这些富有价值的探索。他们对中国近代改革派人士产生巨大影响。梁启超曾这样说,"最近三十年思想界之变迁,虽波澜一日比一日壮阔,内容一日比一日复杂,而最初的原动力,我

---

[1] 黄宗羲:《明夷待访录·原法》,《黄宗羲全集》,杭州:浙江古籍出版社1985年版,第6页。
[2] 顾炎武:《顾亭林文选·郡县论一》,成都:四川人民出版社1998年版,第1页。

敢用一句话来包举他：是残明遗献思想之复活。"①近代中国革命不仅是要抵抗西方帝国主义的侵略，而且要再造或推翻积极与西方合作、甘心做西方资本政府奴仆的腐败政府，加强国家的军事力量，也许更重要的是要推进国家科技与工业经济的发展。刚刚起步的中国近代工业如果不谋求国家政权的支持与保护，就很难与带有侵略性的西方经济力量相竞争。如果衰落、腐朽的国家政权不能维护本国工业的发展，反而受到西方列强的控制，也许革命就不可避免地要发生了。通过革命，建立强有力的国家政权，再借助政权的力量，维护、支持、推动国家科技工业迅速发展，这正是中国近代中国寻求走出郡县制的新发展之路。中国共产党是以马克思主义为指导思想的政党，马克思主义的根本特征就是反对不正义、不平等的资本主义体系。中国共产党从二大到七大的党纲，都把反对帝国主义的侵略当做首要任务，就是要反抗资本主义世界体系对中国的控制和剥夺，独立自主地走适合本国国情的发展道路。这条道路就是社会主义道路。

马克思主义基本原理与中华优秀传统文化相结合，是中国革命胜利成功的宝贵经验，也是中华文明发展的新方向。

传统"大同"理想构成支持中国革命的思想资源和背景。"大同"理想的经典表述出于《礼记·礼运》篇，一般来说体现了原始儒家的社会理想，但也具有鲜明的百家融合的背景，主要是受到道家思想、墨家思想的强烈影响。大同理想的内容可概括地表述为：人们各尽所能，各得其所，天下为公，世界太平。大同理想最初似乎是对与氏族时代相联系的远古理想社会的描述，但在中国的实际历史进程中，大同主要还是作为未来的社会理想而同时为历代志士仁人和广大普通民众所接受认同。每当内乱外患产生，社会危机爆发，大同理想就作为批判现实社会和引导革命的参照系而浮现出来。在中西冲突的近代也同样是如此。无论是洪秀全的带有宗教色彩的太平天国革命、康有为的大同三世说，还是孙中山的天下为公的理念，都可以感受到传统大同理想的巨大回响。现在越来越多的学者认识到，马克思主义输入中国，社会主义理想正是与中国传统大同理想相结合，才获得成功。

中国共产党把传统的民本思想提升到崭新高度，提出"为人民服务""以人

---

① 梁启超：《中国近三百年学术史》，北京：中国书店1958年版，第29页。

民为中心"的理念。人民群众是真正的铜墙铁壁。人民是决定党和国家前途命运的根本力量,人心向背是决定一个政党、一个政权盛衰的根本因素。中国共产党一路走来之所以能够战胜各种艰难险阻并取得胜利,就是因为党的根本宗旨是全心全意为人民服务,能够得到广大人民的支持和拥护。历史充分证明,人心向背关系党的生死存亡。赢得人民信任,得到人民支持,党就能够克服任何困难,就能够无往而不胜。

中国道路的新阶段就是经过不发达的资本主义过渡阶段,跨入社会主义社会。中间有大约一百年时间是一个过渡期。这个过渡期称为"殖民地、半殖民地社会"也好,称为"不发达的资本主义"也好,相对于中国社会每个阶段都至少走过1000年历程来说,不能构成一个完整的社会发展阶段。毋宁说,是从郡县制走向社会主义的艰难曲折的历程。这两个阶段不是断裂的,是相互衔接的,但又有巨大变化。变化之一是从君主郡县制转变为政党郡县制,传统的郡县制虽然以君主为核心,但实际上是以儒家知识分子集团为执政主体,以仁义民本为基本执政理念,因此这种变化也可以说是从以儒家知识分子集团为核心的中央集权的省、州、县体系转变为以共产党为领导核心的省、市、县体系,这一新体系解决了君主专制的弊病。变化之二是从郡县制农业社会向社会主义工业化迈进。这也是中国社会发展的内在要求。只有工业化才能摆脱落后局面,才能走向强盛之路。变化之三是解决了郡县制时代土地私有的弊病,土地私有,自由买卖,每过一个阶段土地就集中到少数人手中,贫富分化,引发严重社会矛盾。现在土地所有权与使用权分离,土地所有权掌握在国家手中,避免了因土地集中引发的贫富分化和社会矛盾。郡县制时代相当严重的问题是腐败。中国共产党正在下大力气解决腐败问题。习近平同志提出中国共产党面临最严重的问题是腐败,提出要全面从严治党,特别是提出共产党"自我革命"解决"历史周期率"问题,如果把腐败问题解决了,就解决了中国社会的千年顽症。共同富裕是区别于资本主义社会的社会主义社会的根本特征。中国共产党坚持以人民为中心,采取有效措施缩小收入差距,使全社会呈现团结和谐的局面。在完成资本原始积累之后,西方文明的核心秘密实际上是始终保持高科技研发水平和强大的军事力量。西方对此讳莫如深。他们对高科技绝不外传。他们对别人发展高科技总是想方设法阻止和打压,至于对别人发展军事力量,则更是千方百计阻遏恫吓。西方总是宣扬什么自由民主市场经济之类,全是骗人鬼话。你如果听他的,就会引起社会动乱,政府倒台,他们就会来趁火打劫,火中取栗,让你们窝里斗,他们来弱化你,分裂你,控制你,让你老老实实为他们的资本集团服务。因此社会主义中国要全力发展高科技,不断提升科技研发水平,要不断增强军事力量,要不断提升最先进武器的开发能力。资本主义世界体系对于不接受他们剥削控制的国家总是要发动"八国联军"来打压,过去是如此,现在依然如此。只有始终保持高科技水平和高科技军事力量,才能真正实现中华民族伟大复兴,有效抵制资本主义世界的打压。事实上,西方资本主义世界对中国的打压遏制从未停止过,这是不容置疑的事实。但是,现在全世界人民和正直的学者越来越看清了资本主义世界体系的真实面目,"我们并非处于资本主义胜利时期,而是处于资本主义混乱的告终时期。"[①]资本主义世界体系矛盾重重,要想打压遏制现在的中国,已经无能为力了,中国不仅"站起来了","富起来了",而且要"强起来了"。

四、走向人类文明新形态

中华民族以自强不息的决心与意志,筚路蓝缕,跋山涉水,走过了不同于世界其他文明体的发展历程。中国道路依次经过邦国联盟、(不发达奴隶制)、封建制、郡县制、(不发达资本主义)、社会主义四个阶段(附带二个过渡阶段)。中国道路的独特性在于,中国社会发展阶段中奴隶制社会与资本主义社会发展不充分,具有过渡性;在西方社会发展道路中,奴隶制社会与资本主义社会发展较为充分,奴隶社会具有掠夺性、残暴性,资本主义体系是不正义、不平等的体系,相比较而言,中国道路更是人间正道。西方是以罪恶的奴隶制的方式把世界大多数国家卷入资本主义世界,资本主义社会并不一定是世界大多数国家自愿选择的道路。中国不走资本主义社会,直接走社会主义道路,是马克思主义与中华优秀传统文化相结合的结果,是中国历史和国情的内在要求,符合中国社会发展规律,中国道路才是人间正道。中国道路的独特性表明,世界各国可以根据本国国情独立自主地选择自己的发展道路,不必效法西方道路;中国社会尽管存在这样那样的问题,但中国现在强盛起来,不靠对外掠夺、剥

[①] 沃勒斯坦:《现代世界体系》第一卷,中文报序言第1—2页。

削和扩张,全靠自己苦干,中国"互利共赢、共同发展""人类命运共同体"的理念有助于世界各国的发展,中国能够成为世界人民值得信赖的朋友。自近代以来,中国强有力地抵制资本主义世界体系的打压,为全世界人民反抗不公正不平等的世界体系树立了榜样,有九百六十万平方公里土地、有五千年文明历史、有十四亿人口的现代强大中国,将为建设公正合理平等的国际政治经济新秩序承担自己的责任和使命,为构建人类文明新形态作出积极贡献。

中华优秀传统文化与人类文明新形态

王立胜

(中国社会科学院哲学研究所)

首先感谢大会对我的邀请,给我提供一个向大家学习的好机会。十分抱歉的是,因为工作的关系,我不能现场参加会议,只能在视频上跟大家见面。我发言的题目是"中华优秀传统文化与人类文明新形态"。自从去年"七一讲话"习近平总书记提出中国式现代化道路与人类文明新形态这样一个命题以来,学术界、理论界都对这个命题进行了系统的研究,我也在这个问题上有一些思考,除了关于中国式现代化道路和人类文明新形态的一系列论文发表以外,我觉得有一个问题还可以继续深入探讨,那就是中华优秀传统文化人类文明新形态的关系问题。

对这个问题,我想谈三个观点,就教于各位大家。第一点,就是人类文明的现代形式。在一般意义上,"文明"多用于与"野蛮"相区分,表达人类社会的社会化、人性化和科学化。具体说来,人类文明的现代形式离不开工业化。所谓工业化,就是指区别于传统农业生产方式的新型生产方式,就是指一个国家和地区国民经济中工业生产活动逐步取得主导地位的发展过程,其具体表现为工业增加值在国民生产总值中的比重不断上升,工业就业人口在总就业人口中的比重不断上升。相较于工业化出现以前的社会生产方式,实现工业化的国家和地区的劳动生产率和人均国民生产总值有大幅度的增长,人民的物质生活水平有大幅度的显著提高。这是一个特征。第二个特点,人类文明的现代形式离不开理性化。一方面,理性的启蒙祛除了人对于宗教神学的道德依赖,从神性世界观中解放了人性。另一方面,在一定程度上理性化的本质就是"世界的祛魅"(Disenchantment),也就是用理性和科学剥去笼罩在人类社会上的神化或魔化的种种光环。正是有了理性和科学，人们再也不用像那些野蛮人一样，"为了控制世界或祈求神灵去诉诸巫术了"。技术和计算取代了巫术和玄学，这实际上也就是现代化对于人类社会的首要意义。

当然了，人类文明的现代化并不是全世界同步进行的。既有的人类文明现代化进路是掩藏在文明进步发展外衣下的西方资本主义、殖民主义和文化中心主义的矛盾内核。其本身并没有像它所昭示的价值那样，充分尊重西方发达资本主义国家之外其他国家的发展利益和发展权利，同时也拒绝承认西方以外其他地区社会文明的多样性和多元化的价值。就今天的形势来看，西方资本主义强国仍然在一定程度上主导着人类文明的现代化进程，他们一方面通过经济霸权和政治霸权来巩固支撑其文化霸权；另一方面，又反过来以文化霸权来巩固其经济霸权和政治霸权的合法性地位。但是，由于世界各地区经济社会日益发展，世界各地区文化逐渐复苏，现代文明的"西方化"趋势受阻，西方的殖民主义和中心主义行径势必遭遇西方以外各区域文化的反弹和反抗，进而持续激化地区矛盾。与此同时，西方单边主义、霸权主义强权政治与世界各国多边主义、和平发展的要求日渐冲突。在这种经济利益、政治制度和价值观念的不断激烈碰撞下，传统以西方为主导的人类文明的现代化进程似乎已经走入一个不得不主动求变的历史拐点。

我想谈的第二点就是中华优秀传统文化的政治观念与现代表达。罗素曾经说过："与其把中国视为政治实体还不如把它视为文明实体"。如果以文明的观点来看的话，中华文明源远流长，中华优秀传统文化是蕴藏在中华文明最深处，在今天依然有强大生命力并且依然能够适应现代社会需求的部分，是中华民族的"根"和"魂"。也就是习近平总书记明确指出的"中华文化渗透到中国人的骨髓里，是文化的 DNA。"就中华优秀传统文化的政治观念来看，有两种观念最具代表性、最能表达中华民族的政治品格：其中一个就是"多元一体"，第二个就是"天下大同"。我们通过历史的分析来看，多元一体绵延千年，可以说形塑了中华民族海纳百川、融汇中外的政治胸襟；而天下大同也根深蒂固，塑造了中华民族亲仁善邻、协和万邦的文明底色。正是这两种政治品格表征了中华文化几千年来的政治信念。

先说多元一体。在多元一体的政治观念中，最具理论和现实意义的理论线索便是"华夷之辨"。"华夏"与"夷狄"是可以相互转化与相互通约的,不存在绝对意义上的"华夏",也没有完全片面的"夷狄",这体现了中华民族多元一体、融汇四方的政治传统。在古代中国,不论是少数民族政权还是汉族政权,中国历代政权的执政者在政治大一统问题上都从未放弃对华夏传统的继承与传扬,他们几乎都是从"华夷之辨"的角度开始为自身政权的正当合法性作出论证的。中华优秀传统文化中存在的"华夷之辨"现象,从表面上看是一种执政者们对华夏文明的追捧并据此获得王权正当性的政治角力,实际上体现了华夏文明的内在吸引力以及广泛包容性。"华夷之辨"所透露出来的政治伦理不是一方压倒另一方或者一方灭绝另一方的政治歧视,而恰恰是一种不同民族之间通过文明方式沟通交融的话语框架和政治行动。这与近现代以来的西方文化中心主义截然不同,这个我们都知道。

天下大同这样一种政治理念,按照费孝通先生的概括就是:"各美其美,美人之美,美美与共,天下大同"。古代中国将世界作为整体性的天下之国,在宏观的政治伦理上,"天下大同"讲求的是民胞物与、协和万邦的治理理念,寻求世界共同价值以试图消除政治实体的外部性,实现"万物并育而不相害,道并行而不相悖"的理想社会秩序;在处理政治关系的问题上,天下大同并非要同化其他文明,而是要坚持和而不同,真诚对话的政治理念,寻求和谐万邦的发展状态;在政治文明的追求上,天下大同坚持胸怀天下的文明气魄,追求世界大同的理想文明世界;在个人的政治价值选择上,中国的士人乃至平民阶层也大多数持有"天下兴亡、匹夫有责"的政治信仰。总起来说,"从天下去理解世界,就是以整个世界作为思考单位去分析问题,从而超越现代的民族国家思维方式。"天下大同的政治观念体现的是中华优秀传统文化既有着保全万物而不争的大格局,也有着"大道之行,天下为公"的大理想,这是中华民族作为一个整体对人类社会的理想政治模式的现实求索。

自鸦片战争以来,中国逐渐沦为半殖民地半封建国家,在这种形势下,中华传统文化也受到一些冲击。十月革命一声炮响,给中国送来了马克思主义,中华优秀传统文化在马克思主义的激发下,也形成了自己新的现实的表达形式,重新焕发了活力,并在中国共产党的带领下逐渐形成了具有现代形式的思想价值体系,引领中国社会完成了革命、建设、改革的现代化实践,走出了一条中国式现代化的发展之路。从中华优秀传统文化到我们讲的中华优秀传统文化的现代转型,从这个角度来看,"多元一体"和"天下大同"也分别具备了现代文明的表现形式。多元一体表现为中华民族共同体与人类命运共同体之间你中有我、我中有你的辩证统一关系;而天下大同就表现为中华文明对全人类共同价值的进一步追索。正像习近平总书记要求的,要坚持推动中华优秀传统文化创造性转化、创新性发展,坚持守正创新,推动中华优秀传统文化同社会主义社会相适应,更好构筑中国精神、中国价值、中国力量,从中华优秀传统文化中来寻找源头活水。

我讲的第三个观点就是人类文明新形态的现代开创以及时代意义。人类文明新形态与中国式现代化道路的实践探索不可分割,正是中国对现代化的自主探索,才开创出了,或者开辟出了人类文明新形态。概括地说,中国式现代化道路开辟了人类文明新形态,而人类文明新形态又规范着中国式现代化道路,它们二者相辅相成、辩证统一。习近平总书记说:"世界上一些有识之士认为,包括儒家思想在内的中国优秀传统文化中蕴藏着解决当代人类面临的难题的重要启示。"中国式现代化道路的探索,虽然具有中国的特色和中国的个性,但是在文明层面上来看也会具有普遍的意义。在文明论的层面上,人类文明新形态与中华优秀传统文化具有内在一致性和互相通约性。对中华文明的积极"扬弃"无疑对人类文明新形态的现代构成有着巨大的影响。这其中,中华优秀传统文化赋予了人类文明新形态独特的文明气质,并在马克思主义的指导下,中华优秀传统文化完成了自身的现代化改造,促成了人类文明新形态的形成;反过来,也正是人类文明的新形态进一步赓续和再造了中华文明,使它在世界范围内呈现出古老文明的新的辉煌篇章。

从总体上来看,人类文明新形态从根本上区别于既有的由西方资本主义国家所主导的世界文明"旧"形态。相比较而言,在处理生产力的发展与人的发展之间关系上,人类文明新形态不仅要求在生产方式上实现工业化,还要求在工业化的基础之上实现人类社会全面发展,实现人的全面发展。换句话说,它追求的是一种后工业化时代的公共伦理秩序。所谓的后工业化,是指世界已然通过工业革命在整体上进入了一个生产力高速发展的时代,但是与此同时,一些国家和地区由于历史原因却仍旧处于前工业化时期,因而无法赶上人类社会整体的前进步伐。这就给世界的整体发展提出了复杂的和高度不确定性的发展难题。在后工业化时代,世界范围内地区间的贫富差距极大,不同地区的人对于自身发展的诉求存在巨大的差异,价值观念和伦理信仰存在时空错位,因而,若想建构一个和谐发展的规范性的世界秩序,就必须直面人们对于共同价值的不同诉求。一种简单粗暴的"普世"观念不仅仅是形而上学的,而且其最终通过资本主义殖民化和文化中心主义强加推广的霸权行为更是危险的和不负责任的。人类文明新形态正是在这种复杂的后工业化情境中应运而生。它从本质上以追求共同价值为目的,凝聚各区域间价值共识、推动共同利益、平衡各方发展、协调人与人之间的社会关系、重塑政治伦理秩序的社会实践新方式。在中华优秀传统文化的滋养下,人类文明新形态从全面的、整体的视角出发来处理人与自然、人与人、人与社会的关系。在意识形态上,人类文明新形态不仅仅诉诸理性主义,不仅仅是停留在运用理性和科学来抵御玄学和迷信,而是主张理性主义与情感主义并重,从而有效地解决由单纯过度的理性主义所带来的非人道主义弊端。在资本主义的市场原则下,理性主义往往与功利主义结合在一起,产生的是道德伦理上的"物竞天择""适者生存",它的本质是将自然界的丛林法则搬到社会中来,从而解构了人类社会的伦理道德,进而否定了人在道德情感上的进一步追求。所以人类文明新形态追求的是全世界联合起来,共同发展、共建家园。不管是在经济上、政治上、文化上、社会上,还是在生态上,都强调和谐,强调共享。

最后,以习近平总书记的一段话来结束我的发言:"在五千多年漫长文明发展史中,中国人民创造了璀璨夺目的中华文明,为人类文明进步事业作出了重大贡献。西方很多人习惯于把中国看作西方现代化理论视野中的近现代民族国家,没有从五千多年文明史的角度来看中国,这样就难以真正理解中国的过去、现在、未来。要把中华文明起源研究同中华文明特质和形态等重大问题研究紧密结合起来,深入研究阐释中华文明起源所昭示的中华民族共同体发展路向和中华民族多元一体演进格局,研究阐释中华文明讲仁爱、重民本、守诚信、崇正义、尚和合、求大同的精神特质和发展形态,阐明中国道路的深厚文化底蕴。"

谢谢大家。

文明互鉴及其意义

杨国荣

（华东师范大学哲学系）

我发言的题目是"文明互鉴及其意义"。从互鉴角度来看，文明具有普遍性和特殊性两重规定。人类文明首先包含普遍性这一维度，这一意义上的文明可以宽泛地理解为人类存在的基本生存方式。在相近意义上也可以说，人类文明就是人类文化创造成果的总和。以中国文化作为出发点，人类文明的普遍性规定可以从两个重要观念加以考察。第一个是"文野之别"。中国人很早就关注文野之辨，"文"就是指文明化，"野"则指前文明的自然状态。从价值论的角度看，"文野之别"所涉及的问题，是如何从自然状态走出来，进入文明化的状态，这是"文野之别"的主要含义。以本体论或者说形而上学作为视域，我们可以看到，这一过程表现为从本然的存在到现实世界的这样一个过程。"本然存在"就是人的知行活动尚未参与其中这样一个存在状态；而"现实世界"则是人通过自身对外部存在的作用而构建起来的世界，其中包含着人的参与过程，而人本身也内在于这一世界之中。那么从这样一个文野之别方面来说，文明意味着从本然世界进入到现实世界。

中国文化传统当中第二个与文明相关的观念，是所谓"人禽之辨"。人禽之辨是中国哲学特别是儒学所讨论的重要论题，这一方面的辨析主要回答"何为人"这样一个问题，关切之点在于指出人之为人或人不同于其他存在的根本规定。孟子说："人之所以异于禽兽者几希；庶民去之，君子存之。"这个"几希"也就是人之为人的内在本质。荀子进一步通过比较草木、水火、禽兽与人的差异，来突出人所具有这种独特品格："水火有气而无生，草木有生而无知，禽兽有知而无义；人有气、有生、有知亦且有义，故最为天下贵也。"那么，这种说法更深含义在于指出人与自然对象差异之所在。"人禽之辨"包含价值取向上的观念,也是我们讨论文明时所要关注的问题:如果说,"文野之别"着重于价值创造,强调人通过自身的文化创造活动而构建超越于自然状态的现实存在状态,那么,"人禽之辨"更多地着眼于价值取向,肯定人的存在之中沉淀着文明发展过程中形成的仁义这样一些价值品格,从而,就人与其他对象的区别来说,文明的特征就体现于人的价值创造活动以及人的价值取向。

以上两方面构成了文明的普遍性特征:文明的普遍之维都涉及文野之别与人禽之辨。文明的这样一些内涵主要从"类"而不是"个体"的角度,体现了其内在特征:文野之别涉及"类"的价值创造,"人禽之辨"则体现了"类"的价值取向。从文野之别到人禽之辨,确实可以从不同角度看到人之为人的普遍规定,而在"类"的层面所揭示的人之为人的本质规定,又具体体现于经济、政治、文化、价值观念与日常生活、行为方式等多重维度。

从原初的存在而言,人是通过劳动而实现从前自然状态到文明状态的转换,在此意义上,可以说劳动构成了文明所以可能的重要前提。从政治上看,人在进入文明社会之后,开始实行社会治理、建立政治体制。从文化价值方面来说,随着实践生活的多方面展开,人逐渐构成了一系列文明的观念和规范系统。以日常生活经验来说,人们常常会提到文明的交往方式,在这里,"文"就表现为人不同于其他存在或区别于前文明状态的交往形式,直到现代,与文明相对的这样一些行为常常被归入野蛮之列:我们看到某人行为粗鲁,我们通常会说"不文明"。在以上方面,文明确实体现在我们的日常行为方式之中。

除了普遍性规定之外,文明还具有特殊性,这种特殊性不仅渗入政治、经济、文化价值方面,也可以在日常的行为方式中看到。

从宏观方面来说,有所谓西方文明、阿拉伯文明、印度文明、中国文明等不同的形态。如果我们着眼于宗教的视野,则可以区分基督教文明、伊斯兰文明、儒家文明等等。具体来说,如果以中西文明作为参照,我们可以看到文明的发展演化过程中确实表现出不同特点。在经济生活当中,早期西方文明注重航海贸易,中国则比较早地从事农耕活动。政治上,西方在古希腊已采用了城邦民主这样一种治理的方式,中国从周朝开始则强调"普天之下,莫非王土;率土之滨,莫非王臣",建立了以君主制为形式的这样的政治制度。那么在科学文化方面,也不难注意到两者的差异,如医学上,西方关注于人体的特定部分,对现代西方医学来说,最为重要的是两个方面,一个是抗生素,一个是手术刀。中国的中医注重整体的辨证施治,如冬病夏治,从辩证的角度来理解人的整体。从文化观念上说,西方人有"为知识而知识"的传统,中国人则强调实用理性,趋向于通过解决经济、政治、文化这些具体问题而展开研究,这一点李泽厚已反复提到,其中也表现出两者的明显差异。从价值观念看,西方人强调个人权利、个体本位,中国人则更注重于家庭观念、家族至上。从具体生活方式来说,中国人使用筷子,西方人使用刀叉,这也体现了文明的不同。诸如此类,可以说是不一而足。

所以,我们可以注意到,文明既有普遍性的特点,也呈现特殊性的一面。文明所具有的普遍性品格为文明的互鉴或相互影响提供了可能,不同的文明形态作为超越于自然状态、体现了人化规定的存在形态,彼此之间具有相通性,从而可以相互影响,从这方面可以说文明的普遍性构成了文明相通和相互借鉴的前提。今天我们所说的构建人类命运共同体也以文明的普遍性作为基础。相形之下,文明的特殊性蕴含多样性和差异性,它使不同文明之间的比较、借鉴成为必要:完全同一的对象之间不存在相互参照的问题;因为相异,所以需要彼此借鉴。所以,概括起来看,文明的普遍性为文明之间的互鉴提供了何以可能的前提:彼此全然不同的东西无法相互比较、互鉴;文明的特殊性则从文明差异性、多样性方面突显了文明之间的互鉴互补的必要性。习近平同志曾指出:"文明因多样而交流,因交流而互鉴,因互鉴而发展",这一看法也肯定了以上关系。互补和影响既是保持和发扬自身优势的重要方面,也意味着每一种文明需要学习其他文明的长处,以克服自身的不足;人类文明的普遍性与特殊性和人类发展具有内在的关联。

文明所蕴含的以上二重规定表明,需要合理地看待二者关系。文明既蕴含普遍性,也具有特殊性的一面,如果仅仅强调普遍性,便容易导向一种独断论。现代西方价值系统所强调的"普世文明",多少蕴含着把西方文明理解为放之四海而皆准的这样一个独断的系统,在这一视域之下,西方近代以来所形成的价值系统,往往被看作是唯一、标准的形态,由此趋向于"非我族类,其心必异"的观念,排斥其他与之相异的文明形态,并以坚持西方价值原则作为所谓政治正确的准则,由此会导致独断的价值倾向。另一方面,如果仅仅强调文明特殊性,也常常导向相对主义和排他主义。现在看到各种宗教极端主义以及狭隘的民族主义,就是以不同的形式突显了某种文明形态的特殊性。宗教极端主义强调一定宗教形态的特殊意义,要求绝对皈依并忠实于这种特殊形态而排斥其他,由此引向宗教文明之间的相互排斥。狭隘的民族主义对外要求承认其独特性,对内则责成相关成员认同自身传统,当民族认同与普遍的价值取向彼此冲突时,狭隘的民族主义更多地表现出否定性的一面。

所以,我们不难注意到,仅仅突出文明的普遍性或单纯强调文明的特殊性,都趋向于文明的单一化和排他化,两者共同特点是无视文明的多样性,未能接受兼容并包的观念。这种单一化、排他性的取向往往导向文明间的冲突。我们知道,亨廷顿所提出的"文明冲突论",便基于文明之间无法彼此相容的观念。在这一意义上,承认文明的普遍性,尊重文明的特殊性和多样性,这既是进行文明互鉴的前提,也为避免文明的冲突提供了依据。

历史地看,文明的互鉴并不是新的现象,就人类文明的演进来说,文明互鉴古已有之,在过去已经长期存在。西方文明、印度文明、中亚文明、中国文明之间,很早就形成相互的影响互动。这种互鉴和相互影响,体现于不同的维度。从物质的层面来说,文明之间的不同影响,在世界范围之内都可以注意到。同样的,在观念层面可以看到这样的影响,这里既有外来文明对中国文明的影响,也有中国文明对西方文明的影响。就外来文明对中国文明的影响来说,观念层面上互鉴有传教士的例子;16世纪时随着传教士东渐,中国文明接触到西方文明;从哲学层面来说,西方思想的引入,对中国文化产生了重要影响。可以看到,西方文明对我们理解文明、理解自身文化,具有不可忽视的作用。

那么对文明互鉴的进一步扩展,我们会进一步引向文明互动的问题。从词义上说,"文明互鉴"侧重于相互参照(mutual reference),重点在于分析比较、把握同异。"文明互动"的含义是相互作用(mutual interaction),其特点关乎实际的活动。不同的文明之间既需要在观念上相互参照,包括同异的比较,等等,也需要在动态变革的层面相互作用。广义的"互鉴"蕴含"互动",习近平同志强调文明因"互鉴而发展",也已肯定了这一点。

从历史上看,我们可以注意到由互鉴走向互动的生动的例子。以后中西文明的发展,同样地需要兼顾这两个方面。可以说,文明互鉴和文明互动对文化创造具有不可忽视的意义。好,我的发言就到这里,谢谢大家!

礼之用 和为贵 先王之道斯为美

叶小文

（全国政协办事处和学习委员会）

尊敬的各位来宾，各位朋友：

再次来到美丽的尼山，参加盛大而隆重的尼山世界文明论坛，每年这个时刻，我们都在这里聚焦于思想、宗教、艺术、文化，聚焦于历史、现实与未来，进行深入而广泛的交流讨论。围绕本届论坛"人类文明多样性与人类共同价值"之主题，我发言的题目，借用孔夫子的话，就是"礼之用，和为贵，先王之道斯为美"。

中国优秀传统文化之中，"斯为美"、最为贵之道，正是这个"和"。中华文明历来崇尚"以和邦国""和而不同""以和为贵"。"和"的精神，是一种承认，一种尊重，一种感恩，一种圆融。"和"的特质，是和而不同，互相包容，求同存异，共生共长。"和"的途径，是以对话求理解，和睦相处；以共识求团结，和衷共济；以包容求和谐，和谐发展。"和"的方式，是一分为二基础上的合二为一，和而不同基础上的求同存异，良性竞争基础上的奋进创新，我为人人基础上的人人为我。"和"的哲学，是"会通"，既有包容更有择优，既有融合更有贯通，既有继承更有创新；是一以贯之、食而化之、从善如流、美而趋之。"和"的佳境，是各美其美，美人之美，美美与共，天下和美。"五色交辉，相得益彰；八音合奏，终和且平。"

这个"斯为美"、最为贵的"和"之道，融入了中华民族的血脉，刻进了中国人民的基因。汤因比在比较世界各种文明的发展后指出，中国传统上一直是一个大而不霸的国家。中国没有扩张胁迫、称王称霸的基因。恰恰相反，"好战必亡""国霸必衰"是中国人信奉的箴言。新中国成立70多年来，我们从未主动挑起一次冲突,从未侵占别国一寸土地,从未发动过一场代理人战争,从未参加过任何一个军事集团,是全世界和平纪录最好的大国。中国从一个积贫积弱的国家发展成为世界第二大经济体,靠的不是对外军事扩张和殖民掠夺,而是人民勤劳、维护和平。我们将坚持和平发展写入执政党党章,也是世界上唯一将和平发展写进宪法的大国。中国坚持不称霸、不扩张、不胁迫,不谋求势力范围,与各国和平共处,无疑是对全球战略稳定的重大贡献。当代中国既通过争取和平的国际环境来发展自己,又通过自己的发展来促进世界和平。中国走和平发展道路,不是为了说服谁、取悦谁、安慰谁,而是基于自己的基本国情和文化传统,基于自己国家的根本利益和长远利益,作出的坚定不移的战略抉择。

汤因比说,"避免人类自杀之路,在这点上现在各民族中具有最充分准备的,是两千年来培育了独特思维方法的中华民族。"这种"独特思维方法",就是仁者爱人,以和为贵,和而不同,众缘和合,天人合一,允执厥中。

中国人民历经 5000 多年悠久文明的洗礼,既自信自立,又谦逊包容。我们将继续按照自己的"独特思维方法",沿着自主选择的道路和方向坚定不移地走下去,且要走得更稳、走得更好。同时,我们深知"一花独放不是春,百花齐放春满园",会更加看重"和而不同、众缘和合",愿继续借鉴国际上的一切有益经验和人类优秀文明成果,在文明的交流互鉴中坚守和平、发展、公平、正义、民主、自由的全人类共同价值,同各国人民一道,共同推动构建人类命运共同体,共同承担起迎接人类新文明复兴、促进新人文主义的历史使命。

当前,世界正经历百年未有之大变局,最突出的特征是充满不确定性,世界处在大变革的时代,动荡几乎涉及各个领域,构成历史发展的大趋势:

新冠肺炎疫情的不确定性——2022 年仍然是全世界继续与疫情抗争的一年;

全球经济走势的不确定性——世界经济脆弱复苏,面临的不确定性和不稳定性仍然较大;

全球地缘政治的不确定性——当前地缘政治紧张状况,正处于冷战结束后的危机聚焦时段;

全球气候变化政策协调的不确定性——当前国际应对气候变化合作出现

一些变化,最重要的变化就是某大国采取单边主义措施,对全球经济体系造成很大影响,也对采取应对气候变化措施的很多产业产生了不确定性的影响;

全球治理体系调整存在不确定性——当前全球治理体系正步入调整变革期,第二次世界大战后形成的全球治理体系日益暴露出诸多弊病,深陷全球治理"赤字"……

最大的不确定性,正如美国著名智库——大西洋理事会首席执行官今年年初发表的一篇文章所说,新的一年美国将何去何从?究竟要作为还是不作为?到底是确定还是不确定?这一切,就像面临着一个解不开、理还乱的"戈尔迪之结"。

戈尔迪是古希腊神话传说中小亚细亚弗里基亚的国王,他在自己以前用过的一辆牛车上打了个分辨不出头尾的复杂结子,并把它放在宙斯的神庙里。神示说能解开此结的人将能统治亚洲。戈尔迪之结常被喻作缠绕不已、难以厘清的问题。美国继续做统治世界的美梦,特别对可能妨碍其实现美梦的力量极力打压,在自己的"牛车上打了个分辨不出头尾的复杂结子"。"宙斯的神示"其实还有话没说完:继续纠缠在这个结子中吧,总有一天"戈尔迪之结"会成为缠住你脖子的绞索!

这位大西洋理事会首席执行官感叹:"在冷战结束后的 30 年里,没有哪位美国总统在进入新的一年时,面对如此巨大的地缘政治和国内政治的不确定性。它们交织在一起,就像一个'戈尔迪之结',只有大胆的行动才能将这个难题解开。"请问,美国"大胆的行动",是打算放弃霸权,钻出套子吗?显然不是。那是什么?

普遍性寓于特殊性之中,共性寓于个性之中,确定性寓于不确定性之中。今天的美国,究竟要以什么样的"大胆的行动"继续逆历史潮流而动,最终走向自己的"确定性"的归宿?

习近平主席指出:"应对共同挑战、迈向美好未来,既需要经济科技力量,也需要文化文明力量。"面对百年未有之大变局,我们仍坚持以中华文明这个"斯为美"、最为贵的"和"之道来观察和应对。这是文化的智慧,文明的大道。以往,决定国际秩序的主要因素是大国主导,甚至是霸权;如今,基于大国主导的国际秩序正在发生变化,随着多极化格局的形成,国际关系范式正在走向基于"命运共同体"的新秩序。命运共同体就是"共享的未来",这是一种思想理念,也就是以中国倡议的"共享的未来"为引领思想,来构建一种新的世界秩序,给人类社会发展带来新的和平与稳定。"斯为美"、最为贵的"和"之道,其实也蕴含着适用于全人类的共同价值。

人类文明的交汇已走到量变到质变的临界点,新时代对人文主义的呼唤,需要对传统人文精神继承吸收,发扬其积极成果,又要革故鼎新。因为西方近代人文主义多强调作为个体的自由与权利,尊重人的本能欲望,虽然催生了迅猛发展的经济,也造就了极端膨胀的个人。面对第一次文艺复兴遗留下来的膨胀了的个人,新的文明复兴,要建造和谐的人,构建人类命运共同体。它既巩固第一次文艺复兴人文主义积极成果,又要对其过分的运用有所克制。

当西方文明以霸权的形式推行其价值观的时候,我们需要新型的人与社会的关系;当传统的工业文明发展导致生态危机的时候,我们需要新型的人与自然的关系;当西方文明过分强调物质、商业和市场利益的时候,我们需要新型的人与人的关系。这种新型关系的潮流,就是新文明复兴;这种新型关系的旗帜,就是新人文主义。

中国优秀传统文化有助于建设人类文明新形态。中华民族是富于"人类正义心的伟大民族",中国是一个"应当对于人类有较大贡献"的国家,中国共产党是"为人类进步事业而奋斗的政党"。在中华民族实现伟大复兴的进程中,我们要高举起迎接新文明复兴、促进人类命运共同体的大旗,把握住新人文主义的话语权,使冷战战略、冷战思维彻底成为历史,为推动人类可持续发展作出积极贡献。同时,也为中华民族赢得和延长实现伟大复兴的战略机遇期。让和平的薪火代代相传,让发展的动力源源不断,让文明的光芒熠熠生辉。

文化交融

Cultural Interactions and Shared Values of Humanity

Arun Kumar Yadav

Civilizations often borrow elements from each other and learn from the cultures of each other. Buddhism is the religion that engrossed all the elements as per the prerequisite. The intellectual links between China and India were important in the history of the two countries. It is undoubtedly accurate to see Buddhism as the foremost reason for the friendship of India and China and it's only due to Buddhism that there was an exchange of ideas between the two countries. However, even though Buddhism served as a critically imperative inspiration, the intellectual interactions between the two countries initiated by Buddhism were not limited to religion only but also in the area of cultural interactions and shared values of humanities. The non-religious consequences of these relations stretched well into science, mathematics, literature, linguistics, architecture, medicine and music. We know from the travelogues left by a number of Chinese travellers to India, such as Faxian in the fifth century and Xuanzang and Yi Jing in the seventh, that their interest was by no means restricted to religious theory and practices only. Similarly, the Indian scholars who went to China, especially from the first to eighth centuries, including not only religious experts but those from other fields too.

Buddhism is the most significant factor in establishing the relationship between India-China. Buddhism received royal patronage from time to time. There are many stories connected to the spread of Buddhism in China. The extensive contacts that were generated between India and China through

Buddhist connections were not confined to the subject matter of Buddhism only. Two thousand years ago, China was busy in enriching the material world of India; on the other hand, India was disseminating Buddhism to China. The first firm record of the arrival of Indian monks in China goes back to the first century CE, when Dharmarakṣa and Kāsyapa Mātanga came to China. The dream of Emperor Ming of the Han dynasty has often been associated with the introduction of Buddhism to China. According to the legend, he saw a golden image flying in front of his palace. He dispatched envoys in search of this image and his teachings. The envoys arrived back with the *Sutra in Forty-two Sections*, and relics on a white horse, with two monks Dharmarakṣa and Kāsyapa Mātanga. After that, the Chinese Emperor built for them the "White Horse Monastery" where the two spent the rest of their lives in translating the Buddhist texts into Chinese. This would make the *Sutra* the earliest piece of Buddhist literature in China.

Buddhism has had a long history in China and has been instrumental in influencing Chinese and Indian culture and tradition. Throughout history, Buddhists in China have faced support and even persecution under many dynasties, but the religion, together with its values for human kind, has remained strong and today China holds the world's largest Buddhist population. Chinese Buddhists believe in a combination of Confucianism, Taoism and Buddhism, meaning they pray to both Buddha and Confucius and Taoist gods. Just like Taoists, Chinese Buddhists also pay homage to their ancestors, with the belief that they need and want their help. A prime example of this combination of religious beliefs is the burning of joss paper by Buddhists during religious ceremonies and festivals like the annual Qingming festival.

The "Laughing Buddha" had been the most common and most popular depiction of Buddha in China for centuries. Their main aim in life is to "be happy" and it's for this reason that depictions of Buddha in China show him as being fat and laughing or smiling, this is in stark contrast to the Indian depiction of Buddha. According to the Indian version, Buddha attained enlightenment after fasting and he was extremely skinny and bony.

Today India can claim to be the birthplace of Buddhism, but it has long ceased to be a Buddhist-dominated country. The 2011 census recorded 8.4 million Buddhists in India, constituting a meagre 0.7 percent of the population. In contrast, China has long had the biggest number of Buddhist adherents, currently estimated at between 200 and 300 million; even if that number has traditionally been blurred by simultaneous adherence to Taoism and Confucianism, and even if the People's Republic of China officially follows an atheist ideology. The values and culture are our mutual heritage, peace and love is our root and stem which can flourish and be nourished with the help of the values explained by our great ancestors and masters. It will be a great tribute to our forefathers.

中文翻译

文化互动与人类共同价值观

阿润·库玛尔·亚达夫

不同的文明之间经常相互借鉴，互相学习对方的文化。佛教依照前提来说就是包罗万象的宗教，中国与印度之间的知识联系在两国历史上非常重要。毫无疑问，将佛教视为中印友谊的第一缘由是非常准确的。正是由于佛教，两国之间才有了思想交流。然而，尽管佛教是至关重要的灵感来源，由佛教引起的两国之间的智力交流不仅局限于宗教，也涉及文化互动和人文共同价值观等领域。这些非宗教关系的结果延伸到科学、数学、文学、语言学、建筑、医学和音乐领域。我们从许多前往印度的中国人，如五世纪的法显和七世纪的玄奘、义净留下的游记中发现，他们的兴趣绝不局限于宗教理论和实践。同样，在一到八世纪期间,前往中国的印度学者,不仅包括宗教学者,还包括其他领域的专家。

佛教是中印关系得以建立的最重要因素,中国佛教不时得到皇家的赞助。许多故事都与佛教在中国的传播有关。印度和中国之间通过佛教产生广泛联系,但联系并不仅仅局限于佛教。两千年前,中国忙着带给印度丰富的物质,而印度正在向中国传播佛教。有关印度僧侣抵达中国的第一个确切记录可以追溯到摄摩腾、竺法兰抵达中国的公元一世纪。汉明帝的梦常被认为与佛教传入中国有关。传说,他看到一个金色的人像在宫殿前飞翔,于是派遣使者寻找这个形象和有关教义,使者们用白马驮着《四十二章经》和舍利圣物返回,还带回了两名僧侣:摄摩腾和竺法兰。此后,中国皇帝为他们建造了白马寺,两人在那里度过了余生,将佛教文本翻译成中文,此为中国最早的佛教文献。

佛教在中国发展历史悠久,对影响中印文化和习俗起到一定作用。纵观历史,中国佛教徒在很多朝代面临缺乏支持甚至遭受迫害的境况,但这一宗教与其对人类的价值依旧影响深远。中国现在有世界上数量最多的佛教徒。中国的佛教徒相信儒家、道教和佛教的结合,意思是说他们向佛、孔子和道教神仙祈愿。和道士一样,中国佛教徒也对祖先表达敬意,他们认为他们需要并且想要得到祖先的帮助。举一个宗教信仰结合的例子,在宗教仪式和节日,如清明节,佛教徒会烧纸钱。

几个世纪以来,"笑面佛"一直是中国最常见、最受欢迎的佛像。他们生活的主要目的是"快乐",正是出于这个原因,中国把佛像塑造成胖胖的、大笑或微笑的样子,这与印度人对佛像的塑造形成鲜明对比。按照印度版本,佛陀在斋戒后才开悟,所以印度的佛像瘦骨嶙峋。

今天,印度可以自称是佛教的发源地,但它早已不再是佛教主导的国家。印度在2011年的人口普查中登记了840万佛教徒,仅占人口的0.7%。相比之下,中国佛教徒总人数长期保持最多,目前估计在2亿至3亿之间,尽管根据传统,这个数字因有人同时信奉道教和儒家思想而有些过于笼统。思想价值观和文化是我们共同的遗产,和平与爱是我们的根基,其价值经过我们伟大的先人和圣贤的阐释,会继续蓬勃发展。这是对我们的先人的伟大致敬。

新时代中阿(中国—阿拉伯国家)文明交流超越"文明冲突"

丁俊

(上海外国语大学中东研究所)

中国与阿拉伯国家的友好交往与相互合作源远流长,基础深厚。长期以来,和平合作、开放包容、互学互鉴、互利共赢始终是中阿交往合作的主旋律。中共十八大以来,中国特色社会主义进入新时代,中国日益走近世界舞台中央,以习近平同志为核心的党中央高度重视对外合作与中外人文交流,全面推进中国特色大国外交,中阿合作与文明交往也进入提速升级、全面发展的新阶段。2014年6月、2016年1月、2018年7月,习近平主席连续三次面向阿拉伯世界发表重要讲话,对新时代中阿全面合作把舵定向,确定了行动指南。新时代、新形势下,作为携手共建"一带一路"与人类命运共同体的天然合作伙伴,中国与阿拉伯国家秉承友好交往的历史传统,顺应和平发展的时代潮流,积极推进和发展双边与多边关系,共同致力于加强政治互信,拓展合作领域,完善合作机制,丰富合作内涵,于2018年宣布建立"全面合作、共同发展、面向未来的中阿战略伙伴关系",双方各领域合作获得长足发展,取得显著成就。新时代的中阿全面合作,不仅让中阿"两大民族复兴之梦紧密相连"[①],为两大民族实现民族复兴大业的历史进程注入强大动力,而且为不同文明间的交往交流与不同社会制度国家间的合作、特别是南南合作树立了典范,为推进中东地区治理与全球治理、构建新型国际关系与人类命运共同体作出了贡献。

---

① 习近平:《携手推进新时代中阿战略伙伴关系——在中阿合作论坛第八届部长级会议开幕式上的讲话》,中国政府网,2018年7月10日,http://www.gov.cn/xinwen/2018-07/10/content_5305377.htm

2022年,中阿双方还将召开首届中阿领导人峰会,即将举办的"中阿峰会"必将进一步加强中阿战略伙伴关系,推进和提升新时代中阿全面合作与文明交往进入更好的发展阶段。新时代的中阿战略合作与文明交往,不仅为中阿两大民族实现复兴的进程注入了强大动力,让两大民族复兴之梦紧密相连,而且为促进南南合作树立了典范,为推进地区治理与全球治理作出了重要贡献。中阿两大民族有着相似、相同的历史遭遇,中阿两大文明拥有许多共同、共通的价值理念,正如习近平主席在阿盟总部演讲时指出的:"中华文明与阿拉伯文明各成体系、各具特色,但都包含有人类发展进步所积淀的共同理念和共同追求,都重视中道平和、忠恕宽容、自我约束等价值观念。"[①]在中阿双方共同努力下,新时代中阿文明交往与人文交流机制建设不断完善,交流领域不断拓宽,交流内容日趋丰富,成就突出。中阿双方积极致力于以文明交流超越文明隔阂、以文明互鉴超越文明冲突、以文明共存超越文明优越,为当今世界不同文明间的交往交流与和合共生树立了榜样。

一、中阿合作论坛成为新时代中阿人文交流重要平台,论坛框架下的人文交流成就突出,成果丰富

中阿合作论坛建立以来,中阿文明交往与人文交流快速发展。中阿合作论坛不但为促进中阿全面合作共同发展的战略关系发挥了重要引领作用,而且为中阿文明交往与文化交流搭建了广阔平台,开拓了广泛领域。论坛设立的多种人文交流机制有效推动了中阿文化交流的迅速发展,各类交流活动精彩纷呈,取得显著成绩和丰硕成果。

论坛框架下已成功举办四届中阿文化部长会议、九届中阿关系暨中阿文明对话研讨会。中阿艺术节、中阿新闻合作论坛、中阿广播电视合作论坛等各类机制化人文交流活动都多次举办。此外,中阿双方已建立起40余对友好城市关系;中阿新闻交流中心、中阿电子图书馆门户网站已投入运营;中阿典籍互译工程已翻译出版超过50部中阿经典著作和现当代文学作品;作为论坛框架的重要智库,习近平主席亲自倡议建立的中阿改革发展研究中心已成功举办10期阿拉伯国家官员研修班,并多次与阿拉伯国家智库和研究机构举行研

---

① 习近平:《共同开创中阿关系的美好未来——在阿拉伯国家联盟总部的演讲》(2016年1月21日,开罗),《人民日报》2016年1月22日,第3版。

讨会，共同交流探讨中阿合作与改革发展路径，笔者有幸多次参与了中心的交流对话活动。2018年7月10日，习近平主席在中阿合作论坛第八届部长级会议开幕式上发表讲话时对中阿中心工作给予肯定："我倡议成立的中阿改革发展研究中心运作良好，已成为双方交流改革开放、治国理政经验的思想平台"，并勉励中心"要做大做强，为双方提供更多智力支持。"①中心多次组织举办中阿智库学者的交流活动和学术会议，正是中心不断做大做强的一个例证。

新时代中阿人文交流呈现多边与双边、官方与民间多层并进、交互发展的态势。除了中阿合作论坛框架下的中阿多边文化交流外，中国已与十多个阿拉伯国家签署双边文化合作协定新的年度执行计划，推动众多中阿部级政府文化代表团互访，组织数百个文艺展演团组互访，推动百余家阿拉伯文化机构与中方对应机构开展合作。

特别值得关注和称道的是，新时代中国与海合会国家间的文明交流快速发展，日益走在中阿文明交流的前列。中沙人文交流的快速发展就是突出例证。2013年，沙特举办"杰纳第利亚民族文化遗产节"，中国作为主宾国参展；2016年12月至2017年3月，"阿拉伯之路——沙特出土文物展"在中国展出，习近平主席与萨勒曼国王共同参观了展览；2017年3月，沙特阿卜杜勒阿齐兹国王图书馆北京大学分馆举行落成典礼，萨勒曼国王出席典礼并接受北京大学授予的名誉博士学位；2018年9月至11月，中国在沙特举办"华夏瑰宝展"，受到众多沙特参观者的欣赏和赞誉。近年来，中沙教育领域的合作交流快速发展，双方互派留学生的人数不断增加；在穆罕默德王储的直接推动下，沙特将汉语教学纳入全国中学和大学课程体系的重大举措更是令世人印象深刻；中沙双方对典籍互译与书籍出版工作也很重视，并扶持和奖励翻译工作者，北京大学仲跻昆教授（2011年第4届）和上海外国语大学朱威烈教授（2014年第7届）先后获得了"沙特阿卜杜拉国王世界翻译奖"；中沙学术交流、民间交往也不断发展，学者互访、旅游观光、经商留学等各方面人员往来不断增加，相互了解和交往的愿望日益增强，我们曾有幸访问过沙特知识交流研究中心，该中心致力于促进中沙人文交流的热情和努力令人印象深刻。

---

① 习近平：《携手推进新时代中阿战略伙伴关系——在中阿合作论坛第八届部长级会议开幕式上的讲话》。

二、中阿共建"一带一路"为新时代中阿文明交往增添强大动力

2014年6月,习近平主席在中阿合作论坛第六届部长级会议上深入阐释了"和平合作、开放包容、互学互鉴、互利共赢"的丝路精神,提出了中阿共建"一带一路"倡议。2016年1月,习近平主席在阿盟总部演讲中再次明确指出,中国与阿拉伯国家开展共建"一带一路"行动,秉持"和平、创新、引领、治理、交融"的行动理念,以共同推动中阿两大民族复兴形成更多交汇。自"一带一路"倡议提出以来,中阿广泛开展形式多样的人文交流,推动文明互鉴,助力民心相通,各领域交流合作不断丰富和拓展。中阿共建"一带一路"倡议受到了包括海合会国家在内的阿拉伯国家的热烈欢迎和积极回应。不少阿拉伯国家都积极谋划将自身的发展战略与"一带一路"对接。"一带一路"也是阿方学界、媒体、智库的热门话题,他们对中国文化、中国语言、中国特色治国理政经验都怀有日益浓厚的兴趣。

中阿共建"一带一路"为推进新时代中阿文化交流带来历史机遇和强大的现实动力。文化交流与文明互鉴已成为新时代中阿共建"一带一路"的重要支柱。"一带一路"倡议提出以来,中阿已广泛开展形式多样的人文交流,推动文明互鉴,助力民心相通,诸多领域的交流合作日趋丰富。"一带一路"框架下汇聚了丰富多彩的中阿人文交流品牌活动,如"欢乐春节""中阿丝绸之路文化之旅""意会中国"系列等文化交流活动,推动并支持一百多家阿拉伯文化机构与中方相应机构开展合作;"丝路书香出版工程"已资助数百个中译阿图书项目;2020年以来,各项活动因受疫情影响纷纷开辟线上通道,中阿云展览、云演出等活动正在见证着新时代丰富多彩的中阿人文交流活动。新时代中阿旅游合作也快速发展。中阿旅游合作论坛、中阿旅行商大会等机制性活动为中阿旅游资源推介和合作洽谈搭建平台,助力打造文化和旅游交流品牌。2018年,阿拉伯国家公民来华旅游人数达33.88万人次,中国公民赴阿联酋、埃及和摩洛哥三国总人数超过150万人次。

中阿广播影视、新闻出版领域交流合作也快速发展,成就突出。中国主流新闻媒体与几乎所有阿拉伯国家主流媒体签署了业务合作协议。2016年,中阿卫视频道通过尼罗河卫星覆盖中东、北非22个阿拉伯国家。近年来,线上交流与合作在中阿传媒领域迅速发展,形成"互联网+领域"合作新模式。2020

年11月,第四届中阿新闻合作论坛在线上举办;2021年12月,第五届中阿广播电视合作论坛以视频方式召开,论坛通过了《第五届中国—阿拉伯国家广播电视合作论坛共同宣言》。中国中央电视台阿拉伯语、英语、法语频道已广泛覆盖阿拉伯地区,中国电视内容在阿拉伯世界日益受观众欢迎和喜爱。

三、新时代中阿文明交往超越"文明冲突",为世界文明交往互鉴与和合共生树立了榜样

在漫长的历史长河中,和平合作、开放包容、互学互鉴、互利共赢始终是中阿文明交往的主旋律。以和为贵、和而不同的文化品质使两大文明始终能够交而不恶、交而互通、交而能合、和合共生。在穿越时空的往来中,中阿两个民族彼此真诚相待,在古丝绸之路上出入相友,在争取民族独立的斗争中甘苦与共,在建设国家的征程上守望相助,在深化人文交流、繁荣民族文化的事业中相互借鉴。中阿两大民族有着相似、相同的历史遭遇,中阿两大文明拥有许多共同、共通的价值理念。自"一带一路"倡议提出以来,中阿广泛开展形式多样的人文交流,推动文明互鉴,助力民心相通,各领域交流合作不断丰富和拓展。2016年发布的《中国对阿拉伯国家政策文件》对新时代中阿人文交流作出整体规划,文件强调:"中国愿同阿拉伯国家一道,致力于促进世界文明的多样性发展,促进不同文明之间的交流互鉴。进一步密切中阿人文交流,加强双方科学、教育、文化、卫生和广播影视领域的合作,增进双方人民相互了解和友谊,促进中阿文化相互丰富交融,搭建中阿两大民族相知相交的桥梁,共同推动人类文明发展进步。"①在中阿双方共同努力下,新时代中阿人文交流机制建设不断完善,交流领域不断拓宽,交流内容日趋丰富。新时代内容丰富、形式多样的中阿人文交流,超越文明隔阂与文明冲突,为增进中阿民心相通、助力中阿全面战略伙伴关系的发展提供了丰富的精神动力和人文滋养。中阿文明交往超越文明隔阂与文明冲突,夯实中阿合作社会民意根基,助力中阿合作行稳致远,共铸世界文明美美和合的共生共处之道。

当代世界,"文明冲突论""文明优越论"依然盛行,而中阿双方都愿积极致力于以文明交流超越文明隔阂、以文明互鉴超越文明冲突、以文明共存超越文

---

① 《中国对阿拉伯国家政策文件》,中国政府网,2016年1月30日,http://www.gov.cn/xinwen/2016-01/13/content_5032647.htm

明优越,为人类不同文明间的交往交流、和合共生树立榜样。尽管中阿文化交流依然存在不少困难和问题,面临着诸多挑战。如双方对对方文化与文明的了解和研究都还不充分,双方都需培养更多的专家学者,社会认知赤字依然突出,文明对话内涵亟待拓展深入,双方交流的文化产品也需不断提高质量、更接地气;再如各种极端势力仍在不同文明之间制造断层线,国际话语霸权还在鼓噪"中国威胁论""中国扩张""伊斯兰威胁论""伊斯兰恐惧症"等,从外部干扰妨碍中阿文化的交流合作。尽管如此,中阿友好交往的历史和现实都充分证明,中阿合作经得起各种风云变幻的考验,中国同阿拉伯国家是相互信得过、靠得住的天然合作伙伴。新时代中阿合作的历史车轮势不可挡,面对各种风险挑战,"同为拥有千年历史的文明体,中国和阿拉伯国家应继续深入开展文明对话,加强交流合作,为解决自身和世界面临的难题贡献智慧。"[①]只要中阿双方坚持秉承"和平合作、开放包容、互学互鉴、互利共赢"的丝路精神,面向未来,精诚合作,中阿文化交流的前景一定会无比广阔。在中阿共建"一带一路"背景下,双方日益增强的政治互信与日趋密切的经贸合作无疑将为中阿文化交流注入源源不断的动力,"'一带一路'延伸之处,是人文交流聚集活跃之地。民心交融要绵绵用力,久久为功"。

国之交在于民相亲,民相亲在于心相通。新时代内容丰富、形式多样的中阿人文交流,超越文明隔阂与文明冲突,不仅为增进中阿民心相通、助力中阿全面战略伙伴关系的发展与中阿命运共同体的构建提供了丰富的精神动力和人文滋养,而且为当今世界文明交往互鉴、合和共生、美美与共树立了榜样。我们有充分的理由相信,新时代中阿文化交流与文明互鉴的伟大实践,必将在世界文明交往史上谱写出和合共生的新乐章,为中阿共建"一带一路"、携手合作推进中东地区治理、推动构建中阿命运共同体和人类命运共同体奉献更多智慧,作出更大贡献。

新时代中阿文明交往具有鲜明的时代特征。中阿文明交往体现了中阿人民追求和平、谋求发展的共同意愿,不仅受到中阿双方领导人和政府的高度重视,而且受到中阿人民的欢迎和支持。中国与阿拉伯国家同属发展中国家,双

---

① 翟隽:《在中阿合作论坛第九届中阿关系暨中阿文明对话研讨会开幕式上的致辞》,《阿拉伯世界研究》2021年第6期,第3页。

方人口之和占世界总人口近四分之一,国土面积之和占世界陆地面积六分之一,经济总量占世界经济总量八分之一。中国特色社会主义进入新时代,解决人民对美好生活的需要与发展不平衡、不充分之间的矛盾成为新的时代重任;阿拉伯国家也都处于变革自强、谋求发展的关键时期,普遍面临着经济社会转型发展、探索现代化之路的历史任务。新时代的中阿合作是中阿双方"准确把握历史大势,真诚回应人民呼声"[①]的战略选择,体现了中阿人民的共同意愿,顺应了时代发展潮流,这既是新时代中阿合作的突出特征,也是中阿合作的动力之源。中阿文明交往蕴含着丰富的中国智慧与中国方案。作为新时代中国特色大国外交统领下中国国际合作的重要组成部分,新时代中阿合作秉承和弘扬和平合作、开放包容、互学互鉴、互利共赢的丝路精神,坚持共商共建共享的合作理念,通过高质量共建"一带一路",推动中阿双方走和平发展、联动发展、共同发展和绿色发展的繁荣之路,体现了新的发展观、安全观和国际合作观,深化和丰富了"全面合作、共同发展、面向未来的中阿战略伙伴关系"的内涵。

新时代的中阿文明交往高举文明对话旗帜,倡导文明交往互鉴,积极开展人文交流,促进中阿民心相通。中华文明与阿拉伯文明都是曾对人类文明进步作出过重要贡献的古老文明,两大文明各成体系、各具特色,都包含有人类发展进步所积淀的共同理念和共同追求,都重视中道平和、忠恕宽容、自我约束等价值观念。中阿双方在人文交流中共同致力于挖掘民族文化传统中积极处世之道同当今时代的共鸣点,不断推动传统文化创造性转化与创新性发展,积极践行以文明交流超越文明隔阂、以文明互鉴超越文明冲突、以文明共存超越文明优越的文明交往理念,向国际社会展现不同文明"交而通""交而和"的伟大智慧,为当代世界文明交往交流与互学互鉴树立了榜样。

[①] 习近平:《携手推进新时代中阿战略伙伴关系——在中阿合作论坛第八届部长级会议开幕式上的讲话》。

中庸之道与世界多元文明格局

韩星

（中国人民大学国学院）

摘要：中庸之道源远流长，渗透到中国文化的各个方面，在中华文明的发展中有着不可比拟的重要性。世界各大文明早期都有中道思想，如古希腊以亚里士多德为代表的中道观，古印度《奥义书》、吠檀多"不二"哲学及后来大乘佛教龙树的中观哲学，还有伊斯兰《古兰经》中的中道思想等，但除了中国，其他文明都没有走中庸之道，而是各有偏向，形成了不同的民族心理性格和文化形态，构成了今天世界文明的格局。西方文化二元对立思维模式，百多年来对中国人也有很大影响，需要我们以中道思维和智慧加以纠正。在当今世界百年未有之大变局下，我们面临着世界文明秩序的新变革，世界文明格局的新组合，要执两用中，允执其中，以中庸之道化解二元对立思维模式所造成的文明冲突，构建人类命运共同体。

关键词：中庸之道；中华文明；世界多元文明；二元对立；文明冲突；人类命运共同体

当今中国和世界面临百年未有之大变局、世界文明秩序的新变革、世界文明格局的新组合。中华文明要参与世界文明重组，塑造世界文明新秩序，可以从中华优秀传统文化中挖掘思想资源，汲取思想智慧，为解决人类当前面临的诸多问题，推动人类文明进步发展，提出中国思路、中国方案。

一、中庸之道与中华文明

对于中庸之道，需要正本清源，弄清中庸的本义及其发展演变，返本开新，回归中国文化大中至正之道。"中"的甲骨文字形像竖立的一面旗帜,上下各两条旗斿向左飘动,方口为立中之处。中本是氏族的一种徽帜,表示中间、中心。《说文解字》:"中,内也。从口、丨,上下通。""中"指事物的内部,以"口"作字根,中间一竖表示上下贯通。由"内"引申为方位的中心、中央,是中的本义。"中"还有"正"之意,指正确的标准,于是有"中正"一词。"中"也解为"和",于是有"中和"一词。"庸"字在甲骨文中已经出现,构形还不明确。其中一种说法上部为"庚",下部为"用",是一种乐器,本义有使用之意。《说文解字》:"庸,用也。从用,从庚。""庸"的本意是"用",还有"常"之意,指常道、平常,主要是指百姓日常功用,后来进一步引申为平常、平凡,还有凡庸、庸碌、庸俗、平庸等贬义。这两层意思是统一的,就是《中庸》里所说的"极高明而道中庸",看似至平至常,实则至高至妙,在最为平常的为人处世中践履道德法则以达到最高明的境界,也就是寓伟大于平凡,寓理想于现实之义。"中"与"庸"二者连用为"中庸"首见于《论语·雍也篇》:"中庸之为德也,其至矣乎!民鲜久矣。"说了两层意思:一是说中庸是最高的德行;二是说中庸之德起源很早,但在当时已经很罕见了。二程解释说:"中者天下之正道,庸者天下之定理。"朱熹解释说:"中者,不偏不倚、无过不及之名。庸,平常也。""中庸者,不偏不倚、无过不及,而平常之理,乃天命所当然,精微之极致也。"程、朱把"中庸"看成是天地的正道定理,也就是天理,是从天地宇宙到人类社会无所不在、不偏不倚、无过不及的恒常之道,也是平常之道。

中华民族从上古以来就很好地把握了一个"中"字,后来逐渐形成了中道思维模式。古代圣王尧传位于舜,命其"允执其中";舜晚年传位于禹,命其"允执厥中"。《论语·尧曰》载:"尧曰:'咨!尔舜!天之历数在尔躬,允执其中。四海困穷,天禄永终。'舜亦以命禹。"这是帝尧让位给帝舜时的授命辞,嘱咐帝舜应该保持中道,否则天下百姓将陷于困苦贫穷,这样你的天命也就永远终止了。后来舜要把天子之位传给禹时也对禹说:"人心惟危,道心惟微;惟精惟一,允执厥中"(《尚书·大禹谟》),这就是著名的"十六字心传"。其实,"允执厥中"也就是"允执其中"。孔子对尧舜禹中道思想有新的发挥。从《论语》有关记载可以看出,孔子以中庸为最高德行,一方面"夫礼以制中也"(《礼记·仲尼燕居》),执中、用中是依存于礼的,执中即是执礼,中庸意即谨守礼制,不偏不倚,不激不随,恰当适中;另一方面把中庸的观念与"仁"密切地联系起来,以"中"来平衡"仁"与"礼"的紧张,提出克己复礼为仁,天下归仁。"天下归仁"就暗含了以中道治国平天下,实现天下大同的社会理想。因此现代史学家柳诒徵先生说:"尧舜以来,以'中'为立国之道,孔子祖述其说,而又加以'时'义。"[①]

在中国古代思想史上"中庸"观念源远流长,传统深厚,并形成了中道、中和、时中、中正、执中等相关观念,涵括了"中庸"观念的各个方面,组成了一个以"中庸"为轴心,向四周辐射的观念丛,构成了相对完备的"中庸"思想体系。"中道"可以说是中庸之道的简称,还具有中正、正直等含义。"中和"与"中庸"有交叉。"中庸"体用兼该,精粗本末,无所不尽,比中和内涵深广,故而包含中和。比较起来,中庸侧重于德行而言,是一种至德;中和侧重于性情而言,由此达致人与天地万物的圆满和谐。子思所作《中庸》,赋予"中和"以最普遍的意义,"喜怒哀乐之未发谓之中,发而皆中节谓之和。中也者天下之大本也,和也者天下之达道也。致中和,天地位焉,万物育焉。"能"致中和",则天地万物均能各安其位,各得其所,和谐共处,生长繁育。"时中"是在时间维度把握和运用中庸之道,主要有两方面的含义:一是要"合乎时宜",二是要"随时变通"。中而非时,不谓之中;时而不中,更不谓之中。"中"和"正"可以互训,"中庸"本身有"中正"之义,中正指运用中庸过程中调节事物内在两端之间要遵循"正"的原则和方法。"执中"指执行、实行中庸之道,修身做人做事无过与不及,注重对中庸之道的躬行实践,强调执中有权,在坚持中庸原则前提下注重灵活性。

汉唐儒者传承孔子的"中庸"观念,主要还是在个人修养、为人处世和社会政治方面把中和作为一种方法论和价值追求,寄寓一种以圣人为最高理想的人格境界和以王道大同为目标的社会理想。但深入精密的论证不够,隋唐以降遇到道佛的冲击,中庸之道常被忽视。值得注意的是到韩愈、李翱开始重视从个人修养方面讨论中庸,特别是李翱是汉唐儒学向宋明理学转换的一个重要人物,他重视《中庸》,其理论以"去情复性"为旨归,以"开诚明"和"致中和"为其"复性"之至义,开了宋明儒学的先河。

宋明儒家重视《中庸》,把其提升为四书之一,对其进行形而上学的阐发,

[①] 柳诒徵:《中国文化史》上卷,北京:东方出版社1988年版,第238页。

把"中庸之道"看成是儒家圣圣相传的"道统"和"心传",对"中庸"观念进行了深入精密的论证,将注意的焦点置放在心性的修养上,形成了理学心性修养的中庸方法论体系。如朱熹一生研读《中庸》,著述颇多,构建了精密的《中庸》学体系。王阳明作为心学集大成者,其思想的核心是"致良知",如何致良知?其基本准则和方法是中庸之道。由于宋明理学心学不再如汉唐儒者强调事功的重要性,后来就产生了空疏之弊,到明清之际引起了顾炎武、黄宗羲、王夫之等人的反思批判,形成实学思潮。清代尽管以考据之学为主流,戴震、章学诚、焦循等人以考据为基础,对理学心学的偏颇有所纠正,对中庸之道多有发明。

应该看到,中庸之道有超越时空的价值,即使在激烈的维新,激进的革命之中也没有完全抛弃中庸之道,即使被人们普遍认为的20世纪许多激进的革命家也并没有完全否定中庸之道。

近代维新变法运动兴起,康有为、梁启超、谭嗣同等以托古改制的方式谋求变法维新,对中庸的"时中""权变"之义多有发挥,为其变法运动寻求思想方法。康有为作《中庸注》,以阐发其中蕴含的"孔子之大道,关生民之大泽"[①]。

孙中山推翻帝制,在中西古今文化冲突的背景下,形成了在继承传统和吸收外来文化的基础上实现创新的文化观,声称要传承自尧舜禹汤文武周公以来的道统并发扬光大,于是把传统的中庸之道融入其三民主义理论体系。如在处理民族主义与世界主义的关系问题上就以中庸之道化解二者的紧张。在对待新文化和旧道德问题上,他反对新文化运动倡导者抛弃旧道德,指出他们"以为有了新文化,便可以不要旧道德。不知道我们固有的东西,如果是好的,当然是要保存,不好的才可以放弃。"[②]

毛泽东在1939年2月《致陈伯达》的信里说:"(中庸)是肯定质的安定性,为此质的安全性而作两条战线的斗争,反对过与不及。"后来,在《致张闻天》的信里又对中庸思想作了中肯的评价。他说:"'过犹不及'是两条战线斗争的方法,是重要思想方法之一。……'过'与'不及',乃指一定事物在时间与空间中运动。当其发展到一定状态时,应从量的关系上找出与确定其一定的质。这

[①] 康有为:《孟子微 中庸注 礼运注》,北京:中华书局1987年版,第187页。
[②] 广东省社会科学院历史研究所等合编,《孙中山全集》第9卷,北京:中华书局1986年版,第243页。

就是'中'或'中庸'或'时中'。这个思想……是孔子的一大发现,一大功绩,是哲学的重要范畴,值得很好地解释一番。"①

当然,我们今天决不能说毛泽东完全认同儒家的中庸之道,但至少可以说毛泽东并没有完全否定中庸思想,而是斟酌采用,也说明了中庸思想有其不可磨灭的价值,说明了中国传统文化的永久魅力。另外,值得注意的是毛泽东在《矛盾论》中还提到"相反相成",说它指"相反的东西有同一性。这句话是辩证法的,是违反形而上学的。"并发挥道:"'相反'就是说两个矛盾方面的互相排斥,或互相斗争。'相成'就是说在一定条件下两个矛盾方面互相联结起来,获得了同一性。而斗争性即寓于同一性之中,没有斗争性就没有同一性。"②这显然是试图把中庸与相反相成结合起来,在对立中寻求统一,是对传统思想进行"现代化"的尝试。

中华文明不但历史悠久,博大精深,而且基本上能够走中庸之道。中华文明具有开放性和包容性,能够在开放中吸收异质文明、在包容中消化异质文明、在与不同文明交流互鉴中更新发展。纵观中华文明发展历程,并不是没有闭关锁国、夜郎自大的时候,但总体上呈现开放态势。纵观中国历史,中华文明绵延数千年,不曾断裂,不曾灭亡,不曾转移,一脉相承,连续不断,在艰难曲折中传承不辍,一脉相承地发展下来,成为至今为止人类历史上最具有持久性的文明,并且各个时代都有新的成就。从尧舜开始,古代圣王和后代明君,都非常注重践行中道,"允执厥中","执两用中",中庸之道成为治国理政的行为准则,成为一种政治大智慧,能够化解社会矛盾,协调各方面力量,促进社会和谐,实现天下大治。中国文化崇尚和平,讲究信义,注重人与自然、人与社会、人与国家、人与群体的和谐,善于调适、化解、规范社会各方面利益的矛盾与冲突,使社会不至于在无谓的利益冲突中频繁动乱乃至消亡。在中华文明内部,诸子百家,儒道佛三教之间有争辩、有冲突,但受中庸之道的影响,没有发生大规模宗教战争、种族灭绝之类惨绝人寰的事情。这些都与"中庸之道"有极大关系。

"中庸之道"以儒家为主,但也散见于于诸子百家和道教、佛教的著述之

---

① 《毛泽东书信选集》,北京:人民出版社1983年版,第141、第145—147页。
② 《毛泽东选集》第1卷,北京:人民出版社1967年版,第307—308页。

中。道家以"道"为最高价值，"中"也是道的一个基本内涵，中道就是道的体现，守中就是守道。《老子》第五章："多闻数穷，不若守于中。"《老子》四十二章："道生一，一生二，二生三，三生万物。万物负阴而抱阳，冲气以为和。""冲气"指阴阳两气互相作用的中和之气。《庄子》也曾提出"中道""养中"，"无入而藏，无出而阳，柴立其中央"，"周将处乎材与不材之间"等。《韩非子·扬权》："夫香美脆味，厚酒肥肉，甘口而病形；曼理皓齿，说情而捐精。故去甚去泰，身乃无害。"去掉过分享乐和奢侈的生活方式，身体才会不被伤害。道教《太平经》云："阴阳者，要在中和。中和气得，万物滋生，人民和调，王治太平。"阴阳是天地之道，其要旨就在于中和之气。天地之间的万事万物得中和之气就繁衍发展，人类社会得中和之气就能够治理良好。印度佛教本就有不二中道思想，佛教中国化的过程中，更受到儒家中庸之道的影响，推崇中庸"中以处事"的精神。宋代对《中庸》进行大力提倡与表彰的最初是佛教徒，尤其是智圆与契嵩。北宋初期天台宗智圆法师终生服膺《中庸》，甚至自号"中庸子"，并作《中庸子传》三篇，以龙树的中观学说来解释儒家的《中庸》，认为中庸与中道一致，儒家与佛家在旨趣上没有差异。契嵩作为禅宗云门宗的嗣法弟子，对儒家经典《中庸》极为重视，曾撰《中庸解》五篇，援儒入佛，从礼乐政刑、仁义礼智等方面对中庸进行了精到的阐释，认为儒家的中庸与佛教的中道实际上是一致的。智圆与契嵩等佛教徒对《中庸》的提倡与阐发，直接影响了宋代道学家对《中庸》的重视。可以说，儒释道三教漫长的融合过程中，《中庸》起到了一种积极的中介作用。

中庸之道经孔子的转述与发挥，历代大儒的传承与倡扬，就在理论上形成了天与地、阴与阳、形上与形下、道与器、体与用、本与末等二元和合而不是二元对立的思维模式，渗透到了中国古代政治、法律、哲学、艺术、伦理等各个方面，成为大至国家政治，小到个人生活的基本态度、方法甚至理想，并由此深刻地影响了中国人的世界观、人生观、价值观，构造了中国文化、中国哲学的基本精神，成为中国人立身处世、待人接物的行为准则，治国安民的根本哲学与根本法则。庄泽宣以为，"中国民族最讲持中之道，凡事均须恰如其分，毋过亦毋不及。中国文化产生在广大平原之上，所以民族思想比较率直伟大，能够包容一切，把许多表面上不能相容或者相互抵触的事物善加调和……恪守中庸之道……中国儒家学说的根本思想便在中庸之道,讲近情近理,谈折中调和,几千年来的民族思想深受着这种观念的影响。"[1]林语堂认为"中庸的哲学可说是一般中国人的宗教。"方东美说:"吾国古代的传统思想上,总是要发挥中庸或中道的精神。'中'字代表中国整个的精神。此符号代表整个宇宙全体为一大圆圈,如果站在某一方面,则成为偏见,应该贯串起来上下皆通,还须如中,使之平衡。"[2]

中庸之道在中华文明的发展中有着其他民族不可比拟的重要性。相对于世界上许多民族,中华民族是最具有贵和尚中精神的民族,中华文明是世界上唯一以文化形态绵延不断的伟大文明。"二千年来,孔子之教虽能未尽行于中国,而持中、调和、容让、平衡诸观念,固已莳其种于后代国民之心识中,积久而成为民族精神。我民族所以能继继绳绳,葆世滋大,与天地长久,赖有此也。"[3]中国历史上有家国兴亡,朝代更迭,但文化中国不但没有灭亡,还从尧舜时期的晋南不断扩展到黄河中下游,扩展到长江流域,甚至超出中国本土,在隋唐时期完成了包括朝鲜、日本、越南在内的东亚"中华文化圈"的构造,直到19世纪西方殖民主义势力进入东亚,才改变了这种以中国本土为中心,以中华文化为轴心的东亚文明格局。

二、世界多元文明与中庸观念

自有人类以来,在地球各处就逐渐产生了不同的文明,在漫长的历史发展中,有的文明消失了,有的新文明又诞生了,有的文明相互接触、交流,有的文明封闭、自守,目前多种文明并处共存是一个事实。德国历史学家斯宾格勒将世界文明分为8种:古埃及文明、古巴比伦文明、古印度文明、古中华文明、欧洲古典文明、阿拉伯文明、近代西方文明和墨西哥文明。英国著名历史学家汤因比则把世界文明分为26种之多,其中成熟有影响的第一代文明如古埃及、苏美尔、米诺斯、古代中国、安第斯、玛雅,从第一代文明派生出来的第二代文明如希腊、中国、赫梯、巴比伦;第三代文明如西方、东正教(俄罗斯)、远东(日

---

[1] 庄泽宣、陈学恂:《民族性与教育》,北京:商务印书馆1938年版,第556—557页。
[2] 方东美:《原始儒家道家哲学》,北京:中华书局2012年版,第9页。
[3] 张其昀:《中国与中道》,《学衡》1925年第41期。

韩)、东正教(拜占庭)、波斯、阿拉伯、印度教等。美国政治学家亨廷顿把当代世界文明分为8类,即西方文明、中华文明(儒教文明)、伊斯兰文明、俄罗斯文明、日本文明、印度文明、拉丁美洲文明和非洲文明。

在世界各大文明的早期宗教、哲学中,都不约而同地有中道思想,并且以不同的形式——神话、格言、教义、哲学论著等表达出来。如中国《周易》、孔子和《中庸》的中庸(中和)思想,古希腊以亚里士多德为代表的中道观,古印度《奥义书》、吠檀多"不二"哲学及后来大乘佛教龙树的中观(空观)哲学,还有伊斯兰《古兰经》中的中道思想等。

古希腊德尔菲(Delphi)的阿波罗神庙里的墙上曾刻有两条最有名的格言:"认识你自己"和"不要过度",这正是古希腊文化精神的简练概括,从苏格拉底到亚里士多德都深受这两句格言的启迪和影响。在亚里士多德以前,已经有许多思想家谈到了中道或中庸思想,甚至一些诗文、戏剧中都有中道观念。例如克娄布鲁就说过"节制是最好的",梭伦也说"不必过度"。[①] 德谟克利特也曾注意到了情感生活中的"度"或"限量"的重要性,他说:"快乐和不适决定了有利与有害之间的界限。"[②]这种界限就是"中"。因此,他强调行为和享受的节制,而"当人过度时,最适意的东西也变成了最不适意的东西。"[③]古希腊著名的悲剧作家埃斯库罗斯在其剧作《奥瑞斯提亚》中曾借雅典娜之口说:

浊泥污水污染了江上清流,

江河之水就不能下咽。

不要专横、不要放肆,而取中道[为]是:

我教导人民去保持、去重视的道理,

不要把畏惧的克制排于城门之外,

因为无畏惧的人怎能知道正义?[④]

亚里士多德是古希腊中道思想的集大成者,在其伦理学名著《尼各马科伦

---

① 参见[德]黑格尔:《哲学史讲演录》第1卷,贺麟、王太庆译,北京:商务印书馆1997年版,第169页。
② 北京大学哲学系外国哲学史教研室编译:《古希腊罗马哲学》,北京:三联书店1957年版,第114页。
③ 北京大学哲学系外国哲学史教研室编译:《古希腊罗马哲学》,第118页。
④ [古希腊]埃斯库罗斯:《奥瑞斯提亚》,缪灵珠译,上海:上海译文出版社1983年版,第212页。

理学》中,他把中道作为其伦理学的最高原则(最高的善或至德),并结合当时的社会生活进行了广泛的讨论,认为中道就是人的激情或由激情引起的行动的无过不及的中间状态和形式:"这种中道行为使人成功,受人称赞,而过度和不及会犯错误。"①"过度和不足乃是恶行的特性,而中庸则是美德的特性。""美德乃是一种中庸之道","德性就是中道,是最高的善和极端的正确。"②这种"过"犹"不及"皆为"恶",以中道为最高德行的中道观与中国先秦儒家的中庸之道极为相似。不过,亚氏的中道观是一种"中间"论,侧重横向结构上的过度、中间与不及的区分,即他所说的"中间是最好的东西",体现为空间结构上的"中间"特性,这与中国先秦儒家中道观更强调纵向的时间过程中的"时中"(以时而中,随时而中)不同。③ 当然,应该看到亚氏的"中"并不完全是数学上机械的中点,他强调:"若是在应该的时间,据应该的情况,对应该的人,为应该的目的,以应该的方式来感受这些情感,那就是中道,是最好的,它属于德性。"④这种反对把中道绝对化的理解的观点体现了亚氏伦理学的辩证精神,而这样一种动态灵活的辩证中道观同样为先秦儒家所持有⑤,孔子就有"无适也,无莫也"(《论语·里仁》)的灵活辩证态度,与孟子反对子莫"执中无权"的形而上学态度也相似。

但是,亚氏的中道观主要局限在其伦理学中,与他的第一哲学、实体说、四因论等没有内在联系,他是在其理论体系的局部谈到中道的,而其它方面则是各有理路,各趋极端。其理论在总体上也没有走中道,中道也不具有最高的本体论和普遍的方法论意义,他的中道观还是服务于他的政治观的。他把他的政治理想寄托在当时古希腊自由民的身上,认为只有处于极富有和极贫穷的阶级中间的既不因奢侈而狂暴,也不因贫穷而无赖的中等阶级才具有"中道"的品质,这与先秦儒家面向全民的中庸之道不同。他的中道观应用在教育上主张只应培养中等阶级的子弟,这与孔子主张的"有教无类",面向全民的教育也不同。这样就造成了他的中道思想在其后的西方哲学及社会人生中没有能

---

① [古希腊]亚里士多德:《尼各马科伦理学》,苗力田译,北京:中国社会科学出版社1990年版,第36页。
② [古希腊]亚里士多德:《尼各马科伦理学》,第37页。
③ 董根洪:《论亚里士多德中道观与先秦儒家中庸观的异同》,《社会科学辑刊》,2002年第1期。
④ [古希腊]亚里士多德:《尼各马科伦理学》,第36页。
⑤ 董根洪:《论亚里士多德中道观与先秦儒家中庸观的异同》,《社会科学辑刊》,2002年第1期。

够发生什么实际效果,直至今天,我们检视西方文化的各个方面,实际上看不到"中"的表现,他的这一思想在他以后竟成了绝响。[1] 虽然亚里士多德所奠定的西方哲学后来成为西方文明的一个基本思想渊源,但亚氏以后的西方哲学家再很少有人提倡中道,所以导致了西方人的思想行为总是倾向于极端和激烈,西方文明在其后的发展中总是习惯于从一个极端跳到另一个极端,从一种偏颇走向另一种偏颇,在动荡、跳跃、断裂中发展到今天。对此,罗素曾有过尖锐的批评,说西方人"有'什么都不过分'的格言;但是事实上,他们什么都是过分的,——在纯粹思想上,在诗歌上,在宗教上,以及在犯罪上。"[2]

古印度的中观哲学至少在《奥义书》中便以"不二"的否定形式表达了出来,成为后来大乘龙树中观论的渊源。在原始佛教中,佛祖说法时采取的就是"离二边说中道"的方法。龙树菩萨直接继承了佛祖的中道思想,又远承《奥义书》形成了著名的"中观派"哲学。中观派的理论核心是"空",他在《中论》中那首有名的"三谛偈"中说"众因缘生法,我说即是空;亦为是假名,亦是中道义。"这是在对原始佛教缘起说肯定前提下的新发展,研究者一般概括为三谛:(1)空谛。是指我所认识到的以言说表现出来的实体事物的"空"。(2)假谛。这个"空"还不是绝对独立的空,所以人们的认识和表达也必然是空的,对"空"的认识和言说表达是假设的假有和名言,本身也是空的。(3)中道(中谛)。"空和假名是同一缘起法的两个方面,是密切地相互联系的,因为是空才有假设,因为是假设才是空。这样在看法上既要不执着有(实有),也不执着空(虚无的空)。这样地看待缘起现象,就是中道观。"[3]总之,"三谛偈"简洁地概括了中观派的理论表述了因缘、空、假名和中道的关联:因缘是出发点,由此表现为空和假名,也合而表现为中道。[4] 龙树在《中论》中还提出"八不中道":"不生亦不灭,不常亦不断,不一亦不异,不来亦不去。"就是说,从实体方面看世界是不生不灭,从运动方面看世界是不常不断,从空间方面来看世界是不一不异,从时间方面看世界是不来不去。他认为原始佛教只讲因缘生灭,很容易使人产生妄见,执着于生或执着于灭都是不正确的,正确的看法应该是认识到不偏倚任

---

[1] 参见高怀民:《中国先秦与古希腊哲学之比较研究》,台北:"中央文物供应社"1983年版,第286页。
[2] [英]罗素:《西方哲学史》,何兆武、李约瑟译,北京:商务印书馆1963年版,第46页。
[3] 方立天:《佛教哲学》,北京:中国人民大学出版社1986年版,第176页。
[4] 方立天:《佛教哲学》,第175页。

何一方,执中道为真理。这中道就是"空",就是最后的真理。但这种以否定形式试图泯灭对立两极乃至否定一切,以求绝对"空"即绝对无差别境界的中道观,很容易走上一元(空)绝对主义,而不像中国中庸之道是在承认两端的存有性、差别性和合理性的前提下追求中道的。

由于佛教在印度的非正统地位,佛教本身的包容力和影响力在印度历史上并不大。印度所处的环境过分炎热,广大民众的生活相当简陋而艰苦,"种姓"(Caste)划分的严厉与酷刻,阶级剥削、压迫的沉重……都使这个伟大的民族及其宗教、社会生活和行为趋向于极端而反中庸。[1] 尽管印度人在生活中一直试图否定对立两极走向绝对的"空"即中道,但在实际上又往往容易走极端。马克思就曾以同情的态度指出过印度现代的分裂与其宗教的古老传统有密切关系,他批评"这个宗教既是纵欲享乐的宗教,又是自我折磨的禁欲主义的宗教;既是林加崇拜的宗教,又是札格纳特的宗教;既是和尚的宗教,又是舞女的宗教。"[2] 所以,佛教讲中道在印度不能立足,印度文明也没有走上中庸之道。

伊斯兰文化中也有类似于中国"中庸之道"的思想,例如,在钱财问题上,伊斯兰教既反对吝啬,也反对过分,其倡导的消费原则是正当、道德、适中,《古兰经》要求穆斯林"既不挥霍,又不吝啬,谨守中道";在对待日常的物质生活方面,《古兰经》主张人们"应当吃,应当喝,但不要过分",就是说既不要禁欲,也不要纵欲;对待敌对的进攻,《古兰经》主张"你们当为主道而抵抗进攻你们的人,你们不要过分,因为真主必定不喜爱过分者"这种"不要过分"的训诫在好几个章节里都有复述,可见伊斯兰教对这个问题的重视。但纵观伊斯兰文化的发展历程,这种中道思想并没有占主要地位,由于沙漠生存环境严酷,物资匮乏,历史上东西文化在中东地区激烈冲突,天灾人祸,战乱频繁,生活艰辛,阿拉伯人民和伊斯兰教徒便没有可能走中道。

这些中道观念在各文明的早期哲学中都占有重要地位,差不多成为一个共同的文化现象,对后来的文明发展有不同程度的影响。但是,除了中国而外,其他文明都没有走中庸之道,而是各有偏向,形成了不同的民族心理性格和文化形态,构成了今天世界文明的格局。

---

[1] 参见萧兵:《中庸的文化省察——一个字的思想史》,武汉:湖北人民出版社1997年版,第1140页。
[2] 《马克思恩格斯选集》第二卷(上),北京:人民出版社1972年版,第62—63页。

三、二元对立、中庸之道与多元文明和谐相处

一些西方学者至今仍然有着很深的西方中心主义情结和二元对立维模式。

西方文化有两大文化传统：一是希腊传统，一是希伯来传统。两希传统存在着二元对立的思维模式。在哲学上希腊人认为宇宙分为两个层次，一个是真界，属理念界，只有心灵才能洞悉；另一是感官界，是我们活的物质世界，靠着人的感官神经便能认识。真界是永恒的，因此是不动的；感官界是无常的，恒变的，二者之间没有必然的关系。此后，在西方哲学史上就形成了形式与实质、灵魂与肉体、理性与感官、主体与客体、现象与物自身、文明与自然的二元对立，呈现出一种不稳定的、异隔对峙和分裂争胜的思想状态。

在宗教方面，从《圣经》基督教神学中我们看到的是不可调和的二元对立，即"神"与"现实的世界"首先形成定格，然后滋生出"信奉神的人""追随我（耶稣）的人"与"不信奉神的人""不追随我的人"，"被拯救者"与"不被拯救的人"；以及为前者安排的"天国"与为后者安排的"地狱"等根本对立的二元形态。

发源于两希传统的西方文化这种思维模式又很容易从二元对立走向绝对主义，即"二者择一"就往往以此"一"为绝对、为唯一，走上了唯一绝对神——上帝，正如哲学上的"绝对真理"一样。这种绝对主义就会导致极端主义。

近代以来西学东渐，中国人学习西方文化，对我们传统文化的现代转换起到了积极作用，但是毋庸讳言，我们也受到了这种二元对立思维模式的影响，并运用这种思维方式"推动"中国历史从传统走向现代，处理复杂的思想文化问题以及一些具体学术领域的问题，如中国哲学史研究中的唯心/唯物、形而上学/辩证法、无神论/有神论等；中国政治思想方面的革命/反动、进步/落后、左倾/右倾等；中国思想文化领域中的新文化/旧文化、封建主义文化/社会主义文化、帝国主义文化与社会主义文化等；中国现代文学研究中的白话文学/文言文学、传统文学/现代文学等。此外，在国际外交战略上形成了两大阵营、两极对立的"冷战思维"等。

这一思维方式的突出表现就是长期以来一些人对马克思主义对立统一学说教条主义的理解和运用，并且由于诸多原因得不到纠正，于是在人们思想意

识深处形成了一种思维定式,具体表现在许多方面,其基本特点是:(1)往往绝对地把某些事物划分为对立的两极——要么是这样,要么是那样;非此即彼,非彼即此;非左即右,非右即左。(2)这两极是"二分法",忽视了还有一个"中介"。(3)往往以其中一极为中心立场,将现实中种种复杂的事物简单化为一对对对抗性的矛盾,并从自己的"中心"出发拥护其一项,打倒另一项。这些都是对马克思主义对立统一学说僵硬化、绝对化、简单化的解释,是根本违背马克思主义的。恩格斯曾多次批评过这种思维方式,他指出:"在形而上学者看来,事物及其在思想上的反映,即概念,是孤立的、应当逐个地分别地加以考察的、固定的、僵硬的、一成不变的研究对象。他们在绝对不相容的对立中思维;他们的说法是:'是就是,不是就不是;除此而外,都是鬼话。'"[1]恩格斯在批评李卜克内西时还说过:"他的调色板上只有黑白两种颜色,没有浓淡的变化。"[2]然而,习惯于按照对立两极思维方式看待事物的人们,往往忘记了这些批评。原因便在于对于马克思主义不求甚解和教条主义的理解。列宁曾说过:"可以把辩证法简要地规定为关于对立面的统一的学说。这样就会抓住辩证法的核心,可是这需要说明和发挥。"[3]后来,毛泽东把这个哲学命题简要地概括为"一分为二""两点论"。他说:"对立面的统一是无往不在的……一分为二,这是个普遍的现象,这就是辩证法。"[4]"他们都晓得有两点,为什么我们只提一点?一万年都有两点。将来有将来的两点,现在有现在的两点,各人有各人的两点。总而言之,是两点而不是一点。说只有一点,叫知其一不知其二。"[5]"两点论"是毛泽东对马克思主义对立统一规律最通俗、最高度的概括。后来邓小平提出"两手抓,两手都要硬"就是对"两点论"的展开和发展。

改革开放四十多年来,中国经济基础、社会结构、思维方式正在不断发生转变。但由于近代以来一部分知识精英对中国传统文化的批判,20世纪中国史无前例的激烈变革,我们几乎遗失了几千年中华民族中道思维和智慧,二元对立的思维还潜在地存在于许多人头脑中,还时隐时现地从各方面表现出来,

---

[1]《马克思恩格斯选集》第三卷,北京:人民出版社1972年版,第61页。
[2]《马克思恩格斯全集》第38卷,北京:人民出版社1972年版,第80页。
[3]《列宁选集》第二卷,北京:人民出版社1995年版,第412页。
[4] 毛泽东:《党内团结的辩证方法》,《毛泽东选集》第五卷,北京:人民出版社1977年版,第498页。
[5] 毛泽东:《论十大关系》,《毛泽东选集》第五卷,第285页。

需要我们加以反思,以中道思维和智慧纠正二元对立思维的弊端。今天,我们面对全球化时代文化发展出现的一系列两极化倾向,我们要在全球性和本土性、世界性与民族性、一体化与多元化、文化帝国主义和文化民族主义等等二元对立倾向中走中道。

当今世界多元文明如何和谐相处?美国著名学者亨廷顿在20世纪90年代提出了"文明冲突论",认为冷战后的世界,冲突的基本根源不再是意识形态,而是文化方面的差异,主宰全球的将是"文明的冲突"。伊斯兰文明和儒家文明可能共同对西方文明进行威胁或提出挑战,就是说西方文明会与伊斯兰文明和儒家文明发生冲突:"伊斯兰的推动力,是造成许多相对较小的断层线战争的原因;中国的崛起则是核心国家大规模文明间战争的潜在根源。"[1]"文明冲突论"是一种二元对立思维,要么绝对同一,要么非此即彼,结果必然是零和博弈。其实,在中国历史上,儒家文明奉行中和之道,和而不同,兼容并包,海纳百川,有容乃大。因此,我认为对于不同文明可能的冲突还应该以中庸之道来化解。中华文明与其他文明应当走向你中有我、我中有你的交流互鉴,而不应陷入你死我活、非此即彼的敌对冲突。

现代国学大师吴宓潜心研究了人类文明发展史,指出古希腊苏格拉底和犹太耶稣,代表着西方文明;中国孔子和印度释迦牟尼,代表着东方文明。这四大文化犹如四根支柱,支撑着世界文明大厦。他认为,我们应当着重研究孔教、佛教、希腊罗马之文章哲学及耶教(基督教)之真义,"中国之文化,以孔教为中枢,以佛教为辅翼,西洋之文化,以希腊罗马之文章哲理与耶教融合孕育而成,今欲造成新文化,则当先通知旧有之文化。……于以上所言之四者:孔教、佛教、希腊罗马之文章哲学及耶教之真义,首当着重研究,方为正道。"然后把"吾国道德学术之根本"的孔孟人文主义,与柏拉图、亚里士多德以下之学说"融会贯通,撷精取粹","再加以西洋历代名儒巨子之所论述,熔铸一炉,以为吾国新社会群治之基",这便可以做到"国粹不失,欧化亦成",并进而创造"融合东西两大文明之奇功"[2]的新文化。吴宓在新文化运动"矫枉过正"的情况下提出以儒家人文主义为主体,融会东西文明精华创造中国现代新文化的主张,

---

[1] 亨廷顿著,周琪等译:《文明的冲突》,北京:新华出版社2013年版,第186页。
[2] 吴宓:《论新文化运动》,《学衡》,1922年第4期。

就是中庸之道的现代转换和现实应用。

"中庸之道"曾经作为人类不同文明早期同宗共赞的思想观念,一定会在当今大开大阖的文明格局变革中,为解决人类目前面临的问题,摆脱目前的困境提供必不可少的有价值的指导。鲁·马利诺夫在《中庸之道》一书中指出,大约在公元前10000年到公元前4000年,四颗文明的种子在人类意识的肥沃土壤里开始萌芽,它们最终孕育出了四种古文明——古希腊文明、亚伯拉罕文明、古印度文明和东亚文明。几千年来,这四种文明逐渐枝叶繁茂,然后开花结果,最终长成了茂密的森林,便是今天的西方文明、伊斯兰文明、印度文明及东亚文明。他们目前是世界上最灿烂的文明,但发生在他们内部及互相之间的极端主义也给整个地球村造成了巨大的冲击。在世界文明发展史上,三位东西方圣贤——佛陀、孔子、亚里士多德的中庸之道化解了许多极端的问题。通过考察当今世界的各种复杂矛盾现象,他提出借鉴中庸之道来解决我们面临的问题和纠正错误的认识,改善自己的生活,并促使我们的这个世界在全球化日益深化的情况下取得更人性化的进步。作者认为,文化之战、反恐之战、两性之战、脱贫之战、禁毒之战……在全球化的今天,大多人陷入了这些相互冲突的"战争"之中。如何协调这些极端问题呢?只要拥有"中庸之道"的思想,你就能做到。

在当今世界百年未有之大变局下,我们面临着世界文明秩序的新变革,世界文明格局的新组合,要执两用中,允执其中,以中庸之道化解二元对立思维模式所造成的文明冲突,立足自身的历史文化传统,从源远流长、博大精深的中华文化中汲取滋养,以中华文明为主体,博采世界不同文明之优长,以开放、包容、共享、共赢文明大国形象,积极参与世界文明新秩序的塑造,使世界不同文明意识到人类是一个同中有异,异中有同,你中有我,我中有你,相互依存的"命运共同体",推动当今复杂多元、冲突频繁、动荡不安的世界走向和谐相处、共生共荣,实现天下一家、人类大同的美好理想。

从《孙子兵法》与《战争论》
看东西方"武德"之共同价值取向

扈光珉（滨州学院孙子研究院） 扈潇（香港山东商会）

摘要：《孙子兵法》与《战争论》都十分重视军人的武德建设，他们在武德建设的内涵上也有惊人的共同的价值取向。主要表现：1.政以定位；2.智以立身；3.勇以用命；4.纪以凝军；5.技毅胜敌；6.善以养俘；7.气以增势。

关键词：战争双璧；武德；共同价值

中国春秋时期孙武所著《孙子兵法》与十九世纪德国人克劳塞维茨所著《战争论》，虽然在产生时间上相隔2200多年，两人在地理上相距万里，但时至今天仍然分别占据着东西方军事理论的制高点，堪称世界战争理论的绝世双璧。美国战略学家柯林斯评价说："孙子是古代第一个形成战略思想的伟大人物，……孙子十三篇可与历代名著包括2200年后克劳塞维茨的著作媲美。"英国军事理论家利德尔·哈特认为"《孙子兵法》堪称兵法之精华。在过去的所有军事思想家中，唯有克劳塞维茨可以与孙子相提并论"。

世界兵学双璧都十分重视军队的武德建设，克劳塞维茨说："军队的武德是战争中最重要的精神力量之一"。[①] 孙子兵法虽然没有用"武德"一词，但通篇都闪烁着东方武德的光辉，如对"将"的要求是"信""仁""唯民是保"等。不仅如此，他们在"武德"建设的内涵上也有惊人的共同的价值取向，是文明多样与共同价值的典范篇章。

[①] 转引自薛国安著，《世界兵学双璧〈孙子兵法〉与〈战争论〉研究》，北京：西苑出版社1998年版，第307、226页。

一、革命导师对世界战争理论双璧高度认同

马克思很早就关注并认真地研究过《战争论》,称克劳塞维茨是"具有近乎机智的健全的推断能力"。1858年1月7日恩格斯在给马克思的信中说:"目前我正在读克劳塞维茨的《战争论》,哲理推究的方法很奇特,但书本身是很好的"。马克思深表赞同,在11日的回信中说:"为了写布吕歇尔,我多少翻了一下克劳塞维茨的书,这个人具有近乎机智的健全的推断能力"①他还借《战争论》中的论述来讽刺奥地利说:"克劳塞维茨将军在他的一篇论1796年奥法战争的文章中说,奥地利经常打败仗,是因它的作战计划无论在战略上还是在策略上都不是考虑要实际地去取得胜利,而是要利用似乎已经取得了的胜利。从两翼迂回敌人,包围敌人,把自己的兵力分散在各个最远的据点上,以图截断想象中已经被击溃的敌人的一切退路,——为了利用臆想出来的胜利而采取的这些措施和类似措施,每次都成了保证打败仗的最可靠的方法"。②

1850年恩格斯着手研究军事问题。恩格斯在《战争论》问世不久即称赞克劳塞维茨是"全世界公认的权威人士"。③并称《战争论》"书本身是很好的"。1851年6月19日在写给约·魏德迈的信中说"我这里什么德文著作都没有,但我必须弄到几本,我首先想到的是维利森和克劳塞维茨的著作"。④列宁称克劳塞维茨是"伟大的军事著作家""战争哲学和战争史的著作家"。他说"如果力量显然不够,那么最重要的手段就是向腹地退却(谁要是认为这只是临时拉来应急的公式,那么他可以去读一读克劳塞维茨这个老头子——伟大的军事著作家之一——关于这一点的历史教训的总结"⑤同时,列宁还称他是"军事史问题的伟大作家"。十月革命前夕,为准备大规模的武装起义,列宁认真研究了《战争论》。他阐述说"'战争无非是政治通过另一种手(即暴力)的继续',这是军事史问题的伟大作家之一克劳塞维茨下的定义,它的思想受胎于黑格尔。这正是马克思和恩格斯一直坚持的观点,他们把每次战争都看作是当时

---

① 薛国安著,《孙子兵法与战争论研究》第297、299页。
② 中共中央编译局《马克思恩格斯全集》,北京:人民出版社1982年版第13卷第503页。
③ 《马克思恩格斯军事文选》军事科学院编译,总参谋部出版部出版,第1卷第258页。
④ 《马克思恩格斯全集》第27卷第577页。
⑤ 《列宁军事文集》军事科学院编辑,战士出版社1981年版,第454页。

各有关国家(及其内部各阶级)的政治的继续"。① 之后列宁在《战争与革命》一文中又指出:"大家知道,一位非常有名的战争哲学和战争史的著作家克劳塞维茨说过一句名言,'战争是政治通过另一种手段的继续'。这句名言是著作家在拿破仑战争时代之后不久,对战争史作了考察,从中得出了哲学教训后说的,现在这位著作家的基本思想无疑已经为一切善于思考的人所接受"。②

斯大林也称克劳塞维茨是"军事权威",虽然认为《战争论》有点"过了时"。③

毛泽东在1938年写《论持久战》时认真深入地研究过《战争论》。在延安他亲自组织了"克劳塞维茨《战争论》研究会",参加人员有萧劲光、罗瑞卿、滕代远、莫文骅、叶子龙等人,研究会每周开一次会。每次从晚上七八点开始,到深夜十一点多结束,先由何思敬教授发讲义,一章一章地介绍,然后大家讨论,最后由毛泽东讲授自己的意见。毛泽东先后讲了集中兵力问题和战略划分问题等。在毛泽东的倡导下,延安学术界曾掀起了翻译和评价《战争论》的高潮。

在《论持久战》中,毛主席"以战争与政治"为标题,对《战争论》中的观点作了专门论述。

早在延川的知青岁月,习近平就认真研读了《战争论》。据雷平生回忆:"研读克劳塞维茨的军事名著《战争论》,给近平留下印象最深的是作者对于'慧眼'和'军事天才'的描述。《战争论》是一部举世闻名的战争理论著作。解放军一些著名高级将领如刘伯承、叶剑英等,都对《战争论》中的精辟论述了如指掌。抗战时期,毛泽东更是要求全军认真研读,并要求对《战争论》虚心求教,不得有丝毫懈怠。《战争论》在中国的知名度不亚于《孙子兵法》。克劳塞维茨所说的'慧眼',是指'在茫茫的黑暗中仍能发出内在的微光以照亮真理的智力,以及敢于跟随这种微光前进的勇气。前者被称为眼力或慧眼(法语:coup d'oeil),后者就是果断。'一个具有'慧眼'素质的军事指挥家,有能力在复杂的政治、经济、军事诸条件下高瞻远瞩看待问题、分析局势,带领国家与军队取胜。当然,那个时候的近平,还只是一名身在农村的普通知青。然而,那时

---

① 《列宁军事文集》军事科学院编辑,第205页。
② 《列宁军事文集》军事科学院编辑,第334页。
③ 《斯大林军事文集》军事科学院编辑,战士出版社1981年版,第401页。

涉猎这些著作,对他的启蒙、对他以后的成长,无疑打下了坚实基础。"①

毛泽东、习近平同志都对《孙子兵法》进行过多次引用与阐述,大家都耳熟能详,此不赘述。

二、《孙子兵法》与《战争论》"武德"之共同价值取向

从《孙子兵法》与《战争论》对"武德"的论述看,对将帅的素质要求以及军队的建设方面,有以下共同的价值取向。

1.政以定位

"政以定位"是军人武德的第一品质、根本所在。作为一个军人首先要报效祖国、忠于人民、着眼大局、服从政令。

克劳塞维茨认为:一切战争都可以看作是政治行为。他说:"战争是政治的工具;战争必不可免地具有政治的特性,它必须用政治的尺度来加以衡量。因此,战争就其主要方面来说就是政治本身,政治在这里以剑代笔,但并不因此就不再按照自己的规律进行思考了"②。克劳塞维茨还认为:政治指引战争方向。"政治是头脑,战争只不过是工具,不可能是相反的"。当然"战争不仅是一种政治行为,而且是一种真正的政治工具,是政治交往的继续,是政治交往通过另一种手段的实现"③。"即使政治真的在某一种战争中好像完全消失了,而在另一种战争中却表现得很明显,我们仍然可以肯定地说,前一种战争和后一种战争都同样是政治的……由此可见,第一,我们在任何情况下都不应该把战争看作是独立的东西,而应该把它看作是政治的工具,只有从这种观点出发,才有可能不致和全部战史发生矛盾,才有可能对它有深刻的理解;第二,正是这种观点告诉我们,由于战争的动机和产生战争的条件不同,战争必然是各不相同的。"④

战争的性质决定了将帅第一位的品德就是政治品德,就必须忠诚、服从国家,明白为谁而战、为什么而战。因此,克劳塞维茨认为"虽然统帅不必是学识

---

① 中央党校采访实录编辑室著:《习近平的七年知青岁月》,北京:中共中央党校出版社2017年版,第51—52页。
② 薛国安著,《世界兵学双璧〈孙子兵法〉与〈战争论〉研究》战争论节选,第101页。
③ 薛国安著,《世界兵学双璧〈孙子兵法〉与〈战争论〉研究》战争论节选,第7页。
④ 薛国安著,《世界兵学双璧〈孙子兵法〉与〈战争论〉研究》战争论节选,第8—9页。

渊博的历史学家,不必是政论家,但是他必须熟悉国家大事,必须对传统的方针、当前的利害关系和存在的各种问题,以及当权人物等有所了解和有正确的评价。"①

孙子十分重视军队与将帅的政治建设。首先,孙子是从政治家的高度审视战争的。他提出"慎战""不战"是从政治上观察分析问题的结果,而不是单纯的军事战争观点。正是从政治角度考虑,他才把战争称之"国之大事";他才说"主不可怒而兴师,将不可愠而致战";也正是从政治角度考虑,他才提出"安国全军"的问题,而且安国是第一位的,只有安国,才有全军,如果从单纯的军事观点出发,他是不会推崇"无智名无勇功的"。日本偷袭珍珠港,从战役上讲是大获全胜,但从"国之大事"来说,也就是从政治上来说,是大失败,这是因为日本军国主义者不懂得从政治上看问题。其次,在军队的建设上,孙子主张的"道"是政治性的要求。他反复强调"道者令民与上同意也",并说"将弱不严,教道不明,吏卒无常,陈兵纵横,曰乱",主张"善用兵者,修道而保法,故能为胜败之政"。

2. 智以立身

《战争论》与孙子兵法对将帅及军队的智慧,都有比较高的要求。克劳塞维茨认为,智力是将帅必有具备的特质。他说:"战争是充满不确定性的领域。战争中行动所依据的情况有四分之三好像隐藏在云雾里一样,是或多或少不确实的。因此,在这里首先要有敏锐的智力,以便通过准确而迅速的判断来辨明真相。平庸的智力碰巧也能辨明真相,非凡的勇气有时也能弥补失算,但大多数情况下或就平均的结果来看,智力不足总是会暴露出来的"。② 克劳塞维茨认为:军事天才必须具有卓越的智力。因为在各种精神力量的和谐结合或综合表现中。他说"智力到处都是一种起主要作用的力量,因此很明显,不管军事行动从现象上看多么简单,并不怎么复杂,但是不具备卓越智力的人,在军事行动中是不可能取得卓越成就的。"③他说:"只有通过智力的这样一种活动,即认识到冒险的必要而决心去冒险,才能产生果断",机智是"敏捷的智力

---

① 薛国安著,《世界兵学双璧〈孙子兵法〉与〈战争论〉研究》战争论节选,第22—23页。
② 薛国安著,《世界兵学双璧〈孙子兵法〉与〈战争论〉研究》战争论节选,第14页。
③ 中国人民解放军军事科学院译,《战争论》第一卷,商务印书馆1997年版,第84页。

活动的结果"。①

那么克劳塞维茨认为智力表现在什么方面呢？

首先要有大局意识。他说"虽然统帅不必是学识渊博的历史学家，不必是政治家，但是他必须熟悉国家大事，必须对传统的方针，当前的利害关系和存在的各种问题，以及当权人物等有所了解和有正确的评价"，统帅"必须了解自己部下的性格、思考方式、习惯和主要优缺点。统帅不必通晓车辆的构造和火炮的挽曳法，但是他必须能正确地估计一个纵队在各种不同情况下的行军时间。所有这些知识都不能靠科学公式和机械方法来获得，只能在考察事物时和在实际生活中依靠理解事物的才能通过正确的判断来获得"。②

其次是"眼力"，即洞察力、判断力和决策力，只有具备眼力才可以"迅速抓住和澄清千百个模糊不清的概念，而智力一般的人要费很大力气，甚至要耗尽心血才能弄清这些概念。"③

其三要卓越。他说要"有卓越智力作指导的胆量是英雄的标志，这种胆量的表现，不是敢于违反事物的性质和粗暴地违背概然性的规律，而是在决策时对天才（即准确的判断）迅速而不假思索地作出的较高的决定以有力的支持。智力和认识力受胆量的鼓舞越大，它们的作用就越大，眼界也就越广阔，结论也就越正确。因此我们认为，没有胆量就谈不上杰出的统帅，也就是说，生来不具备这种情感力量的人是决不能成为杰出的统帅的，因此我们认为这种感情力量是成为杰出的统帅的首要条件。"④

四要有创造精神。在军事天才这一章节末尾，克劳塞维茨概括地说：如果要问具有哪些智力的人是最适合于称作军事天才，那么就可以认为，"这种人与其说是有创造精神的人，不如说是有钻研精神的人，与其说是单方面发展的人，不如说是全面发展的人，与其说是容易激动的人，不如说是头脑冷静的人，在战争中我们愿意把子弟的生命以及祖国的荣誉和安全委托给这种人"。⑤

将帅智力还必须随着职位提升而提高。"在战争中每一级指挥官都必须

---

① 中国人民解放军军事科学院译，《战争论》第一卷，第71—72页。
② 薛国安著，《世界兵学双璧〈孙子兵法〉与〈战争论〉研究》战争论节选，第22—23页。
③ 中国人民解放军军事科学院译，《战争论》第一卷，第87页。
④ 薛国安著，《世界兵学双璧〈孙子兵法〉与〈战争论〉研究》战争论节选，第33—34页。
⑤ 中国人民解放军军事科学院译，《战争论》第一卷，第85—88页。

具备相应的智力,享有相应的声誉。"或者说"无论职位高低,只有具备一定的天才,才能在战争中取得卓越的成就"[①]而且"职位越高,困难就越大,到最高统帅的地位,困难就达到了顶点,以致几乎一切都必须依靠天才来解决。"[②]

孙子认为"兵者诡道也",以智带兵、上智将兵是战争特殊性残酷性决定的,也是适应战争战场瞬息万变的需要。孙子在为将"五德"中,把智慧放在五个必须具备的要素之首,充分体现了孙子对智的重视。孙子论智慧大体有四个方面。

一是"上智为间"。在《用间篇》中说:"昔殷之兴也,伊挚在夏;周之兴也,吕牙在殷。故明君贤将,能以上智为间者,必成大功。此兵之要,三军之所恃而动也。"孙子在历史上首次创造了"上智"一词,意思是超常智慧、上等智慧、高超的智慧。

二是智杂利害。在十三篇中涉及"智"本词的句子大体上有五处,基本要义就是善于分析利害:一是《作战篇》中"虽有智者,不能善其后矣";二是同篇中的"故智将务食于敌"。三是《形篇》中的"故善战者之胜也,无智名无勇功";四是《虚实篇》中"故形兵之极,至于无形,无形则深间不能窥,智者不能谋";五是《九变篇》中"是故智者之虑,必杂于利害"。

三是"兵以诈立"。孙子在《军争篇》中说:"故兵以诈立,以利动,以分合为变者也。"有人感觉孙子的"兵以诈立"不光明正大,隐含了阴谋诡计,与中国人光明磊落以及孙子提倡的"大道"格格不入;也有人认这是孙子思想中的糟粕,不登大雅之堂,所以有时避而不谈。当然也有的学者夸大了"兵以诈立"的外延,把它当成了孙子兵法的核心要义。学者李零有本专著,书名就叫"兵以诈立"。这都是片面的,因为孙子的"兵以诈立"只不过一种战术智慧而已,并不是全部或者主旨。

四是机智以术。孙子也把"术"看作是智慧的一种,也是达到"智将"的一种技法手段。因此孙子在兵法中设计列举了许多战术方法,如《谋攻篇》中的"十则围之,五则攻之,倍则分之,敌则能战之,少则能逃之,不若则能避之"。《军争篇》中的"高陵勿向,背丘勿逆,佯北勿从,锐卒勿攻,饵兵勿食,归师勿

[①] 中国人民解放军军事科学院译,《战争论》第一卷,第 85—86 页。
[②] 薛国安著,《世界兵学双璧〈孙子兵法〉与〈战争论〉研究》战争论节选,第 21 页。

遏,围师必阙,穷寇勿迫"。《行军篇》中的"客绝水而来,勿迎之于水内,令半济而击之,利"等等,但真正具体明确、具备实操性、有一定指导意义、可反复使用的"术"要算"火攻""水攻"等。对此"术"孙子论述的比较详细,专家学者也多有研究,此不展开论述。

3.勇以用命

毛泽东在《论联合政府》中曾对人民军队的战无不胜赞扬说:"这个军队具有一往无前的精神,它要压倒一切敌人,而决不被敌人所屈服,不论在任何艰难困苦的场合,只要还有一个人,这个人就要继续战斗下去。"两军相逢勇者胜。勇敢血性乃军人素质内在要求,是战无不胜的力量源泉。因此,无论克劳塞维茨还是孙子都十分重视军队的勇敢精神的养成。

在各种情感因素中,克劳塞维茨最为重视的是勇气,他认为勇气是军人应该具备的首要品质。勇气是敢于冒个人危险的勇气或冒肉体危险的勇气,这种勇气通常表现为顽强和大胆。顽强表现为不分时间地点勇往直前,是一种恒态勇气;大胆表现为对危险充满斗志,主要来源于荣誉心爱国心或其他各种激情责任心,是一种动态勇气。只有将两种勇气"结合起来,才能成为最完善的勇气"[1]。"我们应该承认,胆量在战争中甚至还占有特别优先的地位。"[2]"长期的战争经验能使他具有对具体现象迅速作出估价的能力,高度的勇敢和内心的坚强能使他像岩石抗拒波涛的冲击一样抵御住这些感受。谁在这些感受面前让步,谁就会一事无成。"[3]"勇气是一种高尚的本能,正因为如此,所以不能把勇气当作一种可以预先规定其作用的没有生命的工具来使用。勇气不仅是抵销危险的作用的平衡物,而且还是种特殊的因素。"[4]他还认为:在危急情况下敢于负责的勇气或敢于面对精神危险的勇气,是一种智者之勇,表现为果断,它是智力的特殊活动的产物。只有在认识到冒险的必要而决心去冒险这样一种特殊智力活动中,才能产生这种勇气。

为什么勇气重要呢?"战争是充满危险的领域,因此勇气是军人应该具备

---

[1] 中国人民解放军军事科学院译,《战争论》第一卷,第68页。
[2] 薛国安著,《世界兵学双璧〈孙子兵法〉与〈战争论〉研究》战争论节选,第33页。
[3] 薛国安著,《世界兵学双璧〈孙子兵法〉与〈战争论〉研究》战争论节选,第34页。
[4] 薛国安著,《世界兵学双璧〈孙子兵法〉与〈战争论〉研究》战争论节选,第20页。

的首要品质"①。他强调指出"对军人来说,从辎重兵和鼓手直到统帅,胆量都是最可贵的品德,它好比是使武器锋利和发光的真正的钢"。

因此"没有胆量就谈不上杰出的统帅,也就是说,生来不具备这种情感力量的人是决不能成为杰出的统帅的,因此我们认为这种情感力量是成为杰出的统帅的首要条件"②。

孙子对军队的"勇"之德非常重视,他首先把"勇"列为将帅的必备条件的第四位,并上升为治理军队的通用标准。他说"齐勇若一,政之道也"。他要求军人要向专诸、曹刿一样勇敢,说"投之无所往者,专刿之勇",并进一步论述,勇往直前是战胜敌人的必备气势。"怯生于勇。……勇怯,势也"等等。

4.纪以凝军

纪律是执行命令、保证步调一致、战胜敌人的基石。因此克劳塞维茨与孙子都十分注重军队的纪律建设。克劳塞维茨说:"军人的勇敢必须摆脱个人勇敢所固有的那种不受控制和随心所欲地显示力量的倾向。它必须服从更高的要求:服从命令,遵守纪律、遵循规则和方法,对战争事业的热情虽然能使武德增添生命力,使武德火焰燃烧得更旺盛"③。

克劳塞维茨认为,纪律就是保证步调一致、形成合力。他说"从事战争的人只要还在从事战争,就永远会把同自己一起从事战争的人看成是一个团体,而战争的精神要素,主要是通过这个团体的制度、规章和习惯固定起来的。在我们所说的武德中,这种团体精神好像是把起作用的各种精神力量黏合在一起的黏合剂,组成武德的那些晶体,要依靠这种团体精神才能比较容易地凝起来。一支军队,如果它在极猛烈的炮火下仍能保持正常的秩序,永远不为想象中的危险所吓倒,而在真正的危险面前也寸步不让,如果它在胜利时感到自豪,在失败的困境中仍能服从命令,不丧失对指挥官的尊重和依赖,如果它在困苦和劳累中能像运动员锻炼肌肉一样增强自己的体力,把这种劳累看作是制胜的手段,而不看成是倒霉晦气,如果它只抱有保持军人荣誉这样一个唯一的简短信条,因而能经常不忘上述一切义务和美德,那么它就是一支富有武德

---

① 薛国安著,《世界兵学双璧〈孙子兵法〉与〈战争论〉研究》战争论节选,第14页。
② 薛国安著,《世界兵学双璧〈孙子兵法〉与〈战争论〉研究》战争论节选,第33—34页。
③ 薛国安著,《世界兵学双璧〈孙子兵法〉与〈战争论〉研究》战争论节选,第34、33—34、31页。

的军队"。① 他还说"秘密和迅速是出敌不意的两个因素,而两者是以政府和统帅具有巨大的魄力的军队能严肃地执行任务为前提的。"②

孙子特别重视军队的纪律性,在为吴王"小试勒兵"时,为了严明纪律就果敢地斩杀了吴王的两个爱妃。在论述为将"五德"时,也把"严"列入为将的必备条件。在《孙子兵法》中,有"齐之以武"的论述,并在《九地篇》中论述道:"令发之日,士卒坐者涕沾襟,偃卧者涕交颐",但因为有严格的纪律,完全可以做到"若驱群羊,驱而往,驱而来"由此形成巨大的合力。

5.技毅胜敌

百折不挠、打不垮、压不折的坚强意志,过硬的军事技术是取得战争胜利的基础。所谓的战斗力强大,很重要的一条就是军事素养好,技艺过硬,没有每一个战士的技高一筹,就不可能保证战略意图的实现。因此战士的军事技能,是战士武德的重要标志。克劳塞维茨认为:"战争是充满劳累的领域,要想不被劳累所压倒,就需要有一定的体力和精神力量"(不管是天赋还是锻炼出来的),③"何况在战争中,任何丰功伟绩,几乎没有一件不是经过无限的劳累,艰辛和困苦才取得的。如果说在这里肉体上和精神上的弱点常常容易使人屈服,那么只有那种表现为世世代代受赞赏的坚忍精神的伟大意志力,才能引导他达到目标。"④

那么,坚强的毅力和高超的技艺从何而来呢?克劳塞维茨认为必须是经过实践的锻炼和战斗的洗礼,他认为"锻炼使身体能忍受巨大的劳累,使精神能承担极大的危险,使判断不受最初印象的影响。通过锻炼就会获得一种宝贵的品质——沉着,它是下至士兵上到师长所必须具备的,它能减少统帅在行动中的困难。战争锻炼是任何一个统帅都不能赐给他的军队的,平时的演习所能补救的总要差一些。当然所谓差一些,是同实战经验相比,而不是同以训练机械的技巧为目的的军队的操练相比。如果在平时的演习中安排一部分上述的阻力,使每个指挥官的判断力、思考力甚至果断得到锻炼,那么这种演习

---

① 薛国安著,《世界兵学双璧〈孙子兵法〉与〈战争论〉研究》战争论节选,第32页。
② 薛国安著,《世界兵学双璧〈孙子兵法〉与〈战争论〉研究》战争论节选,第36页。
③ 薛国安著,《世界兵学双璧〈孙子兵法〉与〈战争论〉研究》战争论节选,第14页。
④ 薛国安著,《世界兵学双璧〈孙子兵法〉与〈战争论〉研究》战争论节选,第34页。

的价值比没有实战经验的人所想象的要大得多。"①

孙武对军队的技能非常重视,他拜将之后,开始实施他的军事思想。人们常常提到,孙武用三万军队,打败了楚国近二十万军队,但实际上"提三万之众天下莫当"的基础,是平时对士兵的严格训练。没有一支训练有素的军队,怎么能做到长驱直入呢？这在孙武演兵斩美女时说的话中已经体现出来了。他说:经过训练的这支队伍,让他赴汤蹈火也在所不辞。他针对南方士兵身材相对小,体质比较弱的特点,加强了士兵的体质训练,每天进行类似现在的跌打滚爬和长距离奔跑,使得兵士在体质上、吃苦精神上比其他国家的军队更胜一筹;当然仅会奔跑当然是不行的,要提高作战能力,还必须会精准地使用武器,孙武又对军队进行臂力训练,天天进行射箭练习,使吴国的军队比较别的国家的军队射得更远一些,更准确些。为了检验军队的训练成果,也为了向诸侯各国显示自己的军威,孙武经常不断地进行大规模的阅兵活动,每当重要节日、每当各诸侯派来重要使节,都进行大规模的军事训练。在训练中,孙子讲究真刀真枪,有时就像真的战争一样,也会流血,也会死人,这样使兵士感觉到就是在打仗,就是在你死我活,就是在争霸,使吴国的军队没有战时与平时之分。经过孙武几年的训练,训练出了一支"利趾""多力"的军队,用现代的话就是成为一支特别能吃苦、特别能战斗、特别能奔跑、特别能射击的水陆两用军队,成为吴国与楚争霸进而与中原争霸的基石。

6.善以养俘

怎么对待俘虏是衡量一支军队有没有自信、是否文明之师的重要参数。因为战争的政治性,也需要从政策上心理上瓦解敌人,因此正义之师都十分重视善待俘虏。克劳塞维茨认为"如果我们发现文明民族不杀俘虏,不破坏城市和乡村,那是因为他们在战争中更多地应用了智力,学会了比这种粗暴地发泄本能更有效地使用暴力的方法"②。

"如果要以战争行为迫使敌人服从我们的意志,那么就必须使敌人或者真正无力抵抗,或者陷入势将无力抵抗的地步。由此可以得出结论:解除敌人武

---

① 薛国安著,《世界兵学双璧〈孙子兵法〉与〈战争论〉研究》战争论节选,第17—18页。
② 薛国安著,《世界兵学双璧〈孙子兵法〉与〈战争论〉研究》战争论节选,第2页。

装或打垮敌人,不论说法如何,必然始终是战争行为的目标"①。

孙子十分重视善待俘虏,把这一政策上升为"胜敌而益强"的战略高度去认识。怎么对待俘虏呢?就是"车杂而乘之,卒善而养之",就是把俘虏混杂于自己的队伍中,并变成自己的人。

7. 气以增势

军队的气势,也是军队战斗力重要标准。这种气势就是精气神,就是胆略和一往无前的精神,它是战胜敌人的内在动力。

克劳塞维茨认为:"一个统帅却经常受到种种情况的冲击,诸如真的和假的情报,由恐惧、疏忽、急躁所引起的错误,由正确的或错误的见解、恶意、真的或假的责任感和怠惰或疲劳所引起的违抗行为,以及一些谁也想象不到的偶然事件等等。总之,他处在成千上万的感受之中,这些感受的绝大多数是令人担忧的,只有极少数是令人鼓舞的。长期的战争经验能使他具有对具体现象迅速作出估价的能力,高度的勇敢和内心的坚强能使他像岩石抗拒波涛的冲击一样抵御住这些感受。谁在这些感受面前让步,谁就会一事无成。所以,在实现自己的企图时,只要还没有充分的理由可以否定这个企图,就十分需要有坚忍精神来同这些感受对抗。何况在战争中,任何丰功伟绩,几乎没有一件不是经过无限的劳累、艰辛和困苦才取得的。如果说在这里肉体上和精神上的弱点常常使人屈服,那么只有那种表现为世世代代受赞赏的坚忍精神的伟大意志力,才能引导他达到目标。"②他说"对军人来说,从辎重兵和鼓手直到统帅,胆量都是最可贵的品德,它好比是使武器锋利和发光的真正的钢。"③

孙子兵法十分注重治气,在《军争》篇中说"故三军可夺气,将军可夺心。是故朝气锐,昼气惰,暮气归。故善用兵者,避其锐气,击其惰归,此治气者也"。

总之,《战争论》与孙子兵法虽然在时空上相距甚远,但在理念上却有惊人的共同取向,从另一个侧面构成了文明多样与共同价值的典范篇章。

---

① 薛国安著,《世界兵学双璧〈孙子兵法〉与〈战争论〉研究》战争论节选,第 3 页。
② 薛国安著,《世界兵学双璧〈孙子兵法〉与〈战争论〉研究》战争论节选,第 34 页。
③ 薛国安著,《世界兵学双璧〈孙子兵法〉与〈战争论〉研究》战争论节选,第 34 页。

"一带一路"倡议与文明交流

孔庆峰

（山东大学经济学院）

摘要："一带一路"倡议与文明交流互鉴相互依托、相得益彰。文化自信是"一带一路"倡议提出的逻辑起点，文明交流是"一带一路"建设的重要抓手。"文明互鉴"既是世界文明发展的大势所趋，可以密切沿线国家的交往，也是"一带一路"沿线各国发展的模式和目标。文明交流互鉴有利于促进文明价值共通、成果共享；有利于推动民心相通；有利于维护文明多样性。针对'一带一路'倡议下文明交流互鉴存在的问题，既要"和衷共济，共克疫情"，寻找并尊重文化共性，求同存异，减少文化冲突；又要发展文化产业，增强文化自信。

关键词：一带一路；文明交流；民心相通

2013年，中国提出"一带一路"倡议，延伸文明对话理念，秉承"和平合作，开放包容，互学互鉴，互利共赢"的丝路精神，提出"文明交流与互鉴"的新文明观。其后，习近平主席多次在重要国际场合阐述中国的文明观。2014年3月，在联合国教科文组织总部的演讲中，他全面阐述了这一文明观，指出"文明是多彩的，人类文明因多样才有交流互鉴的价值"；"文明是平等的，人类文明因平等才有交流互鉴的前提"；"文明是包容的，人类文明因包容才有交流互鉴的动力"；"文明因交流而多彩，文明因互鉴而丰富。文明交流互鉴，是推动人类文明进步和世界和平发展的重要动力。"2017年1月，他在联合国日内瓦总部的演讲中说："人类文明多样性是世界的基本特征，也是人类进步的源泉。世界上有200多个国家和地区、2500多个民族、多种宗教。不同历史和国情，不同民族和习俗，孕育了不同文明，使世界更加丰富多彩。"5月，他在"一带一路"

国际合作高峰论坛开幕式主旨演讲中强调,"一带一路"建设要以文明交流、互鉴和共存超越文明隔阂、冲突和优越。2018年7月,在中阿合作论坛第八届部长级会议开幕式讲话中,习近平主席强调,要以对话消除误解,以包容化解分歧。10月,习近平主席在向太湖世界文化论坛第五届年会发出的致贺信中指出,应"让文明互学互鉴成为推动构建人类命运共同体的积极力量"。2020年9月,在第七十五届联合国大会一般性辩论的讲话中,习近平主席又一次强调:"我们要树立你中有我、我中有你的命运共同体意识,跳出小圈子和零和博弈思维,树立大家庭和合作共赢理念,摒弃意识形态争论,跨越文明冲突陷阱,相互尊重各国自主选择的发展道路和模式,让世界多样性成为人类社会进步的不竭动力、人类文明多姿多彩的天然形态。"

当下,文明交流与互鉴是我国推进全球治理改革的重要理念,也是国际社会的普遍期待。"一带一路"的累累硕果无一不表明文明交流互鉴观的正确性,也表明了"一带一路"作为践行文明交流互鉴观的"中国方案",在推进文明交流、深化文明互鉴、应对文明发展困境、推动实现文明共生共荣的人类命运共同体方面的必要性。我们有理由增强文化自信,积极推进文明交流互鉴,在"一带一路"建设中融汇中华文明和人类文明的优秀成果,书写民心相通、文明互鉴、发展成果共享的多彩篇章。

一、"一带一路"倡议

2013年9月7日,国家主席习近平在哈萨克斯坦纳扎尔巴耶夫大学发表重要演讲,提出共建"丝绸之路经济带"倡议,将其作为一项造福沿途各国人民的大事业。同年10月,他在出访东南亚期间又提出共建"21世纪海上丝绸之路",由此共同构成"一带一路"重大倡议。多年来,秉承古丝路精神的"一带一路"正从中国倡议变成全球行动,成为构建人类命运共同体的伟大实践。

其中"一带",指的是"丝绸之路经济带",是在陆地。它有三个走向:一是从中国出发经中亚、俄罗斯到达欧洲;二是经中亚、西亚至波斯湾、地中海;三是从中国到东南亚、南亚、印度洋。"一路",指的是"21世纪海上丝绸之路",重点方向有两个,一是从中国沿海港口过南海到印度洋,延伸至欧洲;二是从中国沿海港口过南海到南太平洋各国。"一带一路"一端是发达的欧洲经济圈,另一端是极具活力的东亚经济圈,由此来带动中亚、西亚、南亚以及东南亚的发展,并且辐射到非洲。

1."一带一路"倡议的时代背景

在国际层面上,"一带一路"重大倡议沟通历史与未来,连接中国与世界。在当时来看,习近平主席准确把握新时期国际秩序深刻调整、经济全球化不断深入的大趋势,高屋建瓴提出共建"一带一路"的重大倡议,吸引了全世界的目光,得到有关国家积极响应[1]。在目前来看,当今世界正在经历百年未有之大变局,"一带一路"是应对这个大变局的方案之一。共建"一带一路"顺应了全球治理体系变革的内在要求,彰显了同舟共济、权责共担的命运共同体意识,为完善全球治理体系变革提供了新思路新方案[2]。

在国内层面上,"一带一路"重大倡议有利于推动中国自身的进步与发展。首先,西部地区拥有中国72%的国土面积、27%的人口,与13个国家接壤,但对外贸易总量只占中国的极少部分,利用外资和对外投资所占的比重不足10%[3],我国中西部地区有巨大的发展潜力。"一带一路"可以带动中西部加快改革开放,成为扩大中西部开放、打造中西部经济升级版的主引擎,是我国形成全方位对外开放格局、实现东西部均衡协调发展的关键一环。其次,中国经济近几年存在外汇储备过剩和产能过剩的问题,而"一带一路"建设可以通过资本输出带动消化中国的过剩产能,并在国内消费加速启动难以大幅度推进的情况下,通过"一带一路"建设来开辟新的出口市场,保持我国经济持续发展。

2."一带一路"倡议的深刻内涵

文化自信是"一带一路"倡议提出的逻辑起点,文明交流是"一带一路"建设的重要抓手。所谓文化自信,是一个国家、一个民族对自身文化价值、文化观念、文化传统和文化发展之路的高度认同和坚定信心,是一个国家民族精神、治国理念、发展道路的根本支撑。在21世纪世界经济政治格局日趋纷繁

---

[1] 参见林起:《在"21世纪海上丝绸之路"建设中积极拓展厦门对外文化交流与合作》,《厦门特区党校学报》,2015(04)。

[2] 参见汪长明:《"一带一路"的系统属性论——基于钱学森开放复杂巨系统论视角》,《印度洋经济体研究》,2018(06)。

[3] 杨小梅:《中国与"一带一路"亚洲国家的经贸问题和策略研究》,河南大学,2015。

复杂的背景下,"一带一路"倡议是中国为世界提供的中国方案,蕴含了丰富的中国思想和中国智慧。"一带一路"建设植根于丝绸之路的历史土壤,重点是面向亚欧非大陆及沿海岛屿,同时向所有愿意加入的国家和地区开放,区域极其博大,它不但涵盖贸易、投资、交通等经济领域,还包含政治、社会、文化等方方面面,如政治上的求同存异,社会的和谐稳定和文化的多元共存等。当今社会文化的作用日益重要,经过近百年的探索和奋斗,中国在融入世界的过程中,海纳百川,学习借鉴各种文化,创造了令人自豪和自信的发展道路和发展理论、社会制度和文化。"一带一路"的提出,是中国传统开放之路的重新起航,是20世纪以来中国特色的社会发展理论和实践的水到渠成。①

二、"一带一路"倡议下的文明交流互鉴

1."一带一路"倡议下文明交流互鉴的含义

文明交流互鉴即世界上不同文明之间加强交流,相互借鉴。它是构建人类命运共同体的人文基础,是增进各国人民友谊的桥梁、推动人类社会进步的动力、维护世界和平的纽带。

世界上不同国家、不同民族创造了多种多样、多姿多彩的文明。透过这些生动丰富的文明形态,抓住交流互鉴这一本质要求,顺应文明发展规律,才能破除人类在文明发展道路上的诸多困惑,推动人类文明不断向前发展。

2."一带一路"倡议下文明交流互鉴的内容

文明是人类所创造的物质财富和精神财富的总和,一般分为物质文明和精神文明。物质文明包括交通工具、服饰、日常用品等各种物化产品,是一种可见的显性文化;精神文明是人类在改造客观世界和主观世界的过程中所取得的精神成果的总和,是人类智慧、道德的进步状态,包括生活制度、家庭制度、社会制度以及思维方式、宗教信仰、审美情趣等,它们属于不可见的隐性文化。"一带一路"倡议的提出,为中国文化发展提出了新命题、带来了新机遇,创新了中国文化对话的新形势,同时也为全球化背景下再建东西方文化交流和人类文化行为新秩序、新文明形态,提供了新思路。

---

① 参见孙丹:《在走出去中彰显文化自信》,《前线》,2017(02)。

(1)物质文明

中华优秀传统物质文化种类繁多、各具特色，其中一些具有代表性的文化符号凭借其独特的艺术性与实用性，在"一带一路"倡议下迎来了走向世界的新机遇。基础设施建设互联互通一直是"一带一路"建设的优先领域。依托于铁路、公路、港口等基础设施的建设启用，"一带一路"以物资流通带动文明交流，激活了人类文明融通的历史想象。古丝绸之路见证了陆上"使者相望于道，商旅不绝于途"的盛况，也见证了海上"舶交海中，不知其数"的繁华。曾经的丝路美景，于今更盛。在这条大动脉上，资金、技术、人员等生产要素自由流动，商品、资源、成果等实现共享，创造了地区大发展大繁荣[1]。我国的饮食文化、茶文化、服饰文化、书画等都在"一带一路"建设中大放光彩，有助于增进双方的文化理解，提升"一带一路"各国民众对中华文明的认同感，以及对中华文化的接受度。

(2)精神文明

中华优秀传统文化依靠其深厚的历史底蕴，为我们提供了行为规范与价值指引。将中华优秀传统文化资源置于"一带一路"倡议背景下加以重新挖掘与开发，传播中国声音，讲述中国故事，促进我国优秀传统文化迈向国际舞台，是实现中华民族伟大复兴的题中之义。中华优秀传统文化中蕴含着强大的文化基因，这些文化基因在悠久的历史进程中跨越千年而生成并不断进化，是在历史长河中大浪淘沙保留下来的精华，是一代又一代中国人薪火相传的优良品质，它们决定着中华民族的文化特性。这些优秀的文化基因，在古代丝绸之路上曾结出硕果、大放异彩，如今在"一带一路"建设中，中华优秀传统文化基因正在又一次精彩绽放。

3."一带一路"倡议下的中国优秀传统文化

(1)中国优秀传统文化的界定

"优秀传统文化是一个国家、一个民族传承和发展的根本，如果丢掉了，就割断了精神命脉。"一方面，从文化创造的主体上讲，中华传统文化不是由哪一个民族创造的，而是由我国各民族共同创造的精神成果。我国是统一的多民

---

[1] 王好心泓，王晓樱，陈怡：《合作发展的新实践》，《光明日报》，2022-04-22。

族国家,汉族是主体民族,各少数民族同样是中华民族大家庭血脉相连的家庭成员。[①] "我国各民族在分布上交错杂居,文化上兼收并蓄,经济上相互依存,情感上相互亲近,形成你中有我、我中有你、谁也离不开谁的多元一体格局。中华民族和各民族的关系,是一个大家庭里不同成员的关系。"[②] 中华各民族是一个同呼吸、共命运的共同体。各民族在共同历史背景、价值追求、精神家园基础上,相互依存、相互影响、相互促进,共同创造了中华优秀传统文化。也就是说,中华优秀传统文化是中华各民族集体智慧的结晶。另一方面,从文化创造的内容上讲,中华优秀传统文化是全方位的文化,具有兼收并蓄的品性。所以说,中华优秀传统文化可界定为:由中华各民族创造并传承的与当代文化相适应、与现代社会相协调的优秀传统文化。

(2)中国优秀传统文化的特色

一是世代相传并历久弥新。中国的优秀传统文化在不同的历史时期或多或少有所改变,但是大体上没有中断过,总的来说变化不大。在世界几大古代文明中,中华文明源远流长,至今仍充满蓬勃生机与旺盛生命力,这在人类历史上是了不起的奇迹。

二是民族特色。中国的优秀传统文化是中国特有的,与世界上其他民族文化不同,具有鲜明的民族特色、民族风格和民族气派,是维系民族生存和发展的精神纽带。

三是博大精深。"博大"是说中国优秀传统文化的广度——丰富多彩,"精深"是说中国优秀传统文化的深度——高深莫测。

四是具有相对稳定性。中国优秀传统文化在世代相传中保留着基本特征,同时,具体内涵又能因时而变。

(3)中国优秀传统文化延续下来的价值所在

一是对人类个体有价值。中华优秀传统文化重视人格锤炼、强调价值自觉、崇尚妥善处理人际关系。

二是对民族发展有价值。一个民族如果搞唯我独尊的霸道、故意排斥他者、恶意制造矛盾与冲突,不仅对其他民族的生存构成威胁,其自身的发展也

---

① 谢霄男:《中华传统文化的界定、内核及价值》,《新疆社会科学》,2019(05)。
② 《习近平新时代中国特色社会主义思想学习纲要》,北京:学习出版社、人民出版社2019年版。

会面临挑战。"万物并育而不相害",不同民族平等相处、共同发展,实现不同民族梦想的联通,就不仅能够"活下去"而且还会"活得好"。因不同而互相戕害,会距离梦想的实现渐行渐远。儒家讲求"和而不同",正是有了不同,才有了多元多彩的民族文化。不同文化背景的民族同样可以美美与共、和平相处。

三是对全球治理有价值。中华优秀传统文化植根于我国,但其适用范围及所展现的价值绝不限于我国。中华优秀传统文化强调"执两用中""过犹不及",做任何事情都须掌握分寸。从中华优秀传统文化汲取智慧有助于提升全球治理水平。因此,中华优秀传统文化有助于以全新的思维方式化解人类面临的共同问题,进而建立并完善全球治理体系。

三、"一带一路"倡议与文明交流互鉴的关系

1.文明互鉴是推进"一带一路"建设的重要力量

"文明互鉴"可以密切沿线国家的交往。"文明互鉴"既是世界文明发展的大势所趋,也是"一带一路"沿线各国发展的模式和目标。在"一带一路"建设中需践行摒弃冷战思维和强权政治理念,通过正确义利观的秉持,互利共赢战略的奉行,相尊、相信原则的推动,以及"对话而不对抗、结伴而不结盟"交往方式的选择,为实现"一带一路"建设与沿线国家落实可持续发展议程紧密对接,夯实基础[①]。

文明交流互鉴在"一带一路"建设中拥有不可替代的重要意义。"文明互鉴"可以推动沿线国家在"一带一路"建设中构建平等协商、合作共赢的合作关系。"文明互鉴"观念让世人从历史与现实中获得启示:如果不能正视"人类文明因平等才有交流互鉴的前提",以及傲慢和偏见是人类文明交流互鉴的最大障碍,"一带一路"沿线国家之间就难以实现协调包容、互补合作,难以尊重核心利益、防止矛盾分歧,沿线地区的安定团结和经济繁荣将流于空谈。放下居高临下的优越感,实现不同文明之间的互鉴、共存,是"一带一路"沿线国家实现共同繁荣的必然选择。"文明互鉴"理念所倡导的"共商、共建、共享、共赢"原则,将成为支撑"一带一路"沿线国家各族人民实现文化繁荣、经济发达的基石。

---

① 参见刘泓:《文明互鉴是推进"一带一路"建设的重要力量》,《人民论坛》,2019(21)。

2."一带一路"建设推进文明交流互鉴

近年来,在"一带一路"倡议的大框架下,中国与各国深度开展文化交流与合作,沿线国家的文化交流成果也不断增多。当下,中国已与多个国家签署了文化合作协定,签署文化交流执行计划千余个,初步形成了覆盖世界主要国家和地区的政府间文化交流与合作网络。中国大力推进文化交流品牌建设,举办中国—中东欧、中国—东盟、中国—欧盟等文化年、旅游年。以"美丽中国——丝绸之路旅游年"为主题进行系列宣传推广,成功打造"欢乐春节""丝路之旅""青年汉学研修计划""中华文化讲堂""千年运河""天路之旅""阿拉伯艺术节"等近30个中国国际文化和旅游品牌,在世界各个地区掀起了一波又一波的"中国热"。当下的国际社会正需要加强交流和跨文化对话,而中国的"一带一路"倡议正好顺应这个趋势,通过各种形式推进文明交流与发展,所以其重要性也更为突出。

四、"一带一路"下文明交流互鉴的意义

1.有利于促进文明价值共通、成果共享

现代的"一带一路"成为各文明间交流互鉴的新纽带,据中国教育部公开数据,截至2021年底,中国已通过中外合作方式在159个国家设立了1500多所孔子学院和孔子课堂,累计培养各类学员1300多万人,在180多个国家开展了中文教育项目;76个国家通过颁布法令政令等方式将中文列入国民教育体系,4000多所大学设立了中文院系、专业、课程。在"一带一路"倡议的框架下,人文合作的表现形式多样、成果丰富,沿线各国之间的文明交流互鉴也蓬勃展开。

钱锺书先生在《谈艺录》的序里说过:"东海西海,心理攸同,南学北学,道术未裂",是说东西南北乃至全世界的心理,都有它的一致性和共同性,中国和西方的文学,它们的原理和方法并不是完全割裂的。同理,"一带一路"有助于发现不同文明的相通之处,促进文明价值共通、成果共享。每一种不同的文化在漫长的历史长河中都有着不同的地位,无分高下,各有千秋,虽不尽相同,但是其所体现的追求、价值观等存在相似之处。不同于西方文化中所谓的普世价值,习近平主席指出:"坚守和平、发展、公平、正义、民主、自由的全人类共同

价值,推动构建新型国际关系,推动构建人类命运共同体,共同创造世界更加美好的未来。"全人类共同价值凝聚了人类不同文明的价值共识,反映了世界各国人民普遍认同的价值理念的最大公约数。

2.有利于推动民心相通

"一带一路"倡议首次提出了民心相通的理念。"一带一路"建设要努力打造利益共同体、责任共同体、命运共同体,坚持"共商、共建、共享"原则,以政策沟通、设施联通、贸易畅通、资金融通、民心相通为抓手,实现沿线国家和平发展、和谐合作、互利共赢。其中在"五通"之中,如果没有"民心相通",其他几通任务就难以完成。中国政府和中国企业通过"一带一路"致力于促进民心相通,中国政府在推进与沿线国家的民心相通方面投入了越来越多的资源,也资助了越来越多的项目。例如,中国国务委员兼外长王毅就在东盟外交系列会议上,宣布启动了中国－东盟菁英奖学金项目。这些由政府主导的项目在一定程度上有助于改善中国在当地的形象,并促进双方之间的相互了解。除了政府层面的努力,在海外投资的中资企业也纷纷响应号召,以实际行动来推进中国与沿线国家的民心相通。比如,投资缅甸皎漂港的中信集团积极履行社会责任,帮扶当地社区发展,投资缅甸电信业的中国华为集团也在当地举办捐助活动。这些大型国有和私营企业履行社会责任、构建与当地社区和谐共处关系,有助于"一带一路"项目顺利推进和持续发展。这种对当地民众生计问题的关注和解决问题的做法,不仅展示了企业形象,有利于企业投资的可持续性和可靠的投资回报,也是展现中国形象的最好方式,有助于促进中国与沿线国家民心相通。

3.有利于维护文明多样性

文明因多样而交流,因交流而互鉴,因互鉴而发展。从汉代张骞出使西域完成"凿空之旅",到明代郑和七下西洋留下千古佳话;从"使者相望于道,商旅不绝于途"的陆上盛况,到"舶交海中,不知其数"的海上繁华……戈壁的阵阵驼铃、海上的点点云帆,见证了各文明间交流互鉴的盛况。世界文明长河源远流长,每个国家的文化特征和民族气质各不相同,世界文明呈现丰富多彩的多元图景。"一带一路"所构建的文明交流互鉴的广阔平台有利于多元化文明之间的相互学习,在和而不同中取长补短,在求同存异中相得益彰,达到维护文明多样性的目的,从而有利于树立平等、互鉴、对话、包容的文明观,彰显构建人类命运共同体的文明自信,进一步推动人类文明的繁荣与进步。

五、"一带一路"倡议下文明交流互鉴存在的问题

1.疫情影响

在"一带一路"倡议的稳步推进下,各国逐渐构建为命运共同体,面对突如其来的新冠疫情,各国的各个产业都在一定程度上受到重创。一场疫情引发全球性的公共危机,不仅对全人类的健康安全构成严重威胁,更对文化价值层面产生重大影响,疫情带来的精神压力迫使各国延缓了全球化步伐,这一切都不利于国与国之间的文化互鉴与交流。

2.共性文化难寻、文化冲突常在

"一带一路"的范围涵盖众多国家和地区,涉及中亚、南亚、西亚、东南亚乃至欧洲等区域,占世界60%的人口,但是一方水土养一方人,不同文明因其产生的土壤不同而呈现出不同特点,比如中华文化由半封闭的大河大陆型生态环境萌生,而西欧文化源自开放的海洋型环境。这两种文明之间存在众多差异,人们的价值观取向、行为方式可能会在交往中不断碰撞,需要磨合才能更好地推进交流。[①] 每个国家都有其各自独特的文化,上到社会制度,下到宗教、语言,各不相同,所以文化差异甚至文化冲突在所难免,文化共性难寻。正因如此,中国文化"走出去"的道路上面临着许多困难,难以获得广泛、深切的文化认同,而在"一带一路"建设过程中,文化共性又有着不可代替的作用,只有寻到文化共性,才能促进沿线国家增加对中华文化的认可,从而有助于"一带一路"的顺利推进。文化共性难寻,严重削弱了我国文化的魅力。

3.沿线国家基础设施缺乏,文化产业落后

"一带一路"沿线国家发展水平差距较大,最富的国家卡塔尔与最穷的国家阿富汗人均GDP水平相差百倍以上,贫富差距悬殊。沿线大多数发展中国家,普遍面临着工业化和发达国家产业转移产生的资源衰退、环境恶化等挑战,其中的绝大多数人都处于贫困之中。根据马斯洛需求定理,当生理需求和安全需求难以满足时,人们对于文化方面的较高层次的需求往往不会顾及。

[①] 王碧薇:《中国文化走出去的现状、困境及对策建议》,《学理论》,2013(11)。

同时，由于一些国家的基础设施极其落后，这也影响着中国在其国内建设施工的速度，从而导致"合作共赢"的效果滞后，也不利于培养各国民众对中国政府"一带一路"项目的信任。

4.我国文化产业欠发达、相关制度不完善

首先，相比于西方发达国家来说，我国的文化产业发展还处于起步和探索阶段，文化产业发展缺乏规范的管理与引导体系，更缺少较为成熟并具有竞争力的特色文化产品。由于"一带一路"沿线国家众多，文化产业水平参差不齐，在产业对接过程中易出现偏差，尚未形成国内、国际文化产业规模化。我国大部分文化产业存在的一个问题是只注重吸引国外人员来华参观消费带动产业发展，而忽视了国际市场的开发。以山东省涉外文化产业为例，曲阜的孔子文化涉外产业发展的规模最大，1999年曲阜市依托历史文化优势、专门针对国外市场成立了孔子国际旅游股份有限公司，先后投资多达9亿多元，兴建了以孔子文化为主题的各类文化景点设施，大大提高了这一文化特色产业的国际知名度。该类产业占据了涉外文化市场的主力，但实际上并未真正有效地打开国外市场，其它能够走出国门开辟海外市场的产业也极难形成规模。

其次，我国缺少健全的文化输出保障机制，文化产品的转化能力还有待提升。近几年来，我国文化市场与国外市场接轨，进一步凸显了我国文化产业发展机制的薄弱。例如，我国的文化市场秩序较差，社会成员缺少文化契约意识，侵害知识产权的问题时有发生。文化是发展"一带一路"的王牌，但是由于我国文化产业发展机制、政策以及相关配套法律制度的不健全，在一定程度上削弱了我国发展"一带一路"文化交流的成效[①]。

5.国际互信体系有待完善

首先，"一带一路"建设范围极广，汇集多区域、多民族、多种宗教信仰，有的国家和民族之间甚至存在根深蒂固的矛盾冲突和无法开解的历史沉怨，国与国之间的互信体系建设难以进行。

其次，"一带一路"建设中的参与主体还包括一些国际组织，这些国际组织往往与发达国家关系敏感，导致"一带一路"建设中发达国家与发展中国家之间信任程度降低，使得"一带一路"建设的文化沟通无法得到改善。

[①] 赵立庆：《"一带一路"战略下文化交流的实现路径研究》，《学术论坛》，2016,39(05)。

最后，当前"一带一路"建设已经进入全面发展时期，但是沿线各国对"一带一路"建设的看法多种多样，其中不乏歪曲事实的抹黑和搅局，西方国家为遏制我国的崛起，不惜制造假新闻，栽赃、抹黑中国，例如"武汉病毒"名词的出现，制造新疆"种族灭绝"、"强制劳动"假新闻，发起全球"抵制新疆棉花"运动等，在国际社会造成严重影响，严重损害中国的国际形象，导致中国与沿线参与国之间文化交流的进程缓慢。"一带一路"建设中沿线各国互信体系尚未形成，这是开拓"一带一路"建设人文沟通渠道首先需要破局的问题。

六、"一带一路"倡议下推动文明交流互鉴的措施

1."和衷共济，共克疫情"

"沧海横流，方显英雄本色"，疫情虽然隔断了人员往来，但无法隔断各国人民的交往热情。中国通过线上线下相结合的方式开展了一系列丰富多彩的人文交流活动：2022年4月20日，第13个"国际中文日"活动通过线上国际中文教育成果展示、全球中文爱好者学习中国语言文化故事分享、中文课程等形式，展现中华文化亲和力与吸引力[①]；7月14日，中共中央对外联络部以视频连线方式举办第二届中国－太平洋岛国政党对话会。中国作为世界第二大经济体和货物贸易第一大国，在疫情抗击中充分展现了大国责任与担当，在稳定国民经济的前提下，要积极协助配合全球经济复苏，与世界各国共同维护世界经济发展正常秩序，把握好各国国家政策方向，提高防范能力，才能在这场持久战中化险为夷。而且我国积极开拓新的文明交流互鉴的方式，提高应对疫情对文明交流带来的冲击的能力，并取得了较为不错的效果。

2.天下一家，寻找并尊重文化共性

天下一家理念，是通向信任、安全、和平的大道。习近平同志指出："中国人历来主张'世界大同，天下一家'。中国人民不仅希望自己过得好，也希望各国人民过得好。"当今世界越来越成为你中有我，我中有你的命运共同体。我们要尊重文化的多元性，拒绝文明冲突与文化霸权，我们既要让本国文明焕发出强大生机，又要为他国的文明发展创造条件，让世界文明百花园群芳竞艳，从而从各民族不同的文明中探寻智慧、汲取营养、取长补短，合力破解当前人

---

① 王晨光：《"一带一路"是疫情下全球化发展的重要推动力》，《当代世界》，2021(12)。

类发展所面临的难题,为"一带一路"建设和文化交流互鉴提供认识前提和思想基础。

3.求同存异,减少文化冲突

《论语·子路》载:"君子和而不同,小人同而不和"。尽管沿线各国在各方面都迥然不同,但是中国一直奉行"和而不同、求同存异"的原则与价值观来与他国交流,尊重各国自主选择发展道路的权利。习近平同志指出:"几千年来,和平融入了中华民族的血脉中,刻进了中国人民的基因里。""要倡导和而不同,允许各国寻找最适合本国国情的应对之策。"推进"一带一路"建设,应尊重文明发展的互补性,自信而又谦和、自尊而又宽容,展示开放包容的胸襟和气度,以尊重赢得尊敬,促进文明成果共享。坚持和而不同,是推进"一带一路"建设和文明交流互鉴的一个重要理念。

4.发展文化产业,健全相关机制

首先,要积极引导国内文化产业的健康有序发展,进一步完善文化产业发展的督导机制,积极发展公益性文化事业,大力发展文化产业,激发全民族文化创造活力,更加自觉、更加主动地推动文化的大发展大繁荣。为此,应采取发展重点文化产业、实施重大项目带动战略、培育骨干文化企业、加快文化产业园区和基地建设、扩大文化消费、建设现代文化市场体系、发展新兴文化业态、扩大对外文化贸易等措施[①]。

其次,要加快出台有利于文化输出的国家政策,建立"一带一路"文化交流的产业合作基地,为我国文化产业与沿线各国的互通有无建立优质的互动平台,建立"一带一路"文化交流新模式。同时,要重点出台相关法律法规加强对于知识产权的保护,为文化产品的输出提供必要的法律保障。继而有效解决文化产业乱象丛生、制度混乱的问题,更好地为"一带一路"的发展发挥积极的作用。

5.平等自愿,建设文化信任

"一带一路"建设突出平等共治,强调"自主、自愿、自觉、自律"与"互助、互利、互谅、互让",以增强合作动力、减少建设阻力。"一带一路"所有的合作与交流都建立在平等自愿的基础上,郑和七次下西洋,所到之处都是传播文明,

---

① 参见韩永进:《中国文化产业近十年发展之路回眸》,《华中师范大学学报》,人文社会科学版,2011,50(01)。

而不是实行霸权,这是我国与沿线国家消除疑虑和偏见、增进信任和共识的基础。"古丝绸之路沿线地区曾经是'流淌着牛奶与蜂蜜的地方',如今很多地方却成了冲突动荡和危机挑战的代名词。"作为一个发展中的大国,中国有责任使这种状况不再持续下去。这就需要中国以更亲切的姿态去践行大国责任,彰显中国的天下情怀,对各国的发展予以倾力帮助,不断提升中国在国际社会中的影响力、亲和力与感召力。[①] 我国应坚决遵循互利互惠的合作原则,用实际行动树立中国威信,通过"一带一路"建设促进我国与沿线国家的人文交流,夯实沿线国家对中国文化体认与信任的基础。

6.加强文化自信

"欲信人者,必先自信"。中华文化传承千年而历久弥新,充分地展现出了中华文化强大的生命力和影响力。中华优秀传统文化中所蕴含的时代价值无法估量,中华文化所传承的优秀精神难以磨灭。由此可以看到中国在"一带一路"倡议中表现出的文化自信,也能感受到中国想要与世界各国合作共赢的诚恳态度。"一带一路"倡议背后蕴含着深刻的文化交流意义,各国的参与是对中国文化的认可和信任。"一带一路"倡议改变了以往以经济为主导的惯例,实现了文化先行的举措。我国提出这一倡议,不仅需要我们付出巨大的努力协调沿线国家,也需要我们对中国文化有强大的自信心。中国坚持提高对"一带一路"倡议的吸引力,用超强的文化自信提升沿线国家对此倡议的认同感。在这一倡议下,我国通过不断与沿线国家加深经济往来和文化交流,共享文化和科技发展的成果。诚然,在这个过程中发生文化的冲突和碰撞不可避免,但是我们要秉承正确的文化交流态度,要时刻保持着坚定的文化自信。

总而言之,文化是一个国家、一个民族的血脉与灵魂,也是一个国家、一个民族最持久、最深沉的力量。以文明交流超越文明隔阂、文明互鉴超越文明冲突、文明共存超越文明优越。从丝路文明的历史深处走来,向人类共同的美好未来延伸,"一带一路"不仅是一条包容发展之路,一条合作共赢之路,更是一条文明互鉴、交流共融之路。相信沿着这样的道路坚定前行,我们一定能够奏响人类文明的大合唱,铸就共赢发展的新辉煌。

---

① 秦妍:《"一带一路"进程中的文化信任建设》,《大陆桥视野》,2017(09)。

Emancipation from the Evolutionary Perspective

Ilya Kanaev

ABSTRACT

Today, the human world is considered to demonstrate two general tendencies. The first is a striking movement of emancipation, whose aim is to create an inclusive society, where any forms of human diversity will be treated equally. The second is an opposite process of political and cultural segregation that supports various forms of race, sex, gender, political, and other forms of bias. In this paper I consider the meaning of emancipation from the evolutionary perspective and incorporate socio-political process in the biological development. Here I show that the ideal of social inclusiveness can reflect the substantial transformation of the human's role in the current environment and involve further change of the human species' social structure. This is significant because it reveals both concurrent progress and arising challenges.

KEYWORDS

Evolution, Emancipation, Social cohesion, Individual, Identity.

Introduction

Emancipation is an effort to procure equal rights in economic, social and political relations. For the modern world, possibly the most impact had the Slavery Abolition Act 1833 of the British Empire and *The Communist Manifesto* published in February 1848. Furthermore, the movement of

Women's suffrage started at the close of 19th century granted equal political rights to woman up to the middle of 20th century in the most of countries. However, despite these achievements in the political rights—which comparing to the known history of human kind happened in tremendous short historical period—the social relations are much more inertial.

However, it will be a mistake to consider social inertia as the only opposition to the rapid development of the political forefront. There are many political centers of power, and many actors with various aims, both within a country and worldwide, which can utilize different social biases in favor of populism[1]. The political competition may cause various scenarios of the future, where any political trends can be justified and facilitated; just as the recent history demonstrate[2]. Therefore, the research of the social development becomes one of the most important tasks for the scientific community[3]. In this article, I elaborate on the recent advances in anthropology, cognitive sciences, and multidisciplinary studies, which provide striking knowledge about the evolution in humans and illuminate particular regularities of social interaction in humans and other species.

Universalism and divergence of the opportunities

Emancipation assumes that the rights of some group(s) are inferior to the rights of the other group(s) and strives to annihilate this difference. Thus, a slave does not have a right for freedom, and emancipation of slaves is procuring this right for freedom. A non-citizen does not have the right to affect the policy of a place where they reside, and obtaining citizenship makes them equal in political rights with the majority of the surrounding population. The

---

[1] Tollefson, J., *Tracking QAnon: how Trump turned conspiracy-theory research upside down*. Nature, 2021.590(7845): p. 192—193.
[2] Tollefson, J., *How Trump damaged science* Nature, 2020.586(7828): p. 190—194.
[3] Anonymous, *Why Nature needs to cover politics now more than ever*. Nature, 2020.586(7828): p.169—170.

Universal Declaration of Human Rights adopted by UN in 1948 fights against any forms of inequality. This became one of moral landmarks for the ongoing development for the humans all around the world.

One of the most important theoretical challenge associated with "universalism" in understanding human being concerns if possessing equal rights assumes sameness between the individuals? The opponents of the equality in rights often appeal to the argument that any rights deal with the possibility to obtain some benefits, but these possibilities can be equal if and only if the actors are completely the same. If not, and there is some diversity between actors because of their physical, educational or economical background, this inevitably involves inequality in their possibilities to obtain particular benefits. Thus, it is quite easy to argue for the inequality between people. However, claiming principal inequality between people involve racial, cultural, and political bias simply because natural instincts drive humans to make an insurmountable border between "we" and "they"[①], where the former must outperform the latter by definition. This is a fruitful ground for mounting nationalism, racism, and other forms of bias as a political strategy, with segregation of people due to their racial, cultural, and political traits.

In humans the difference in traits between sexes is the most evident[②], and it was used as a justification for the difference in social, economic, and political rights between men and women. Historically, the movement for the women's right[③] is a landmark for any other forms of emancipation and mounting a society with equal rights. Therefore, studying the difference in sexes is the most appropriate object for surveying the challenge of universal

---

① Zhou, Y.Q., et al., *Neural dynamics of racial categorization predicts racial bias in face recognition and altruism*. Nature Human Behaviour, 2020.4(1): p. 69—87.
② Wilson, M.L., C.M. Miller, and K.N. Crouse, *Humans as a model species for sexual selection research*. Proceedings of the Royal Society B—Biological Sciences, 2017.284(1866).
③ Wang, Y.T., et al., *Women's rights in democratic transitions: A global sequence analysis*, 1900—2012. European Journal of Political Research, 2017.56(4): p. 735—756.

rights in case of evident diversity between the members of one society.

Sexual dimorphism and political rights in humans

The brain structure of primates demonstrate sexual dimorphism: they centered on conflicts in males and favored socio-cognitive skills in females[1]. That is why measuring the quantity of females in the primate groups is a quite reliable method for estimating the maximum group size this species can maintain. Previously, it was suggested that the most important ecological reason for the human evolution was the rapid change of the foraging area[2], while emergence of the alloparent care—in which female grandmothers and aunts inevitably engaged much more than any males[3]—possibly was the solution to overcome aforementioned ecological challenge and better adapt to the others.

Extension of the children's immaturity caused the necessity to seek the support from the adults, in which emergence of the "theory of mind"—an ability to predict other's intentions—was a critical achievement[4]. This opened the possibility for the extensive learning and accumulation of knowledge[5]. Obtaining the required level of the support during one's development increases

---

[1] Lindenfors, P., C.L. Nunn, and R.A. Barton, *Primate brain architecture and selection in relation to sex*. BMC Biol, 2007.5: p. 20.

[2] Antón, S.C., R. Potts, and L.C. Aiello, *Evolution of early Homo: An integrated biological perspective*. Science, 2014.345(6192): p. 45-+.

[3] Hrdy, S.B. and J.M. Burkart, *The emergence of emotionally modern humans: Implications for language and learning*. Philosophical Transactions of the Royal Society B-Biological Sciences, 2020. 375(1803).

[4] Tomasello, M., *The adaptive origins of uniquely human sociality*. Philosophical Transactions of the Royal Society B—Biological Sciences, 2020.375(1803): p. 20190493.

[5] Gurven, M., R.J. Davison, and T. Kraft, *The optimal timing of teaching and learning across the life course*. Philosophical Transactions of the Royal Society B-Biological Sciences, 2020.375(1803): p. 20190500.

one's reliance on the society[1]. The criticality of relations between juveniles and caregivers is justified by the fact that the first engravings with the funerary attributes are observed in case of pre-mature death of children, and not in the tombs of some local leaders as it was in the later history[2]. This is significant because introducing of the funerary realms sustains historicity that allows accumulation of knowledge and culture. In sum, this creates self-reinforcement loops between the cognitive abilities and the maximum group size, while the latter involves increasing of the stress caused by the necessity to communicate with too many individuals. This could be among the reasons to involve origination of the mystical stance, dance, music, and other cultural practices, which decrease the stress and consolidate the group, so that modern humans can support around 150 direct social relations, which overcome ability of any other kin species, and able to complicate social complexity almost without any limits[3][4].

The recent research in ageing and sociality[5] highlight the direct correlation between the reproductive capability and the lifetime of organism in a social population: the ones which play critical role in producing offspring have a longer and usually safer life. This requires that females must have a longer life than males. It had to be like this in the prehistoric period, but through the known history only very few individuals of the privileged class

---

[1] Snell-Rood, E. and C. Snell-Rood, *The developmental support hypothesis: Adaptive plasticity in neural development in response to cues of social support.* Philos Trans R Soc Lond B Biol Sci, 2020.375(1803): p. 20190491.

[2] Pettitt, P., *Hominin evolutionary thanatology from the mortuary to funerary realm: The palaeoanthropological bridge between chemistry and culture.* Philosophical Transactions of the Royal Society B Biological Sciences, 2018.373(1754).

[3] Dunbar, R.I.M., *Religion, the social brain and the mystical stance.* Archive Psychology Religion, 2020.42(1): p. 46–62.

[4] Dunbar, R.I.M. and S. Shultz, *Social complexity and the fractal structure of group size in primate social evolution.* Biological Reviews, 2021.96(5): p. 1889–1906.

[5] Korb, J. and J. Heinze, *Ageing and sociality: why, when and how does sociality change ageing patterns?* Philos Trans R Soc Lond B Biol Sci, 2021.376(1823): p. 20190727.

could enjoy this opportunity, while the most of women aged prematurely and were limited in the rights. Thus, one may raise a question: if the role of females seems to be so critical in obtaining evolutionary advantages of the human species, how could it happen that almost all the known history demonstrate that females stayed in the inferior position, and only recently the situation has started to change?

The role of society and culture

Foremost, it is critical that sociality does not discard the role of environment but introduces new strategies to solve ecological problems[1], while the environment plays the crucial role both in natural selection and social selection. Constant diverging is a method of evolution and how species adapt to the ever-changing environment. Nevertheless, when the society confronts environment and other groups, there is only one model that is the fittest in particular circumstances, while all the others are suppressed and eliminated with no regard to the particular individuals who differ from the mainstream. Until the origination of the modern science during the Renaissance, human species couldn't oppose something to the environment, and any society foremost solved the challenge of the group survival. The traditionalist societies, which have to oppose environment or concurrent states preserve the aggressiveness to the aliens. Therefore, the role of the males stays significant despite any other changes. This predetermined that specialization on the conflict—the male trait—was critical to the survival of these groups.

Furthermore, when culture is incorporated in human society, transferring the culture code becomes more important than prolonging the genetical material. For example, the change of royal dynasty usually means the end of the previous ruler's lineage, but if the new dynasty takes the

---

[1] Tomasello, M., *The adaptive origins of uniquely human sociality*. Philosophical Transactions of the Royal Society B—Biological Sciences, 2020.375(1803): p. 20190493.

throne, the changes in society are miserable. If it is not accompanied with a huge war, but results from a court intrigue, the common people can even not notice it. Whereas the revolution, which changes the political structure of the society, usually brings striking changes to all the classes. This is because the former usually involves no modification of culture, while the latter usually tends to reimage the culture significantly. Thus, the complexity and fractal organization of human societies[1] increase the role of reproducing cultural practices rather than genetic heritage. Hence the ones, which play the critical role in preserving the culture, obtain correspondent benefits in their rights and opportunities. In the traditionalist societies that constantly confront the environment, the male trait of emphasizing competition stays critical despite all innovations in arts and technical skills. These societies will inevitably preserve social segregation on the base of naturalistic or cultural difference.

Conclusion

The emergence of the modern science freed human species from the dictate of the environment and revealed possibility for the emancipation. However, it took more than four hundred years and required spreading of the socialist ideology in the 20th century that could overcome the culture predisposition of social inequality between men and women. The most recent example of the scientific approach is battle with the COVID-19 pandemic that is the very opposite to the "infodemic" in social media[2], and populism in politics[3].

However, disparaging academic expertise[4] is one of the most efficient

---

[1] Dunbar, R. I. M. and S. Shultz, *Social complexity and the fractal structure of group size in primate social evolution*. Biological Reviews, 2021.96(5): p. 1889—1906.

[2] Cinelli, M., et al., *The COVID-19 social media infodemic*. Scientific Reports, 2020.10(1): p. 16598.

[3] Tollefson, J., *How Trump damaged science* Nature, 2020.586(7828): p.190—194.

[4] Anonymous, *Why Nature needs to cover politics now more than ever*. Nature, 2020.586(7828): p.169—170.

method to promote populism[①]. It was demonstrated that constant pressure on one's behavior and inability to realize needs, which are not welcome by current culture, changes the mode of cognition of each individual: lack of social realization increases one's persuasiveness and readiness to align with any ideology, conservatism and fanatism[②]. This is beneficial for the imperialistic regimes and it is a reason why they will not provide equal rights to all members of society: claiming to be surrounded by inner and outer enemies is one of the sources for their self-legitimization. Thus, it is almost impossible that these regimes will promote any real forms of social diversity and inclusiveness, but they will assert that there is only one absolute truth and model of behavior.

The provided analysis demonstrates that promoting real diversity and creating an inclusive society—even within a country—is possible only when the cultural framework considers all the humanity as equals. In this case, there is no need to focus on the constant conflict with the "enemies", which involves priority of conflict-orientation of the males and populist propaganda of an absolute truth. However, this invokes another challenge: how to deal with the real opponents in political and economic spheres? Claiming their absence or insignificance will be a self-deception, while emphasizing their aggressiveness will inevitably result in radicalizing of the own society. I believe that the scientific community must not evade social activity and engage in social work and international collaboration. The mutual respect along with the objective critics can be the thing, which helps us to overcome mutual bias and confrontation.

---

① Tollefson, J., *Tracking QAnon: how Trump turned conspiracy-theory research upside down.* Nature, 2021.590(7845): p. 192-193.

② Bélanger, J. J., *The sociocognitive processes of ideological obsession: review and policy implications.* Philosophical transactions of the Royal Society of London. Series B, Biological sciences, 2021.376(1822): p. 20200144.

中文翻译

从进化角度看待解放

汉伊理

摘要：今天，人类世界被认为显现两种普遍趋势。第一种是引人注目的解放运动，目的是创造一个包容的社会，在其中任何形式的人类多样性都将得到平等对待。第二种是支持各种各样的种族、性别、政治和其他方面的偏见，进行政治和文化区隔的相反过程。在这篇论文中，我从进化的角度思考了解放的意义，并将社会政治进程纳入生物发展进程中考察。在此，我表明有关社会包容性的理想可以反映人类角色在当前环境中的实质性转变，并涉及人类物种社会结构的进一步变化。这很重要，因为它揭示了同时发生的进步和正在出现的挑战。

关键词：进化；解放；社会凝聚力；个体；身份

引言

解放是指为争取经济、社会和政治关系中的平等权利所做的努力。就当今世界来说，影响最大的可能是1833年的大英帝国《废奴法案》和1848年2月出版的《共产党宣言》。此外，从19世纪末开始一直延续到20世纪中叶的妇女选举权运动，给大多数国家的妇女赋予了平等的政治权利。不过，尽管取得了这些政治权利的成就，与极短历史时期内发生的人类已知历史相比，各种社会关系却更充满惯性。

然而，将社会惯性视为阻碍政治前沿推进的唯一反抗因素是错误的。在一国之内和世界范围内，有许多政治权力的中心，有许多目标各异的行动者，会利用不同的社会偏见支持民粹主义。政治竞争可能会导致未来出现各种情景,任何政治趋势都可被正当化和工具化,有近来的历史为证。因此,对社会发展的研究成为科学界最重要的任务之一。在这篇文章中,我详细阐述了人类学、认知科学和多学科研究的进展,提供了关于人类进化的惊人知识,并阐明了人类和其他物种进行社会互动的特殊规律。

机会的普遍性和差异性

解放就是假定某些群体的权利不如其他群体的权利,并努力消除这种差异。因此,奴隶没有自由权,而解放奴隶就是在获得这种自由权。非公民是无权影响其居住地政策的,获得公民身份则使他们在政治权利上与周围大多数人平等。联合国1948年通过的《世界人权宣言》反对任何形式的不平等,这成为全世界人类持续发展的道德里程碑之一。

在理解人类时,关于"普遍主义"最重要的一个理论挑战是,拥有平等权利是否已经假设了个人之间具有相同性?反对权利平等的人经常诉诸这样的论点,即任何权利都涉及可能获取某些利益,但当且仅当行动者完全相同时,这些可能性才是平等的。反之,由于行动者具有各种不同的生理、教育或经济背景,那么他们获得某些利益的可能性必然是不平等的。因此,为人与人之间的不平等进行辩护是很容易的。然而,人与人之间原则上不平等的说法包含种族、文化和政治上的偏见,仅仅是本能驱使人类在"我们"和"他们"之间划出一条不可逾越的边界,并且前者必须在定义上优于后者。这是令民族主义、种族主义以及其他各种政治偏见日益高涨的肥沃土壤,按照种族、文化和政治特征对人进行区别对待。

在人类中,性别之间的特征差异是最明显的,这被用作在社会、经济和政治上给予男女不同权利的理由。从历史上看,争取妇女权利的运动为其他一切解放运动树立了里程碑,并且使社会在权利平等方面获得进步。因此,当一个社会的成员之间存在明显差异的情况下,调查普遍权利所面临的挑战时,研究性别差异是最合适的对象。

人类的两性差异与政治权利

灵长类动物的大脑结构表现出两性差异:男性以冲突为中心,而女性则倾向于社会认知技能。这就是为什么监测灵长类动物群中雌性的数量是一种估算此群体最大规模的可靠方法。此前,有人认为,人类进化最重要的生态学原因是觅食区域的快速变化,而异母照料的出现,即女性祖母和姨姑不可避免地比任何男性都要投入更多精力,可能是克服上述生态挑战并更好地适应其他挑战的解决方案。

儿童未成熟期的延长令寻求成年人的支持成为必要,其中"心思理论"——一种预测他人意图的能力——的出现,是一项至关重要的成就。这为广泛学习和积累知识开创了可能性。一个人的发展过程中,获取所需的支持会增加人对社会的依赖。青少年与其看护人之间存在至关重要关系的依据是,最早的具有陪葬属性的雕刻是在夭折的儿童坟墓中发现的,而不是后期历史中在一些领袖的坟墓中才看到。这一点意义重大,因为陪葬领域的引入可以维持知识与文化积淀的历史性。总之,这在认知能力和最大群体规模之间创造了一种自我强化的循环,群体最大规模涉及不得不与太多人交流而增加的压力。这可能是神秘姿势、舞蹈、音乐和其他文化习俗起源的原因之一,这些习俗减少了压力,巩固了群体,使现代人类能够维持大约150种直接的社会关系,这超越了任何其他亲属关系能力所及,并使社会复杂性几乎无限度地更加复杂化。

关于衰老和社会性的最近研究强调了社会群体中生殖能力与生物体寿命之间的直接相关性:那些在生育后代方面发挥关键作用的生物体寿命更长,通常也更安全。这要求女性的寿命必须比男性长。在史前时期,情况必须如此,但在已知的历史中,只有极少数特权阶层的人能够享受这一机会,而大多数女性过早衰老,权利受到限制。因此,人们可能会提出一个问题:如果雌性在获得人类进化优势方面的作用如此关键,那几乎所有已知的历史都表明雌性处于劣势,直到近期情况才开始改变,这怎么可能发生呢?

社会和文化的作用

最重要的是,社会性并没有抛弃环境的作用,而是引入了解决生态问题的新策略,而环境在自然选择和社会选择中都发挥着至关重要的作用。不断地分化是一种进化方法,也是物种适应不断变化环境的方法。然而,当社会面对环境和其他群体时,只有一种模式在特定情况下是最合适的,而所有其他模式都被压制和淘汰,并不考虑与主流不同的特定个人。直到文艺复兴时期出现了现代科学的起源,人类物种都一直无法反抗环境,而任何社会都首先要解决群体生存面临的挑战。传统主义社会因必须反抗环境或同时期的邦国,而保留了对外族的侵略性。因此,无论有何变化,男性的角色一直处于至关重要地位。这预先决定了对付冲突的专项技能——男性特质——对这些群体的生存至关重要。

此外,当文化融入人类社会时,传递文化密码变得比延长遗传物质更重要。例如,皇室王朝的更迭通常意味着前任统治者的世系结束,但如果新王朝登基,社会的变化将是悲惨的。如果不是伴随着一场巨大的战争,而是宫廷政变的结果,普通人甚至不会在意。而革命改变了社会的政治结构,通常会给所有阶层带来引人注目的变化。这是因为前者通常不涉及文化的更改,而后者通常倾向于显著地重塑文化。因此,人类社会的复杂性和分形组织加强了复制文化习俗的分量,而不是基因传承的分量。所以,那些在保护文化方面发挥关键作用的人,在权利和机会上会获得相应的利益。在不断对抗环境的传统主义社会中,尽管在艺术和技术技能方面有所创新,但强调竞争的男性特质仍然至关重要。这些社会将不可避免地保留基于自然或文化差异的社会分隔政策。

结论

现代科学的出现使人类摆脱了环境的支配,并揭示了人类解放的可能性。然而,这花了400多年的时间,并且需要20世纪社会主义意识形态的传播,以克服男女不平等的社会文化倾向。科学解决方法的一个最新案例是抗击新冠肺炎疫情,这种科学的解决方法与社交媒体中的"信息瘟疫"和政治中的民粹主义大相径庭。

然而,贬低学术专业知识是助长民粹主义的最有效方法之一。研究表明,对一个人的行为持续施加压力和让其意识不到需求(这在当前文化中是不受欢迎的)会改变个体的认知模式:缺乏社会意识会增加一个人与任何意识形态保持一致的意愿,无论是保守主义还是激进主义。这对帝国主义政权有利,也是他们不愿为社会所有成员提供平等权利的原因:声称被内外敌人包围是他们自我合法化的理由之一。因此,这些政权几乎不可能促进任何真正形式的社会多样性和包容性,但他们会断言,只有一种绝对的真理和行为模式。

  以上分析表明,即使在一国之内,唯有当文化框架考虑到全人类的平等时,促进真正的多样性和创建包容性社会才是可能的。在这种情况下,没有必要关注与"敌人"的持续冲突,因为其中包含男性放在首位的冲突取向,以及宣传绝对真理的民粹主义。然而这引发了另一个挑战:如何应对政治和经济领域的真正对手?声称他们不存在或微不足道是自欺欺人的说法,而强调他们的侵略性将不可避免地导致自己社会的激进化。我认为,科学界决不能逃避社会活动,逃避社会工作和国际合作。相互尊重和客观的批评可以帮助我们克服对彼此的偏见和对抗。

人类多元文明"和之道"

申圣超

(四川大学马克思主义学院)

摘要:人类文明从来都是多元并存的。文明的发展离不开文明之间的交流。不同文明之间的交流互鉴,应当遵循"和"的原则,在"和"的基础上实现"和实生物"。

关键词:文明;和;和实生物

文明辉煌灿烂,不同文明之间不是孤立存在的,而是相互影响、共同发展的。在人类文明发展史上,完全不受外来文明影响的孤立文明几乎是不存在的。可以说,几乎任何一种文明的发展都不是孤立的,都是在和其他文明互动中展开的。尤其十五、十六世纪的地理大发现,使得世界各地相对孤立、相互隔绝的状态被打破,世界开始成为一个整体,不同文明之间的对话与交流日趋频繁。

不同文明之间互通有无、互学互鉴,促进各大文明共同发展,体现了"和实生物"的理念。"和实生物"是中国西周末年太史史伯提出的。史伯在与郑桓公讨论西周弊政时说:"夫和实生物,同则不继。以他平他谓之和,故能丰长而物归之;若以同裨同,尽乃弃矣。""和"是不同事物之间的协调平衡,"同"则是相同事物的简单相加。不同的事物相互协调平衡,使之彼此和谐,会产生新的事物,这就是"和实生物"。如五行中的土与金木水火相交混杂而成百物。同理,酸甜苦辣咸五味相互调和而成美味,宫商角徵羽五音相互配合而成美乐。这里需要指出的是,"生物",不只是一物的生成与发展,而是相关联的所有事物通过互补互济等方式实现共同发展。相反,相同的事物简单相加,仍然保持原来事物的特性,也就不可能产生新的事物。比如以水加水仍是水,以土加土还是土。史伯发现,在自然界中,"声一无听,物一无文,味一无果,物一不讲"。天人一理,一国政治亦如此。如果一味追求同一,那么离衰败也就不远了。因此史伯分析说,西周之所以会衰败,原因就在于周王"去和而取同","弃高明昭显,而好谗慝暗昧;恶角犀丰盈,而近顽童穷固"。由此看来,无论自然界还是人类社会都不能"与剸同",而应"务和同"(《国语·郑语》)。春秋末年齐国大夫晏婴遵循史伯的理路,说"和如羹焉",水、火、醯、醢、盐、梅、鱼、肉多种元素混合在一起,经"宰夫"之手,最终做成了"和羹"。相反,"若以水济水,谁能食之?若琴瑟之专一,谁能听之?同之不可也如是"。因此,晏婴认为,佞臣梁丘据无原则地附和君主,"君所谓可,据亦曰可;君所谓否,据亦曰否"是"同",主张治理国家应"去同而取和",即"君所谓可而有否焉,臣献其否以成其可。君所谓否而有可焉,臣献其可以去其否"(《左传·昭公二十年》)。同理,将"和""同"延伸到其他事物上,亦是"和"则益、"同"则害。孔子在总结前人思想的基础上,进一步提出了"和为贵"与"和而不同"的主张,对于正确处理不同文明之间的关系具有极其重要的指导意义。

  人类各种文明相互交流、彼此借鉴,以他之长补己之短、以他之厚补己之薄,在求同存异中共同发展。人类文明史就是一部文明交流互鉴史。不同文明沟通交流、互动共生,推动人类文明不断进步。这是"和实生物"理念在人类文明发展过程中的重要体现。东亚文明、印度文明和地中海文明的形成与发展,无一不是文明之间交流互鉴、"和实生物"的结果。

  东亚文明,主要指包括中国、日本、朝鲜半岛和越南等在内的渊源于古代中华文明而形成的文明。古代日本、朝鲜半岛诸国和越南等曾借地利之便到中国学习,将中华文明尤其儒家文明移植到本国,形成了各具本国特色的文明,反过来,又与中华文明构成了东亚文明圈。

  印度文明也是在与其他文明的交流互鉴中得到发展的。印度佛教传入中国后,与中国本土文明相融合,形成了具有中国特色的佛教文明,并进一步向东亚和东南亚等地传播。印度数学、医学和天文学等通过阿拉伯文明得到了更为广泛的传播。尤其被称为当今世界通用数字的"阿拉伯数字",也是由印度人发明、后经阿拉伯人传到欧洲,进而影响整个世界的。

地中海文明更是多种文明交融沟通的结果。作为文明的重要要素之一，人类最早使用的文字是象形文字。为了便于书写，忙于商业活动的腓尼基人将古埃及的象形文字改造成了腓尼基字母。腓尼基字母随着腓尼基人商业活动的开展而向四处传播开来，向西演化为希腊字母和拉丁字母，向东演化为希伯来字母和阿拉伯字母等，推动了地中海文明的发展。再有，公元前4世纪，亚历山大大帝建立亚历山大城。亚历山大去世后，埃及托勒密王朝定都亚历山大城，并在城中建立亚历山大博物馆和图书馆，大量搜集图书并将其译成希腊文，再陆续向外传播，加速了希腊化世界的进程。此外，这里还吸引了数学家欧几里得、物理学家阿基米德和天文学家托勒密等大批优秀学者前来进行学术研究。亚历山大城很快发展成为希腊化世界的科技文化中心，为世界文明的发展作出了巨大贡献。处于地中海文明圈的阿拉伯文明，也汇聚了当时世界上的多种文明。阿拉伯地处亚非交界处，是亚非欧文明交汇的地方，在东西方文明交流过程中起着重要的桥梁作用。除了前文提到的"阿拉伯数字"由阿拉伯人传到欧洲外，中国古代的四大发明和炼丹术也是由阿拉伯人传到欧洲的。当然，阿拉伯文明的形成与发展与其善于向其他文明学习不无关系。

罗素在1922年出版的《中国问题》一书中指出，"不同文明的接触，以往常常成为人类进步里程碑。希腊学习埃及，罗马学习希腊，阿拉伯学习罗马，中世纪的欧洲学习阿拉伯，文艺复兴时期的欧洲学习东罗马帝国。学生胜于老师的先例有不少。"[①]可见，早在一个世纪以前，罗素就认识到文明交流的重要性。不同文明之间的交流互鉴是推动人类文明进步的重要动力。不同文明之间交流对话，使各大文明创造的成果为人类所共享，大大加快了人类文明前进的步伐。一种文明在学习借鉴外来文明时，常常需要结合自身特点和发展需要，对外来文明进行改造，从而生成新的文明；反过来，还有可能影响外来文明，使得文明交流的双方都能获益。这体现了"和实生物"的理念。

2022年7月10日，习近平主席在向"意大利之源——古罗马文明展"开幕式致贺信时指出："相互尊重、和衷共济、和合共生是人类文明发展的正确道路。中国愿同国际社会一道，坚持弘扬平等、互鉴、对话、包容的文明观，以文

[①] （英）伯特兰·罗素著，秦悦译：《中西文明的对比》，《中国问题》，上海：学林出版社1996年版，第146页。

明交流超越文明隔阂,以文明互鉴超越文明冲突,以文明共存超越文明优越"。[1] 由于地理环境、文化传统和风俗习惯等方面的差异,人类文明呈现出多元发展格局。文明没有高下、优劣之分,只有特色、地域之别,每一种文明都有其存在的价值和意义,都应得到理解、尊重和保护。文明因交流而多彩,文明因互鉴而丰富。尊重差异性是文明平等对话的基础,也是交流互鉴的前提。"己所不欲,勿施于人"(《论语·卫灵公》),是儒家倡导的处理人与人之间关系的重要原则。文明之间何尝不是如此!不同文明应秉持平等、包容的心态,相互尊重,相互借鉴,取长补短,在"和而不同"中求得共同发展。早在2000多年前,中国古人就有"和同之辩",意识到多元共生才能发展、封闭单一必然停滞不前。所以说,多元文明之"和",是人类文明发展的前提和基础;单一文明之"同"则是人类文明进步的障碍。"和"是有差别的、多元的统一,而非无差别的同一。以"和"的理念去对待不同文明之间的关系,不是一种文明消灭一种文明,也不是一种文明同化另一种文明,而是平等交流,积极吸收借鉴彼此的优秀文明成果,从而实现共同进步。那种出于一己之私而将本国价值观强加于他国、在某些领域大力推行"同而不和"的做法,是文化霸权主义的表现。对此,我们一定要提高警惕。

在全球化背景下,没有哪一种文明可以在自我封闭中独立发展。从人类文明发展史来看,文明也往往是在交流互鉴中发展壮大的。文明交流互鉴促进繁荣,闭关锁国导致落后,古今中外,概莫能外。从中华文明发展史来看,张骞通西域、鉴真东渡等带来了汉唐气象,闭关锁国则导致了近代百年衰落;从世界文明发展史来看,地理大发现前后人类文明发展速度的差异等等,都是很好的例证。由此看来,不同文明之间交流借鉴可以促进各大文明发展进步;相反,如果一种文明拒绝外来文明,那么该文明也不会长久。

《中庸》说:"万物并育而不相害,道并行而不相悖。"人类文明是多元的,多元文明的发展离不开求同存异、开放包容。我们应秉持"和实生物"的理念,追求多元文明之"和",摒弃单一文明之"同",倡导不同文明之间互学互鉴,交流交融,和谐共处,推动人类多元文明繁荣发展。

---

[1]《习近平同意大利总统马塔雷拉分别向"意大利之源——古罗马文明展"开幕式致贺信》,载《光明日报》,2022年7月11日,第01版。

构建中华文化的世界体系
——基于百年变局和世纪疫情

隋云鹏

（山东省文化和旅游厅）

内容摘要：2020年新冠肺炎疫情与"世界百年未有之大变局"交织叠加在一起，推动"世界百年未有之大变局"发生了有利于中国的根本变化。面对世界以及世界文化大转折的关口，我们应加快构建中华文化的世界体系，承担起为"世界百年未有之大变局"提供文化支撑、精神指引和人文关怀的历史使命，承担起为世界提供优秀文化的文化使命。重点面向东亚儒家文化圈，构建中华文化新天下体系，发挥中华优秀传统文化的世界影响力；重点面向欧美国家和地区构建中华文化新自由体系，捍卫发展真正的全面的自由、平等、民主、人权，反对种族主义、排外主义、保护主义、单边主义、霸权主义；重点面向社会主义国家、国际共产主义运动和世界劳动人民，构建中华文化新国际主义体系。

关键词：世界百年未有之大变局；中华文化；世界体系

2020年新冠肺炎疫情蔓延所引起的国际局势一系列重大变化，推动"世界百年未有之大变局"发生根本变化。站在世界继往开来的重要关口上，中华文化应高瞻远瞩、高屋建瓴、未雨绸缪、全面应对，充分发挥自身优势，加快构建世界体系，促进"世界百年未有之大变局"朝向进一步有利于中国、有利于世界进步力量的方向发展。

一、构建中华文化世界体系的历史背景

习近平同志指出："领导干部要胸怀两个大局，一个是中华民族伟大复兴

的战略全局,一个是世界百年未有之大变局,这是我们谋划工作的基本出发点。"①在"两个大局思想"的指引下,全党全国人民进行具有许多新的历史特点的伟大斗争,推动中华民族伟大复兴,成为维护世界和平与发展的中流砥柱。在此过程中,以美国为首的西方国家采取打压中国、遏制中国、污名化中国以维护自身霸权的策略和做法,世界意识形态斗争和国际舆论战异常复杂激烈。面对复兴全局、百年变局和世纪疫情的历史背景,中华文化需要对任何可能出现的局面有充分的科学研判和全面应对之策。

"世界百年未有之大变局"是指世界正在发生百年一遇的重大变化。由于从威斯特伐利亚体系到维也纳体系、凡尔赛——华盛顿体系、雅尔塔体系一直是西方在主导,因此,西方世界几百年来"长期秉承'西方中心主义'和零和博弈的思维模式,将自己的文化价值理念视为理性、科学、文明、独立、自由、自主的化身,认为西方不仅过去是世界的中心,现在一直是、将来也永远是世界的中心"②。近年来,随着中国的高质量发展,这一国际格局正在发生深刻变化。自人类社会进入21世纪以来,中国发展进入快车道,尤其是党的十八大以来,中国特色社会主义进入新时代,中国各方面70年的积累由量变发展到质变,日益走近世界舞台中央,全球资本、资源、产业、人才等加速向中国转移,中国日益成为推动世界进步发展的重要力量,"中国共产党从人民中走来、依靠人民发展壮大,历来有着深厚的人民情怀,不仅对中国人民有着深厚情怀,而且对世界各国人民有着深厚情怀,不仅愿意为中国人民造福,也愿意为世界各国人民造福。长期以来,中国为广大发展中国家提供了大量无偿援助、优惠贷款,提供了大量技术支持、人员支持、智力支持,为广大发展中国家建成了大批经济社会发展和民生改善项目。今天,成千上万的中国科学家、工程师、企业家、技术人员、医务人员、教师、普通职工、志愿者等正奋斗在众多发展中国家广阔的土地上,同当地民众手拉手、肩并肩,帮助他们改变命运。根据中共十九大的安排,到2020年中国将全面建成小康社会,到2035年中国将基本实现社会主义现代化,到本世纪中叶中国将建成富强民主文明和谐美丽的社会主义现代化强国。这将造福中国人民,也将造福世界各国人民。我们倡议世界

---

① 习近平:《在主持召开推动中部地区崛起工作座谈会时的讲话》。
② 张允熠:《"百年未有之大变局"的世界历史意义》,载《光明日报》,2020年1月3日,第6版。

各国政党同我们一道,为世界创造更多合作机会,努力推动世界各国共同发展繁荣。"①

中国基本控制住世纪疫情,经济社会稳步恢复发展。在2020年3月9日、12日、16日、18日,"受疫情持续扩散和国际油价下跌影响,美股本月10天内已4次熔断,全球股市蒸发超10万亿美元。"②美股4次熔断,全球股市暴跌,国际原油价格暴跌,国际大规模人口流动受阻,世界经济已陷于严重的不确定性中,发展前景黯淡,"新冠肺炎疫情诱发全球产业链供应链出现多点'梗阻',全球贸易和对外投资面临巨大困难。联合国贸易和发展会议报告显示,疫情可能导致今年全球对外直接投资最高下降40%。"③尽管中国经济也不可避免地受到严重打击,增长步伐放缓,但毫无疑问的是,中国已成为世界上最安全的避风港。2020年3月初,中国已基本控制住新冠肺炎疫情蔓延,并立即着手恢复经济社会发展正常秩序。2020年3月4日,习近平在中共中央政治局常务委员会会议上强调,"要抓紧推进经济社会发展各项工作,精准有序扎实推动复工复产,实现人财物有序流动、产供销有机衔接、内外贸有效贯通,把疫情造成的损失降到最低限度。"④截至2020年3月31日,"全国规模以上工业企业平均开工率达到了98.6%,人员平均复岗率达到了89.9%。截至29日,中小企业复工率已经达到了76.8%。总体看,全国工业基本面初步实现了稳定。"⑤不仅如此,中国体制善于科学规划长远目标,并保持政策连续性,朝着长远目标坚定有力地走下去。例如,2019年3月5日,中国提出"加强新一代信息基础设施建设";2020年3月4日,提出"加快5G网络、数据中心等新型基础设施建设进度"⑥。当前,全球产业链中心进一步向中国转移,各国为战"疫"向市场释放

---

① 习近平:《把世界各国人民对美好生活的向往变成现实》,《习近平谈治国理政》(第三卷),北京:外文出版社2020年版,第437页。
② 《让人类命运共同体理念贯穿战"疫"始终》,载《人民日报》,2020年3月20日,第16版。
③ 《确保全球产业链供应链开放稳定安全——抗击疫情离不开命运共同体意识(23)》,载《人民日报》,2020年4月1日,第2版。
④ 《中共中央政治局常务委员会召开会议研究当前新冠肺炎疫情防控和稳定经济社会运行重点工作》,载《人民日报》,2020年3月5日,第1版。
⑤ 《全国规上工业企业平均开工率98.6%》,载《人民日报》,2020年3月31日,第1版。
⑥ 《中共中央政治局常务委员会召开会议研究当前新冠肺炎疫情防控和稳定经济社会运行重点工作》,载《人民日报》,2020年3月5日,第1版。

的流动性资金也开始涌向中国。中国的经济实力和制度优势,为构建中华文化世界体系奠定了坚实的物质基础。同时,世界也需要中国实践上升为中国理论,为百年变局和世纪疫情提供中国指引。

二、构建中华文化世界体系的协同布局

为积极应对百年变局和世纪疫情,近年来,中国协同推进一系列国内国际重大布局,提出"世界百年未有之大变局"重要命题和重大判断,构建人类命运共同体,推进国家治理体系和治理能力现代化等,为构建中华文化世界体系提供了重要支撑。

提出"世界百年未有之大变局"重要命题和重大判断。2014 年 8 月 29 日,习近平在中共中央政治局第十七次集体学习时指出,"研究军事问题,首先要科学判断世界发展大势,准确把握世界军事发展新趋势。当前,国际形势正处在新的转折点上,各种战略力量加快分化组合,国际体系进入了加速演变和深刻调整的时期。在这个前所未有的大变局中,军事领域发展变化广泛而深刻,是世界大发展、大变革、大调整的重要内容之一"[①]。2017 年 8 月 1 日,习近平在庆祝中国人民解放军建军 90 周年大会上的讲话中指出,"今天的世界,国际形势正发生前所未有之大变局"[②]。2018 年 9 月 4 日,习近平在中非合作论坛北京峰会开幕式上的主旨讲话中指出,"当今世界正在经历百年未有之大变局。世界多极化、经济全球化、社会信息化、文化多样化深入发展,全球治理体系和国际秩序变革加速推进。"[③]2018 年 9 月 28 日,国际行动理事会第 35 届年会在北京召开,习近平在贺信中指出,"当今世界正面临百年未有之大变局。全球治理体系和国际秩序变革加速推进,加强全球治理、完善全球治理体系是大势所趋,也是各国面临的共同任务。"[④]"世界百年未有之大变局"理念深入人心,已经成为我们深入把握当今世界发展大势的总遵循。

[①]《习近平在中共中央政治局第十七次集体学习时强调 准确把握世界军事发展新趋势 与时俱进大力推进军事创新》,载《光明日报》,2014 年 8 月 31 日,第 1 版。
[②] 习近平:《把强军事业不断推向前进》(2017 年 8 月 1 日),《习近平谈治国理政》(第二卷),北京:外文出版社 2017 年版,第 415 页。
[③] 习近平:《携手共命运 同心促发展——在二〇一八年中非合作论坛北京峰会开幕式上的主旨讲话》,载《光明日报》,2018 年 9 月 4 日,第 2 版。
[④]《习近平向国际行动理事会第 35 届年会致贺信》,载《光明日报》,2018 年 9 月 29 日,第 1 版。

构建人类命运共同体。2013年3月23日,习近平在莫斯科国际关系学院的演讲中向世界提出"命运共同体"理念,"这个世界,各国相互联系、相互依存的程度空前加深,人类生活在同一个地球村里,生活在历史和现实交汇的同一个时空里,越来越成为你中有我、我中有你的命运共同体。"[①]2015年9月28日,习近平在第七十届联合国大会一般性辩论时的讲话中,从五个方面阐述了如何构建人类命运共同体。[②] 2017年1月18日,习近平在联合国日内瓦总部的演讲中,进一步阐述了如何构建人类命运共同体。[③] 在百年变局和世纪疫情的大背景下,构建人类命运共同体为国际社会提供了中国方案,得到国际社会的广泛支持。

推进国家治理体系和治理能力现代化。2020年初以来,新冠肺炎疫情对国际局势产生了重大影响,"特别是当前境外疫情呈加速扩散蔓延态势,严重打乱了全球正常的生产生活秩序,美欧股市接连出现大幅下跌,国际油价遭遇极为罕见的断崖式下跌,天然气、铁矿石、粮食等大宗商品市场也面临考验,世界经济贸易增长受到严重冲击。更令人担忧的是,现在全球疫情峰值尚未到来,预计疫情蔓延的态势还将持续较长时间,可能导致严重经济衰退。"[④]恩格斯在1893年10月《致尼古拉·弗兰策维奇·丹尼尔逊》的书信中指出:"没有哪一次巨大的历史灾难不是以历史的进步为补偿的"[⑤]。新冠肺炎疫情已经引起国际社会广泛而深刻的反思,推动现有国际体系、国际组织和各国国家管理体制广泛而深入的变革,成为人类文明进步的里程碑。中国在应对新冠肺炎疫情方面的坚强有力和卓有成效,有力地推进了国家治理体系和治理能力现代化,尤其是超级城市治理体系、应急管理与快速反应体系、大规模动员体系、城市数字化治理能力、信息透明能力、极端生物危机应对能力、社区网格化管

[①] 习近平:《顺应时代前进潮流,促进世界和平发展》(2013年3月23日),《习近平谈治国理政》(第一卷),北京:外文出版社2018年版,第272页。

[②] 习近平:《携手构建合作共赢新伙伴,同心打造人类命运共同体》(2015年9月28日),《习近平谈治国理政》(第二卷),第521页。

[③] 习近平:《共同构建人类命运共同体》(2017年1月18日),《习近平谈治国理政》(第二卷),第537页。

[④] 王昌林:《加快建立同疫情防控相适应的经济社会运行秩序》,载《人民日报》,2020年4月5日,第6版。

[⑤]《马克思恩格斯全集》第39卷,北京:人民出版社,1974年版,第149页。

理能力等的现代化,凸显了中国特色社会主义的道路优势、理论优势、制度优势、文化优势,"举全国之力予以支援,组织 29 个省区市和新疆生产建设兵团、军队等调派 330 多支医疗队、41600 多名医护人员驰援,迅速开设火神山、雷神山等集中收治医院和方舱医院,千方百计增加床位供给,优先保障武汉和湖北需要的医用物资,并组织 19 个省份对口支援。"①中国已成为全球战"疫"事实上的领导者和主力军,"3 月 1 日到 4 月 4 日,全国共验放出口主要疫情防控物资价值 102 亿元,主要包括:口罩约 38.6 亿只,价值 77.2 亿元;防护服 3752 万件,价值 9.1 亿元;红外测温仪 241 万件,价值 3.3 亿元;呼吸机 1.6 万台,价值 3.1 亿元;新型冠状病毒检测试剂 284 万盒;护目镜 841 万副。"②中国之治与西方之乱形成鲜明对比,中国制度模式影响力迅速扩大,"世界百年未有之大变局"发生了有利于中国的根本变化。

三、构建中华文化世界体系的疫情因素

至今远远没有结束的新冠肺炎疫情,已经引起了国际局势的连锁反应,对世界政治、经济、文化格局产生了巨大影响,"全球制造业正在经历自 2009 年以来的最大危机……由于受疫情影响严重的国家和地区大多处于全球供应链的中心位置,这次公共卫生事件对全球供应链的影响程度可能是史无前例的"③,从而引发了世界性的政治危机、经济危机、精神危机。在全球战"疫"中,中国向世界彰显了中华文化的巨大力量和中国制度模式的巨大优势,前所未有地加深了世界各国和人民对中国、中华文化的认识和了解,从而推动了中华文化世界体系的构建。

中国援助世界战"疫"彰显了中华文化的巨大力量。在此次全球战"疫"中,部分西方国家种族主义、排外主义、保护主义、单边主义、霸权主义盛行,"产生了针对华裔乃至整个东亚族裔的孤立、偏见与歧视,对这些人群的口头辱骂、恶意中伤、暴力对待时常见诸报端",更有甚者,部分西方主流媒体逢中必反,视中国政府的巨大努力、巨大牺牲和巨大成就而不见,歪曲事实,并以

---

① 习近平:《在统筹推进新冠肺炎疫情防控和经济社会发展工作部署会议上的讲话》,载《人民日报》,2020 年 2 月 24 日,第 2 版。
② 《以高质量"中国制造"助力全球抗疫》,载《光明日报》,2020 年 4 月 6 日,第 2 版。
③ 《多国积极努力应对供应链危机》,载《人民日报》,2020 年 3 月 23 日,第 16 版。

"'剥夺民众自由''侵犯国民人权'的标签在国际上污名化中国政府。西方媒体这种刻板性的报道,既体现了其一以贯之的意识形态斗争策略,同时也体现了其固有的种族主义视角"[①]。与此形成鲜明对比的是,中国牢固树立人类命运共同体理念,坚持国际主义精神,全力援助世界人民战"疫"。早在2020年1月3日,中国已开始定期向世界卫生组织以及包括美国在内的有关国家和地区通报疫情信息[②];1月12日,中国"向世界卫生组织提交新型冠状病毒基因组序列信息,在全球流感共享数据库(GISAID)发布,全球共享";1月23日,中国采取关闭离汉通道、全国暂停进入武汉道路水路客运班线发班等空前全面、彻底和严格的措施[③],为全球战"疫"争取了至少一个月的宝贵时间,"截至1月20日,已经累计分享信息15次。中国与世界卫生组织保持密切沟通,第一时间向世界卫生组织分享新型冠状病毒全基因序列,组织中方专家与世卫组织专家深入开展交流。目前已召开了4次专家沟通会,邀请世卫组织专家赴湖北武汉实地考察和访问"[④]。随着新冠肺炎疫情在世界蔓延,尤其是欧美疫情的迅速恶化,中国"第一时间向全球分享病毒全基因序列信息;与全球180个国家、10多个国际和地区组织分享疫情防控和诊疗方案;向世卫组织提供2000万美元捐款;同100多个国家和国际组织举行专家视频会议;向120个国家和4个国际组织提供口罩、防护服、核酸检测试剂、呼吸机等物资援助,向伊朗、伊拉克、意大利、塞尔维亚、柬埔寨、巴基斯坦、委内瑞拉、老挝等国派遣医疗专家组"[⑤],从而有力地支援了世界人民战"疫",成为全球战"疫"事实上的领导者和主力军,为世界人民战"疫"的最终胜利带来了希望。尤为难能可贵的是,在美国高层持续妖魔化、污名化中国以及"甩锅"中国,支持"台独""港独",派军舰飞机擅闯中国领海领空等情况下,中国仍然为了美国人民的生命安全,发扬国

---

① 郝亚明:《种族歧视与仇外主义严重阻碍全球疫情防控》,载《光明日报》2020年4月3日,第2版。
② 参见《中国发布新冠肺炎疫情信息、推进疫情防控国际合作纪事》,载《人民日报》,2020年4月7日,第5版。
③ 《中国发布新冠肺炎疫情信息、推进疫情防控国际合作纪事》,载《人民日报》,2020年4月7日,第5版。
④ 《我国加大新型冠状病毒感染的肺炎疫情防控力度 坚决遏制疫情蔓延》,载《人民日报》,2020年1月23日,第4版。
⑤ 《书写共建人类命运共同体的战"疫"篇章——记习近平主席推动新冠肺炎疫情防控国际合作》,载《人民日报》海外版,2020年4月6日,第1版。

际主义精神,向美国援助战"疫"物资。

  中国援助世界战"疫"彰显了中国制度模式的巨大优势。在应对新冠肺炎疫情方面,中国制度、中国模式、中国道路、中国方案不仅得到广大人民群众衷心拥护,也获得国际社会的认可。新冠肺炎疫情发生以来,在党中央集中统一领导下,各级党委、政府及有关部门采取切实有效措施,坚决遏制疫情蔓延势头;广大医务人员无私奉献、英勇奋战,"全国支援湖北的医疗力量已达4.2万人,其中护士有2.86万人,占医疗队总数的68%"[1];广大人民群众众志成城、万众一心,打响了疫情防控的人民战争,取得疫情防控阻击战阶段性胜利,"以武汉为主战场的全国本土疫情传播已基本阻断,疫情防控取得阶段性重要成效"[2]。中国防控国内疫情的成功,为全球战"疫"争取了宝贵时间、积累了丰富经验,同时,中国与世界卫生组织及有关国家和地区保持着密切沟通,实时分享数据信息、抗疫经验等,积极援助意大利、英国、德国、法国、塞尔维亚等国家和地区,彰显负责任大国良好形象,承担起救助世界的重任。中国面对重大危机的强大动员能力、保障能力、建设能力、综合实力令世界赞叹不已。美国在抗击新冠肺炎疫情中的表现不仅让世界人民失望,也让其西方盟友失望,美国在全球战"疫"中既没有起到"世界领导者"的作用,也没有发挥"西方盟主"的作用。美国在疫情初期的傲慢,在疫情蔓延后的"甩锅",在疫情严重时的"瘫痪",极大地损害了自身形象。"《纽约时报》指出,美国政府对疫情反应迟钝,持续受到严厉批评。不仅在病毒测试方面远落后于其他国家,医院在应对重症患者数量激增方面也没有做好准备。但美国政府不愿面对自己的失败,不是纠正自己的错误,反而通过煽动对外国威胁的恐惧,以掩盖其应对疫情工作的灾难性失败。"[3]更为严重的是,美国缺乏领导全球战"疫"的顶层设计、政策措施、有效路径,也缺乏援助世界包括其盟友的对策、物资、人员、资金等。实际上,由于对自身疫情缺乏清晰判断,再加上体制紊乱、制度缺失、党争不断、政策乏力、物资缺乏,美国自救不暇,本身已经成为全球疫情中心,无力承担拯救世界的重任,"伴随疫情加速蔓延,美国多地出现了医疗资源不足、联邦政府

---

[1]《2.86万名护士支援湖北(国务院联防联控机制发布会)》,载《人民日报》,2020年3月1日,第2版。
[2]《全国本土疫情传播已基本阻断》,载《人民日报》,2020年4月1日,第3版。
[3]《国际主流媒体反对借疫情污名化中国》,载《人民日报》,2020年3月25日,第3版。

支持不力等问题,引发了媒体的普遍质疑。"[①]其次,欧盟在此次战"疫"中的表现也让各成员国非常失望,不仅缺少步调一致的强力领导、统一协调、互助措施,而且各成员国之间画地为牢、截留物资的不团结做法也让人印象深刻。

四、构建中华文化世界体系的实现路径

在近代科技革命和工业革命的支撑下,"上帝死了",西方文化先后经历了文艺复兴、宗教改革、启蒙运动等重大事件和变革,创造了资产阶级自由、平等、民主、博爱、人权、法治等核心价值观和价值体系,实现了世界文化的创造性发展,至今仍在世界文化格局中占据强势地位,"我很想把以下情况告诉美国舆论界:资本主义和封建主义相比,是在'自由'、'平等'、'民主'、'文明'的道路上向前迈进了具有世界历史意义的一步。"[②]然而,自2020年新冠肺炎疫情蔓延以来,西方文化在全球战"疫"实践中的失败、失灵,迫使世界寻找新的文化支撑和精神指引,引领世界走出危机。面对百年变局和世纪疫情,我们迫切需要构建中华文化的世界体系,一方面为世界提供中国精神、中国方案、中国指引;另一方面推动世界文明交流互鉴,让世界更加了解中国,共同推动国际体系、国际格局、国际秩序、全球治理深刻变革。

构建中华文化新天下体系。党的十八大以来,习近平总书记对中华优秀传统文化作出了一系列重要论述,推动中华优秀传统文化创造性转化、创新性发展,提升中华文化国际传播力。2013年8月19日,习近平总书记在全国宣传思想工作会议上指出:"在全面对外开放的条件下做宣传思想工作,一项重要任务是引导人们更加全面客观地认识当代中国、看待外部世界。宣传阐释中国特色,要讲清楚每个国家和民族的历史传统、文化积淀、基本国情不同,其发展道路必然有着自己的特色;讲清楚中华文化积淀着中华民族最深沉的精神追求,是中华民族生生不息、发展壮大的丰厚滋养;讲清楚中华优秀传统文化是中华民族的突出优势,是我们最深厚的文化软实力;讲清楚中国特色社会主义植根于中华文化沃土、反映中国人民意愿、适应中国和时代发展进步要

[①]《美国新冠肺炎疫情日益恶化》,载《人民日报》,2020年3月27日,第16版。
[②]列宁:《答美国记者问》,《列宁专题文集 论资本主义》,北京:人民出版社2009年版,第248页。

求,有着深厚历史渊源和广泛现实基础。"①从那时起,中国特色社会主义文化建设大力推进,中华文化进入了生机勃勃的发展局面。在战"疫"中,中国人民向世界展示了中华优秀传统文化的力量:天下兴亡,匹夫有责;万众一心,集体优先;以人为本,天下为公;以德报怨,世界大同等,从而铸就了伟大的抗"疫"精神。当前,要着力构建中国特色哲学社会科学学科体系、学术体系、话语体系,推动中华传统文化的天下体系创造性转化、创新性发展,重点面向东亚国家和地区,构建中华文化新天下体系,"深入研究儒学在日本、韩国、新加坡等东亚儒家文化圈国家和地区的传播发展和转化应用,深化东亚儒家文化圈儒学交流与合作,批判借鉴东亚价值观的基本精神、价值标准、伦理判断和思维方式,共同推动儒家文化创造性转化、创新性发展。充分发挥儒家文明对现代国民精神铸造、现代社会文明构筑、现代经济社会治理的积极作用、深刻影响和重要作用。"②

构建中华文化新自由体系。当前,新冠肺炎疫情猛烈冲击着西方核心价值观和价值体系的根基。近代欧洲资产阶级在反对封建主的资产阶级革命中创造的自由、平等、民主、人权等核心价值观和价值体系,受制于资本主义生产力和生产关系,是不彻底的、片面的和形式上的。在全球战"疫"中,西方世界连形式上的自由、平等、民主、人权也无法做到。西方世界面对中国战"疫"成就和经验的傲慢与偏见,对深陷疫情深渊盟友的袖手旁观、不顾不问,对世界其他国家战"疫"援助的缺席和漠视,对普通民众人权和生命的忽视、歧视与不尊重等,比新冠肺炎疫情本身对世界的冲击还要强烈,颠覆了西方世界长期以来自我标榜的自由、平等、民主、人权卫士的形象,直接在世界人民面前戳穿了其价值领袖的虚伪面目。中华文化是马克思、恩格斯关于真正的全面的自由、平等、民主、人权学说的忠实继承者和发展者,2015年9月28日,习近平总书记在第七十届联合国大会一般性辩论时的讲话中指出,"'大道之行也,天下为公。'和平、发展、公平、正义、民主、自由,是全人类的共同价值,也是联合国的崇高目标。目标远未

---

① 习近平:《把宣传思想工作做得更好》(2013年8月19日),《习近平谈治国理政》(第一卷),第155—156页。
② 隋云鹏:《山东文化现代化总体布局与实现路径研究》,载《人文天下》2019年第22期,2019年11月,第46页。

完成,我们仍须努力"①。我们应重点面向欧美国家和地区,构建中华文化新自由体系,为世界捍卫、发展真正的全面的自由、平等、民主、人权。

构建中华文化新国际主义体系。重点面向社会主义国家、国际共产主义运动和世界劳动人民,构建中华文化新国际主义体系。国际主义是国际共产主义运动的产物。从马克思、恩格斯在《共产党宣言》中号召"全世界无产者,联合起来"开始,国际共产主义运动始终在坚持国际主义精神。马克思、恩格斯在坚持国际主义精神上为我们树立了光辉典范,"马克思在1864年创立了'国际工人协会',并在整整十年内领导了这个协会。恩格斯也积极地参加了该会的工作。'国际工人协会'依照马克思的意思联合全世界的无产者,它的活动对工人运动的发展起了巨大作用。就是在70年代'国际工人协会'解散后,马克思和恩格斯所起的团结的作用也没有停止。相反,他们作为工人运动精神领导者所起的作用,可以说是不断增长的,因为工人运动本身也在不断发展。马克思逝世以后,恩格斯一个人继续担任欧洲社会党人的顾问和领导者。无论是受政府迫害但力量仍然不断迅速增长的德国社会党人,或者是落后国家内那些还需仔细考虑斟酌其初步行动的社会党人,如西班牙、罗马尼亚和俄国的社会党人,都同样向恩格斯征求意见,请求指示。他们都从年老恩格斯的知识和经验的丰富宝库中得到教益"②。当前,构建中华文化新国际主义体系有着非常重要的现实意义,中国应团结世界大多数国家积极推动包括世界文化体系在内的世界体系变革,维护世界劳动人民的基本权益和公平正义,构建更加公平合理的国际新秩序,"面对国际形势的深刻变化和世界各国同舟共济的客观要求,各国应该共同推动建立以合作共赢为核心的新型国际关系,各国人民应该一起来维护世界和平、促进共同发展。我们主张,各国和各国人民应该共同享受尊严。要坚持国家不分大小、强弱、贫富一律平等,……世界长期发展不可能建立在一批国家越来越富裕而另一批国家却长期贫穷落后的基础之上"③。

---

① 习近平:《携手构建合作共赢新伙伴,同心打造人类命运共同体》(2015年9月28日),《习近平谈治国理政》(第二卷),第522页。
② 列宁:《弗里得里希·恩格斯》,《列宁专题文集 论马克思主义》,北京:人民出版社2009年版,第59页。
③ 习近平:《顺应时代前进潮流,促进世界和平发展》,(2013年3月23日),《习近平谈治国理政》(第一卷),第273页。

齐文化法治思想精要及其现代性转化研究

王玲

一、前言

我国古代法制蕴含着十分丰富的智慧和资源,形成了世界法制史上独树一帜的中华法系,积淀了深厚的法律文化。全面推进依法治国需要对优秀传统法律文化进行传承与创新。齐文化是华夏文明的一个重要源头,是中国优秀的传统地域文化,其内涵丰厚、博大精深,特别是其法治思维和治国方略至今仍具有广泛的借鉴意义。齐文化法治思想以务实尚法、礼法并重为治国理念,对法的特性、作用、立法原则等均有较为详细的论述,其法治思想在当代社会建设中持续发挥着积极作用,为新时代治国理政提供了可资借鉴的经验。深入挖掘齐文化中的法治思想,并在批判继承的基础上进行现代性转化,为当代所用,可使齐文化法治思维中的优秀成分真正得以弘扬和发展,有助于促进新时代法治建设。

二、齐文化法治思想产生的文化背景分析

齐国文化是综合性的文化,或曰海洋文化。齐文化从姜太公封齐并且建立政权开始,历经八百余年发展历程,形成了包容开放、变革务实的核心精神。其中,在齐文化的代表作《管子》中提出的法治思想为齐国的改革、强盛奠定了基础,也为今天法治中国的建设提供借鉴。在讨论齐文化法治思想之前,我们需要对齐文化法治思想产生的历史文化背景有一个准确的认识。H.W.埃尔曼在《比较法律文化》中指出进行法律文化研究的重要性:"单个文化的法律会将它据以制定的伦理学理论视为当然。但是当我们观察包含着不同伦理观并运用那种可以产生不同法律后果的信条的其他法律文化的时候,我们便可以

分辨不同社会中伦理规则、法律规范以及社会控制的其他技术手段所处的位置。在一个社会里被认为'本质上'乃是法律的一些问题,在其他地方却可以有不同的归类和处理方式。"[1]齐法家法律思想是在齐文化这一明显地域特色的文化土壤上形成和发展的。[2] 从这句话中,我们也可以看出,要想真正了解齐文化法治思想,首先要了解其背后的历史文化背景。

齐国早期的尚功重法思想为齐文化法治思想的产生提供了可能。姜太公在建国之初就提出"尊贤尚功",即不论个人出身,只要有才、有功,就可以得到尊重和任用。管仲制订了"三选法","三选"制是中国历史上从人才世袭走向选拔的一个进步。可见,姜太公和管仲都非常重视对贤能之人的任用。同时,齐国"尊贤尚功"的推行在无形中也促进了"法治"的萌生与发展。齐国文化具有悠久的历史文化渊源。其中最重要的是东夷民族的勇敢善战和重视法律的传统。[3] 从姜齐时代起,姜太公就强调法在治国理政中的重要作用,认为社会实现有序治理的关键在于有成式的规则并有效运行。这种最初的尚法思想在《六韬逸文》中有所体现:"贵法令之必行,必行则治道通,通则民大利,大利则君德彰矣!"作为齐国之相的管仲也非常重视法治,他首次提出"以法治国"思想,树立了"法度"在社会治理中的权威形象,然后依靠法的严肃性与威慑力,严以治吏,以法理政,终于实现了齐国的强盛。可见,齐国强盛的基础和前提是统治者对人才的重视和对法的坚持,齐文化法治思想就是在这样的文化背景下逐渐产生与发展起来的。

三、齐文化法治思想的发展历程及特征

(一)齐文化法治思想的发展历程

"依法治国"思想在我国历史上有着深远的渊源。公元前5世纪左右,管仲最早提出"以法治国"的思想,姜太公是最早将法治思想运用到治国中的实践者。由此可以看出齐文化中法治思想的起源应该是从姜太公开始的。此后其发展大体经历了以下四个阶段。

---

[1] [美]H.W.埃尔曼:《比较法律文化》,贺卫方、高鸿钧译,北京:生活·读书·新知三联书店1990年版,第24—25页。
[2] 参见李璞:《齐法家法律思想研究》,山东大学硕士论文,2007年。
[3] 参见武树臣:《中国法律思想史》,北京:法律出版社2017年版,第153页。

1. 以礼治国，礼刑结合而重刑

齐建国的初期，姜太公注重以礼治国，礼刑结合而重刑。姜太公封齐时，尊奉的是周礼，但他从实际出发，对周礼进行了大胆改革，将礼和刑相结合，提出"因俗简礼""礼法结合"的方针；坚持"以法治军"，严明军法，严肃军纪。此外，姜太公还提出了"为国之大失者，为上作事不法"和"败法乱刑，亡国之时"的独到见解；形成了"赏以存劝，罚以示惩"，"罚在于使人无罪"等刑赏观点。姜太公建齐治齐，坚持西周"以礼治国"传统，并勇于改革探索，成为齐文化法治思想重要奠基人，对后世产生了深远的影响。

2. 礼法并用，重视法治

春秋早期阶段，齐桓公和管仲主张礼法并用，提倡以礼为主的同时重视法治。他们在坚持"礼治"的前提下，进行了一系列改革。齐桓公主持的"葵丘之会"所订立的带有"国际条约"性质的"五禁"，就可以体现出其"礼法并用"、重视法治的思想。根据《管子·明法》记载，管仲提出"威不两错，政不二门。以法治国，则举错而已"的主张，从中可以看出管仲对法治的重视。此外，《管子·牧民》将礼、义、廉、耻称为国之"四维"，认为"四维张则君令行"、"四维不张，国乃灭亡"，强调道德教化对教育百姓、使人向善的重要作用。从以上这些理念中可以看出，齐桓公和管仲的法治思想核心为坚持礼法并用的同时重视法治。

3. 礼治为主，饰法与修礼相结合

作为重要的法治思想代表人物，晏婴对礼法也提出了改革设想，提倡饰法与修礼相结合。据《晏子春秋·谏上第二》记载，其倡导"饰法修礼，以治国政"。在"修礼"方面，他提出"民高于礼""社稷高于礼"，强调重民爱民，反对烦琐礼仪，否则就会导致"民诛""民叛"。在"饰法"方面，晏婴提出"修法治，广政教"，即重新制法修令，扩大政治与教化，做到国有常法，民有法纪。晏婴继承和弘扬了管仲的"以法治国"思想，同时强调礼治的重要性，提倡礼法并举，对齐文化法治思想的完善和发展作出了重要贡献。

4. 以法治国，但不废弃礼义

到了战国时期，田齐法家继承了管仲的法治思想，坚持礼法并用、以法为主，继续实行"以法治国"的方针。齐威王任用邹忌为相，积极进行变法改革。

齐宣王继位后,继承和巩固齐威王和邹忌的变法成果,继续坚持"以法治国"。战国末年,齐湣王败法乱刑,不修礼义,不举义法,导致民怨国衰,以致国破身亡。从这一时期齐国法治实践看,法治对于一个国家的强盛甚至存续是具有重要意义的。

综上所述,从整个齐文化法治思想的发展来看,"以法治国"的思想是始终都存在的。在其法治思想的发展过程中,既有丰富的实践基础,又有系统的理论总结,形成了一整套较为完整的法治思想体系,这对古代法律思想以及现代法治思想产生的影响是不言而喻的。

(二)齐文化法治思想的特征

1.具有普遍规范属性

由于法是衡量人们行为合法与否的重要标准,也是维护社会秩序的重要工具,所以保障法的普遍规范性是非常重要的。齐文化法治思想的规范性特征比较突出,因为从其法治思想的特征来看,法律规范并不是单一针对民众,对于王公贵族以及君主也同样有约束力。如《七臣七主》当中所言,"夫矩不正,不可以求方;绳不信,不可以求直。法令者,君臣之所共立也。"即法律具有普遍约束性,法律调整的对象并非特定的某一类人,而是国家中的每个人。所以,齐法思想具有普遍规范属性的原因在于,其法律规范是普遍适用的,在法律面前没有人是特殊的,每个人不论身份高低贵贱都需要遵守法律。这种将君权也限制在法律规定的范围之内的普遍规范性特征,无疑是一种思想领域的创新。

2.具有以法治国属性

纵观齐国历史,贯穿于齐文化法治思想体系始终的一个思想为"以法治国",这是齐文化法治思想的核心。姜太公建国之初,就实行以法治国的方针。齐桓公时期,管仲明确提出"以法治国"的法治思想。可见,当时齐法家已认识到治国的根本在于法,认为治理国家就是要使一切归之于公正,而公正的标准便是法。《管子·明法解》中讲"法者,天下之程式也,万事之仪表也。"《管子·明法》也指出:"威不两错,政不二门。以法治国,则举错而已。"以管仲为代表的齐文化法治思想认为,只有以法治国才能保证国家的富强和安定,强调法是"国之重器"。若想真正达到"令则行,禁则止,宪之所及,俗之所被,如百体之从心"的政策效果,必须以法律制度作为治理国家的基本准则。由此可见,齐国对法治的重视程度已提高到治国的高度。

3.具有以人为本属性

齐法家强调顺应民心,注重民本思想的运用。以人为本思想据史料记载是由管仲提出的,其提出了"君臣上下贵贱皆从法"的宝贵思想,即法律面前人人平等[1],强调作为价值主体的人在法律中的平等性。管子从人性恶层面对法律建设进行思考,他认为通过分析人的本性来制定法律,有利于引导民众去服从法律。《管子·牧民》说:"政之所兴,在顺民心;政之所废,在逆民心",从令顺民心思想出发,管仲清楚地阐明了人民的存在意义和价值。只有做到爱民、富民,百姓才能安居乐业,君主的法令才能得到贯彻推行。所以,法律的制定应该顺应民心,只有做到切实考虑民之所需,百姓才会更好地服从,国家才能实现长治久安。

4.具有德法结合属性

齐文化法治思想既重视法治,也注重对民众的道德教化,主张法治与德治并重。根据《管子·牧民》记载:"刑罚不足以畏其意,杀戮不足以服其心。"管仲虽然强调以法治国,但同时又认为,治国仅靠法治难以保证长治久安。所以其倡导礼治与法治并举。此外,《管子》认为,法治与德教具有互补性。法律虽然是维护社会稳定的重要工具,但是它不可能对社会生活中的所有行为都进行规范,此时道德便可以弥补法在调整社会关系方面的不足。由此可以看出,法治与德治都很重要,二者相辅相成,缺一不可。在法治的基础上,将德治作为治理国家和社会的必要手段,不仅能有效地推行国家政令,更能合理规范社会关系,维护社会稳定。齐文化德法结合的法治思想,为齐国社会秩序的稳定起到了重要作用。与当时各诸侯国崇尚礼治相比,崇尚礼法并用的齐国已走在时代前列。

---

[1] 参见张要登:《论管仲的法治思想》,载《管子学刊》2004年第4期,第28页。

四、齐文化法治思想的现代性转化

（一）齐文化法治思想现代性转化的基本原则

1. 以习近平法治思想为指导原则

习近平法治思想，是顺应实现中华民族伟大复兴时代要求产生的重大理论创新成果，是马克思主义法治理论中国化最新成果。习近平法治思想内涵丰富、系统完备。作为社会主义各项事业改革创新的时代产物，习近平法治思想所体现的改革创新的时代精神，为正确处理法治与创新的关系提供了根本遵循。在今天，齐文化法治思想的现代性转化和创新性发展更应该坚持以习近平法治思想为指导，在坚守法治底线的前提下，我们应深入挖掘齐文化法治思想中的优秀成分，实现齐文化优秀法治思想的现代性转化，从而最大限度传承好和发展好中国优秀传统法律文化，使中国优秀传统法律文化在新时代迸发出新的生命力与活力，为我国的社会主义法治建设提供有益借鉴。

2. 马克思主义指导原则

齐文化法治思想的现代性转化，必须坚持以马克思主义为指导。习近平总书记在谈到中华传统美德的创造性转化与创新性发展时强调要坚持马克思主义的道德观，党的十九大报告也指出马克思主义在发展中国特色社会主义文化过程中的指导地位。在对齐文化法治思想进行现代性转化的过程中，哪些内容是现代法治需要吸取的精华，哪些内容是必须剔除的糟粕，需要有正确的思想作为指导。马克思主义是中国共产党的指导思想，也是中国特色社会主义理论的指导思想，在面对齐文化法治思想的现代性转化这一问题时，坚持以马克思主义为指导，才能使齐文化法治思想中的优秀成分在现代法治建设过程中体现价值、发扬风采。

3. 批判性继承原则

对齐文化法治思想进行现代性转化不是一味地盲目继承，而是要进行批判性继承，在批判继承的过程中，需要以马克思主义为指导去挖掘齐文化法治思想中的优秀成分，为当代发展所用。但是，除了吸收齐文化法治思想中的优秀成分，还要对其内容进行鉴别和扬弃，我们必须看到因当时的历史局限其所产生的不合理内容，并对其中的不合理成分予以摒弃，从而实现对齐文化法治思想的转化与超越。对齐文化法治思想的批判性继承,有助于化解齐文化法治思想与现代社会之间存在的矛盾,使其更加符合现代社会发展需求,以促进社会主义法治的发展。

(二)齐文化法治思想的现代性转化
1.从以民为本向以人民为中心的转变

齐文化法治思想十分重视以民为本,管仲提出"令顺民心"法治思想。《管子·牧民》载:"政之所兴,在顺民心;政之所废,在逆民心"。即国家下达的政令符合民情才会容易推行。基于这样的思想认识,管仲在齐所实施的法治措施,都带有浓厚的民本思想。法是社会治理的主要方式之一,法的施行离不开民众的遵守和拥护,因此,法的确立必须切实考虑民众之所需。根据《管子·任法》记载:"夫法者,上之所以一民使下也。"《形势解》也指出:"人主之所以令则行禁则止者,必令于民之所好而禁于民之所恶也。"同样强调只有顺乎民心的法令,才能得到民众的拥护。法的制定必须合乎人的趋利避害之本性,才能使民众愿意接受法律,才能使法的执行力得到保障。可以说,"令顺民心"思想积极地影响了"以人为本"思想的产生和发展,"以人为本"思想是"令顺民心"思想的现代性转化之具体体现。

《管子·霸言》中认为:"夫争天下者,必先争人。明大数者得人,审小计者失人。"由此可见,民众的拥护与支持是政治得失的关键所在,所以要想实现国家强盛必须重视民众、赢得民心。民心是最大的政治,坚持"以人民为中心"的理念是习近平总书记的重要论述。习近平法治思想深刻论述了全面依法治国最广泛、最深厚的基础是人民。[1] 在习近平总书记看来,法治建设必须坚持以民为本的法治价值理念,努力使人民群众感受到法治的公平正义。2020年5月28日我国颁布了《中华人民共和国民法典》,这是中国历史上首部系统的民法典,该《民法典》是属于人民的民法典,是在汲取中华民族五千多年优秀法律文化、借鉴人类法律文明成果的基础上形成的民法典。而民法典中的人格权独立成编是一个重要创新点,可谓是令顺民心,很好地体现了以人为本的思想。在《民法典》中,还有很多内容也体现出以人为本思想。例如,《民法典》中明确提出了保护胎儿的权益,这就体现出了立法者从社会实际出发去满足民

---

[1] 参见《习近平法治思想概论》,北京:高等教育出版社2021年版,第94页。

众需求。人民权益靠法律保障,法律权威靠人民维护。全面依法治国必须紧紧依靠人民。[①] 在今天的法治建设进程中,我们要积极借鉴齐文化中有关民本思想的内容,并且在结合当前社会发展实际的基础之上去制定法律,以使我国法律更好地服务人民,更好地保障人民群众各项权利,不断增强人民群众获得感、幸福感、安全感,从而真正做到"令顺民心"。

2.以法治国向依法治国的转变

在先秦法家中,"以法治国"的口号是管子最先明确提出的。管子对什么是"法"、"法治",为什么要在治国理政中坚持"法治"和如何实现"法治"等进行了全面系统的论述。[②]《管子·明法》记载:"威不两错,政不二门。以法治国,则举错而已。"《管子·明法解》也指出:"法者,天下之程式也,万事之仪表也。"从这些史料记载中可以看出管仲主张以法治国,强调法存在的重要意义在于治国。管仲提出以法治国概念以后,实现了从人治到法治的转变,法治的推行,使得齐国社会稳定、国力强盛。这提示我们在法治建设的过程中必须维护法律的权威,让法律成为规矩,成为约束社会行为的准则,从而真正做到以法理政,以法治国。《管子》不仅为当时的统治阶级提供了管理人民与国家的先进法律思想,对当今建设中国特色社会主义法治国家也有着借鉴意义。

现代社会中的依法治国,就是广大人民群众在党的领导下,依照宪法和法律规定,通过各种途径和形式管理各项事务,保证国家各项工作都依法进行。齐文化"以法治国"思想对于当今的"依法治国"有着多方面的借鉴意义。首先,其立法思想中的"法令之合于民心,如符节之相得也"对今天的借鉴意义可以体现为,立法者为维护社会的稳定发展需要制定顺应民心的法律,立法要立足国情、遵循客观规律。其次,其执法思想中的"令则行,禁则止"对今天的借鉴意义可以体现为,执法者应坚持严格执法,必须依据法律的适用范围与适用条件来执行法律,这样才会使法律发挥其本来的作用,维护社会的稳定;同时,为了确保法律得以正确的实施还应该坚持司法公开。再次,其司法思想中的"法断名决,无诽誉"在今天即体现为司法的过程必须公开公正,并接受社会的监督,这样才会使法律的适用得以在阳光下运行。立法、执法、司法公正高效

---

① 参见《习近平法治思想概论》,第101页。
② 参见严存生:《〈管子〉的"法治"思想评析》,载《社会科学动态》2019年第9期,第19页。

权威才能真正发挥好法治在国家治理中的效能。从以上三方面可以看出,"以法治国"思想对新时代法治建设来说具有重要的当代价值。

全面依法治国是国家治理的一场深刻革命。[①] 在全面依法治国是坚持和发展中国特色社会主义的本质要求、是实现国家治理体系和治理能力现代化的必然要求的今天,我们应该从中国的实际国情出发,对齐文化的以法治国思想在经过科学的分析并加以改造之后,为制定适合中国的法律,创建具有中国特色的法治思想提供帮助。社会主义法律体系的建立与完善、社会的和谐稳定、国家的长治久安,都离不开中国法治的建设,而中国法治的建设与完善是从依法治国开始的。

3.礼法并重向依法治国和以德治国相结合的转变

齐法家所代表的管仲学派的法律思想,较之以商鞅、韩非为代表的"晋法家"的法律思想,其最大的不同就是齐法家提倡礼法并重。在管仲看来,"礼"是治国理政的基础,影响着王权兴衰。"法"是规范百姓的准则,维系着国泰民安。《任法》中说:"群臣不用礼仪教训,则不祥,百官服事者离法治,则不祥。"法虽然是处理问题的有力手段,但法不是万能的,不可能解决所有问题。以礼治国的思想,不仅可以弥补法的缺陷与不足,还可以促进法的实施。二者相辅相成,相得益彰。管仲在齐国任宰相的过程中,不仅推崇礼仪的教化作用,还重视法治的规范作用,其礼法兼容的治国思想,为后世的治国理政提供了理论基础和参考价值。

德法共治这一思想在当前社会发展中依然发挥着积极作用,并通过依法治国与以德治国相结合的形式表现出来。党的十八大以来,以习近平同志为核心的党中央将全面依法治国纳入"四个全面"战略布局,同时,进一步提出将依法治国和以德治国相结合,开辟了治国理政的新篇章。"法治"是他律之治,是通过约束人们的行为而实现治人;而"德治"则是自律之治,是通过约束人们的思想意识来达到约束人们行为的目的。建设现代法治必须处理好道德和法律的关系,既要强调法律的规范功能,又要注重道德的教化作用。道德与法律作为治国之两翼,相辅相成,缺一不可。

历史经验证明,治国理政既不能完全寄托于君主的道德教化和民众的道

---

① 参见《习近平法治思想概论》,第 143 页。

德自觉,也不能仅仅依靠刑罚的力量。就如习近平总书记说的那样:"治理国家、治理社会必须一手抓法治、一手抓德治,既重视发挥法律的规范作用,又重视发挥道德的教化作用,实现法律和道德相辅相成、法治和德治相得益彰。"治理国家需要同时发挥道德与法律的作用,道德可以弥补法律在调整范围方面的不足,道德的践行,也离不开法律给予的强有力保障。依法治国同以德治国相结合,既是对德法共治思想的继承,又是治国理政的新发展。

4.令必先出向有法可依、有法必依的转变

齐文化法治思想之中,以法治国是一个重要观点。以法治国,主要是指让老百姓可以知道法律、遵守法律,而让老百姓知道法律并且遵守法律的前提是先立法,做到法律先行。正如《管子·立政》记载:"凡将举事,令必先出。曰:事将为,其赏罚之数,必先明之。"立法之后,法律应当尽可能布告天下,使老百姓能够知晓。只有这样,才能够有效推行国家法律,使齐国有法可依。"令必先出"不仅使得齐国有法可依,还使得齐国实现有法必依。正如《版法》指出:"正法直度,罪杀不赦,杀僇必信,民畏而惧。"法律公正,制度明确;杀有罪,不宽赦;执行杀戮一定说到做到。严格依照法律规定办事才能起到威慑犯罪的作用,从而维护社会秩序。

"小智治事,中智治人,大智立法。"齐文化"令必先出"思想视立法为治国之要务、理政之圭臬,强调立法在法治体系中的先导作用。因此,实施依法治国系统工程的首要环节就是要完善我国的法律体系,只有建立起完善的法律体系,才能做到有法可依。随着社会经济的发展,新的社会现象和矛盾层出不穷,但是却因为没有明确的法律依据而得不到解决。例如:对于高空抛物致人损害事件到底由谁负责,未成年人在互联网直播中打赏主播的行为应该怎样界定等。《民法典》颁布之后,这些问题得到了解决,体现了立法者对现实中民众需求的回应。《民法典》对这些现象作出了明确的法律规定,使民众可以遵循法律办事,真正做到有法可依。

法律的生命在于实施,法律的权威也在于实施。如果执法者不遵守法律的规定违法裁判、执法,人民的权益将无法得到保障。"各级审判机关、检察机关要深化司法体制综合配套改革,坚持和完善中国特色社会主义司法制度,保

证依法独立公正行使审判权、检察权,不断提高司法公信力。"[1]因此,我们的司法机关尤其是审判机关,要进一步强化依法办事的意识,坚持依法独立行使审判权。同时,国家机关及其工作人员,尤其是行政执法人员,要严格公正执法,自觉接受法律的监督。一切审判、执行工作都必须依法进行,做到实体公正与程序公正并重,法律效果与社会效果兼顾。在全面推进依法治国的今天,首要任务是建立一个完备的法律体系,同时国家执法人员必须在法律规定的范围内行使权力,把权力关进制度的笼子里,这样才能真正实现有法可依、有法必依。

5.君臣上下贵贱皆从法向法律面前人人平等的转变

根据《管子·任法》记载:"君臣上下贵贱皆从法,此谓为大治。"即举国上下不分贵贱,都遵守法纪,就会出现政治修明的安定局势。《七臣七主》也指出:"法断名决,无诽誉。"这些观念都体现出了齐文化法治思想中的平等意识。古齐国时代,"君在法上"思想得到推崇,君主拥有至高无上的权利。但是,以管仲为代表的齐法家却主张应先树立起法的权威和尊严,尔后君主的权威、尊严才能树立起来。其认为,无论是君主、大臣,还是普通民众,都必须遵循法律,依法行事。由此可见,齐法家的"尊君"实质上是"君尊",即君主的权威是建立在法制健全和君主带头守法的基础上。[2]将这一思想进行现代性转化即表现为我国当前所提倡的法律面前人人平等。

在推进社会主义法治建设的今天,习近平总书记也提出了法律面前人人平等的思想。党的十八大以来,习近平总书记在一系列讲话中强调要坚持法律面前人人平等,没有任何一个人拥有超越法律的特权。在现如今的法治建设过程之中,我们要求科学立法、严格执法、公正司法、全民守法,其本质都是为了保障社会公平正义的实现。今年施行的《民法典》中的第四条就明确规定了平等原则,主旨就是民事主体在从事民事活动中的法律地位是完全平等的。从这一规定可以看出,每个人在法律面前都是平等的,任何一个人都可以平等地参与民事活动,任何一个人在法律规定的范围内都享有同等的民事权益。

---

[1]《切实尊崇宪法,严格实施宪法》(2018年1月19日),习近平:《论坚持全面依法治国》,北京:中央文献出版社2020年版,第203页。
[2] 参见王仲修:《齐与秦晋法家思想之差异》,载《齐鲁学刊》2001年第11期,第70页。

"法律面前人人平等"思想,为个体地位的确立和法律威严的建立指明了方向,对依法治国战略目标的实现有重要的推动作用。"君臣上下贵贱皆从法",与"法律面前人人平等"思想,虽然在出发点上是不同的,但对我国现代法治建设,仍具有积极的借鉴意义。我们要坚持法律面前人人平等,平等是社会主义法律的基本属性。[①] 任何公民都享有宪法和法律规定的权利,同时也必须履行宪法和法律规定的义务。在推进新时代法治建设进程中,要坚持好这一原则,并努力去践行。

五、结语

鉴往知来。要治理好今天的中国,需要对我国历史和传统文化有深入了解。齐文化法治思想内容丰富,影响深远,是建设社会主义法治文化的重要思想资源,虽然其自身存在着一定的历史局限性,但是其中包含的以法治国、以人为本、执法必严、德法结合等思想对当代中国的法治建设有着重要的历史借鉴价值。在建设中国特色社会主义事业的今天,为了进一步推动依法治国,我们要理性辩证地吸收其优秀法治思想并进行现代性转化,为当代和现实服务,以推进法治建设、推进国家治理体系和治理能力现代化,使齐文化法治思想在当今社会展现出更积极的价值。

2022年3月,位于山东省淄博市临淄区齐都镇小徐村西的齐故城小城西门外建筑基址群,被专家认定为稷下学宫遗址,引起了广泛的瞩目。稷下学宫是中国历史上的思想宝库、学术殿堂和文化圣地,是中国传统文化的根脉之一,稷下学宫遗址的发掘,是一次里程碑式的考古发掘。对作为战国时期"百家争鸣"盛况的中心的稷下学宫的考古发掘,是山东这片人文沃土,以"走在前"标准,书写文化建设山东答卷的重要内容。以稷下学宫为代表的齐文化在这样的历史节点上必须有所作为。稷下学宫,这一"中国最早公立大学和智库",也必将穿越历史长河,为传统文化的创造性发展和创新性利用发挥重要作用。

---

① 参见《习近平法治思想概论》,第108页。

文化交融发展与人类共同价值

——以卡里·托克"一带一路"道德基础论为中心

杨朝明

（山东大学）

自 2015 年 3 月中国发布《推动共建丝绸之路经济带和 21 世纪海上丝绸之路的愿景与行动》以来，"一带一路"经济区开放，中国企业共对"一带一路"相关的几十个国家进行直接投资，承接"一带一路"相关国家服务外包项目，中欧班列陆续开行。据统计，截至 2022 年 5 月 27 日，中国已与 150 个国家、32 个国际组织签署 200 多份共建"一带一路"合作文件。可以说，世界关注和了解中国，"一带一路"是一个很好的标本。

美国学者卡里·托克（Khairy Tourk）教授所著《"一带一路"为什么能成功》（中国人民大学出版社，2022 年 1 月出版）以他自己的特有视角，对这一倡议全方位进行剖析，这是海外研究中国"一带一路"倡议的重要学术成果。卡里·托克多年来致力于研究中国，他从比较的视角分析了"一带一路"倡议的九大支柱，概括分析了"一带一路"倡议必然成功的逻辑，他的分析是理性的、冷静的、客观的。

之所以这样说，不仅仅是因为他论述了"一带一路"项目面临的风险与挑战，同时深刻剖析了自由主义国际秩序面临的困境，更为重要的是，他还提出了"一带一路"倡议是 21 世纪的中国为世界提供的全球经济公共产品这一崭新认识。卡里·托克的著作，读后令人感佩，可以说，他对于中国文化与道德的理解还是比较精准的，他是一个理解和读懂中国文化的人。卡里·托克著作的第十章是《儒家道德观》，有助于世界了解"一带一路"，理解中华文化。他的讨论，可以帮助人们从一个特别的视角来理解繁荣发展文化事业和文化产业,提高国家文化软实力的问题;理解如何"以讲好中国故事为着力点,创新推进国际传播,加强对外文化交流和多层次文明对话";深入认识中华文明的复兴如何推进与完善世界文明格局的演变与发展等问题。

一、卡里·托克的"儒家道德论"

卡里·托克书中谈"儒家道德观"的内容有两个方面:一是中国传统道德价值观;二是中西方法的差异。我们试从四个方面进行认识和介绍,以期通过他的讨论得到有益的启示。

第一,"一带一路"倡议提出的文化基础。

文化有不同的层级,深层的道德价值观念决定物质文化、制度文化。这一章中,卡里·托克教授首先谈他心目中中国"一带一路"倡议的道德支柱,这是从文化的深层来看"一带一路"。该书从不同的角度谈到了"一带一路"倡议的支柱,在他看来这样的支柱有九个方面:中国耐心的资本、具有竞争优势的高铁技术、基础设施的互联互通、工业化的扩展、全球化 3.0 版本、人民币的国际化、强力政府、娴熟的外交等等。最后他谈到了"一带一路"的道德支柱,实际上,我们认为,他这里所谈到的是"一带一路"倡议必将成功的根本原因,论证的是这一倡议成功的深层逻辑。

在他看来,作为一项国际倡议,"一带一路"远远超出了实体项目、贸易和投资的框架,这是基于道德的倡议。这一倡议的提出表明中国的经济利益与儒家价值思想相互作用,向参与国提供真诚的发展建议并投入大量资源提高其民众的生活水平。它本质上是一个将中国经济利益与儒家仁政思想联系起来的道德工程。

当然,中国的道德也充满了智慧,这是仁和智的统一。在卡里·托克看来,"一带一路"倡议体现的是中国的"大智慧",它可以保证中国的原材料供应,市场开拓和贸易机会。"一带一路"倡议,是历史的转折点,对于像南方国家等一些无助的弱者,不仅赋予他们一些国际地位与话语权,也将成为这些国家未来几十年增长的主要动力。作者指出,作为中国的领导人,习近平和他的愿景,不仅会带来经济增长,也有助于创造国家间的和谐。这是人类历史上第一次真正可以实现世界和平与繁荣的倡议。

第二，"一带一路"倡议的道德文化特征。

中国文化研究人性与人的价值，人性都是趋利避害的。所以中国文化谈人心和道心、人情和人义、天理和人欲，说到底就是义和利的关系。在古典经济学理论中，实现利润最大化是人类行为的驱动力。但中国传统价值观却建立在互惠互助的人际关系基础上。

儒学代表着东亚华人群体的道德精神，其中严格遵循纪律和规则是推动东亚各国发展的动力。"一带一路"倡议强调国家间的友好关系，以公平、共赢为己任，充分体现了中国传统道德价值观的诸多特点。他说，"一带一路"倡议提出者习近平本人就是一位有很强道德修养的人。

中国的利他主义是什么？就是认真承担起支持所有国家福祉的责任，中国也为自己是发展中国家的朋友而自豪，这种道德感、道德责任代表着国际关系中一个受欢迎的新变化。中国向弱国伸出援助之手，以仁义的行为，礼貌得体的方式处理大小国家间的关系。在"一带一路"倡议的愿景中，中国的耐心体现出这个国家的智慧。中国对以中国方案应对发展中国家面临的严重挑战充满信心。中国的信心来自5000年所形成的中华文化底蕴。

"一带一路"项目的本质特征，即英文单词的六"C"，这就是礼让、合作、协作、互联互通、沟通和协商。比如，礼让是一个有双重含义的英文单词，一方面它代表一个旨在实现共同利益的国家联盟，另一方面它代表了对他人的礼貌和体贴行为，这两个意思都能说明中国的主动性。"一带一路"项目强调成员国的共同利益，他指出，在这一倡议中，中国强调尊重每个成员国，决不称霸。

六"C"是支撑"一带一路"倡议的道德基础。可以说，这个倡议为和平与繁荣做好了准备，它反映了一个正在发展中的大国希望其他国家分享其发展成果的愿景。"一带一路"倡议正在为国际社会设立新的行为标准。"一带一路"是宣传中国文化的平台。中国所创立的新文明形态，其关键在于与中国优秀传统文化的深度结合。儒家崇尚和谐，中庸学说是其石，儒家思想是亚洲价值观的重要组成部分。除了强调和谐与稳定之外，亚洲价值观在提升群体地位、尊重家庭、尊敬老人等方面，和儒家思想有共同之处。东盟这样的亚洲组织能够处理好其内部差异以及与外部组织的分歧，其原因也在这里。

"一带一路"倡议包含文化平等包容性原则。有着不同价值观、文化和政治制度的国家能够相互合作,是受古老的丝绸之路价值观的启发。不同的文明和民族在平等的道路上,平等交流,相互学习,共同发展。中国人相信并尊重人民自己选择的人权发展道路。

第三,"一带一路"所遇阻力的文化根源。

卡里·托克看到的是对的,他认为,很多西方国家很难理解"一带一路"倡议的动机,那是因为西方国家对国际关系的感知是从法律角度出发的,而中国则是从道德角度思考。在漫长的历史中,中国与其他国家的交往是建立在中国的慷慨与大度的基础上的,因此得到其他国家的感激并达成互惠。中国通过"一带一路"倡议,投入大量资源来提高其他国家民众的生活水平,并提供宝贵的建议来帮助和指导其他国家实现更好的发展。

中西方法的差异是中国"一带一路"所遇阻力的根源。"一带一路"建设反映了中西思维方法的差异,西方思维方式认为世界是由威斯特伐利亚体系组成的,是依靠交换原则来维持运转的。非西方世界应该向西方靠拢,才能真正实现现代化。而中国思维方式以天下体系的观念来看待世界。认为各国应该通过共同发展来实现普遍和平和繁荣。习近平主席提出的"一带一路"倡议,重振了中国的古老思维方式,使之成为外交政策的支柱之一。天下体系强调人民利益、和谐公平。

在如何建立世界秩序和处理国家间关系的原则上,西方奉行交换原则,既强势方作出让步。只是为了从弱势方那里获得让步。弱国由于自己的弱势地位,不得不对富国作出让步。这种国家间关系交往原则不符合中国的价值观。中国儒家价值观特别重视爱与敬的培养,它要求仁爱,讲究和谐,坚持互惠互利原则,希望其他国家分享中国的成功。中国奇迹般的经济转型,使中国成为一座灯塔。通过与其他成员国的合作,中国提供了高质量的发展建议,并引导了这些国家的经济现代化。这一切都是以一种安静和谦逊的方式完成的,因为中国认为真正的实力是不需要在世界舞台上大张旗鼓来炫耀的。

第四,"一带一路"的战略需要努力展开。

在卡里·托克看来,"一带一路"坚持道德基础,有助于中国占据道德高地。也许现在是时候给中国方案一个解决世界问题的机会了。西方世界认为非西方国家应该向西方国家学习,无论他们过去代表宗教还是现在代表个人利益,西方国家都一直试图让别人适应自己的价值观。西方文明曾经取得过辉煌的成就,但其傲慢、好战以及残忍的特性,使在西方占主导地位的20世纪出现了有史以来最高的死亡人数,随着西方经济的衰落和西方文明陷入危机,人们普遍认识到西方应该走出精神文明的困境。

与西方相反,中国不需要通过军事、征服或者价值观的传播来获得影响力。"一带一路"目前正参与建设21世纪的工程奇迹。由于中国强调共同发展,在"一带一路"建设中还是有越来越多的国家将目光投向中国。"一带一路"作为一个路线图,无论沿途各国的价值观、宗教、地理和政府体系如何,中国都能为这些国家带来和平与繁荣。

二、对卡里·托克论述的认识

中国提出的"一带一路"无疑是21世纪最重要的国际发展合作项目,作为一名知名的美国教授,卡里·托克通过对这一项目动机、机遇与挑战的认识,其实也论证了这一项目对世界包容性和持续性发展的影响。他与许多的中国学者有深厚的友谊,所以他也能更深入地了解中国。他有比较的眼光,有独特的学术视角,他有卓见或预见性地看到"一带一路"沿线许多国家受惠于该项目,也有力批驳了所谓"一带一路"倡议是在搞"新殖民主义"的论调。

第一,西方有的国家对于中国的偏见根深蒂固,就像中国的继续发展一定会有来自外部的压力一样,"一带一路"也还会遇到更大的阻力。

卡里·托克教授的论证,让世界坚定"一带一路"将对21世纪的全球化理论和实践产生重要的影响,它是21世纪中国为世界提供的全球经济公共产品。不仅为中国的持续发展奠定良好的基础,也将促进"一带一路"沿线国家特别是发展中国家的发展。但是由于文化的差异,世界了解中国还需要很长的时间,真正理解"一带一路"倡议还需要一个漫长过程。不过,虽然"道阻且长",但我们一定要坚信"行则将至"。中国应该有克服困难的勇气,要像必须坚定中国道路自信,对中国文化、中国道德也要充满信心,也对"一带一路"充满信心,坚信"行而不辍,未来可期"。

卡里·托克教授敏锐地看到一个重要的问题,他说,"一带一路"建设展示着中国文化,但也是磨炼耐心和毅力的平台。耐心是中国文化的特质,儒家思想特别崇尚耐心,正如孔子所说"小不忍则乱大谋"。中国文化的耐心特征代表着"一带一路"倡议的本质。他说,中国主张通过对话和谈判解决问题,这不仅预示着"一带一路"建设中遇到的争端的解决方法,更预示着未来整个世界的和平。

"先立乎其大,则其小者弗能夺也",中华民族是一个具有高度文明自觉的伟大民族。在历史长河中,中华民族创造的灿烂文明始终屹立人类文明发展潮头,永续不绝、创化日新。除中华文明外,还没有哪个原生文明同样经受住了历史的种种磨难和考验而延续至今。中华民族珍视文化传统,立足自身国情,坚持守正创新,创造的人类文明新形态,是对5000多年中华文明传统的传承与发展,代表着历史悠久的中华文明在新时代达至的新境界、呈现的新气象。

第二,中国通过"一带一路"将道德文化传播到世界,这是中华民族献给世界的伟大礼物。

中国思维方式经过了几千年的检验,有英国作家说:"在孔子学说的影响下,伟大的中华民族与世界上别的民族更和睦,更和谐地共同生活了几千年。"孔子"德侔天地,道冠古今",庄子说他的学说是"道术"而不是"方术",不是一时一地的思考,中国先民认知世界,以天地为师,着眼古往今来,关注四方上下,而具有"天地之美""万物之理"。《尚书·尧典》有"协和万邦"的理念,中华早期典籍中"天下""万方""四海"等词层出不穷,这源于中国文化的开放大度,和谐包容,智慧持中,踏实稳重。这就是卡里·托克所指出的中庸学说是中国道德文化的基石。

中国人自己必须首先看清楚,对于爱与正义,几千年前中国人的信奉已经全然而彻底。任何文明的形成都会思考人的发展,都会从人自身出发。但出发点一样,最终方向却未必一致。当一个民族能思考人类共同的命运的时候,也就选择了符合人类整体利益的最佳路径。

美国学者休斯敦·史密斯在所著《世界宗教》中说:"当一个人的深入关注中心从自身转向家庭的时候,他便超越了自私自利的心理。当关注中心从家庭移向社会时,便超越了裙带关系。当从社会移向国家时,便超越了狭隘的地方主义。当移向全人类时,则同民族沙文主义针锋相对。"这有助于理解中国提出的"人类命运共同体"理念。

第三,在与世界的交往中,在"一带一路"倡议实施落地的偶成中,中国正在被世界接纳与理解。

中国几千年来追求"大道之行,天下为公",讲求整体意识,一体发展。《孟子》曾说:"天下恶乎定?定于一!"中国思维、中国价值、中国道德,值得每一个人去认真理解。我们也需要把中国价值观转化为全人类价值观!

民族要实现复兴,必须有自己的民族文化意识。一个有希望的民族,必须是有文化立足点的民族。民族的文化立足点不是凭空产生的,而是逐渐形成并不断固化。中华民族和谐共生了几千年,在各方面都取得了很大成就,其深层的原因就在于中国有属于自己的伟大文化。中国文化植根历史,面向未来,立足中国,朝向世界,中国文化的格局与气象逐渐为世界所了解、所认知。例如,埃及前总理伊萨姆·谢拉夫认为,这个"无序混乱的世界"要"找到一个理想的平衡点",应该是有着悠久文明历史的中国。他特别强调,中国人一定要珍视自己传统的价值观,他进一步认为,"不光中国人民需要这些价值观,全世界也需要"。这样的看法具有重要的代表性。

第四,中国必须首先做好自己的事情,要彰显中华文化的本质特征。要被世界所理解,需要继续发展自己。

中国要更好地融入世界,被世界更好接纳,也需要世界继续更好地理解中国,了解中国道德、中国价值、中国信念。所有这一切,都需要我们坚定地做好自己。对中国而言,"一带一路"是经济继续发展的良好契机,也是中华民族与世界交流互通的历史机遇。我们必须更加重视文化交流合作,处理好经贸合作和人文交流的关系,务实推进文化和经贸交流合作。

国无德不兴,孔子说:"虽有博地众民,不以其道治之,不可以致霸王。"中国要强大并且伟大,就要建立人民的道德信仰,只有这样,才能国家有力量,民族有希望。习近平主席指出:"如果没有中华五千年文明,哪里有什么中国特色?如果不是中国特色,哪有我们今天这么成功的中国特色社会主义道路?我们要特别重视挖掘中华五千年文明中的精华,弘扬优秀传统文化,把其中的精华同马克思主义立场观点方法结合起来,坚定不移走中国特色社会主义道路。"在中国与世界更多的交流与互通中,人们会逐渐认识到,世界规则应该是

"讲信修睦""互利共赢",而不是什么"零和博弈"。

当然,不少学者认识到,共建"一带一路"与中国道德价值观的国际传播呈现出互生共荣的关系,因此在"一带一路"、讲好中国故事中,还需要注重题材与方式的结合。"题材"要始终围绕中国特色社会主义核心价值观,这是中华优秀文化道德价值观的最特出特点和优势,也是中华文明对世界文明进步的贡献。比如"讲仁爱、重民本、守诚信、崇正义、尚和合、求大同",又如"中国梦""人类命运共同体"等时代精神内容,这些是有别于西方的"丛林法则"的,也有利于夯实与相关国家互惠互利、合作共赢的精神根基。

与此同时,要以"和而不同"为原则,立足"一带一路"倡议实现中国价值观的国际化表达,针对不同传播对象所处的不同文化背景推动中国价值观的精准传播,完善全媒体传播路径,从而让中国道德、中国价值更好地被国际社会理解和接受,为解决全球性问题提供新的思路。

弘扬中华文明蕴含的全人类共同价值，阐明中华文明对人类文明进步事业的重大贡献

张志强

（中国社会科学院哲学研究所）

摘要：习近平总书记在主持中共中央政治局就深化中华文明探源工程进行第三十九次集体学习时强调指出，要弘扬中华文明蕴含的全人类共同价值，推动构建人类命运共同体。习近平总书记的指示说明，全人类共同价值的提出，是从中华文明长期历史实践中提炼而出的，是从中华民族共同体形成的历史经验中总结而来的。中华文明和中华民族的形成和发展就是全人类共同价值成功实践的例证，中华文明蕴含的核心价值具有全人类共同价值的意涵。弘扬中华文明蕴含的全人类共同价值，从中华文明中探寻实践全人类共同价值的途径，从中华民族共同体的形成和演进中寻求构建人类命运共同体的经验，是新时代中国特色社会主义思想提出破解世界之问、时代之问的中国方案的文明历史根据。新时代研究阐释中华文明，要深入揭示中华文明对于人类文明进步事业的独特而重大的贡献，从世界历史发展和人类文明进步的高度，深刻阐释中华文明蕴含的全人类共同价值所具有的宇宙观、道德观根源，深刻阐释中华文明蕴含的开发包容的文明观所具有的天下观、社会观基础，对于我们以全人类共同价值来激活中华文明对人类文明进步发展的重要意义，对于推动人类命运共同体构建，具有十分重要的世界历史意义。

关键词：全人类共同价值；中华文明；人类命运共同体

当今世界正在经历百年未有之大变局，一方面世界多极化、经济全球化、社会信息化趋势不断加深，世界日益紧密地构成为一个你中有我、我中有你、

相互依存的命运共同体，另一方面各种安全、发展的挑战和危机层出不穷，世界格局发生根本性变动，全球治理亟须进行适应时代状况的变革。建设一个什么样的世界，如何建设这个世界的重大时代命题，归根结底是一个用什么样的价值观来引领人类文明走向和应对世界前途命运的大问题。大变局呼唤大格局、大时代呼唤大情怀。习近平总书记扎根中华文明的深厚文明土壤，立足中国特色社会主义的伟大实践，从历史中寻求智慧、从现实中探求答案，本着对人类前途命运高度负责的态度，本着以世界人民为中心的情怀，郑重地举起了"全人类共同价值"的旗帜。习近平总书记指出："各国历史、文化、制度、发展水平不尽相同，但各国人民都追求和平、发展、公平、正义、民主、自由的全人类共同价值。""全人类共同价值"是凝聚了人类不同文明关于价值的理解而形成的共识，反映了世界各国人民普遍认同的价值理念的最大公约数，是超越了意识形态、社会制度和发展水平差异的价值同心圆。全人类共同价值的提出，为破解世界之问，提出了中国的方案。

习近平总书记在主持中共中央政治局就深化中华文明探源工程进行第三十九次集体学习时强调指出，要弘扬中华文明蕴含的全人类共同价值，推动构建人类命运共同体。习近平总书记的指示说明，全人类共同价值的提出，是从中华文明长期历史实践中提炼而出的，是从中华民族共同体形成的历史经验中总结而来的。中华文明和中华民族的形成和发展就是全人类共同价值成功实践的例证，中华文明蕴含的核心价值具有全人类共同价值的意涵。弘扬中华文明蕴含的全人类共同价值，从中华文明中探寻实践全人类共同价值的途径，从中华民族共同体的形成和演进中寻求构建人类命运共同体的经验，是新时代中国特色社会主义思想提出破解世界之问、时代之问的中国方案的文明历史根据。

习近平总书记还强调指出："要讲清楚中国是什么样的文明和什么样的国家，讲清楚中国人的宇宙观、天下观、社会观、道德观，展现中华文明的悠久历史和人文底蕴，促使世界读懂中国、读懂中国人民、读懂中国共产党、读懂中华民族。"习近平总书记明确指出了中华文明研究阐释的方向和意义，深刻表明中华文明的研究阐释不仅是一项重要文化事业，也是一项具有重大社会政治意义的工作。新时代研究阐释中华文明，要把中华文明起源研究同中华文明的特质和形态等重大问题研究紧密结合起来,深刻认识中华民族共同体发展路向和中华民族多元一体演进格局的内在道理,深刻把握中华文明的精神特质和发展形态,深刻自觉中国道路的文化底蕴和文明基础,对于我们从文明自觉、历史自觉中树立文化自信、道路自信,具有十分重要的政治文化意义。新时代研究阐释中华文明,要深入揭示中华文明对于人类文明进步事业的独特而重大的贡献,从世界历史发展和人类文明进步的高度,深刻阐释中华文明蕴含的全人类共同价值所具有的宇宙观、道德观根源,深刻阐释中华文明蕴含的开发包容的文明观所具有的天下观、社会观基础,对于我们以全人类共同价值来激活中华文明对人类文明进步发展的重要意义,对于推动人类命运共同体构建,具有十分重要的世界历史意义。

中华文明深刻蕴含着全人类共同价值

中华文明蕴含着深刻的全人类共同价值内涵。正是中华文明的价值凝聚力,造就了中华文明多元一体的广大规模,正是中华文明的价值生命力,造就了中华文明5000多年的连续发展,正是中华文明的价值感召力,造就了一个中华文明世界。中华文明蕴含着的价值,让中华文明能够凝聚多元区域和不同族群,形成中华民族共同体,让中华文明能够穷变通久、继往开来,不断铸就中华文化新辉煌。中华文明取得的伟大历史成就,充分证明了中华文明蕴含的价值,体现了人性的共同性和人性的共同基础,对于全人类具有共同的价值示范意义,对于人类文明未来发展具有可资共享的价值内涵。

中华文明蕴含的价值,贯穿了个人成德、家庭伦理、社会秩序、政治生活、精神世界各个领域,构成一个完整自洽的价值体系。这个价值体系以天人合一的宇宙观为价值基盘,以仁的本体论为价值动力,以正德、利用、厚生为价值内容,以天下为公、天下一家为价值理想,讲仁爱、重民本、守诚信、崇正义、尚和合、求大同成为这个价值体系的精神标识。这个价值体系为个人确立了"成己成物"全面发展的生命意义,为社会奠定了"老安少怀""养生送死无憾"的正义秩序,为政治生活提供了"大群一体""天道民本"的正当性根据,为文明世界树立了"大公至正""不齐而齐"的理想蓝图。这个价值体系立足于人的共同性和人性的共同基础,既是中华文明道路实践的创造结果,又是导引中华文明不断开创历史新局的核心价值。中华文明的历史成就充分证明了这个价值体系是可以成为全人类共享的共同价值:"讲仁爱"是和平的基础,"重民本"是民生发展的出发点,"老安少怀""不齐而齐"是公平正义的内容,"天下为公""选贤与能"是民主自由的理想。中华文明蕴含的全人类共同价值,具有中华文明道路实践的特征,是从中华文明道路实践出发,为人类文明进步事业提出的中国方案。

中华文明深刻展现了全人类共同价值的确立方式

全人类共同价值的提出,是对所谓"普世价值"的扬弃。"共同价值"与"普世价值"不同,并不仅仅在于它从更为全面的角度补充了"普世价值"缺失的维度,两者之间更为根本的不同在于,"共同价值"是一种与"普世价值"不同的确立价值的方式。

"普世价值"来源于古希腊罗马时代公私领域二分的传统,形成于产业资本主义对脱离地缘血缘束缚的劳动力商品的需求,是以工具理性为标志的经济系统整合社会的历史后果。这一历史进程又通过新教伦理的导引而包裹上了功利主义的价值理性外衣,以"先知革命"的形式推动了与旧的具体社会和历史文明的革命性断裂。"普世价值"以具有自我同一性的原子化个人为出发点,这种原子化个人是从具体社会和历史文明中抽离而出的"理性设计",他们以"自保"的相互权利作为形成契约的形式平等的根据。这种原子化个人,用民主设计政体,用自由限制公权,用人权保卫私域,"普世价值"的核心关切是政治,"普世价值"的基础是以自我为中心的抽象个人。"普世价值"确立自身的方式是以个人与具体共同体的对立为前提,从每一个个人的自我出发,以"自保"的相互性确立价值的普遍性。这种价值普遍性归根结底是一种"私"的最大公约数。

中华文明蕴含的"共同价值",是中华民族共同体实践的价值结晶,也是导引中华民族共同体实践的价值理想。"共同价值"的起点也是个人,不过这种个人,是处于家国天下关系之中的个人,这种个人是所谓"仁者人也"的个人,是具有仁的道德感通能力的个人。仁由个人推扩出去及于家国天下,就成为大群相处之道的"仁道",成为"行不忍人之政"的"仁政",成为"大道之行也,天下为公"的"天下为公"的秩序。"共同价值"的基础是具有道德感通能力的个人。"共同价值"的确立方式,正是仁的两种确立方式,亦即"忠恕之道",尽己为忠,推己为恕。只有"尽其在我"地对待他人,才能够真正地设身处地做到推己及人;只有真正地设身处地、推己及人地为他人着想,才能够真正地尽其在我地对待他人。恕道不离忠道,如果没有尽己则无所谓推己,成己成物相互关联。因此,"共同价值"是在自我与他者的交往沟通中确立的价值,是使相互理解、彼此感通的交往行为成为可能的道德原则。作为"共同价值"是在交往互动中形成的共同体的价值基础,它不仅是贯通个人与家国天下的共同价值基础,同时也是共同体实践所遵循的共同价值原则。这是"共同价值"不同于"普世价值"的确立方式及其原理。

从"共同价值"的原理出发,和平、发展、公平、正义、民主、自由的确立必须经由一个"己欲立而立人、己欲达而达人"的环节,自己对和平的追求,必须以创造他人的和平为前提,因此,和平必须是共同安全的产物,而不是单边的绝对和平;自己的发展必须以促进他人的发展为前提,因此,发展必须是共同发展,而不是垄断发展权,赢家通吃;公平正义必须在尊重他人的前提下确立,民主自由也必须以促进他人自主为前提,否则即是以己律人、以强凌弱的所谓公理强权,其实质则是以强权为公理。与"普世价值"迷信自我、迷信公理、尊己慢他的典型态度不同,"共同价值"则是将相互尊重、"尽其在我"作为交往互动行为中贯彻始终的价值原则。只有基于共同价值的交往实践,才有可能构建起多元一体、和而不同、不齐而齐的人类命运共同体,才可能真正实现合作共赢、共同发展、共同安全的人类新文明形态。在此意义上,共同价值才是人类文明新形态实践的道德准则,才是人类命运共同体建构的行动准则。

中华文明深刻揭示了全人类共同价值的根源

全人类共同价值的提出,是对中华文明5000多年文明历史实践和中华民族多元一体格局内在道理的总结和升华。中华文明蕴含的全人类共同价值,扎根于中华文明深厚的宇宙观、道德观。

根据中国哲学的宇宙观和道德观,天之为天,最基本的德性即是无私。《礼记》中有"三无私"说:"天无私载,地无私覆,日月无私照,奉斯三者以劳天下,此之谓三无私。"天地无私,所以不弃万物,万物能够各得其所,天地无私,故能仁民爱物。古人从天地之德逐步深化到天地之道的认识,《中庸》里对"天地之道"有更为广大精微的描绘:"辟如天地之无不持载,无不覆帱;辟如四时之错行,如日月之代明。万物并育而不相害,道并行而不相悖,小德川流,大德敦化,此天地之所以为大也。"因此,天地之道即是和而不同、不齐而齐的大公之道。天下是指天地所覆载的万物整体,是时行物生、有物有则、至大无外的天地共同体,"天下为公"的理想是对天地之道德的反映。孔子说,"为政以德,譬如北辰,居其所而众星共之",效法天德、依循天道就是最大的政治,也是政治追求的最大的道德,政治实践不过是落实天地之道德而已。效法天地的治天下者,都必须做到万物各得其所、天下生民各得其生养。这就是天下为公、人民至上的道理。应该说,天下为公、人民至上正是全人类共同价值的最高理想。全人类共同价值必须是以人民为中心的,以人类永续发展为终极价值的,因此它必然把维护人与自然和谐共生的天地共同体作为自己的终极目标。

效法天地的天下政治,把天下为公、人民至上的价值理想作为衡量政治的道德标准,把"不诚无物"的"诚"作为贯彻政治作为始终的政治道德,把"不忍人之心"作为政治作为的道德根据,把人民至上、维护人与自然和谐共生的天地共同体的价值关怀,作为导引政治创制的道德动力。因此,扎根于天地共同体的全人类共同价值,成为政治所遵循的政道,这种政治观念完全不同于"普世价值"以政体形式判断政治好坏的做法,更不会以公私领域的二分来截断道德感通的一体性。扎根于中华文明的全人类共同价值与所谓"普世价值"的不同,更为根本的还在于天人一本的宇宙论不同于人与自然之间主客二元对立的世界观。

中华文明深刻示范了全人类共同价值的实现途经

中华文明道路实践也向全人类示范了共同价值的实现途经。

首先,尊重差异、沟通差异的道德态度是实现全人类共同价值的关键前提。习近平总书记深刻指出:"要坚持弘扬平等、互鉴、对话、包容的文明观,以宽广胸怀理解不同文明对价值内涵的认识,尊重不同国家人民对自身发展道路的探索,以文明交流超越文明隔阂,以文明互鉴超越文明冲突,以文明共存超越文明优越"。平等、互鉴、对话、包容的文明观是中华文明道路实践的结晶,是对中华民族多元一体格局形成历史经验的总结。中华民族多元一体格局是落实"天下一家"理想的结果,是对"天地万物一体之仁"的价值体现。"一体之仁"并非是对差异的取消,而是在差异的贯通中协调差异,立足整体和全局,以"尽其在我""尽己为忠"的道德态度尊重他者的差异性,彻底破除以分别彼此来确立自我的"私衷浅见"。"一体之仁"是一种"和而不同""不齐而齐"平等包容的文明状态,中华民族大团结的局面是对全人类共同价值的实现。中华民族多元一体格局的形成充分说明了尊重差异、沟通差异的道德态度是实现全人类共同价值的关键前提。

其次,严于义利之辨是充分实现全人类共同价值的关键环节。

习近平总书记强调指出:"要坚持正确义利观,做到义利兼顾,要讲信义、重情义、扬正义、树道义"。孟子说:"怀利以相接,然而不亡者,未之有也。"孟子还说,以力假仁者霸,以道行仁者王。中华文明对于天下秩序的想象,是将人与人相交的仁道行之于国与国之间的道义秩序。在国与国之间,以德服人、怀柔远人、以大事小的道义,成就了协和万邦的天下"仁政"秩序。"普世价值"号称普世,却无法将其落实于国与国相交之道上。民主、自由、人权是划分进步与落后、文明与野蛮的独断教条,更成为先进国支配后进国的意识形态霸权。现代资本主义史上的"自由帝国主义"正是对"普世价值"的反讽。因此,严于义利之辨,在国际政治中时刻警惕"枉道从利""枉义从利",在国际交往中讲信义、重情义、扬正义、树道义,是实现全人类共同价值的关键环节。

再次,济弱扶倾、共同发展是实现全人类共同价值的关键举措。

习近平总书记曾说过:"我们有义务对贫穷的国家给予力所能及的帮助,有时甚至要重义轻利、舍利取义,决不能唯利是图,斤斤计较。"中国自古倡导"强不执弱,富不侮贫",更把济弱扶倾作为大国的责任和道义。孙中山曾说,中国对于世界的责任,就是要以中华民族固有道德和平做基础,济弱扶倾,这才是尽我们民族的天职。毛泽东特别重视与第三世界国家的团结合作,把第三世界国家作为共同反对霸权的同盟军。习近平总书记高度重视发展中国家的发展,更加强调广大发展中国家是我国在国际事务中的天然同盟军,特别强调要坚持正确义利观,做好同发展中国家团结合作的大文章。他特别强调,和平发展、合作共赢才是人间正道,不同国家、不同文明要在彼此尊重中共同发展、在求同存异中合作共赢;更把以平等为基础、以开放为导向、以合作为动力、以共享为目标作为全球经济治理的准则。在新时代,共同发展是济弱扶倾的新途径,是贯彻全人类共同价值,实现全人类共同进步、全体人民共同幸福的关键举措,也是反抗霸权垄断,争取发展权利的关键举措。人类命运共同体、全人类共同价值,两个共同,凝聚着全人类的最大公约数。全人类共同价值的提出,让人类命运共同体理念在价值层面进一步深入,让人类命运共同体构建在实践上更加自觉。全人类共同价值的提出是对中华文明实践经验的总结和升华,是对人性的共同性和人性的共同基础的深刻认识,是促进人类文明进步和人的全面发展的价值准则。让我们携起手来,站在历史正确的一边,站在人类进步的一边,为实现世界永续和平发展,为推动构建人类命运共同体而不懈奋斗。

文明交流

中国近现代哲学回应后现代

梁燕城

(四川大学)

后现代哲学与价值危机

西方后现代文化何谓"后现代"

卡平灵(Kaplan)在其书《后现代主义的"非内容"、理论及实践》中指出,后现代的观念是从现代发展出来而对现代文明的"文化突破"(cultural break,或译作对现代文明的"文化中断[①]"),也可以说是对启蒙运动塑造的科学和理性文明加以全面反叛。

"后现代"这个词有三方面的应用,一是社会科学角度所谓"后工业社会";一是指现代以后的"后现代性"(Postmodernity),是哲学、艺术与文化角度所谓的"后现代主义"(Postmodernism[②]);三是指对现代文化加以批判和"解构"的文化运动。

后现代主义评科学的霸权

后现代主义影响最大的人物,当是李奥塔(Jean-Francois Lyotard),其《后现代处境》[③]一书,于当前科学和文化处境作一整体的哲学反省,李氏认为后现代是对"现代"所讲"后设叙事"(Meta-narrative)的全盘怀疑,它不再接受科学

[①] 参阅 Postmodernism and its Discontents: Theories, Practices, ed. E. Ann Kaplan (London; New York: Verso, 1988), 1.
[②] 参阅 Arthur J. Penty, Post-Industrialism (London: G. Allen & Unwin Ltd, 1922).
[③] 参阅 Jean-Francois Lyotard, The Postmodern Condition: A Report on Knowledge, trans. Geoff Bennington and Brian Massumi (Minneapolis: University of Minnesota, 1989).

或任何权威的真理标准,亦不接受所谓"共识"的理论,却让一切不同文化并存发展。

他认为知识不等于科学,知识不单是一套描述性的语句,还要学习到如何实践行动,这种实践的知识往往要通过传统的叙事(Narrative)方法来传递,如古人以唱戏或讲故事来带出道理,用各种语言游戏的规则,以不同方式叫人聆听,并树立传述的权威。

后设叙事与文化帝国主义

李氏指出,所讲"现代",就是相信只有一套合法化的知识,成为"后设叙事"(Meta-narrative),审查一切其他叙事。近世科学兴起,建立一种新知识,以为必须通过逻辑和提供证据去检证或否证一些语句,就可以确定某论述与真相印证(Conformity),这种知识只承认一套语言游戏,慢慢发展成一种专业,对所有其他的传述知识加以审判,科学逐渐成为一种"文化帝国主义"。但这时代已过去,科学并无特别的合法性,它只是多种语言游戏中的一种,其合法性只靠那些承认这套游戏的团体去同意,是靠权力去建立,却不能客观地证明自己,科学和任何传统的神话和传说一样,只是一套叙事而已。

后现代的"并行学"

李氏认为,后现代就是具霸权性的"后设叙事"崩溃之时代,后现代思想将要承认一切"并行不悖",称为"并行学"(Paralogy)。

科学的"非合法化"(Delegitimation)过程就形成后现代的观点:"科学只能玩自己的游戏,无能去判别其他游戏合法性[①]。"当科学的语言未能证明自己的合法性时,就不外是各语言游戏之一,而无权去判别其他语言游戏。李奥塔指出,维根斯坦的"语言游戏"是后现代世界要去发挥的。"并行学"指出在任何自称评断一切的后设叙事崩溃后,各种理论或语言游戏均可以并行不悖,再没有一套知识的霸权。

无共识的自我中心主义(egocentrism)

任何理论都未发展完成,故可各自发挥。新的科学模式反对一套稳定系统,自身却是一开放系统的模式,其中的语句之所以被认为合宜,在其能引发

[①] 参考 Jean-Francois Lyotard, The Postmodern Condition: A Report on Knowledge, trans. Geoff Bennington and Brian Massumi (Minneapolis: University of Minnesota, 1989).p.40。

新游戏规律,及要求各玩家去接受不同观点。

李奥塔指斥哈伯玛斯(Habermas)的共识理论,即认为人可通过对话去建立双方的同意,李奥塔认为共识是不可能达至的,因为各派均在争论中,而且共识常常是一种工具,去成就权力。不如让所有理论或语言游戏各自发展,并行不悖。

后现代思想认为任何人都无本性,无沟通,无内涵,各自散立地存在。我认为这思想最后将形成一种自我中心主义(egocentrism)。

解构主义

德理达的思想根源

德理达(Jacques Derrida)是当今最前卫的思想家,代表了法国后现代的思维动向,但由于其理论要瓦解各种思想架构,故有意地弄到章法混乱,用词奇异艰涩,使人难以明白。德理达在其早期著作《说话与现象》(*Speech and Phenomena*)、《书写与异搁》(*Writing and Difference*)及《论文字学》(*Of Grammatalogy*)中,激烈批判结构主义,反对其封闭而中心严明的系统。

所谓解构思想,源自胡塞尔(Husserl)的"拆除"(Abbau,英译 dismantling)观念,胡氏批判心理学和逻辑为不究极的,希望通过一种"逆反"过程,寻索最原始的自明经验,此逆反过程必须"拆除"所有理论和概念化系统。其后海德格尔也提出"摧毁"(Destruktion, destruction)观念,要"摧毁"传统的本体论,正面地把隐藏的存有真相揭出来。

解构方略

德理达指出解构不是一方法、技巧或批判,也非任何对"文本"(Text)的解释,在其"给日本友人的一封信"[①]中,他说:"在我的述作中所谓解构的最首要关键,正是在为本体论划界,最主要在界限第三者的现有指涉"。解构是一种方略(Strategy),去拆毁一切系统相。所谓为本体论划界,即否定传统形而上学的系统相,德理达称为"现有的形而上学"(Metaphysics of presence),把一切事物放在一层级秩序的系统中,区分真与假等。在其《哲学的边缘》(*Margins*

---

① Jacques Derrida, Letter to a Japanese Friend, Derrida and Difference, (Bernasconi University of Warwick: Parousia Press, 1985), 1-8.

of Philosophy, trans. Alan Bass, University of Chicago Press, 1982, 32.) 一书中,德理达云:"解构不再维持由一概念进到另一概念,却要颠覆和取代概念的秩序"。

破结构主义

"解构"方略是针对结构主义的。索绪色(Saussure)的语言学认为语言由两基本元素构成,一是作为能指(Signifier)的语言,另一是作为所指(Signified)的意义,两者之间的关系形成了语言结构,如语音发出"桌子"一词,即为"能指",而其意义则是"所指"。但"能指"的意义本就难定,如要在字典中查,会发觉所有"能指"的词义,也须一大批其他"能指"的词义来界定,一切语词都在互相界定,所有"能指"都被其他语词所界定,而变为"所指"。

语言符号并无任何固定意义,却在不断地"分异"(Differ),使其意义只能在相互界定中暂时确定,同时也"搁置"(Defer)了"所指"一事物的真实性或现有性,德理达在此自创了"异搁性"(Difference)一字,断绝了语言和真实的关系,也摧毁了语言的固定意义。意义并无任何固定结构去传播,而仅仅是一种"散殊"性(Dissemination),是零散无序,也是无中心的传达。

随写随破

解构哲学是对语言的透视,指出一切语言都是假立系统,既不对应现实世界,也没有本身结构,任何语句也无固定意义,故此,语言终归可被删划掉,这只有书写时才能表达,即写了一字之后,迅即把这字删划,表示这字并无固定意义,不过为了方便而假立。德理达反对自古的语言中心主义(Logocentrism)。

德理达的巨著 *Of Grammatology*,指出没有任何语言系统真能反映外物,传统西方哲学的认识论总想找个定点去保证知识的真实性,其实这只是在制造各种理论的狂妄和偏见。德理达批判传统哲学太重视语言和言谈,他认为文字更重要,因为文字可以写完加以涂掉(erase),随写随破。

后工业社会与信息控制时代

后工业社会(Post-industrial society)

社会学家贝尔(Daniel Bell)1976年发表"后工业社会的来临"(*The*

Coming of Post-Industrial Society),认为控制新时代的不是科技,而是理论知识,及头脑与信息的人才。社会的经济重点将由货品生产转向服务行业,职业分配着重于高层的专业及科技人士,社会的主轴原则是以理论知识去定政策,未来方向是要控制科技及科技评估。二十世纪九十年代计算机联网,形成信息社会（information society）。

信息传播如何建立谎言

1895年,俄国人波波夫和意大利人马可尼研制了无线电接收机。1920年代,收音机问世,广播使信息无远弗届地传达到公众。1920年代,英国人贝亚德成功进行电视画面的传送,1936年开始播出,可眼见的信息开始进入家庭。

信息传播经过导演的编排和剪裁,按其信念或政治意识形态取材,他们可以完全控制信息,建立假的事实。

权力与金钱控制传媒

在19世纪后期,工业资本逐渐赢得控制地位,在无孔不入的资本面前,市场化的媒体不可能抵抗住财团的渗透。美国大公司开始收购报纸或者抽走那些批评公司权力的媒体的广告,不断地提升自己控制舆论的能力和程度。而在这个过程中,美国政府始终参与其中。

美传媒利用谎言而侵略

2003年6月,《华盛顿邮报》、美国广播公司（ABC）联合进行调查发现,超过四分之一的美国人相信伊拉克在与美国的战争中使用了大规模杀伤性武器,后来有近一半美国人相信。由于战前信息宣传和舆论控制,全美集体陷入战争的狂热。其实后来美政府自己都承认对伊拉克的指控都是不真实的。可见所谓民主自由的美国,其精英权力控制了事情解释权。CNN承认1999年后让政府专职心战和洗脑的专家审查新闻稿件并在其亚特兰大总部的新闻部工作[1]。

虚拟幻象与网络迷情

在科技时代,人创造网络中的虚拟幻象,人本身的感通性与自己创造的幻象沟通,网络构成机器的偶像世界,人执迷虚拟幻象中,魔鬼以机器迷惑人感官。

---

[1] Julian Borger, CNN let army staff into newsroom, the Guardian, 12 April, 2000

心灵执迷网络，陷溺于虚拟幻象，幻象反过来控制人，因而人不去认识真实世界、真实的自我与真实的灵性。

机器的幻象没有真实的感通，在伪感通中，人的灵、魂、体均被扭曲。失去身体健康与精神喜乐，人陷于空虚与迷惘之中。

后现代文化形成社会恶果

网络形成愚蠢的一代

美国文化学者 Mark Bauerlein 在其《最愚蠢世代》(*The Dumbest Generation*)一书中，根据多项调查的结果指出："今日年青美国人并不比上一代更有学识与技能，也不更有知识、更流利、更先进、更探索，他们只熟习青年文化。他们阅读很少，不看书也不读报。事实上连科技程度也低于一般水平，特别是应用在研究与工作上更不行。"这是愚蠢的一代。

后现代虚无主义的黑洞

后现代的核心问题，是一切多元思想并存、并行又不能沟通，没有共识时，人类文明一切价值将面临解体，不论是启蒙时代建立的科学理性权威，或新儒学所讲的道德主体，均被踢出权威（或所谓"后设叙事"）的领域，一切散归平列浪荡的散立世界，全体价值消散在虚无主义的黑洞中。

人类文化若想走脱虚无主义的黑洞，就必须在多元散立的世界中，重建沟通的根据。沟通不单是哈伯玛斯所讲的建立共识，却须肯定不同信念中的共通理解条件，并由人类的感通现象中重建一感通的宇宙。前者是欧洲诠释学思潮所走之路，后者乃中国当代哲人唐君毅与成中英所发展的方向。

牟宗三无执的存有论

牟宗三先生年青时依康德的知识论而讲"认识心"，从西方知识论角度讲存在论，强调康德实践理性的道德主体，将中国儒、释、道三学置于康德哲学所开启的实践进路，由之重构中国存在论，称为"无执的存有论"。他基于道德主体实践活动下的义理进程，建构存在论，既不是西方客观思辨下的范畴对象，也不是分解的概念进程，其道德实践活动所开发的是主体的心性与价值的把握。这个主体的实践基于一个普遍的心灵，这个普遍的心灵一方面是主体的意志，一方面是整体存在的共同理性，牟先生称之为"无限智心"。

智的直觉无限心呈现

牟先生由道德主体建立进达形而上本体之路,批判康德认为人感知直觉有时空所限,不能见物自身,而只有上帝能见物自身。但康德的上帝只是一预设,不是一"呈现"。他指出中国哲学由于设定人是"有限而可无限",可以通过修养实践,而生"智的直觉",使无限心"呈现"。智的直觉是一种创造性的原则,不同于康德认知的原则。认知原理得出的结果是知识,依赖于人的感性和知性结合,智的直觉即是无限智心,是存在论的创造性实现原则。

智的直觉成为牟宗三后期全部哲学的基础,他通过"圆教"[①]思想说明智的直觉之实义。圆教是佛学名词,指经过判别定出各派中最究极圆融圆满之思想,牟先生认为儒释道各家均属圆教。而西方哲学不具有圆教的品格,其主流思想都是走分解的方式。通过圆教的概念,可使圆善豁然开朗,而实现最高善,为哲学最高境界。"故须详展一圆教典型以明'智的直觉'之实义"。

圆善论

牟先生最后写《圆善论》,"圆善"一词源自康德哲学中的"最高善"(Summon bonum)概念,指现实人生中,有"德"行者往往不必有幸"福",康德称由道德得同样幸福为"最高善",牟宗三先生称为"德福一致",有圆满、整全的意思,遂将"最高善"译为"圆善"。

"有此无限而普遍的理性的智心,故能立道德之必然且能觉润而创生万物使之有存在。只此一无限的智心之大本之确立即足以保住'德之纯亦不已'之纯净性与夫'天地万物之存在以及其存在之谐和'于德之必然性。此即开德福一致所以可能之机。"[②]

现代的中国圆教系统

牟宗三的圆善论是道德形上学的最高发展。康德的哲学体系中,实践理性优先于纯粹理性,实践理性主要指向人的行为规范,探求如何实现人的自由意志。牟宗三却提出人具"无限智心",展示"智的直觉",囊括了所有的存在,属于最高的本体论范畴。它既是道德的实体,由此开道德界;又是形而上的实

---

① 这些观点句参考牟宗三:《智的直觉与中国哲学》(台北:商务,1971);及《现象与物自身》(台北:学生,1975)。
② 牟宗三:《圆善论》,台北:台湾学生书局1985年版,第263页。

体,由此开存在界(无执的存有论);同时也"坎陷"而成认知主体,开出知性(执的存有论)。牟宗三由无限心的坎陷,建立知识的根基,遂使中国哲学能在康德哲学的理性架构中安立,既可说这套道德形而上学胜于西方,又可下开知识科学和民主,而构建出现代的中国圆教系统,包容而又高于西方。

后现代破除人文主义和主体性

这种以道德自我和道德主体为核心的思想,在文化上必然要强调"人文主义",将启蒙运动所重视的人文精神套在中国哲学上,成为中国文化的标志,但结果亦把中国哲学放入了启蒙运动的框框中。这在"现代"思想极盛期,自然是妥善圆融的结合,即善用了"理性"和"人文主义"的理念,同时又表示中国的殊胜处。

但西方发展到时代转变的后现代世界,这套哲学就开始有点不适切了。当成为二十世纪的哲学重心后,海德格尔破除人文和人类学观点,也否认自己是人文主义者,新儒学已很难与之对话,只能判断为"有气无理"的哲学,但欧洲思潮急转直下,诠释学、批判理论、解构思想和后现代主义纷纷登场,各领风骚,基本上已不再讲人文主义和人的主体性,抵制甚至否定启蒙运动之势已成,和建基于启蒙运动的新儒学已很少共同语言。

圆教与判教缺乏开放性

圆教系统本是一很好的构想,面对现代西方种种新思潮的挑战时,可以包容进自己的理论框架中,安放一位置,加以欣赏,又可使之不构成自己的威胁。世界上各大宗教和文化传统,也可发展圆教系统,以开放心怀吸纳新思想,不同圆教系统之间也可对话沟通。但问题是圆教配合着一种对其他宗教和文化传统加以"判教"时,就很易形成一种自我无限化的情识,自以为可吸纳所有思想,而又高于所有思想,成为一种天朝下的伪多元化,独断而缺乏开放性。

"判教"本是佛家在面对内部不同派别时所应用的方法,去肯定各派的价值,同时显示自己一派最圆融。佛家在自己教内分判,在系统中仍可说是合法。但如果佛家用这原则去判其他思想,将孔子封为菩萨,那就会不公平地把儒家纳入自己标准中,而加以判低了。当其认为释迦牟尼已成佛,比孔子高一点,相信儒家对这种"包容"一定不服气。

必须放弃传统的判教方式

新一代哲学家冯耀明指出,中国哲学"如果要变成为一种具有现代性的哲学便必须放弃传统的判教方式与圆教理想",因为各教"难判高下","个别的立教与判教的标准并不是超然、独立的","只有在各式各样不同的求索方式底下互相交谈,中国哲学(以及中国以外的哲学)才能在不同的历史脉络与社会系统之中与该时代各个理性生命相互呼应。"[1]这观点实能击中要害,为中国哲学打开一通气口,只有放弃自大的判教圆教思想,中国哲学才能走入世界性的后现代发展,而与世界所有伟大的精神资源对话。

应发展"后新儒学"思想

后现代主义的"并行学"(paralogy)与新儒学的判教观及圆教观根本对立,前者容许多元并存,各自发展的思想并存;后者对各不同思想文化进行大包容,自命为一切哲学的最圆满完成。依自己的标准,判定各教派的等级和定位,好处是能欣赏和进入不同思想,坏处是对他人分层判定,没有平等并行的多元并进观念,结果是引发中国文化高人一等的妄识。开放性机制是后现代文化所必具的条件,后新儒学须发展平等视人的开放条件,解除圆教结构的自大妄执,才可调整自身在世界的定位,而以中国哲学作为人类精神资源的方式,贡献后现代世界。

后新儒学必须摆脱启蒙时代人文主义和主体哲学的框框,这须经过一全盘自省和"解构"的过程,从起点上摧毁主客分离对峙的假设,不是只由终点上讲智的直觉和超越主客的境界,应转而由宇宙或天道的全体角度讲人的定位,不再落入人为中心的唯心论困局。

唐君毅与后现代文化

唐君毅建立一个感通的宇宙

唐君毅先生提出多元感通的本体论,而建立了一个感通的宇宙,这在唐先生称为"性情的形而上学"。正可响应后现代的文化挑战。

唐君毅的感通本体论,在其写中国哲学原论原道篇时,其导论即有清楚简要的描写。他指出中国哲学言"道"的涵义,"可唯就一存有之'通'于其他存有

---

[1] 冯耀明:《中国哲学的方法论问题》,台北:允晨文化实业股份有限公司1989版,第20—21页。

而言。就通言道,则道非即是一存有,亦不必是一积极性的活动或变化,而只是消极性的虚通之境。"① 就人感觉之方式范畴言,道是感觉思想活动所"通过"以知物中的路,通过之后即可超越之。故道的涵义是"次第通贯——法与方式范畴,而更超过之。"②

唐先生依此义而讲孔子的"仁道",是人自己之内在感通,对他人之感通,及对天命鬼神的感通三方面,此中"通情成感,以感应成通"③。在多元并立、互相隔绝的后现代文化中,这感通本体论无疑可以重构人类沟通的根源。

唐君毅的人生现象学

唐君毅的哲学,始于对人生的深刻反省,然后惊觉于此心之能有灵觉反思,进而深入探索此心灵在人生中的自我实现和发展,这就是先生早年写《人生之体验》《道德自我的建立》和《心物与人生》这三本书时的思考,这种对人生命反省的哲学,可以说是儒学的基本性格。

唐君毅的早期思想,可以归结为一种人生现象学,基本上受了黑格尔的精神现象学影响,视人生是一伟大的精神性生命心灵之彰显过程,这精神生命能自觉自发地追求和实现善,故亦是一道德自我主动地流现善性,其中通过各种苦难和罪恶的煎熬,渡过种种曲折,终得最后完成。而这是传统的所谓成圣,于是中国儒家心性之学即可以在这架构下得到新的营养滋润。

人生永远探索,不陷入独断系统

唐先生这早年思想,是顺着这人生现象学格局,及传统中国哲学的人生修养和自省,而发展的一种哲学智慧,这哲学智慧的特点,是摆脱了知识论的封闭格式,维持思想的开放性,使人生可以永远开放地冒险探索,而不陷入独断系统中,以为自己的系统已终极完成,代表了真理。

这种哲学具有清新可喜的性格,而没有传统的老人文化那僵死和狂妄。唐先生的思想是一开放的哲学结构,以生命心灵的开展去呈现各不同世界,文化意识只是其中之一。他在中年经历了巨变,痛思中西文化问题,乃用他这生命心灵的哲学贯穿入文化反思中,其间最关键的著作即是《文化意识与道德理

---

① 唐君毅:《中国哲学原论原道篇卷一》,香港:新亚研究所1973年版,第29页。
② 唐君毅:《中国哲学原论原道篇卷一》,第30页。
③ 唐君毅:《中国哲学原论原道篇卷一》,第76页。

性》，描述生命心灵在广大文化领域史的展现，进而对中西文化作一全面的评价。

哲学派别均可在一基础上互相感通

唐先生此期哲学的弱点，即是有太强烈的"人为中心"思想，把宇宙和文化都吞入人的道德心灵中，这将逃不了后现代文化的批判，但唐先生并非闭门造车之辈，他不断与当代思潮对话，故在后期思想即转出"感通宇宙"的思想，主要在其写六册《中国哲学原论》时，不断找寻中国各门各派哲学间的通道，视之为生命心灵的不同彰显，认为所有哲学派别均可在一基础上互相感通，互通转化，这时即呈现出各派多元并存互通的博大胸襟，突破早年那种人为中心的格局。

这时唐先生完成其巨著《生命存在与心灵境界》，而提出其"性情之形上学"，认为一切哲学均可摄在人心的性情流行中了解，在思想流行历程次序中，各哲学均可相通。可惜唐先生写到此即溘然长逝，无数哲学洞见，不能为后人所了解。但我相信，其后现代的开放性圆教思想，可使中国哲学能立于未来文化中。

方东美到成中英的本体诠释学

牟宗三哲学的困境

牟宗三哲学的最大困境，在其与启蒙运动所发展的知识论有太紧密的结合，在"主—客"对分的格局下树立起传统的道德心，而解之为一道德主体。儒家的仁心一被主体化，就逃不了"主—客"对立的现代框框，由此讲智的直觉超越主客，仍为明显的启蒙时代思想格局，结果亦逃不了后现代主义对这框框的否定和解构。

西方传统知识论总有一基本设定，即知识和语言是有一定对应的客观真实，以为客观真实本存在那里，只要我们有可靠而严谨的知识或语言系统，即可确立真和假，及何谓有认知意义的语句。这种设定很易引发独断和封闭性思想，但封闭系统很快受到后现代主义的摧毁，因为其认为这本身也是一传述，是一语言游戏。

哲学诠释学避过解构之锋

西方哲学有一支重要支流，避过了这解构之锋，即"哲学诠释学"

(Philosophical Hermeneutic)的路向。从海德格尔到伽德默(Hans Georg Gadamer)的思想就避过了对知识论解构之锋芒。海德格尔将"理解"视为人生存在的方式,而不是主体所拥有的能力。伽德默认为任何理解都牵涉人先存的历史文化、先存的语言观念、先存的前提和假设,故任何理解均有先存的偏见,他称之为"前理解"(pre-understanding)。

这种先理解的存在状态,有点像庄子在《齐物论》中所言的"成心",这成心决定了人的是非判断,基本否定了主体可以毫无偏见地掌握客观真相,或各种"文本"(text)的原意,任何认识和理解离不开前理解的偏见,人是受人生的时间性和历史性所限制。

伽德默则称这前理解状态为"先见"(prejudge),这先见由人的传统和历史所构成,是人理解时的基本眼界(Horizon),也是理解的基础,故他认为理解根本不是一方法论的问题,也没有任何不带偏见的中立方法论,理解是根于人生的存在,人生的历史,人生的先见。

哲学诠释学打破执迷的真理观

眼界是人所站之处,是其理解一切的起点,因而没有人能超越其眼界而有纯中立的理解,这是理解的先决条件,也是其基本限制。

依这哲学路向思考,所谓理解,本身就是人生存在的方式,从来没有理解活动可以超越人生存在及人的先见,任何宣称客观中立或科学的观点或方法,都由先存偏见产生,并不具有真理性与权威性。哲学诠释学打破了各种执迷的真理观后,必然要成为一开放系统,任何哲学理解均须永远开放自己,发展自己的先存偏见。这种观点可拆解判教系统,均由其先见所形成,而不能涵容一切。

本体—诠释学的方向

中国哲学家成中英努力从哲学诠释学角度去重建中国哲学,在其新出版的英文论文集《儒学新境界与新儒哲学》的序中[①],提出"理解的自发原则"(principle of the autonomy of understanding),认为理解不同于知识和信息,却是心灵的状态、活动和意向,故是人生中的一个不断重整人格的过程。成中英

---

① Chung-ying Cheng, New Dimensions of Confucianism and Neo-Confucian Philosophy (New York: State University of New York Press, 1991).

又提出"理解的整全原则"(principle of the totality of understanding),认为人自发地理解包括一整全的理解领域,同时去理解物的全体与部分。

成先生指出理解"是人生存在的体验,通过自发性和体全性来界定,不单通过世界事物的转化和互相依赖,及其与人生存在的关系来解释,却也由人生存在的创发性潜能,及人生是开放世界中的一部分来看。"由于人与世界的循环互动,而形成一"本体—诠释学的整体",使人的理解不再陷入"主—客"对立的架构中,而是不断开放和探索的过程。

方东美广博和谐的学统

成中英是当代少数自己建立一套体系的哲学家,他在中国哲学学脉的继承者是方东美的广博和谐体系。方东美哲学论宇宙本体,重本体之统一,存在之统一,生命之统一,乃至价值之统一,寻求宇宙全体之生化不息而又广大和谐。他说:"此类纷披杂陈之统一体系,抑人感应交织,重重无尽,如光之相网,如水之浸润,相与浃而俱化,形成一在本质上彼是相因、交融互摄、旁通统贯而广大和谐之系统。"①成中英曾说:"我觉得听方先生讲课犹如进入一个世界舞台,充满一种生命的跃动,这种生命的跃动首先转化为一种生命的情调,然后转化为生命的美感境界,感染力非常之强。"②

方东美从美学思维出发,建立形而上境界超升的思想,区分形而上与形而下两层次,形而下有物质、生命与心灵三境界,形而上有艺术、道德、宗教三境界,两层六境的理论建构以上,还有无尽的神秘奥妙境界。他的生命哲学,把人生的境界分为依次上升的六层境界,即物质境界、生命境界、心灵境界、艺术境界、道德境界和宗教境界。这是他的上回向思想,但在最高境界必须下回向到人间,将价值在现实实现。

超越形上学融会贯通不同哲学境界

方东美说"中国所谓的不同哲学境界,最主要须能使之融会贯通,使上下层、内外层的隔阂消除,这才是超越形上学。我们要成立一种哲学思想体系时,不会把精神局限在下层世界,也不会局限在内在主观的心灵境界,总是要突破内界达于外界,突破下层透过中层达于上层。如此,虽然生活于现实世界

---

① 方东美:《中国哲学精神及其发展》,台北:联经出版事业公司1981年版,第21页。
② 成中英、杨庆中:《从中西会通到本体诠释》,北京:中国人民大学出版社2013年版,第10页。

中,还是可以超脱解放,把精神向上提升,并且就像飞机一般地上升,仿佛与地面脱节了,但是飞机未曾不下来着地的。升到很高的境界——理想之后,还是必须落下来在现实世界中兑现,在现实生命中完成。所以超越的形上学体系完全实现时,必定转变为内在形上学,超越的理想要在现实世界中完成、实现。"①

本体、存在、生命、价值之统一

方东美哲学论宇宙本体,重本体之统一,存在之统一,生命之统一,乃至价值之统一,寻求宇宙全体之生化不息而又广大和谐。他说:"此类纷披杂陈之统一体系,抑人感应交织,重重无尽,如光之相网,水之浸润,相与浃而俱化,形成一在本质上彼是相因、交融互摄,旁通统贯而广大和谐之系统。"②他又说:"宇宙是一个包罗万象的大生机,无一刻不发育创造,而生生不已;无一地不流动贯通,而亹亹无穷。"③

方东美弟子傅佩荣综合指出:"方东美讲中国哲学的起源,会同时强调两个部分,一个是《易经》,就是刚才讲的生生之德,代表对变化的一个解释。另外一个就是《尚书·洪范》篇中皇极的观念,他一直强调皇极是古代政治结构背后的理想,也就是说,你为什么有这么样的组织,人类在世界上生存可以长期发展,就是因为后面有皇极的理想。

吸纳奎因哲学归宗于中国易学

方东美哲学的恢宏瑰丽,不止给予成中英博大的学养知识眼界,且影响其生命的整合,进入领悟宇宙人生的整体境界。其后成中英到哈佛大学读博士,从学于分析哲学大师奎因(Willard V.O. Quine)。

成中英指出奎因对他的影响,一是方法论,是其哲学的严谨逻辑分析方法;另一是其本体论。成中英说:"由于从奎因的逻辑引申出来的本体论分析,对物理科学的机体网络论思考,使我更能把握机体论思考的原理,把这一思考用于本体论上,再融合于中国思想之中,就为中国思想找到了一个现代化的途径。同时也能对现代西方哲学作一建设性的批评。"④他将奎因"本体论的相对

---

① 方东美:《原始儒家道家哲学》,台北:黎明文化事业股份有限公司1983年版,第22页。
② 方东美:《中国哲学精神及其发展》第21页。
③ 方东美:《中国哲学精神及其发展》第104页。
④ 成中英:《论中西哲学精神》,上海:东方出版中心1991年版,第389页。

性"放入一更大的整体网络思路中,以方东美的广大和谐思想来吸纳奎因分析哲学,最后归宗于中国易学。

提出"本体—诠释学"

1982年在夏威夷举办东西哲学大会及国际中国哲学大会,以研究朱子学为主题,成中英发表论文论述朱熹的方法论及理解论①,第一次提出"本体—诠释学"(Onto-hermeneutics)理念,指出朱熹的"天理"理念既是本体,又是衍生格物穷理方法的基础,人在用这方法去理解本体,对本体有新理解和描述后,再由本体衍生方法,又由方法揭示本体新面貌,这形成一本体和诠释循环,是一不断开显真实的过程。

成中英由此通过中国朱熹哲学,寻求哲学诠释学和方法学的结合,以重构中国哲学,而首次称之为本体诠释学,和西方的哲学诠释学接榫。

宇宙系统与整体过程

成中英主编《本体与诠释》一书,对本体诠释学有清楚描述,指出本体是"包含一切事物及其发生的宇宙系统,更体现在事物发生转化的整体过程之中……我们可以说本体就是真理的本源与整体,真理就是本体的体现于理、体现于价值。……此一意义系统是一个开放的动态的系统,……道是本体概念,但道也可以是方法概念。就事物与宇宙整体言,道是本体,但就个别事物与目标言,道却可以是方法、途径与工夫。"②道是本体,同时又是方法,本体论与方法论是合一的。

他又将"本"和"体"区分,指出理解的过程:"自然会追溯到'本'。'本',从我们一般的定义来看,是一个发展的起点,又是一个导向不断发展与提升存在层次的活动过程,它必然表现为丰富的繁,形成肢体,……万物只能在这个根源性上来找寻,在这个"本"到"体"的过程上来探寻它们之间的相互关系。"③

---

① Cheng, Chung Ying, "Chu Hsi's Methodology and Theory of Understanding," 夏威夷国际朱熹会议发表论文(July 6—15, 1982)。"The Notion of Method and Onto-hermeneutics," Chinese Forum 19:1 (Oct. 1968): 49—54.
② 成中英,《从真理与方法到本体与诠译》,成中英主编,《本体与诠释》,北京:三联书店2000年版,第5页。
③ 成中英、杨庆中:《从中西会通到本体诠释》,第192页。

本体诠释圆环

至于诠释,成中英说:"诠释是就已有的文化与语言的意义系统作出具有新义新境的说明与理解。……诠释自身即可被看为宇宙不息创造的实现。……诠释可以是对本体之道的诠释,也可以是自本体的理解中进行诠释。无论'对本体'或'自本体'的诠释都可说是'在本体'之中。对本体与自本体基于在本体形成了一个'本体诠释圆环'。"①

"本体是我们形成的对世界认识的一个整体系统。在这整个系统中,任何一个事物,它的存在,都有一个意识和它相应,……由我与世界的相互关系形成的整体,它的存在是指向那个根源的,这样也就形成了具有一种整体性的本体意识。……它又会是我们认定的一种最基础的认识架构。在此架构中,本体事实上就是人之意识的存在基础,当然也是这个存在的一个意识的表象。……它是全体,一动态的全体。"②

本体诠释学是不断开放和探索

他认为《易经》同时是方法的哲学及宇宙的哲学,有全面性、自足性、多层次显现性、本体开显性、行动建构性及数据可分析性。这种哲学具有诠释学与本体论的内涵,而又在本体的生生变化中,不断互动而又互相开显,成中英说这同时是"理解的诠释学循环及开显的本体学循环,因此称之为本体诠释学。"

牟先生起点在现代哲学,先区分主体和客体,再从道德的形上学,超越主客到无限心。成中英一开始即未陷入"主—客"对立的架构中,却从诠释学来建构,以一开放系统来讲中国哲学,那是响应后现代的方向。成氏指出理解"是人存在的体验,通过自发性和全体性来界定,不单通过世界事物的转化和互相依赖,及其与人生存在的关系来解释,却也由人生存在的创发性潜能,及人生是在开放世界中的一部分来看。"③由于人与世界的循环互动,而形成一"本体诠释学的整体"是不断开放和探索的过程。

---

① 成中英:《从真理与方法到本体与诠译》,成中英主编:《本体与诠释》第 6—7 页。
② 成中英、杨庆中:《从中西会通到本体诠释》第 193—194 页。
③ Chung-ying Cheng, New Dimensions of Confucianism and Neo-Confucian Philosophy (New York: State University of New York Press, 1991),40

《论语》"和而不同"思想的世界意义[①]

柳宏

（扬州大学）

摘要：《论语》是儒家重要原典，公元3世纪经百济博士王仁东传日本，16世纪经丝绸之路西传欧洲，对世界文明交流产生了重大影响。《论语》"和而不同"思想，历代先贤分别从伦理学、政治学、经济学、植物学、社会学等不同层面予以阐述，当代学者及政治家根据社会发展需求赋予其更加丰富的时代意义。和而不同，就是多样性的统一，就是不同的东西结合在一起而达到某种程度的平衡。这对国际关系多元变化、国际格局深度调整的动荡形势，对应对气候变化、恐怖威胁、自然灾害、新冠疫情等人类挑战，对如何化解纷争、减少摩擦、合作共赢等凝聚共识，对建构人类命运共同体、创造更加美丽和谐的人类未来，具有深刻的启迪意义和借鉴作用。

关键词：《论语》和而不同；创新阐释；当代价值；世界意义

"这是一个最好的时代，也是一个最坏的时代。"这句话是英国著名作家狄更斯小说《双城记》的开篇，也是习近平主席2017年出席瑞士达沃斯世界经济论坛主旨演讲的开场白。这句话不仅对当前世界形势作出了最深刻、最精辟的判断，还促使人们思考这个世界好在哪里？坏在哪里？这个世界为什么好？为什么坏？有什么法子将这个世界好上加好，由坏变好？回答这些问题，不外乎在传统和域外之间，结合现实建构融合、活化创新。因为古今中外，思考、确立人类前进的方向时，似乎找不出更好的路径和法门。春秋时期的孔子是这样，清朝后期的康有为也是这样；日本的明治维新如此，欧洲的启蒙运动亦是

[①] 本文为国家社会科学基金重点项目"《论语》诠释史论"（16ZX009）阶段性成果。

如此。今天似乎也无法另辟新途。因为传统无法绕开,也不可简单抛弃。

《论语》是儒家原典,最集中、最具体地记录了孔子的言行,最精辟、最深刻地呈现了孔子的道德学问和伦理思想。两千多年来,《论语》的文化精神不仅存在于浩瀚的古代文献中,更存在于个人、家庭、族群、社会的现实生活之中,存在于亿万中国人的潜意识与日常伦理之中。今天,随着科学的发展和传媒的普及,孔子正逐渐走向世界。世界也愈来愈瞩目孔子。《论语》文本中"和而不同"的思想正逐渐成为世界多极化趋势的发展理念和外交策略,日益成为经贸往来中化解纷争、减少摩擦、长期合作的广泛共识,在全球化进程和人类命运共同体建构中具有深刻的现实意义和借鉴作用。

一、《论语》在世界的传播

《论语》由孔子弟子及再传弟子编撰成书。先有齐、鲁、古《论语》等不同版本在齐鲁大地传播。后经汉儒张禹以鲁《论语》为底本,参以齐、古,确立定本。再经郑玄据此注解。自此,历代大儒均依此研读注疏,形塑《论语》学文献系统和知识谱系。《论语》文本经由西域、百济东西两向辐射传播。

《论语》文本藉丝绸之路向西域传播。丝绸之路跨越中华文明、埃及文明、巴比伦文明、印度文明,成为古代中外交通和文化传播的重要路径。丝绸之路不仅是交通要道,不仅是丝绸、茶叶、瓷器的贸易通道,还是中西文化交流的桥梁。其中,作为儒家经典的代表著作《论语》,也通过丝绸之路传播到西域及西方社会,对世界文化产生了较为深远的影响。

早在汉代,儒家文化就传播到西域,考古学家在楼兰出土的汉代木简中发现《论语》残文。敦煌悬泉遗址中有《论语》部分经文,罗布淖尔汉简、居延甲渠候官汉简、金关汉简中,均有《论语》部分残简、残文。

魏晋以降,儒家经典在西域得以进一步传播。唐代的诸多写本残卷流传至今,如甘肃省博物馆藏有吐鲁番《论语》写卷。又如,敦煌抄本《开元四年〈论语〉郑氏注》,由唐代西州的学生抄写。《隋书》记载高昌人将孔子等人画像挂在厅堂;《魏书》载有"建孔子庙堂"的文字,《洛阳伽蓝记》云:"司徒府南有国子学,堂内有孔丘像,颜渊问仁、子路问政在侧。"[①]德国国家图书馆藏有唐朝前期

---

① 周祖谟校释:《洛阳伽蓝记校释》,北京:中华书局1963年版,第18页。

抄本《史记》《仲尼弟子列传》之残片。

明末清初,《论语》被欧洲传教士通过丝绸之路传入西方,产生了较为深远的影响。迄今,《论语》在西方的传播已经有300多年的历史。明朝万历年间,意大利人利玛窦不仅将西学大量引入中国,还将中国文化输送到欧洲。1687年出版的《中国哲学家孔子》,这是《论语》在西方的第一个译本。[①] 除孔子传记外,还收录了利玛窦以来几代人辛苦翻译的儒家经典《论语》《大学》《中庸》的拉丁文译本,其法文版书名被改作《国王们的科学》(又译作《王者之道》)。其它早期译本有1688年的法文版和1691年的英文版。2019年3月24日,国家主席习近平在法国尼斯会见法国总统马克龙。会见前,马克龙向习近平赠送1688年法国出版的首部《论语导读》法文版原著。1861年,苏格兰传教士学者理雅各在香港出版了《论语》的英译本,它成为后来所有《论语》学术译本的原型。它是按照中文逐字翻译的,并附以中文原文,以及根据两千年来的大量中文注释写成的解说。

西北如此,东北亦然。据史料记载,早在公元3世纪末,应日本应神天皇邀请,百济博士王仁带着《论语》和《千字文》等儒家经典,率领40多名制陶、建筑、酿酒等工匠,乘木帆船从灵岩出发东渡日本。灵岩因此成为中国文化传播到日本的一个重要中转站。后来在日本流传各种日文《论语》注释本。其中具有权威性的是伊藤仁斋的《论语古义》(10卷)和荻生徂徕的《论语徵》(10卷)。其它翻译本包括:武内义雄译注的《论语》(岩波书店,1954年)、金谷治译注的《论语》(岩波书店,1991年)、久末旺生译的《论语》(经营思潮研究会,1965年)、新岛淳良译注的《论语》(新地书房,1984年)、平冈武夫注释的《论语》(集英社,1980年)、诸桥辙次译注的《论语三十讲》(大修馆,1974年)、小林一郎讲述的《论语》(平凡社,1938年)、吉田贤抗解说的《论语》(明治书院,1984年改订19版)[②]。日本历史上的圣德太子也是儒教的忠实拥戴者,他把《论语》的中心总结为"礼"和"仁"两方面。他所制定的日本宪法的前身《17条宪法》就是以儒教《论语》为基础衍生出来的。

20世纪90年代初,朝鲜在平壤贞柏洞调查了3000多座汉代古墓,其中

---

① (法)梅谦立:《〈论语〉在西方的第一个译本》,《中国哲学史》2011年第4期。
② 顾犇:《〈论语〉在海外的传播》,《北京图书馆馆刊》1999年第2期。

364号墓出土了一批《论语》简,估计总数为120多枚。在韩国,《论语》的主要译本有桂明源(音译)译注的版本(三中堂,1983年)、金京拓(音译)译的版本(海东出版社,1984年)、金锡源译的版本(三省堂,1976年)①。

今天,放眼全球几乎所有主要的语言,都有自己语言的《论语》译本。孔子及《论语》在世界的影响力不断提升。至2019年底,中国已在162个国家和地区建立550多所孔子学院和1172个中小学孔子课堂。新一轮"孔子热"正风靡全球,《论语》的价值观念、精神内核逐渐传播辐射到国外。如伏尔泰将《论语》"己所不欲,勿施于人"视为每个人应当遵守的座右铭,法国大革命时期的雅各宾派领袖罗伯斯庇尔,亦将"己所不欲,勿施于人"写入《人权宣言》。美国学者迈克尔·H.哈特,选择了人类历史上有重大影响的一百位名人排列名次,孔子排列第五,仅次于耶稣和释迦牟尼等人。1988年1月,在巴黎召开的第一届诺贝尔奖国际会议上,75位与会代表经过4天的讨论,提出了16条以"面向21世纪"为主题的倡议,其中很重要的一条就是:"人类要生存下去,就必须回到25个世纪以前,去汲取孔子的智慧。"凡此,充分显示出《论语》在世界文化史上的地位和影响、作用和意义。

二、"和而不同"思想的诠释发展

人类社会发展史是一部不同文明、多元文化互动嬗变、共生并进的交响乐章。不同国家、地区、民族,不同历史、宗教、习俗,彼此交相辉映、相因相生,共同擘画出精彩纷呈的美丽世界。然世界发展进程并非一帆风顺,一片坦途,常常充满艰辛,布满荆棘,甚至遭遇暗礁险滩、血雨腥风。当今世界,国际关系深度调整,世界格局多元变化,地区安全局势持续紧张,热点问题层出不穷,传统和非传统安全威胁相互交织,全球性挑战更加突出。动荡性、模糊性、复杂性成为时代主要特征;这一背景下的国家利益、外交实践、经济发展的博弈更加复杂严峻。如何营造和平稳定的国际环境,为各国实现跨越式发展提供更多机遇,为全球经济治理体系变革注入强劲动力。儒家经典《论语》可以提供路径,获得启迪。

"和而不同"出自《论语·子路》篇。"子曰:'君子和而不同,小人同而不

---

① 顾犇:《〈论语〉在海外的传播》,《北京图书馆馆刊》1999年第2期。

和。'"此句通俗简洁,然意蕴丰富。古代《论语》诠释多从义利层面,分析君子、小人不同的心理特点及价值追求。如何晏《论语集解》注曰:"君子心和然其所见各异,故曰不同;小人所嗜好者则同,然各争利,故曰不和。"皇侃《论语义疏》指出:"和谓心不争也,不同谓立志各异也。君子之人千万,千万其心和如一,而所习立之志业不同也。……小人为恶如一,故云同也。好斗争,故云不和也。"邢昺基本沿袭《集解》之注,其《论语注疏》概述了"此章别君子小人志行不同之事也"之要义。朱熹《论语集注》从义利层面揭示君子小人不同的思维模式和价值取向:"和者,无乖戾之心;同者,有阿比之意。尹氏曰:君子尚义,故有不同;小人尚利,安得而和?"刘宝楠《论语正义》先从义利层面展开:"和因义起,同由利生。义者,宜也。各适其宜,未有方体,故不同。然不同因乎义,而非执己之见,无伤于和。利者,人之所同欲也,民务于是,则有争心,故同而不和。此君子、小人之异也。"强调君子之"和"因"义"而起,小人之"同"因"利"而生。然后通过厨师和羹、乐师操琴的比喻将经义拓展:"和如羹焉,水火醯醢盐梅,以烹鱼肉,燀之以薪。宰夫和之,齐之以味,济其不及,以泄其过。""声亦如味、一气、二体、三类、四物、五声、六律、七音、八风、九歌,以相成也。清浊、小大、短长、疾徐、哀乐、刚柔、迟速、高下、出入、周疏,以相济也。"形象指出只有五味相济,方可烹饪佳肴;五声相和,方能谐臻美乐。再引《左传·昭公二十年》齐侯与晏子讨论"和"与"同"的故事,追忆先王崇尚"五味""无声"相济相和之境界和治理之功效,"君子食之,以平其心。""君子听之,以平其心。心平德和。""先王之济五味、和五声也,以平其心,成其政也。""故《诗》曰:亦有和羹,既戒既平。鬷嘏无言,时靡有争。"并将"五味""五声"与理想的君臣关系类比:"君臣亦然。君所谓可而有否焉,臣献其否以成其可。君所谓否而有可焉,臣献其可以去其否。是以政平而不干,民无争心。"最后引梁丘据的故事指出小人求同的危害。"今据不然。君所谓可,据亦曰可;君所谓否,据亦曰否。若以水济水,谁能食之?若琴瑟之专一,谁能听之?同之不可也如是。"梁丘据是春秋时期的奸臣,只会溜须拍马,阿谀奉承。相传齐景公患病,久治不愈,便派两名官吏祈祷。岂料齐景公的病反而加重。齐景公恼羞成怒,认为两名官吏没有诚心,便要杀掉二人。此时梁丘据非但不加阻止,反而立刻附和:"对国君之事竟如此心不诚,实在该杀"。好在忠臣晏子犯颜直谏,阻止了悲剧的发生。

刘氏强调：君臣之间也应该允许存在不同认识、不同看法，应该真实表达不同意见、不同判断，最为可贵的是在君认为"可"处，臣能考虑到"否"，君指出"否"时，臣能谋划到"可"，在如此"可""否"的相济配制中，平衡和谐，和则激荡，和则生辉，和则盎然，这才是国家治理的应有状态和理性境界。否则，一味顺从，曲意趋同，一如以水济水，味同嚼蜡，琴瑟专一，声如沙漠。如此之同则单调、偏颇、诡异，同则僵化，同则凋零，同则衰败。

其实，在先秦文献中，还有一些关于"和而不同"的记载和思考。如："和实生物，同则不济，以他平他谓之和。故能丰长而物归之。若以同补同，尽乃弃矣。"（《国语·郑语》）突出了在不同事物中寻求"和"的过程，强调了和则丰长而物生、同则不济且尽弃的道理。庄子《齐物论》从"物之不齐"的自然现象出发，指出任何事物都有内在的本性，人类主体不能强迫"齐物"，应该遵循事物本身的规律，在"物各付物"的不同中探索寻找"和"即"物齐"的媒介和路径。如山西、山东、江南、江北，各有物产，如中东盛产石油，南非是世界上最大的黄金生产国和出口国；俄罗斯是天然气大国，巴西是咖啡王国。如何平衡这种"物之不齐"的格局和状态？战争掠夺、穷兵黩武，无疑是自掘坟墓。2000多年前的司马迁通过社会分工开创了"齐物"理论，即"待农而食之，虞而出之，工而成之，商而通之。"（《史记·货殖列传序》）即有的人种田，有的人畜牧，有的人做工匠，有的人做商人，"人各任其能，竭其力，以得所欲。"只有通过生产、加工、贸易等不同行业的流通，才能满足人的需求，促进经济的繁荣。

可见，孔子"和而不同"思想，强调君子在人际交往中应该与他人保持和谐友善的关系，但在对具体问题的看法上却不必苟同于对方。既和睦相处又保持独立个性，既团结协作又不盲目苟同。不能像小人那样为了一己之私利，一味迎合，盲目顺从。这一思想意蕴丰富，渗透着轴心时代丰富的思想资源和文化滋养。古代先贤分别从伦理学、政治学、经济学、植物学、社会学等不同领域予以阐述。当代的《论语》诠释则赋予更丰富的意义。如从哲学层面解释："和而不同，和就是多样性的统一，就是不同的东西结合在一起而达到某种程度的平衡。"[1]

"和而不同"无论作为一种哲学思想、价值标准，还是行为操守、道德境界，

---

[1] 陈筠泉：《多样性的统一》，《社会科学报》，2006年9月7日。

对于今天的国家治理、地区稳定,对于日常的行为举止、待人接物,对于世界秩序的深度调整乃至应对人类面临的当下挑战都有重要的现实意义和启迪价值。环顾全球,新科技革命和产业变革方兴未艾,为各国实现跨越式发展提供更多机遇;新兴市场国家和发展中国家的崛起势头不可逆转,为全球经济治理体系变革注入强劲动力。令人担忧的是,保护主义、单边主义愈演愈烈,治理赤字、发展赤字、信任赤字有增无减,世界经济中不稳定不确定因素明显上升。世界经济发展面临的难题,新冠肺炎疫情面对的困局,没有哪一个国家能独自解决,仅靠推诿、甩锅、霸陵、欺诈,只会加剧灾难。唯有在人类命运共同体视域下,在孔子"和而不同"思想烛照下,共同应对民族发展、国家前途、世界进程的世纪难题。

三、"和而不同"思想与多元文明融合

孔子"和而不同"思想,可以培育包容多元、理解尊重的宽广胸怀。大千世界,茫茫环宇,形形色色,丰富多彩,既有搏击长空的雄鹰,也有树梢屋顶的麻雀,既有雍容华贵的牡丹,也有默默无闻的小草,物之不齐,物之性也。既有太平洋西岸的超级大国,也有尼罗河畔的发展小国,既有时尚浪漫繁荣的巴黎都市,也有自然原始古朴的"马孔多"小镇,国别不同,国之情也。既有在严寒的北极生活的因纽特人,也有赤道附近的尼格罗人,既有面部扁平、颧骨较高的蒙古利亚黄色人种,又有头发金黄、眼睛发蓝的欧罗巴白色人种,人体不一,基因别也。唯此,才构成了丰富多彩、五彩缤纷的自然世界。对此,我们要承认这种多样性,尊重差异性,不能有种族歧视,不能存在地域偏见,不能沉溺"欧洲中心论"。不仅如此,我们还要尊重不同地域、文化孕育出来的制度选择和发展模式。现代化不是单选题,各民族现代化进程不可能只有一种模式。历史条件的多样性,决定了各国选择发展道路的多样性。中国民间流行"鞋子合不合脚,只有穿的人才知道。"阿拉伯谚语讲:"自己的指甲才知道哪里痒。"世界上没有包治百病的灵丹妙药,也没有放之四海而皆准的发展模式。所谓"西方模式具有唯一优越性"的神话完全是自欺欺人,不攻自破。

在现代化进程中,中国政府和人民在"和而不同"思想引领下,不仅创新生成了新中国和平共处五项外交原则,还在世纪之交积极应对国际风云变幻的

新形势,精心打造和而不同的外交名片,引领世界相互尊重,彼此包容,消除偏见。

江泽民访美时在布什总统图书馆演讲:"两千多年前,中国先秦思想家孔子就提出了'君子和而不同'的思想。和谐而又不千篇一律,不同而又不相互冲突。和谐以共生共长,不同以相辅相成。和而不同,是社会事物和社会关系发展的一条重要规律,也是人们处世行事应该遵循的准则,是人类各种文明协调发展的真谛。"

胡锦涛访美时再次重申"历史经验表明,在人类文明交流的过程中,不仅需要克服自然的屏障和隔阂,而且需要超越思想的障碍和束缚,更需要克服形形色色的偏见和误解,意识形态、社会制度、发展模式的差异不应成为人类文明交流的障碍,更不能成为相互对抗的理由。我们应该积极维护世界多样性,推动不同文明的对话和交融,相互借鉴而不是相互排斥,使人类更加和睦幸福,让世界更加丰富多彩。"

习近平主席在美国西雅图强调:"'日月不同光,昼夜各有宜。'正是因为有了差别,世界才多姿多彩;也正是因为有了分歧,才需要聚同化异。矛盾是普遍存在的,纯而又纯的世界是不存在的。中美两国在一些问题上存在不同看法、存在分歧在所难免,关键是如何管控。最关键的是双方应该相互尊重、求同存异,采取建设性方式增进理解、扩大共识,努力把矛盾点转化为合作点。"[1]

中国声音在世界上空回响激荡,孔子"和而不同"思想在不同文化土壤上传播流淌。这有助于人类超越不同地缘政治、不同意识形态的差异,理性对待不同发展模式、不同利益诉求之间的矛盾、分歧、摩擦;有助于世界不同国家、不同地区的人们思考:在制度选择和发展道路的探索上,生搬硬套没有出路,机械模仿容易迷失。一个国家的发展道路,只有在实践中不断完善,结出果实。"只能由这个国家的人民,依据自己的历史传承、文化传统、经济社会发展水平来决定。"[2]"'履不必同,期于适足;治不必同,期于利民。'一个国家发展道路合不合适,只有这个国家的人民才最有发言权。正像我们不能要求所有花

---

[1] 《习近平在华盛顿州当地政府和美国友好团体联合欢迎宴会上的演讲》,《人民日报》2015年9月23日。
[2] 习近平:《共同开创中阿关系的美好未来推动中阿民族复兴形成更多交汇》,《人民日报》2016年1月22日。

朵都变成紫罗兰这一种花,我们也不能要求有着不同文化传统、历史遭遇、现实国情的国家都采用同一种发展模式。否则,这个世界就太单调了。"[①]故此,在全球化背景下,各国领导人应该顺应历史潮流,坚持人类优先的理念,力戒把一己之利凌驾于人类利益之上,切勿对一些发展中国家指手画脚,颐指气使,应该以更加开放的心态和举措,共同把全球市场的蛋糕做大、把全球共享的机制做实、把全球合作的方式做活,共同把经济全球化动力搞得越大越好、阻力搞得越小越好。

四、"和而不同"思想与和平发展目标

众所周知,经过改革开放 40 年的快速发展,中国各领域取得了辉煌成就。经济总量已达世界第二,出口总量居世界第一。神舟六号载人飞船、嫦娥四号登月探测器成功发射,"蛟龙号"潜水器创下世界最大下潜深度纪录,诞生了世界最大单口径射电望远镜"天眼",建成覆盖全球的北斗卫星导航系统,可燃冰试采成功。2017 年,"一带一路"沿线国家的青年评选出中国"新四大发明"——高铁、网购、支付宝、共享单车。"新四大发明"是近年来中国科技创新的缩影。高铁跑出"中国速度",拉近城市之间的距离;优质商品借助发达的电商平台,到达世界各地消费者的手中;扫码支付引领消费时尚,让不带钱包出门成为常态;共享单车为"最后一公里"提供解决方案,有效缓解交通拥堵……"新四大发明"不仅改变了中国人的生活,也刷新了世界对中国的认识,生动阐释了中国创新模式给世界的启示。

中国不仅在自身发展上取得巨大成就,而且为世界作出了远超其他国家的贡献。比如在增长方面,中国对全球经济增长的贡献率连续 10 多年保持 30% 以上,成为世界经济增长主要动力源。开放方面,中国已超额完成加入 WTO 时的各项承诺,平均关税降至 7.5%,超过所有发展中大国,正在接近发达国家水平;营商环境方面,在世界银行发布的排名中,中国在过去两年快速提升了 47 位,前进至第 31 位,成为世界上改善幅度最大的经济体。减排环保方面,过去 20 年中国植被增加量占全球 25% 以上,2018 年中国碳排放强度比

[①] 习近平:《弘扬丝路精神 深化中阿合作——在中阿合作论坛第六届部长级会议开幕式上的讲话》,《人民日报》2014 年 6 月 6 日。

2005年下降45.8%,提前实现对国际社会的承诺目标。国际合作方面,中国已成为联合国第二大会费国和维和摊款国,是安理会五大常任理事国中派出维和人员最多的国家。

这样一个繁荣昌盛、蒸蒸日上的,为人类发展进步作出越来越大贡献的发展中大国,本应该受到世界各国的尊重和拥护,应当得到国际社会的欢迎和肯定。然而事实并非如此。面对中国持续快速的经济增长和国防力量,中国的"块头"大了,中国这个东方沉睡的"狮子"醒了,有些人担心,有些人猜忌,有些人疑虑,如欧洲主要的中国学研究机构"欧洲亚洲研究所",曾经在布鲁塞尔举办了名为"欧盟—美国—中国战略大三角:一厢情愿的设想还是稳步推进中的工作?"的会议,会议探讨的议题是:和平崛起的中国是否能够成为全球战略平衡中的重要力量,欧美如何与中国合作。应当承认,这是一种比较理性和现实的思维方式,也是比较务实和可行的应对举措。然不可思议的是:还有一些人自作聪明,或散布"中国威胁论",或挖出"修昔底德陷阱",甚至还有一些人阴险狡诈,想方设法找碴儿闹事,煽动挑拨,极力阻碍、遏制、破坏中国的发展。某个时期,周边个别国家因为特殊历史原因,对中国心存芥蒂,别有用心地散布"中国威胁论"。域外个别国家图有称霸全球的野心,推行单极世界的理念,制造了中国周边地区的局部紧张,给我国制造了不少麻烦。一些西方国家政客和媒体似乎集体患上了"对华恐惧偏执症",表现为"逢中必反",对中国污蔑抹黑,无所不用其极,甚至黑白不分,是非颠倒,完全丧失了底线和良知。西方人对中国的"意识形态成见"太深了,在他们眼里,黄色皮肤的"东亚病夫"怎么能强大崛起呢?英国撒切尔夫人曾经预言:中国不会成为世界超级大国,因为中国没有可以用来推进自己的权力、从而削弱西方国家的具有国际传播效果的学说。"今天中国出口的是电视机而不是思想观念","即使中国在巨大的经济崛起中充其量也只能成为一个物质生产大国,在精神文化生产和创新乃至输出上仍然是个无需重视的小国。"[①]但青山遮不住,毕竟东流去。社会的发展往往不以人的意志为转移。今天,中国毕竟繁荣了,发展了,强大了。怎么办?那就掐脖子、泼脏水、抹黑、歪曲、污蔑、攻讦,打贸易战,打台湾牌,煽动"疆独"

---

① 邢华:《中国文化输出迫在眉睫——著名学者王岳川谈中国文化》,《党员干部之友》2014年第6期,第12—13页。

"藏独""港独"。

在这一关键敏感时期,面对如此复杂情况,究竟应该怎么办?在传统文化中寻找资源,到孔子哪儿寻找智慧。孔子说:"人不知而不愠",不能因为你不理解我、误解我而生气、而发火、而恼羞成怒。应该理性对待,坦然面对,交流对话,有效回应和消解"中国威胁论"的负面影响,阐述我国追求和平发展的理念和决心。

第一,用数据说话:我们的发展构不成威胁。

中国已成为世界第一大出口国、第二大进口国、第二大经济体、第四大发明专利国。中国在载人航天、探月工程、超级计算机等尖端科技领域实现重大突破。我们虽然GDP总量居世界第二,但人均仅为美国的1/6、欧盟的1/4,人类发展指数也排在世界80位以后,科技教育水平与发达国家还有明显差距,发展不平衡、不充分问题依然突出,工业化进程尚未完成。且中国有13亿多人,虽然整体的财富水平和幸福指数可以迅速上升,但每个个体的财富水平和幸福指数的提高就不那么容易了。习近平主席在德国演讲时做了十分通俗的比喻:"同样一桌饭,即使再丰盛,8个人吃和80个人吃、800个人吃是完全不一样的。我们深知,在相当长时期内,中国仍然是世界上最大的发展中国家,提高13亿多人的生活水平和质量需要我们付出艰苦的努力。"[1]中国立足于做好自己的事情,不想去威胁谁、威胁任何人,中国好世界才更好。中国要聚精会神搞建设,需要两个基本条件,一个是和谐稳定的国内环境,一个是和平安宁的国际环境。

第二,从文化传统出发:我们没有威胁侵略的基因。

中国人自古就提出了"国虽大,好战必亡"的箴言,"和平、和睦、和谐是中华民族5000多年来一直追求和传承的理念,中华民族的血液中没有侵略他人、称王称霸的基因。"[2]《论语》"和而不同""和为贵"等包含了丰富的和平思想。孔子云:"四海之内皆兄弟"。孔子强调"仁德""仁爱""仁道""仁行",即达人、爱人、立人,倡导人与人之间互相团结、互相友善、互相帮助。孔子"军旅之事,未尝学也。"在"足食、足兵、民信"三者中,如果不得已而去其一的话,孔子

---

[1]《习近平在德国科尔伯基金会的演讲》,《人民日报》,2014年3月30日。
[2] 习近平:《在庆祝中国共产党成立一百周年大会上的讲话》。

认为首先是去兵。孔子反对季孙氏对颛臾国"谋动干戈",追求"远人不服,则修文德以来之"的境界。孔子称赞管仲为仁人,盖因其"相桓公,霸诸侯","不以兵车","一匡天下",国家百姓免遭战争之祸。自古以来,中华民族就积极开展对外交往通商,而不是对外侵略扩张;执着于保家卫国的爱国主义,而不是开疆拓土的殖民主义。中国不会威胁任何一个国家,永远是维护世界和平的正义力量。近来,西方也有理性的学者批评"中国威胁论"。澳大利亚著名学者科伦在《金融评论报》批评澳近期"中国威胁论"已演变成"红色恐惧偏执症",指出澳当前涉华辩论几乎丧失全部理性和分寸,对华强硬被视为澳取悦美国的一种方式。美国知名学者和媒体人扎卡里亚也在美《外交事务》杂志发表《新的中国恐惧症——美国为何不应当对新挑战感到恐慌?》一文称,中国是当前在地缘政治和军事领域高度负责任的国家,与美形成巨大反差。对华发动冷战将严重拖累美经济,受益的只是美军工产业。

第三,以最大诚意:展示和平发展愿景。

中华民族5000多年的文明进程中,一直追求和传承着和平、和睦、和谐的坚定理念。和平、和谐,己所不欲、勿施于人等观念和传统深深融化在中国人的血液里,植根于中国人的精神中,体现在中国人的行为上。中国近代史,是一部充满灾难的悲惨屈辱史,是一部中华民族抵抗外来侵略、实现民族独立的伟大斗争史。历经苦难的中国人民珍惜和平,绝不会将自己曾经遭受过的悲惨经历强加给其他民族。中国改革开放40年的历史已经证明,和平发展是中国基于国际环境、自身国情、社会制度、文化传统作出的战略抉择,顺应时代潮流,符合中国根本利益,符合周边国家利益,符合世界各国利益。我们有什么理由不走和平发展道路呢?又怎么能够不走和平发展道路呢?因此,"中国将毫不动摇坚持独立自主的和平外交政策,坚持走和平发展道路,坚持互利共赢的开放战略,秉持正确义利观,推动建立以合作共赢为核心的新型国际关系,始终做维护世界和平、促进共同发展的坚定力量。"[①]

基于此,中国拿出最大诚意,坚持按照亲、诚、惠、容的理念,深化同周边国家的互利合作,努力使自身发展更好惠及周边国家。在非洲,中国提出"真、

---

① 习近平:《迈向命运共同体,开创亚洲新未来——在博鳌亚洲论坛2015年年会上的主旨演讲》,《人民日报》2015年3月29日。

实、亲、诚"的发展合作理念,"致力于把自身发展同非洲发展紧密联系起来,把中国人民利益同非洲人民利益紧密结合起来,把中国发展机遇同非洲发展机遇紧密融合起来,真诚希望非洲国家发展得更快一些,非洲人民日子过得更好一些。"[①]面向拉美和加勒比国家,中国积极构建"1+3+6"中拉务实合作新框架,以产能合作为突破口推动中拉合作提质升级。面向上海合作组织,中国优先实施已经达成共识的互联互通项目,在未来几年,推动建成4000公里铁路、超过10000公里公路,基本形成区域内互联互通格局。此外,创设"亚投行""上海进博会",倡导推进"一带一路"建设,这是中国传统文化在全球化进程中的创新成果,展现了中国营造国际一流营商环境、推动多边和双边合作深入发展的最大诚意,是中国为构建新一轮国际投资贸易规则、完善全球经济治理体系提供的中国方案和中国智慧。

"和而不同"是中华民族的传统智慧结晶,深深根植于中华民族的精神世界之中,深深融化在中国人民的血脉之中,不仅成为处理人际关系的基本原则,而且成为处理国家之间关系的重要原则。当代社会,"和而不同"为世界的和平与发展贡献了独特的智力资源,启发人们在全球化进程中,必须积极寻求国家利益的交汇点,妥善处理分歧,强调尊重差异,聚同化异,凝聚共识,要跨越意识形态和社会制度的差异,放弃冷战思维和强权心态,通过对话,达成共识,形成合作,共享共赢。"和而不同"的中国智慧无疑有助于推动各国淡化分歧,凝聚共识,进而建设和平、稳定、合作、共赢的美好世界。

[①] 习近平:《永远做可靠朋友和真诚伙伴——在坦桑尼亚尼雷尔国际会议中心的演讲》,《人民日报》2013年3月26日。

儒家思想和韩国近代民族宗教

朴成浩

(韩国圆光大学)

一、导言

中国哲学各学派之中的儒家思想,不仅在韩国还是在东洋,都是学术和文化的主流。要了解东洋文化传统和学术思想,必须首先要了解儒家文化和思想。儒家思想在韩国近代史上,一度成为控制韩国整个社会的思想之一,与佛教的排斥、性理学的废止、实学的兴趣等有着密不可分的关系。[①] 特别是,儒家思想在人伦尊重态度和实践哲学方面,以"开辟思想"之名,在韩国近代民族宗教的形成过程中积极地被包容。

通过考察韩国近代民族宗教的创始者,我们可以发现,开辟思想是创始者们的共同思想之一。'开辟'这一词由来已久。《周易》阐述了其思想原型,《史记·三皇记》里首次出现开辟这一词。在词典上查找'开辟'这词的解释是"宇宙的开始,开天辟地",即宇宙秩序的新确立的局面。到了中国宋代,在《皇极经世书》里,邵康节对上述的开辟概念增添了先后天的内涵。这样一来,其含义更加具体、深入。简单地说,他认为宇宙的秋天意味着先天五万年(宇宙的春天、夏天)的结束,重新开始后天五百年的历史,即后天开辟新时代的开端。邵康节的开辟思想和先后天概念如何传到韩国,其过程尚不清楚。开辟思想最先在韩国正式出现是朝鲜后期。通过分析朝鲜后期文人文集,我们可以发现自17世纪至19世纪期间'开辟'这一词出现频繁。值得注意的是,用'开辟'这一词的大部分人,是民众意识迅速崛起的朝鲜后期的知识分子。这些事实

[①] 赵庸充,《近代儒学和圆佛教》,《圆佛教思想》第12辑,1982。

告诉我们,开辟思想出现的背景中,包含着民众意识觉醒的朝鲜后期时代性因素,同时也说明东学、正易、甑山教和圆佛教等近代韩国民族宗教中共同出现的开辟思想的根源,与朝鲜后期知识分子的开辟思想不无关系。

韩国近现代历史上自发出现的民族宗教思想,包括开辟思想、革世思想、人本思想等等。在当时那个寻求变革的社会中,这一类经世思想的产生可以说是时代的必然。因此,圆佛教也顺应了这种时代趋势。尤其是在东学的影响下,开辟思想更是广泛地深入人心。在甑山教之后,圆佛教将精神开辟作为开教宣言公之于众,作为教义的核心部分。

韩国圆佛教是少太山朴重彬大宗师(1891—1943,以下称少太山)于1916年创立的志向于世界的韩国民族新兴宗教。最近100年来,圆佛教在韩国社会得到了令人刮目相看的发展,已成为韩国近代历史上出现的众多新宗教中规模最大、社会影响力最大的新宗教之一。现在的圆佛教是韩国四大宗教之一。圆佛教为什么能在现代韩国社会得到如此快速的发展?其中当然有很多内外的因素,但我认为圆佛教教义中包含的儒家思想和文化,应当是最主要的原因之一。

二、无极而太极与一圆相

少太山认为,世界的诸宗教,其根本原理是原本为一。因各立教门,制度与方法有所区别,教派之间常无法融通,此非诸佛诸圣之本意,而是对所有宗教和宗派根本原理之无知所致。[①] 故少太山希望在借鉴所有宗教的制度与方法层面上,建立具有时代化、大众化、生活化特征的圆融宗教,"要把狭隘的信仰转变为圆满的全体信仰,把迷信转变为真理的、现实的信仰,并进自他力信仰,以圆满的三学修行,融通诸宗教的教旨,使广大信徒成为大圆满的宗教的信徒。"[②]少太山的抱负,就是要建设,以"宇宙万物之根本,诸佛诸圣之心印"的

[①] 北京大学宗教研究所译,《圆佛教教典·正典·第一总序篇》第二章《教法总说》,北京:宗教文化出版社2005年版。

[②] 北京大学宗教研究所译,《圆佛教教典·正典·第一总序篇》第二章《教法总说》。

法身佛一圆相,作为信仰的对象与修行典范,以天地、父母、同胞、法律的"四恩"[①]与修养、研究、取舍的"三学"[②],"为信仰与修行纲领,诸宗教的教旨亦在于融会并活用此法,成为广大圆满的宗教的信徒。"[③]

少太山把大觉境界名为"法身佛一圆相",阐明了"一圆相真理"。"○"表示真理。圆佛教以对一圆相(○)的信仰和修养为其教义的核心。他们认为:一圆"是宇宙万有的本原,诸佛诸圣的心印,一切众生的本性。"[④]少太山以一圆相阐述他大觉的境界,把一圆相当作信仰的对象和修养的标准。他对其他的宗教教法中值得肯定的方面,从大觉的观点上将其统合、革新,并且活用到圆佛教中来,从而开创了作为革新宗教的圆佛教。少太山解释儒家思想的内容中曾指出,"太极或无极"是宇宙最终的真理,相通于一圆相的真理。他是这样阐明的:

> 佛像是显示佛的形体,而一圆相则是显示佛的心体。所谓的形体不过是一具偶像,而所谓的心体则是广大无量的,能够统摄有和无,贯通三世,即是天地万物的本源,语言道断的入定处。虽然儒家称此为太极或无极,道家称此为自然或道,佛家称此为清净法身佛,但是就原理来说均相同。尽管彼此某些方面、某些途径相通,最终则归结于一圆的真理,如果所谓的宗教不植根于这种真理,就是邪道。[⑤]

"无极而太极"具有"神无方易无定体"的特点,虽然不是有形的,但作为阴阳动静的依据,不仅超越了时空,同时在时空中显现自我的非感觉、非经验。在一圆相真理中,分析超越一切的真空体中也隐显自在着真空妙有的和谐,也能看出超越时空的同时,在时空中显现自我的真理。

而且,少太山在总结儒家思想特点时指出,儒学以宇宙万有的具有形状的东西为主体,教三纲五伦和仁义礼智,开辟了修齐治平的观点,还阐明"四恩四要"的教理也具有儒家思想。这是说明儒家思想注重现实性人类事理,"有形

[①] 圆佛教的基本教理之一,将一圆相真理具体地现实地分为四类加以说明,这四类即四恩就是天地恩、父母恩、同胞恩、法律恩。(方立天,《四恩思想与世界和谐》,《圆佛教教典(中文版)》出版纪念学术研讨会,15页,2006。)
[②] 圆佛教的修行科目,即精神修养、事理研究和作业取舍。
[③] 北京大学宗教研究所译,《圆佛教教典·正典·第一总序篇》第二章《教法总说》。
[④] 北京大学宗教研究所译,《圆佛教教典·正典·第二教义篇》第一章第一节《一圆相真理》。
[⑤] 北京大学宗教研究所译,《圆佛教教典·大宗经·第二教义品》第三章。

状的东西为主体"不仅仅是形而下的原理,而且从'下学而上达'的角度解释了普遍日常伦理。这种儒家思想的特点是儒家思想原有的一贯的特点。圆佛教通过上述内容认定儒家的形而上学的理论价值和其相通性,进而在"人道上要法"的观点中包容了儒家思想。

三、人伦尊重的态度

儒家思想对圆佛教的影响之一,就是以人为本的人伦尊重的态度。我们从以下两个方面对其进行分析。

第一,人道正义为尊重姿态,它不把修行视为对真理的认识或与道合一的目的,而在于实现人道正义上。而且,还主张学习方法在"下学而上达"的原理上不脱离现实生活。圆佛教中"三学"的最终目标被解释为"作业取舍",即实现正义;"三学"的实现方法,强调家庭和社会生活的实践。[1]

第二,尊重人道正义的实现,就是尊重人类的价值世界的建设。换句话说,通过文化创造,弘扬自我实现的意义。当然,存在或与自然合一的自然主义价值观,并不是被全面否定,而是更多地强调文明创造的意思。这就证明圆佛教所宣扬的理想世界就是博大的大文明世界。[2] 有时也包含没有人类的世界就没有任何意义的观点。[3]

这一观点强调的具体事项是弘扬正义实现的尊重和"礼"的强调及"忠孝烈"等等。朱子在"理"的定义上,统一了"所当然"和"所以然",提供了伦理性实践精神的依据,朝鲜时代的朱子学则原封不动地继承了这一理论。圆佛教思想也强调正义实现的精神。"作业取舍"中则体现为了正义可义无反顾的态度。[4] 这与修行的成果"舍弃不义实现正义"的观点相通。

儒家思想把"礼"定义为,依据天理的正确的行为规范或实践形式。朝鲜时代的礼学派主张,"礼"基于该思想,应普遍应用于所有领域,连国家整体性统制秩序也都想制约于"礼化"。有时这种思想倾向也沦为权力斗争的理由依据,但其基本意图则主张人类的所有规范和秩序,应与天理相融合。

---

[1] 北京大学宗教研究所译,《圆佛教教典·大宗经·第三修养品》第四十一章。
[2] 北京大学宗教研究所译,《圆佛教教典·大宗经·大宗经·第一序品》第八章。
[3] 北京大学宗教研究所译,《圆佛教教典·大宗经·大宗经·第八佛地品》第十三章。
[4] 北京大学宗教研究所译,《圆佛教教典·正典·第二教义篇》第四章。

圆佛教也强调"礼",是用"礼"来顺化所有个人行为和社会规范。但圆佛教的"礼论"则倾向于宣扬"礼"固化,欲跟随时代的变化,改变其方向。因此,改革以传统固化的"礼"的形式,达到"礼"的根本思想。

儒家思想中,强调"忠孝烈"等价值概念,圆佛教思想也继承和发展了其思想内涵。对此,鼎山宗师是这样阐述的:

所谓忠,就是居中之心,无内外之心,无虚伪之真心。每人都能以此真心互相交往,为社会作出贡献,为国家服务,无论身在何地何职,常能奉公去私、竭尽努力,这些无一不是忠之运用。这已不是古时狭义上只局限在为君王一人奉献忠心的层面,也不是不顾整个国家的利害安危,虽是昏君也要为其一人而献身的愚忠。其实,忠的含义非常广泛而又真实,古往今来成为世间的纲领和人类的正气所在。观时下年代人心,忠之染疾日久,于内欺瞒良心,不知自省;于外蒙蔽社会,不知自耻。人们的生活日益复杂,社会的混乱了无止境。若决意匡正乱世,重建神圣而真实的世界,无论采用何种方式,忠的精神若难获振兴,并重新注入众人心中,则无论何法也将难见起色。所谓孝,无论在何事上行报恩之道,都可归于此列,但其中报恩于父母是最基本的。一个不懂得父母恩的人,又怎能知道其他众恩,以至天地、同胞、法律的根本之恩呢?因此尽孝要想从报答父母恩开始,继而发现其他诸恩。人们认识到这所有的恩泽,无论何时何地,千万种境界都归结于感恩一途,便无一不是孝之运用。这已不是古时狭义上即便父母有自力时也不离开其身边的孝,不是对一切社会责任和一切报恩行为等闲视之的片面的孝。孝的含义其实非常广泛而又圆满,古往今来成为世间的纲领和人道的根本。观时下年代人心,孝之染疾亦是日久,家庭中嫌怨父母,社会上嫌怨天地、同胞与法律。社会的空气变得日益沉郁,人类生活面临着危险。若决意匡扶乱局,重建平和安乐的世界,无论采用何种方式,孝的精神若难获振兴,并重新注入众人心中,则无论何法也将难见起色。所谓烈,无论何事都能保持节操,都可归于此列,无论何人其对节操的重视,就如同女子对贞节的重视。一个女子,若对节操不加重视,那么对其他操行上又能具备多少诚意呢?因此,对烈的践行,意味着女子的节操以及男女老幼遇到无数的情形而不失其节操。无论身处何种境地,都要内心坚定,守持己分。若是正当之事,虽死奉行;不当之事,死亦不为。这些无一不是烈之运用。这已不是古时狭义上的媒妁之命不可违,哪怕夫亡也要终老于婆家,也不是丈夫一死,便不顾及社会人道的义务与责任而执意殉夫的愚烈。其实,烈的含义非常广泛而又通达于一切,古往今来成为世间的纲领和人道的标准。观时下年代人心,烈之染疾日久,本末倒置,主客不分,朝志夕易,昨天已说好了今天却改变的事情也挺多,社会秩序不彰,人道的标准并不明确,圣贤教法丧尽权威,人们的生活颠倒错乱。若决意拨乱反正,重建神圣的世界,无论采用何种方式,烈的精神若难获振兴,并重新注入众人心中,则无论何法也将难见起色。[①]

通过以上内容可以看出,孝从对父母的报恩意义转变为通过自力者实现慈悲的广泛概念,忠也从忠主或国家的牺牲扩大到全世界和为人类的广泛公道的献身,其意义被扩大并接受。由此可见,发展地继承儒家思想在圆佛教思想形成过程中起到了重要的作用。

四、结语

圆佛教宣扬否定现实的形而上学的宗教,强调现实伦理,它吸收了崇尚"礼"的儒家思想的特点,可以重新创建新的宗教。圆佛教的"一圆相"的真理,体现的是"太极而无极"这原本就不是两个概念的形而上学的相通性。所有宗教的思想来源本来就是同源的少太山的观点,也为此提供了理论依据。还有,儒家思想和圆佛教的关系上,最主要的观点是以人为本的人伦尊重的态度。

未来,世上的所有哲学和思想,应自觉认识自己的使命,回归到自己本源的理论,提高人类的精神福祉并为建设和平世界而提供理论基础。在这过程中,对韩国近代宗教之一的圆佛教思想的形成起到诸多影响的儒家思想和文化,其作用和影响将不可限量。

[①]《鼎山宗师法语》,第六经义篇五十八章—六十章。

"三教合一"与跨文明互鉴

秦彦士

(山东大学儒学高等研究院)

提要:"人类命运共同体"已经被写入联合国的多个文件,而当前的国际局势却在不断恶化;在这种情况下,人类需要超越狭隘文明视域的智慧。在数千年传承不断的中华文明发展历史上,我们的先辈不仅通过自己的智慧创造了灿烂辉煌的文化,而且非常善于吸收域外的精神营养以丰富我们自己的文化。在这个中外异域文化的交流创新中,最突出的就是在"儒道互补"的基础上融汇西域传来的佛教。在当今世界甚嚣尘上的"文明冲突"背景下,回顾中古以来儒释道由对抗、冲突进而有机融合的历史经验,对于我们的当代文化创新与中外文化交流都具有重要的意义。

关键词:中华文明;佛教;禅宗;三教合一;人类命运共同体

引言

人类自从步入近代的广泛跨文明交流尤其是在进入"全球化"之后,人们本来以为各国人民将通过正常的经济、文化交流进而不断走向和谐互利的美好未来,然而令全世界始料不及的却是东西方的冲突日益加剧,而中东地区频繁爆发热战,最新的俄乌战争在持续大半年之后依然没有结束的迹象。这种逆历史潮流的现象不断引发世界各国学术界与各界人士的反思,他们积极寻求不同的解决方案。然而,由于各种不同的历史文化背景加之缺乏正常的交流平台等原因,不同文明的对立并没有得到有效的缓解。在这种情况下,"尼山世界文明论坛"成为不可多得的跨文明交流的平台,并产生了不断增加的世界性影响。

回顾历史,我们认为在当下国际冲突不断的情况下,中国历史上的"三教合一"的跨文化交流及其文化创新成果可以为解决当代人类冲突提供有益的启迪,尤其是中国的本土文化在最初与域外的佛教产生激烈冲突之后,如何在数百年发展中通过求同存异融合发展,进而丰富了我们自己的本土文化。这个历史经验可以为我们解决当代人类的文明冲突提供重大的启迪。

中华民族的文化曾经长期被视为以中原华夏为中心的文化,但不断增加的考古发现证明,我们民族文化初期实际上具有一种多元的性质:中原文明之外的良渚文明、龙山文明、马家窑文明、三星堆文明等大量考古发现都显示出中华文明初期的"多元一体"性质。

再从早期文明特征来看,中国古代没有西方基督教那种绝对唯一的神,而是多神共存的自然崇拜、图腾崇拜以及祖先崇拜。后来兴起的本土宗教道教更是显示出"杂而多端"的特点。这样的宗教缺少了纯粹性,但也增加了包容的色彩,从而避免了激烈的冲突和死亡。中国极少有基督教和伊斯兰教历史上那样的宗教冲突与战争,这与中华文化的上述特征有直接的关系。这是我们今天探讨跨文明互鉴的重要基础。

一、先秦秦汉思想文化演变的回顾

自从孔子开创儒家学派之后,儒家思想就不断地在中华大地传播,并在汉代之后成为统治思想。但早在原创时期,儒家思想就已经显示了明显的变化。如果说从孔子的礼、仁到孟子的仁政,其政治主张的差异还不是十分明显的话,那么到了荀子则已经将儒家的"礼教"与法家的"重法"进行了有机的结合(《荀子·天论》:"人君者隆礼尊贤而王,重法爱民而霸")。此外,对于孔孟的"法先王"的历史观和命定论,荀子也作出了重大的突破:他一方面借鉴老庄的自然天道论,提出了"制天命而用之"的思想,另一方面则明确地主张"不师古"而要"法后王"。此外在逻辑论证上学习继承墨家、名家的逻辑方法,都显示了与孔孟的明显区别。

在"礼崩乐坏"、战争频繁的时代,儒墨的创始人针对当时的社会问题,从《诗》《书》《易》《礼》等古代智慧中吸取思想的营养,从而建构出"同源异流"的"内圣外王"治国理念。随着思想与社会的双向互动,使得儒墨成为声名卓著的"显学",由于时代变化的加剧,加之各自立场的差异,儒墨思想学派的分歧不断加剧,双方的论争尤其是后学之间的相互攻击愈演愈烈。但在战国中后期各国纷争日益走向大一统的形势之下,在"百家争鸣"又相互影响的大背景下,儒墨两家也在"相灭相生"的论争中相互交融,最终碰撞出"大同"理念的思想结晶。

中国历史上儒墨会通、儒法结合、儒道互补乃至"三教合一",这些历史经验为解决当代人类冲突提供了重大的启迪。应用古代的智慧与当代的创新性发展成果,我们将为应对"文明冲突"和"人类命运共同体"的构建提供中国智慧与中国方案。

目前的国际局势与中国古代的战国形势有许多相似之处,所以回顾这个历史文化的发展变化,尤其是思想文化的演变,将会对我们审视当下的国际冲突提供有益的启示。

在政治多元化的时代,"轴心时代"的先秦诸子思想得到前所未有的发展空间(当时随着政治版图大一统的推进,诸子思想也在"譬如水火"的论争中不断产生"相灭相生"的创新成果)。

在新的形势之下,儒家从孔子的礼、仁走向了荀子的礼法并重,而"辟墨"的儒家与"非儒"的墨家则碰撞出"大同"的伟大思想结晶,阴阳家吸收自然科学的知识发挥出"五德终始"的政治学说。与此同时,中原汉民族与"四夷"少数民族也在不断融汇:东方的"东夷"较早被齐鲁等国纳入,并迅速融入华夏文化圈;南方的"蛮夷"先是被楚国攻占,后来在秦国统一的时候更是彻底地融入中华文化圈;西北的戎狄先是被秦晋攻占,随着秦的东扩也不断深入地融合进中原文化中。在这个历史进程中,汉民族与少数民族无论在人种还是文化上都不断地交融,从而避免了民族冲突的恶性循环。而谈到中华民族文化的巨大包容性,我们不能不感谢我们的先民早在一千多年前就成功地完成了本土文化与域外文化互利互容的历史任务,并给我们今天处理类似的矛盾冲突提供了宝贵的经验教训。

二、佛教传入初期与中华本土文化的冲突

从《弘明集》看初期本土、异域文化的冲突。

由于地理环境的局限，中国古代不可能像希腊文明那样通过吸取地中海周边如古埃及文明以及两河等思想文化营养来创建自己的文明；加之夏商周延续的历史文化积淀，我们的古代先民不仅对于周边的"四夷"文化有着天然的优越感，而且这种地理历史背景下形成的文化自古就有一种"自足"的状态。这种状况之下，大一统的汉帝国后期突然传来的域外佛教一开始必然要与华夏本土文化发生激烈的冲突。但由于早在中古时代儒释道三教合一的文化创新任务就已经完成，所以大多数人已经忘记了在域外的佛教传入中土的初期，不同性质的文化曾经发生过多么激烈的冲突。由于《弘明集》《广弘明集》等历史资料仍然流传下来，我们可以通过历史的记载回顾异质文化在几百年间由冲突到会通的艰难历程。

在保存于《弘明集》的《牟子理惑论》中，作者牟融以佛教徒的身份对当时的儒者提出的几个严峻的问题进行了答疑，这几个问题就是：佛教不修周孔之道；出家有违孝道；因果报应不符合孔子"未能事人，焉能事鬼"的圣训。对此，作者是这样反驳的："尧不能化朱丹，周公不能训管蔡"。此外，对于孔子的"夷狄之有君，不如诸夏之亡也"等传统的中原文化优越论，作者同样以子之矛攻子之盾："禹出西羌而圣哲，瞽叟生舜而顽嚚，由余产狄国而霸秦，管蔡自河洛而流言。佛……何为当舍尧舜周孔之道？""书不必孔丘之言，药不必扁鹊之方，合义者从，愈病者良。"而对于出家有违孝道的问题，作者是这样说的："苟有大德，不拘于小"，"许由栖巢木，夷、齐饿首阳，孔圣称其贤，曰：'求仁得仁者也'，不闻讥其无后无货也。"由于这样的人物与思想都是从古至今人们所公认的，反对者自然无由置喙。对于因果鬼神的问题，作者同样引用儒家的经典加以反驳："《孝经》曰：'为之宗庙，以鬼享之，……生事爱敬，死事哀戚'，岂不教人事鬼神、知生死哉！"这就将儒家的慎终追远与佛教的善恶报应结合起来了，更何况赏善罚恶本来就是各家各派公认的思想。

在佛教的教义不断传播的同时，儒家思想与本土的道家、道教也开始从域外文化中吸取思想营养，形成一种内外交互的思想文化会通的潮流。

不仅如此，在中华文化历史的发展中，从最早的儒墨论争到《礼记·礼运》"大同"思想的儒墨会通，显示了"轴心时代"的原创思想文化一开始就已经有了明显的互融互通的宽容特征，即使在"独尊儒术"（实际上是"外儒内法"）的时代,作为意识形态主流的儒家,也没有出现宗教极端,而这正是佛教能够在中国站住脚跟,并有机地融入中华本土文化的重要原因。

在汉末之后的社会动荡与战乱中,佛教的"救苦救难"教义得到广泛的传播。其社会影响不仅得到了苦难中的广大下层百姓的认可,而且在南北政权的上层获得大力的支持。尤其是北方以北魏孝文帝为代表的政治势力在不断学习汉民族文化时,对儒家的政治学说、佛教的教义都广泛地加以吸收。

在中古南北分裂的时代,以北魏为代表的北方少数民族政权为了巩固自己的权力,并与南方的汉民族政权抗争,一方面大力学习汉文化,另一方面则借助不断增加的佛教势力,使这一时期显示出时代文化的新特点。北魏王室带头改汉姓、着汉服,大量推行经学;汉国(十六国之一)的刘曜也在长乐宫东建立大学,未央宫东立小学;后赵的石勒亲临学校考核诸生的经义;前秦苻坚效仿汉制建立明堂、问难五经。这些行为都显示了他们发展儒家文化的紧迫感。与此同时,北方帝王对佛教的尊崇也达到了一个新的高度,其中大量佛教石刻的产生就最具有代表性。

在上述背景下,三教融合论不断出现:东晋高僧慧远提出"内外"说以调和儒佛的矛盾:"求圣人之意,则内外之道可合而明矣。"[①]《易经》本来就有"天下一致而百虑,同归而殊途"的名言,孔子也倡言"君子和而不同",所以儒与佛的矛盾调和其实也是有深厚的文化基础的。作为在历史上以推行佛教著名的梁武帝实际上也同样是三教并重的,他的《述三教诗》就集中地体现了这一特点:"少时学周孔,弱冠穷六经。孝义连方册,仁恕满丹青。……中复观道书,有名与无名。妙木镂金版,真言隐上清"。"晚年开释卷犹月映众星。苦集始觉知,因果力昭明。"[②]

自足的中国文化在三教会通之后增加了其文化的内涵,本土的道家思想与道家理念和传统的儒家思想进一步结合,而传自域外的佛教也在这个历史的交汇中开始了不断本土化的过程。

三、"相灭相生"的文化交融

到了隋唐时期,在历史的惯性之下儒、释、道三教进一步自觉地融汇,原本

[①]《弘明集·广弘明集》,上海:上海古籍出版社1991年版,第31页。
[②]《弘明集·广弘明集》,第365页。

不同的文化特征也得到了不断的丰富和发展。比如,持有儒家思想的著名人物除了大力排佛的韩愈之外,其他大多数学者都对佛教持有开放包容的态度,许多人还对儒释融汇作出了理论的贡献。例如柳宗元就明确地反对韩愈对佛教的激烈排斥倾向,主张儒佛可以会通互补。他针对韩愈对他这种思想的非议,明确地说:"浮图诚有不可斥者,往往与《易》《论语》合,诚乐之,其与性情奭然,不与孔子异道。"①他还通合儒释的观点,直言"真乘法印与儒典并用"②。另一位著名人物刘禹锡也是儒佛会通的主张者,他曾经说"素王立中枢之教","慈氏起西方之教",两家"轮辕异像,致远也同功",都是有"助教化"的③。就连韩愈的学生李翱也并不支持老师激烈的排佛主张,反而在《复性书》中创造了自己的理论新成果。他以孟子的性善说和《中庸》的性命论为依据,吸收禅宗"见性成佛""无念为宗",提出了援佛入儒的观点。比如他论性情之"情"就说:"情者,妄也,邪也",这实际上已经远离了儒家的性命观而相当于佛性了,而他的"复性"理论则因接近于佛教的"无明"而相对于"见性成佛"。他这种以《中庸》"至广大而尽精微"和禅宗的"无念、无住、无相"相结合,不仅形成了唐代儒学的新特点,而且为后世宋明理学以儒融佛,开始了先期的准备。

此时的道家与道教也在吸收佛教思想的同时开创了其思想新的历史。儒、释、道三教经历了汉末之后数百年的碰撞与融汇,最终在隋唐时期形成水乳交融的会通。自此之后,中华文化也因为不断地得到更多的精神滋养而更加多姿多彩;同时这个异质文化交融创新的经验也为后世留下了宝贵的启示,并在域外产生了强大的吸引力。

在域外的佛教传入中国并与本土文化经过冲突而融合的历史进程中,佛教本身也经历了一系列的变化:不仅在汉地与藏族聚居区形成了汉传佛教和藏传佛教两大系统,而且从西域传入中国之后形成了不同的宗派。最后标志着佛教中国本土化的不是声名显赫的玄奘创立的"唯识法相宗",而是与中华文化结合得最深刻、最彻底的禅宗。

禅宗的"禅法"与印度佛教有关,但又在很大程度上扬弃了它的文化内涵:

---

① 《柳河东全集》,北京:中国书店1991年版,第285页。
② 《柳河东全集》,第283页。
③ 《全唐文》(第三册),上海古籍出版社,1990年,第2730页。

在印度佛教中，"禅"是修行方法的"六度"之一，即通过"静虑"的打坐修行来体悟佛教的精义。这和读经与托钵化缘一样，都是通过"外求"习得释迦牟尼的佛法，进而得到解脱（也就是"离苦得乐"）。而禅宗的创始人慧能却认为，解脱的根本在自身（"本性是佛"），而不必外求，只要能够"识心见性"，就能够得到"心中净土"。后来的禅宗"五家七宗"大师们不仅由此形成"农产并举""饥来吃饭困来眠"的生活化修行方式，使得禅宗与世俗大众在感情上更加亲近。针对其他佛教宗派的读经求法，慧能主张"教外别传，不立文字"。在所有中土阐释佛教的"论"著中，由于慧能的巨大影响，他的《坛经》也成为唯一称"经"的著述。此外，慧能主张的"若欲修行，在家亦得，不必在寺"更是与儒家的"修身齐家治国平天下"主张非常接近。他还明确地说："佛法在世间，不离世间觉。离世觅菩提，犹如求兔角。"[①]此外，将佛教修行与儒家孝亲结合，也是慧能思想的突出特征："心平何劳持戒，行直何用修禅。恩则孝养父母，义则上下相怜。"[②]

禅宗成功的经验表明：只有将域外文化的精神智慧与本土文化结合，才能形成新的具有创造力的新文化。正是在与中华文化有机融合之后，禅宗不仅在本土显示出强大的生命力，甚至远布到日、韩、泰、缅等东南亚国家，而且至今这种影响依然存在。在当今的各民族文化交流中，包括禅宗在内的中华佛教仍然活跃在世界文化舞台，并且在中外文化交流中产生重要的影响。

中国本土这种不同思想文化的碰撞与交流，实际上在诸子"百家争鸣"的时代就已经开始了，正是这样的文化创新经验，为后世的中外文化交流提供了重要的基础。经由先秦儒墨两大显学的论争会通，再到后来的"儒道互补"，这种不同思想的碰撞交融不断为后世提供文化创新的经验。从历史上看，儒家定为一尊形成的汉代经学最终在政治权威崩塌之后被"玄学"所取代，其中的社会背景就是以老庄为代表的道家思想比儒家更能够适应当时社会的需要。在此后的各个历史阶段，"庙堂"与"江湖"两种文化对于中国的知识分子产生了适应不同政治现实的精神需要，同时又通过历代文人影响到普通大众的心理。在当代，道家的思想依然具有积极的文化意义：道家所倡导的"道法自然"的人与自然的和谐相处的理念，为人类与宇宙自然的和谐相处提供了最高的

[①]《坛经》，上海：上海古籍出版社 2011 年版，第 61 页。
[②]《坛经》，第 61 页。

哲学理念。在这种精神境界中,人就获得了一种"上德若谷"的胸怀与气度,成就了"与人而愈有"的精神,从而在与人为善中获得崇高境界的精神自由。同时道家还从珍视个体生命的原则出发,依据"人道"合于"天道"的理念,提出了"不以兵强天下""战胜以丧礼处之"等重要的反战理论。老子的"以无事取天下"和"胜而不美"的理念不仅是一种高尚的和平思想,而且包含了下面三个重要的含义:战争是迫不得已的最后手段,所以不能夸耀武力,胜利之后绝不能得意忘形;"恬淡为上",不以杀人为乐;战争毁灭生命,所以战胜之后要以哀伤的人道主义精神来处理战后事宜。比起斥责暴力,庄子更多地探讨人类如何战胜人性的贪欲,寻求心灵的和平。这些伟大的和平反战思想和墨子的思想与精神一起奠定了中华民族的高尚的和平性格。道家的种种思想元素丰富了中华文化的内涵,也使得我们的民族更加具有包容的精神。

如果说道家是由内部的精神力量增强从而丰富了中华文化的内涵,那么佛家则从外部为民族文化注入了更多的新鲜血液,而它与本土文化的会通更是为当代民族文化的创新提供了历史的经验。佛教对于中国文化的意义犹如人种上的少数民族与汉民族通婚而改造中华民族的基因一样,为我们的悠久传统文化注入了前所未有的新鲜文化血液。

在历史上,佛教的传入正好是中华民族内忧外患战乱频仍的时代,在这个类似先秦的思想自由的时代,经历了道家、佛家对于传统儒家思想的纷争整合之后,在学术史的诸子学、经学之后的"佛学"时代,中华文化再一次焕发出崭新的生命活力,并由此诞生了历史上最辉煌的世界上最为强盛的时代,而我们的民族文化也散发出至今为全世界称道的特殊魅力。当代著名历史学家汤因比在被问及如果可能你愿意生活在何种时代何种地点时,他毫不犹豫地说:唐代丝绸之路的中西文化交汇地带。由此我们可以看出,历史上的盛世不仅值得我们中国人骄傲,而且对于世界上各种文化、各个民族的人们依然具有强烈的吸引力。这不仅是我们今天要推动儒墨道释融汇乃至中西文化会通的重要原因,同时这也是国际认同的重要历史基础。

相对于佛教对于中华民族的意义,我们可以从以下几个方面加以认识:首先,从人与自然的关系来看,佛教的慈悲与众生平等观念将人类与万物自然平等相待,这在当代人类不断破坏地球生态环境的情况下尤其具有特别的意义。

其二,众生平等的观念对于消除人际的矛盾与冲突显示出深刻的价值。其三,佛教注重人类内心精神力量的提升、力求克服永无止境的贪欲,这对于人类道德境界的提升具有重要的意义。此外,相对于世界上的三大宗教的传播方式而言,佛教是唯一的以和平方式进行传教的,这对于当代人类的和平交往的意义尤为重要。

四、西方历史的发展与东西方文化的交流

在唐宋之后的明清时代,中华文化在不同的背景下开始了与域外的基督教文化以及伊斯兰教等外来文化更大范围的交汇,与此同时,中国与世界历史与文化的发展也呈现日益扩大的反差:一方面是中华帝国在最辉煌的时代之后逐渐走向衰落;另一方面则是西方经历文艺复兴之后的工业革命而迅速崛起,随之而来的就是西班牙、葡萄牙、英、德、法等国家纷纷使用武力开始不断向亚洲、非洲和拉丁美洲广大地区殖民。近代以来由于主要是西方以暴力方式强行推广自己的文化,这种武力殖民的强盗方式必然引发中国人民的强烈反抗。在这种形势下,中西方的文化交流也不可避免地产生严重的不适应甚至是对抗。

回顾东西方的历史,站在不同立场的人会有不同的理解。由于近代世界的历史是以西方文化对东方的强势进入开始的,所以至今许多西方人依然受到传统负面的影响。对于亚洲东方各国尤其是中国而言,要全面深刻地理解西方文化也存在障碍。然而,不可忽视的是:西方既有从古希腊以来尤其是近代殖民的暴力历史,同时自"文艺复兴"与"启蒙运动"以来的思想家也为后世留下了重要的思想遗产。这里限于篇幅我们仅仅就后者作一个鸟瞰似的回望,并由此提出几点具有当代价值的思考。

启蒙运动虽然发生在17、18世纪,但实际上是对西方尤其是基督教历史上提出的上帝、理性、自然、人类等重要概念与问题进行全面的思考与研究。这场起源于意大利的思想启蒙中,诗人彼得拉克等人文主义者发挥了重要的作用,在宗教禁忌非常严格的时代,他们首先揭露了基督教为了宣扬自己的教义而对古典著作进行的歪曲,由此开启了理性主义的新篇章。后来在德国发动的宗教改革(即新教运动)更使得教会的权威受到极大的打击,从而使思想

解放的浪潮更加风起云涌。在思想解放的运动中,西方先哲提出了不少对后世影响极其深远的思想,其中格劳修斯发表的《战争与和平法》不仅实现了对人类冲突问题的深刻思考,而且直接引导了后来康德的"永久和平论",其影响直至二战之后《联合国宪章》的制定,可谓给全人类带来了巨大思想红利。

启蒙运动的另一个重要的成就是近代科学的兴起。培根的归纳法和笛卡尔的演绎法给科学思想带来很大影响:他们不仅关注科学技术本身,而且认为科学应该致力于改善人类的处境以造福人类。与此同时,伽利略运用观察和实验的方法,不仅证明了哥白尼的"日心说",进而对固有的宗教权威提出了严峻的挑战。在科学发展史上,牛顿的《自然哲学的数学原理》不仅以其物理学上创新的"万有引力"开创了科学史的新篇章,而且对于人类的认识论产生了重大的启示:科学的方法不仅可以运用于研究自然科学,而且同样可以运用于人类面临的一切问题。与自然科学家的创新贡献相比,人文社会科学领域同样取得了巨大的成就,特别是休谟的《论人性》更是提出了一个石破天惊的观点:不是上帝赋予人类各种属性,而是人把自己的美德加之于上帝。从此以后,基督教的权威进而一切固有的权威都受到了严峻的挑战。

对于近代之后的世界而言,在对不同民族的文化特征的认识与人类交往方面,启蒙运动的思想家也提出了极具启示的观点。比如,启蒙运动的思想家通过对人类理智与感情、法制与社会等问题的探讨,提出了人道主义的思想和人类属性的观点——人类虽然有不同的种族与文化,但人类也有善良天性等共同的属性,过去被歧视的有色种族也受到同情。一些著名的学者提出了不少影响后世的观点:比如瑞士法学家德瓦泰勒主张各国应该和平相处;康德提出了"永久和平论";霍布斯与卢梭的"契约论"对打破君主集权起到巨大的推动作用;亚当·斯密的《国富论》一方面提出尊重个人的自由,另一方面也要求政府抑强扶弱;而培根也认为人类是在不断前进的。这些近代智者的思想在当代依然具有重要的启示。

对于东方而言,近代以来的中国与亚洲世界由于西方的强势入侵,各国人民遭受深重的灾难。但在客观上西方文化强势进入中国的同时,也为中华古老帝国带来了西方经由文艺复兴时期与启蒙运动思想家发展而来的民主自由理念,以及近代的科学、教育和政府组织的新形式,客观上的确促进了中华民族的历史进步。值得注意的是,即使是在中西文化冲突最为激烈的时代,东西方依然有民间的友好交往存在,一个最典型的例子就是"留美幼童"展开的中美人民友好交往的佳话。在清朝后期极为贫弱的时代,一批十二三岁的中国"幼童"被选拔远渡重洋来到美国学习科学技术,按照清政府的本意主要是培养外语与各种中国急需的技术人才。虽然派遣留美幼童只经历了短短的三四年(1872—1875年,原定学习期限15年),人数也只有区区120人,却为中国培养了大量的第一流人才,包括大学校长、海军军官、外交官、工程师、铁路工程设计者与建造者(其中尤其以詹天佑最为有名)等中国急需的人才。不仅如此,通过在美各级各类学校的学习以及在普通美国人家庭的居住生活,原本十分隔膜的中美两国人民开始了友好的交往,从而在民族友谊与文化交流方面开创了史无前例的新篇章。这个宝贵的历史遗产至今仍然为中美人民友好交往留下宝贵的启示。

当前的世界由于美欧与俄罗斯的恶性竞争导致俄乌之间的战争,加之美国对中国的一系列所谓的"制裁"与打压,并由此给世界各国造成的经济、能源、粮食等各种危机,世界上的有识之士无不忧心忡忡。此外,"修昔底德陷阱"和"文明冲突论"依然有很大的市场,为此我们非常必要大声疾呼加强跨文明的交流。

在国家冲突不断加剧的局面下,东西方的有识之士针对西方"零和博弈"的观点,提出了重新认识以儒家为代表的中国历史上的和谐和平主张,并对人类的未来依然充满信心:"世界上既有粗暴的对抗,也有令人鼓舞的和解,这就迫使我们要超越'非此即彼'的认识论,按照色彩和人生的多样性去认识想象中的全球社群。从儒家观点去看待东亚现代性,会有助于我们养成一种新的思维方式。"[①]

在谈到中国传统文化对当今世界的意义时,美国哈佛大学政治学教授迈克尔·桑德尔曾经说过这样几段话:"我放眼东方的时候,我看到自己的理论在某些方面与儒家的传统产生了共鸣,即便是在其他方面有所不同。""我看到中国哲学内部一些不同的角度;这还促使我思考怎样才能最好地在不同文化

[①] 塞穆尔·亨廷顿、劳伦斯·哈里森主编《文化的重要性——价值观如何影响人类进步》,北京:新华出版社2018年版,第458页。

和哲学传统当中展开对话。""高度概括化的比较哲学进路,可以促进更加开阔的学术视野,……要甄别不同思想传统之间的异同,需要学者能够在整体上描绘中国思想与西方思想所具有的特征。"

人类在新冠疫情肆虐的挑战下,不同国家与人民的分歧对抗加剧,在这种新的挑战面前,人类更需要开展跨文化的交流。最近,著名历史学新著《枪炮、细菌与钢铁》的作者,美国生理学家贾雷德·戴蒙在接受《环球时报》记者的采访时表示:"希望新冠病毒能够倒逼世界合作",他认为,疫情是第一个迫使人们认识到"我们需要一个全球性的方案"的事件。在分析疫情加剧人类分歧以及种族主义、民粹主义甚嚣尘上的原因时,他指出:"为什么这么多国家、民众间的共识都在破裂?我觉得一部分原因在于,面对面的沟通正在衰落,而非直接的沟通越来越多"。他甚至说:"屏幕上的文字交流更容易让人更加粗鲁,更容易侮辱他人。"许多人的亲身经验也证明:不同国家、民族之间,越是直接交流增加,隔阂、敌对就越少:中日、中美之间民众的对立、歧视在增加,但在到过对方国家旅游和留学的人群中,这样的情绪却明显减少。事实证明,越是对立增加,世界更需要跨文化的交流。

新的挑战让我们更加认识到,中国历史上的"百家争鸣"与"三教合一"的经验对当代人类具有更加深刻的启示意义。目前,我们不仅需要不同国家的政治家、外交家之间的交流,更需要加强各国的学术界和民众之间的直接交流;同时我们还需要有一种超越的胸怀和眼光。在这个方面古今中外的先哲同样可以为今人提供有益的教导:墨子在有人非议他"非儒"却赞同孔子的某些观点时,他理直气壮地回答:"是亦当而不可易也!""孟子非墨子,而辩言正辞则与墨同"(《晋书·鲁胜传》)。创造了南非民族和解的非洲著名政治家曼德拉在出狱之后表示,如果我不能宽恕曾经迫害我的人,那么我们精神就依然还在牢狱之中。正是这样的胸怀使得曼德拉与他的朋友大主教图图等领导人一起,在翻身的黑人高喊"把白人赶进大海"的时候,通过开展南非黑人和白人之间的对话,并采取了一系列理性的举措,才最终使南非避免了卢旺达大屠杀式的悲剧,从而创造出当代人类的奇迹。

回顾过去,人类历史上的"丝绸之路"各国人民友好交往的经验对当代人类仍然具有积极的启示意义:在古代丝绸之路上,官方的交往实际上是很少的,更多的是大量的持续的民间宗教、文化与商贸的交流。但恰恰是这种直接的经常的民间交往,才真正促进了世界各个民族之间的了解,并在互利互惠中求同存异、加深友谊。这对于今天实现联合国宪章的精神同样具有重要启示:与古代相反,当代的国家之间的联系与互动比起古代大大增加,然而由于反映官方意见过多,而民间的直接交往太少,所以不同民族文化反而受到扭曲,因此加强民间的交往,让世界各国人民在更多的接触中加深了解,这样就可以不断增加感情,进而消除误会、和谐相处。目前,中国提出的"人类命运共同体"构建的方案已经写入联合国的多个文件,我们相信:在经历了中国向西方学习之后,中华民族文化也必将在跨文明的互鉴中发挥更大的作用,从而促进世界人民的和平友好交往,并最终实现"大同世界"的美好理想。

从轴心期理论看人类共同价值与交流互鉴
——以孔子和儒学为例

王恩来

（国际儒学联合会）

德国存在主义哲学家雅斯贝斯在其《历史的起源与目标》一书中，把公元前500年前后即公元前800年至前200年间，称为"轴心期"（亦被译为"轴心时代"），认为此时期是人类文明的重大突破时期。作者指出，在这数世纪内，在中国、印度和西方这三个互不知晓的地区，几乎同时出现了孔子、佛陀、柏拉图等诸多伟大的思想家。作者写道："这个时代产生了直至今天仍是我们思考范围的基本范畴，创立了人类仍赖以存活的世界宗教之源端。无论在何种意义上，人类都已迈出了走向普遍性的步伐。""直至今日，人类一直靠轴心期所产生、思考和创造的一切而生存。每一次新的飞跃都回顾这一时期，并被它重燃火焰。自那以后，情况就是这样。轴心期潜力的苏醒和对轴心期潜力的回忆，或曰复兴，总是提供了精神动力。对这一开端的复归是中国、印度和西方不断发生的事情。"[①]

从现象学的维度去审视，雅斯贝斯的轴心期理论已被越来越多的学者所认同。但如何理解和认识这一精神过程，则仁者见仁，智者见智。本文不能也无力深入讨论这一问题。本文旨在从发生学的角度，以孔子和儒学为例，借以讨论人类共同价值与不同文明的交流互鉴。

为什么会在"互不知晓"也就是没有信息沟通和交流的情况下，在三个不同地区同时产生如此众多的思想家？为什么他们在距今如此久远的时代所产

---

① ［德］卡尔·雅斯贝斯：《历史的起源与目标》，魏楚雄、俞新天译，北京：华夏出版社1989年版，第9、14页。

生、思考和创造的一切,直至今天仍是我们思考范围的基本范畴,乃至赖以存活的精神资源和精神动力？沿着雅斯贝斯的思路,我的理解和认识是：

其一,在那样的时期,无论中国、印度还是西方,人类社会发育到了相同或相近的阶段,产生并面临着相同或相近的问题,需要有人站出来予以回答和破解。用雅氏的话说,即"这个时代的新特点是,世界上所有三个地区的人类全部开始意识到整体的存在、自身和自身的限度。"尽管在不同地域、不同民族出现的思想家,对这些问题的思考和创造会有所不同,但由于要解决的问题相同或相近,所以就会呈现出殊途同归的特点,也就是雅氏所言之"人类都已迈出了走向普遍性的步伐。"这种普遍性,就来自于人性和人的社会性。同样用雅氏的话说,即"人性的先决条件之一是人类的一致性,它在自然法则和人类法则的照耀下,不断被背弃,又永远重新提出它的要求。"

其二,用一个人的成长去比附,轴心期好比一个人进入了青春期,是各种问题集中显现的时期,是变化的时期,也是趋于成熟的时期。所以,在那一时期由伟大思想家提出的"基本范畴"和解决方案,既累积了此前人类文明进化的成果,又极具现实针对性、创造性和前瞻性,也就覆盖了人类社会在其后发展中所要遇到的基本问题,于是具有了我们今天所言之"人类共同价值"的属性,或曰普适性。对雅氏所言之"直至今日,人类一直靠轴心期所产生、思考和创造的一切而生存。每一次新的飞跃都回顾这一时期,并被它重燃火焰",实际上只能有这样一种解释,并已被"文艺复兴"等诸多历史变革事件所证实。

如此认识"轴心期"理论,也并非只强调共性和普适性,而无视不同文明及不同文明在不同历史时期存在的差异。实际上,不同文明——如东、西方文明,从产生之日起就是存在差异的,而且在其后的发展中,在不同的国家和民族之间,差异有时还在扩大,乃至发生对抗。但从总体上看,共性和普遍性,以及人类对符合自身发展需要的共同价值的追求,始终是增进不同文明交流互鉴并推动人类文明进步的主导性力量。

将目光从全球视域移向中国,也正如雅氏所言,处于"轴心期"的春秋战国之际,以孔子为代表的一些伟大人物所创造的思想文化成果,不仅成为中华文明历史长河的源头活水,也从而奠定了中国乃至东方文明在世界文明史上的重要地位。

孔子思想以及在此基础上创生的儒家学说,在战国时期的百家争鸣中,就起到了重要的引领作用。在汉代以降中华文明发展的较长历程中,更是一直居于主流文化地位,成为中华民族道德意识、精神生活、风俗习惯的准则和文化心理积淀,并对亚洲乃至世界文明进步产生了重要影响。有人说,儒学的地位和影响,是汉武帝听从董仲舒的建议"罢黜百家,独尊儒术"的结果。其实,这只是其中很少的一部分原因。且不说汉武帝如此选择的本身,就体现了他们对儒学价值的认识;更为重要的是,假如儒学本身没有那样的价值,仅靠一个皇帝的选择和倡导,就一定是不可持续的。所以,认识儒学的地位、作用和影响,讨论儒学与各种不同文明的交流互鉴,首先要认清儒学自身的特质和真髓。儒学的特质和真髓,发轫于儒家创始人孔子。

孔子生活于春秋末期,此前,中华文明经过长期发育,到西周时达到一个高峰。从西周末年到孔子之时,在周天子失威、诸侯争霸、阶级关系和社会生活发生剧烈变化的情况下,传统文化既遭到严重破坏,也面临严峻挑战,人和人类社会发展的许多新情况和新问题集中呈现出来,原有的礼乐文明和思想文化,已不能满足社会变革和社会进步之需。孔子就是在这一特殊历史背景下诞生的伟大思想家。

孔子思想之所以一经产生就获得了如此长久的生命力和影响力,主要来自其所具有的以下六个方面特质。

一是集成性。孔子博学多能,识见超绝,生前就在孔门内外被称许为圣人。现仅举一例:

太宰问于子贡曰:"夫子圣者与?何其多能也?"子贡曰:"固天纵之将圣,又多能也。"(《子罕》)

从此段对话中可知,时人的"圣人"概念,是有天赋异禀的神秘成分在内的。对此,孔子多次予以否认。孔子曾自述:"我非生而知之者,好古,敏以求之者也。"(《述而》)又说:"述而不作,信而好古,窃比于我老彭。"(《述而》)这里所言之"古",系指古代文化。这就表明,孔子的思想文化创造,是从"回头看"起步的。

有人据此将孔子判定为"复古派",是极肤浅的认识。孔子所言之"好古",实际表明的是对历史文化的温情和敬意,志在从前人创造的文明成果中发现真理,总结规律,获得智慧,而并非唯古是从,泥古不化。他说:"吾犹及史之阙文也。"(《卫灵公》)能够看到古书中存疑的地方,就不是尽信书。在颜渊问怎样治理国家时,孔子回答说:"行夏之时,乘殷之辂,服周之冕,乐则《韶》《舞》。"(《卫灵公》)这是孔子对古代文明择善而从的例证。孔子还说过:"周监于二代,郁郁乎文哉!吾从周。"(《八佾》)周代的礼制文化是在借鉴夏、殷两代的基础上发展而成的,丰富而多彩,所以我崇尚周代的礼制文化。倘若孔子一味复古,则夏、殷两代更有资格。在此基础上,孔子还得出了规律性的认识:"殷因于夏礼,所损益,可知也;周因于殷礼,所损益,可知也。其或继周者,虽百世,可知也。"(《为政》)既肯定史书中有存疑之处,又秉持择善而从的态度,并将损益发展视为礼制文明建设的规律,就足可见孔子好古而又不泥古、热爱而又不失理性的治学态度。

正是缘于这种态度,孔子对历史文化资源进行了比较全面的挖掘、整理和传承,其中包括编修《诗》《书》《礼》《乐》和《春秋》,以及对《周易》的解读。对此,司马迁在《史记·孔子世家》中有较详细的记录。除此之外,对尧、舜、禹、汤和文王、武王、周公等往圣先贤,以及朝代更迭和社会变迁,孔子亦有广泛而深入的研究。除散见于《论语》等典籍中的记录外,集中体现在《礼记·礼运》所记之孔子对"大同"和"小康"社会的论述中。

对前人创造和累积之文明成果的研究和把握,孔子有足够的自信。在周游列国至匡地被围困时,孔子说:"文王既没,文不在兹乎?"(《子罕》)周文王死了之后,文化遗产不都在我这里了吗?这并非高自标举。子思在《中庸》中这样写道:"仲尼祖述尧舜,宪章文武,上律天时,下袭水土。譬如天地之无不持载,无不覆帱。"孟子则在历数了他所敬仰的几位圣贤之后,判定"孔子之谓集大成。集大成也者,金声而玉振之也。"(《孟子·万章下》)孟子赞誉孔子集古代圣贤之大成,并融会贯通至极高境界。

正是这种"集成性",使孔子思想在产生之时就立于群峰之巅,独领风骚。这就正如民国时期著名学者柳诒徵所见:"自孔子以前数千年之文化,赖孔子而传;自孔子以后数千年之文化,赖孔子而开。"[1]这实乃不刊之论。

二是兼容性。孔子是独创一套人生哲学体系的思想家。但这种"独创"并

---

[1] 柳诒徵:《中国文化史》,上海:上海出版社2001年版,第263页。

非仅凭一己之思,而是敏而好学、广闻博见、兼收并蓄的结果。他总结说:"盖有不知而作之者,我无是也。多闻,择其善者而从之。多见而识之,知之次也。"(《述而》)孔子的所闻所见、所学所思,除古代文化外,也有时人的优长和发明创造。据相关史料记载,孔子曾问礼于老子,问乐于苌弘,学琴于师襄子,求证官制于郯子。用子贡的话说,即学无常师。孔子不仅倡导近贤亲仁,而且"不耻下问",抱定向所有人取法的态度:"三人行,必有我师焉;择其善者而从之,其不善者而改之。"(《述而》)孔子将"不善者"纳入"师"的范畴,其视角是比较独特的,用今天的话说,就是"反面教员"。对此,孔子另有述说:"见贤思齐,见不贤而内自省也。"(《里仁》)正因为有了这样一种态度,使孔子既能博爱众长,又能避其所短,实现人生的快速成长。

特别值得我们关注的是,对执持不同政见、人生态度和主张者,孔子亦持宽容乃至借鉴的态度。从"子见老子"的故事看,无论哪个版本,老子对孔子均持批判态度,但孔子对老子则无比钦佩。一些后儒和后世学人,将此视为道家为了崇老抑孔而杜撰的故事。但在诸多史料和传说面前,说有易,说无难,感情替代不了实证。我认同孔子所见之老子并非《道德经》作者的判断;但孔子所见之老子乃道家之先驱,则是可以肯定的。实际上,在《论语》中,我们便可发现许多此类人物的身影,如"凤歌笑孔丘"的楚狂接舆,从孔子击磬中听出深意的荷蒉汉子,劝孔子师徒效法他们做"辟世之人"的长沮、桀溺,以及将孔子讥评为"知其不可而为之者"的守城人。对这些规劝、嘲讽、讥评或不同的人生观和处世原则,孔子没有简单地排拒,而报以理解乃至尊重的态度,希望与他们接触和交流,这在《论语》中有清晰记录,在此不赘。

更为重要的是,孔子善于从不同主张中取长补短,构建自己的认知体系。

譬如,孔子积极入世,坚信并锲而不舍地推行自己的认识和主张,但他也深知行道之难和一意孤行的危险。所以,在出世与入世的问题上,孔子选择了中道。他反复强调说:"邦有道,不废;邦无道,免于刑戮。"(《公冶长》)"邦有道,危言危行;邦无道,危行言逊。"(《宪问》)他还自认能够做到"用之则行,舍之则藏"(《述而》),有过"道不行,乘桴浮于海"的设想(《公冶长》)。不仅如此,孔子还曾将"避世"视为贤者的最高境界:"贤者辟世,其次辟地,其次辟色,其次辟言。"(《宪问》)晚年归鲁后的孔子,实际过的就是半归隐的生活,走进书斋集中精神整理和传承古代文献。这些言行举止，不能不说是受到了早期道家人物的影响。

再譬如，孔子重视德治，主张慎用刑罚，但对被视为法家早期代表人物的管仲和子产极为推崇，对子产"宽猛相济"的为政方略极为赞赏。孔子 50 岁时担任中都宰，就采取了子产的治理方式，成效显著，并因此被擢升为主管刑狱的司寇，又在此任上被委以代理宰相的重任。所以，在其学生闵子骞出任季氏邑宰前向孔子请教为政之方时，孔子以"以德以法"即德法并用答之；在鲁国遭遇大旱、鲁哀公向其请教应对之策时，孔子告诫其不要迷信民间的祭神求雨之说，要"正刑与德。"（《上博楚竹书·鲁邦大旱》）

仅从以上两个方面即可看出，孔子不仅集古代文化之大成，对同时代贤达之士的不同认识和主张，也采取了兼收并蓄、择善而从的态度，从而使其构建的思想体系具有了极大的兼容性。

三是创新性。孔子虽自称"述而不作，信而好古"，实际上是述中有作，信中有疑，好而有择。

譬如"仁"。"仁"字在甲骨文中就有发现，但在孔子之前使用极少且内涵模糊。在今文《尚书》中，"仁"字只有一见，即周公所言之"予仁若考，能多材多艺，能事鬼神。"（《尚书·周书·金縢》）司马迁在《史记·鲁周公世家》中引述周公此文为"旦巧，能多才多艺，能事鬼神"，无"仁"字，故一些注疏家将《金縢》中的"仁"字视为衍字（参见清皮锡瑞《今文尚书考证》），或认为其"仁"字当读为"佞"（参见俞越《群经平议》）。在清华简《金縢》中，记周公此言为"发也不若旦也，是年若巧，能多才多艺，能事鬼神"，其中亦无"仁"字，可证衍字说或"佞"字说是比较可信的。若是，则整部今文《尚书》中无一"仁"字。在《诗经》中，"仁"字有两见，即"不如叔也，洵美且仁"（《郑风·叔于田》）和"卢令令，其人美且仁"（《郑风·卢令》）。这两个"仁"字皆指品德，是没有问题的，但我们无法从中得知"仁"的内涵。直到孔子，在樊须"问仁"时，孔子以"爱人"（《颜渊》）释之，并主张"泛爱众"（《为政》），从而给这一古老的道德范畴赋予了人文精神的内涵。孔子还进一步指出："仁者，人也。"（《中庸》）将"仁"视为人之所以为人的规定性，就使其具有了普遍意义，成为人文精神的核心价值。

次如"中"。"中"字在尧舜禹汤的时代和《易经》中就被广泛使用了，基本内涵是中正、合理。孔子在此基础上创生了"中庸"的范畴,并将"过犹不及"和"执两用中"视为保持中道的方法。这样一来,"度"的哲学概念就应运而生了。同时,孔子用"君子和而不同,小人同而不和"(《子路》)去反对疑似中庸的"乡愿",指斥"乡愿,德之贼也"(《阳货》),体现出对折中主义和矛盾调和论的明确反对,也给中庸之道赋予了阳刚的品格。

再看一下"礼""乐"。孔子推崇西周的礼乐文明,但周礼比较重视仪礼和形式,且比较繁缛,即齐相晏婴所批评的"累世不能殚其学,当年不能究其礼。"(《史记·孔子世家》)对此,孔子有明确的回应:"礼云礼云,玉帛云乎哉?乐云乐云,钟鼓云乎哉?"(《阳货》)"礼,与其奢也,宁俭;丧,与其易也,宁戚。"(《八佾》)这就明确表达了重真情实感而戒奢倡俭、反对形式主义的态度。孔子对西周礼乐文明的最大改造,是纳仁入礼乐:"人而不仁,如礼何?人而不仁,如乐何?"(《八佾》)这显见是用仁统摄礼乐的主张,不仅给传统的礼乐文明注入了新的人文精神的内涵,也给礼乐文明的损益发展提供了重要依据。

因为在颜回"问仁"时孔子给出了"克己复礼为仁,一日克己复礼,天下归仁焉"的回答,在仁与礼关系的问题上,后人就产生了不同的认识。其实,此问题早在孔门弟子和孔门后学那里,就被深刻领悟到了:

子夏问曰:"'巧笑倩兮,美目盼兮,素以为绚兮'。何谓也?"子曰:"绘事后素。"曰:"礼后乎?"子曰:"起予者商也!始可与言《诗》已矣。"(《八佾》)

子夏所说的"礼后",即礼在仁之后。如果认为此记录还不够清楚明晰的话,马王堆汉墓出土的帛书《五行》和郭店楚墓中的竹书《五行》,讲得更为明确。前者说:"仁义,礼智所由生也,言礼乐之生于仁义。"后者说:"仁,义、礼所由生也,四时之所和也。"明确这种关系,我们就会知道,当孔子讲"克己复礼为仁"时,是把"礼"视为体现"仁"的行为规范的。既然如此,"克己复礼"就是为了践履仁德,也就会达至"天下归仁"。

在温习旧有知识时更有新的发现和发明,也是孔子的明确主张:"温故而知新,可以为师矣。"(《为政》)这是孔子自己做到的,也是对学者创新性品格的塑造和期许。

四是动态适应性。当孔子讲"殷因于夏礼,所损益,可知也;周因于殷礼,所损益,可知也。其后继周者,虽百世,可知也"时,此一特质就完全体现出来了。"损益"就是有减有增,相当于我们今天所说的"扬弃"。夏礼经过损益变成殷礼,殷礼经过损益变成周礼,那么周礼经过损益,必定会变成新的礼制形态,这是此中应有之意,是不待言的。其中的"百世可知",是有规律可循和可预测的意思,是对礼的基本精神和价值取向的把握而非具体礼仪形式的确指,这同样是无需深辩的。

孔子纳仁入礼,然后讲"克己复礼为仁",又讲"以礼制中"(《礼记·仲尼燕居》),主张人的言行要尊重客观法则和社会规范,但他没有而且反对僵化"中"的标准。他所说的"君子之中庸,君子而时中"(《中庸》),反映的就是这种思想。所谓"时中",就是审时度势以处中。用孔子自己的话解释,即"君子之于天下也,无适也,无莫也,义之与比。"(《里仁》)从孔子"义者,宜也"(《中庸》)的定义看,其"义之与比"就是"时中"和权变的方法。君子对于天下的事情,不能墨守成规,要因时因势去选择正确、合理的对策,这是对教条主义和形而上学的明确反对。

孔子反对用孤立、静止、绝对的观点看问题,在《论语》中有比较直接的记载:"子绝四:毋意、毋必、毋固、毋我。"(《子罕》)孔子一点也没有凭空揣测、绝对肯定、拘泥固执、唯我独是四种毛病,这是孔门弟子对孔子的评价。孟子也看到了这一点:"可以仕则仕,可以止则止,可以久则久,可以速则速,孔子也。"(《孟子·公孙丑上》)"孔子,圣之时者也。"(《孟子·万章下》)孟子认为,孔子的进退行止,是根据对情势的判断决定的,并因此而判定孔子为圣人中识时务的人。这与孔子自己所言之"无可无不可"(《微子》),可互相印证。在这种思想指导下,孔子把"权"视为衡量一个人实际能力和水平的最高标准。

子曰:"可与共学,未可与适道;可与适道,未可与立;可与立,未可与权。"(《子罕》)所谓"权",就是权衡轻重、随机应变。把权变视为立身行事的最高境界,通过孔子的自传亦可看出:"吾十有五而志于学,三十而立,四十而不惑,五十而知天命,六十而耳顺,七十而从心所欲,不逾矩。"(《为政》)"从心所欲",就是思想与行动的自由,但这种自由不是、也不应该是恣意妄为,故有"不逾矩"的度量分界。可见,"不逾矩"就是"执中","从心所欲不逾矩"就是"时中",权变则是"时中"的方法和手段。孔子这种不拘于常规而又无不合于道义、通权达变的主张,是符合辩证法的。

从"损益"变革到"时中"、"权变",使孔子的思想主张具有了动态适应性。这种动态适应性与其兼容性相结合,就使由孔子创建的儒家学说具有了开放性的特点。

五是批判性。由于孔子宣称"从周",希望恢复"天下有道,则礼乐征伐自天子出"(《季氏》)的华夏一统的政治秩序,反对僭越而维护礼法的权威性,而且这些主张被一些封建统治者利用,故孔子思想常被贴上保守、倒退乃至维护封建专制的标签。实际上,纵观先秦诸子,孔子是对当时的社会制度和社会乱象批评最激烈的一位。

例如,孔子在盛赞"大道之行也,天下为公"后,话锋一转:"今大道既隐,天下为家。"(《礼记·礼运》)这样的言论从两千五百多年前的孔子口中道出,是足以令人惊诧的。

再如,孔子在致力于构建"君君臣臣"政治秩序时,不仅把二者视为交换权责的关系,而且把重点放在对君主和执政者的规范和批评上,如"君使臣以礼,臣事君以忠。"(《八佾》)"居上不宽,为礼不敬,临丧不哀,吾何以观之哉?"(同上)对此,孟子进一步阐释说:"君之视臣如手足,则臣视君如腹心;君之视臣如犬马,则臣视君如国人;君之视臣如土芥,则臣视君如寇仇。"(《孟子·离娄下》)当君主和权臣不能礼贤下士时,孔子采取的态度是弃之而去,并以"鸟则择木,木岂能择鸟"(《左传·哀公十一年》),表明了臣择君的自主性。

为了防止因君主专制、拒绝不同意见从而导致"一言而丧邦"的危险,孔子着力推行谏诤的主张,认为"千乘之国,有争臣三人,则社稷不危;百乘之家,有争臣二人,则宗庙不毁。"(《荀子·子道》)在子路问如何服事君主时,孔子提出了"勿欺也,而犯之"(《宪问》)的意见。这些认识和主张,都不同程度地体现出原始政治民主的意境。

再例如,在君民关系的问题上,孔子要求统治者尊重民意,取信于民,把富民视为当政者的首要任务。孔子还主张厚施薄敛,怒斥"苛政猛于虎"。在仲弓问仁时,孔子把"使民如承大祭"作为具体表现之一,认为是仁政主张的肇始。

此外,对当时的一些昏君和佞臣,孔子是最勇于直面批评的,这在《论语》等典籍中有大量记录。如他直言卫灵公"无道",痛斥季氏违礼,批评季康子贪欲,将当时的"从政者"指斥为器识狭小的"斗筲之人"。所有这些,都表明孔子作为中国古代知识分子强烈的使命感和责任意识,对后世产生了广泛而深远的影响。

由美国著名历史学家爱德华·伯恩斯等撰写的《世界文明史》中,就有对孔子这样的评价:"他和弟子们的问答记录(《论语》)——即使不是在夫子生前写下的,但总的来说是可信的——使人感到这是一种敢于向一切挑战的活跃而无拘束的思想。"(商务印书馆 1998 年版,上卷第 198 页)这是十分中肯的评价。

六是普适性。孔子思想虽产生于 2500 多年前,但由他总结、概括、诠释和发明的许多重要概念、范畴、认识和主张,在其后的两千多年中获得广泛传播和认同,有些在今天读来依然是鲜活的,甚至被国际社会奉为处理人际关系的"黄金规则",如"己所不欲,勿施于人"。这就体现出普适性的特点。这种普适性,来自孔子对人性和人的社会性的广泛而深入的考察和认知,而且是充满理性、自觉和自信的认知。例如,子贡向孔子请教:"有一言而可以终身行之者乎?"孔子回答说:"其恕乎!己所不欲,勿施于人。"(《卫灵公》)还有,在子张"问行"时,孔子回答说:"言忠信,行笃敬,虽蛮貊之邦,行矣。言不忠信,行不笃敬,虽州里,行乎哉?"(《卫灵公》)这就从时间和空间上,断定了恕道和忠信品格所具有的普适价值。

李泽厚先生有一个判断,在中国,即便是从未读过《论语》的人,其言行举止中,亦无不体现出儒家精神(大意)。李先生将此一现象概括为文化心理积淀,是准确而精当的。

孔子思想体系中所体现出的以上这六个方面特质,是孔子之所以成为孔子,孔子和儒家思想之所以能够在中华文化发展的历史长河中一直居于主流文化地位的根由,也从而奠定了儒学与其他学派——包括不同文明交流互鉴的基础。

先看国内。以孔门弟子编纂《论语》为标志,儒家学派在战国初期就正式形成了,通过孔门弟子和孟子、荀子的传承和发展,在战国时期已蔚为大观,成为诸子百家中独领风骚的一家,并对道家、墨家和法家等均产生了重要影响。到秦代,虽法家思想成为官方的意识形态,但孔子和儒家思想在民间的影响力仍十分巨大。用秦始皇之子扶苏的话说,即"诸生皆诵孔子。"(《史记·秦始皇本纪》)这就与秦始皇和李斯所推行的专制和暴政发生了严重冲突,是李斯上书始皇焚书坑儒的重要原因。汉初,曾一度崇尚黄老之学,后在陆贾、贾谊和董仲舒等学者的努力和倡导下,儒家在汉武帝时获得独尊地位。

汉代以降,虽出现过史家所言之魏晋南北朝玄学流行、唐代崇尚佛老的时期,但孔子和儒家学派在当时的传承和影响力,显然被低估了。譬如,被视为魏晋玄学创始者之一的何晏,虽喜老庄,但也同时推重孔子,著有《论语集解》十卷。该书汇集了孔安国、包咸、周氏、马融、郑玄、陈群、王肃、周列生等汉魏各家《论语》古注,同时给出自己的认识,可见对《论语》重视程度之高,所下功夫之大。因书中所集各家《论语》古注皆已亡佚,唯赖此书可窥,故此书也就成为现存最古也最为完整的《论语》注本,颇为珍贵。此外,在《论语集解》书前,有《奏进论语集解序》,说明是提供魏王阅览的。据统计,《论语》在何晏之后注家群起,仅晋代就有十三家之多。这就足可证明,当时虽因老庄和玄学流行及佛教的兴起而打破了汉武帝"独尊儒术"的局面,但孔子和儒家思想仍居重要位置,《论语》作为儒家经典的地位,更因此而得到凸显。唐代将《论语》入"经",就是证明。

佛教传入中国,一般认为是在东汉时期。但佛教进入兴盛发展阶段,是魏晋南北朝,至隋唐达到鼎盛。佛教在中国的立足和发展,也经历了与本土文化从冲突到融合的过程。先期是借助了黄老之学和玄学,但在其后的发展中,佛教就不断地主动与儒、道特别是儒家思想融合,遂使这一外来宗教中国化。在由美国学者布鲁克·诺埃尔·穆尔和肯尼思·布鲁德撰写的《思想的力量》一书中,在介绍禅宗六世祖慧能时就这样写道:"道家、儒家和佛教思想的融合在慧能的思想中体现得相当明显。"[①]我们还要看到,在佛教中国化的过程中,中国的本土文化特别是儒家和道家,也深受其影响,这在宋明理学尤其是陆王心学中,体现亦"相当明显"。这是儒学与不同文明交流互鉴的最为典型的案例。

再看国外。据考证,早在汉唐时期,孔子和儒家典籍就先后流传到越南、朝鲜和日本等东亚各国,经过一段时间的传授和认知后,这些国家均曾将儒家学说提高到官学的位置。仅此,就足可见孔子和儒家文化在其文明进程中所

[①] 布鲁克·诺埃尔·穆尔、肯尼思·布鲁德著,李宏昀、倪佳译:《思想的力量》,上海:上海社会科学院出版社2009年版,第521页。

发挥的作用和影响。

　　孔子和儒家思想传入欧洲,始于16世纪,传播者是来华传教的耶稣会士。随着孔子和儒家经典的译介和流传,西方社会对孔子、儒家和东方文明的认识不断加深。特别是18世纪中叶,伏尔泰等欧洲启蒙运动的先驱和领袖人物,对孔子极为推崇。伏尔泰曾明确指出:"人们对孔子的信仰不同于对神的膜拜。人们之所以尊敬他,是因为他在上天的启示下,为人类创造了最崇高的理想"伏尔泰对孔子的崇拜,实不亚于孔门后学和中国的儒家代表人物。在对孔子、儒学和中国的历史文化进行广泛而深入的研究之后,伏尔泰这样写道:"当你以哲学家的身份去了解这个世界时,你首先把目光朝向东方,东方是一切艺术的摇篮,东方给了西方一切。"(《风俗论》上册,商务印书馆1996年版,第201页)伏尔泰如此敬重孔子和东方文明,就足可见孔子和东方文明对他的影响。伏尔泰作为18世纪法国启蒙运动公认的领袖和导师,他将孔子思想作为反对封建专制制度和宗教神权的思想武器,也足可见孔子思想对法国乃至欧洲启蒙运动的影响。

　　我们当然不能过高地估量这种影响,更不能因此而故步自封;但正如雅斯贝斯所言,当我们面临飞跃和变革时,轴心期潜力的苏醒和对轴心期潜力的回忆,或曰复兴,总会给我们提供精神动力。其中,坚持和发扬孔子和儒学创新性和开放性等特质和真髓,主动吸纳和借鉴东西方人类文明的优秀成果,永不停歇地追求人类的共同价值,亦是题中应有之意。

论朱子"人禽之辨"的内涵及其逻辑

王闻文

(山东大学儒学高等研究院)

摘要:"人禽之辨"是中国哲学的一个重要的命题,其所关注的是人何以为人的问题。朱子在这一问题上,不同于先秦儒者以具体化的仁或义来区分人和动物的做法,而转向从理气的视角来讨论。首先,他以理气为基点,分别从"理同气异""气同理异""气异理异"等维度讨论了人与动物的关系,指出人与禽兽的差别所在;接着,又在理气的基础上,阐明了人性与物性的区别,旨在说明,人虽具有物性,但更为人性;最后,在前两者的基础上,他又从人的反思和觉解的角度出发,提出了"推"的思想,以"能不能推"作为人和动物不同的关键,并以此确立人的主体性,这是朱子在人禽之辨问题的创新和贡献。注意到这一点,对于我们理解和把握朱子的哲学体系,乃至宋明理学的发展都具有很大的益处。

关键词:朱子;人禽之辨;推;觉解;人性;物性

引言

对"人"的思考从来就是一个伴随着人类发展的问题,古今中外有诸多学者曾对之加以辨析。而与这一问题相关的一个命题——"人禽之辨",又是中国哲学所关注的一个重要问题,其所反映的是人何以为人的主题。对这一问题的讨论,体现了人的某种自觉和对主体的反思,即欲超越兽性而挺立人性的思考。正如钱穆先生所说:"至谓中外人文思想,无不自'人禽之辨''君子小人之辨'开始,此论实是门面语。"①可见,此辨的重要性和必要性。然而,就当前学界对这一问题的关注而言,多是集中在对孔孟等先贤"人禽之辨"的研究,鲜有对朱子"人禽之辨"思想的讨论。而朱子之"人禽之辨"思想,不仅是其哲学体系中一个重要的构成部分,还是整个"人禽之辨"史上不可或缺的组成部分。而且,朱子之论"人禽之辨"对此思想的创新和推进,更是值得我们对之一探究竟。为此,有必要全面审视朱子"人禽之辨"思想的内涵、逻辑及意义。

一、传统儒学"人禽之辨"标准的具象化及其不足

朱子"人禽之辨"思想所涵括的内容已经很多,但是为了更好地把握"人禽之辨"这一议题的来龙去脉及朱子对其的发展,有必要对朱子之前,特别是先秦时期有关"人禽之辨"问题的讨论做一阐述。不过,此问题的阐述,重点是为了说明其理论所存在的困境,以便为突出朱子对其困境的解决做好铺垫。

先秦时期不仅是一个百家争鸣的时代,同样也是一个主体觉醒,欲要摆脱神性、超越兽性而挺立人性的时代。正如冯友兰先生所说:"春秋时期的哲学思想发展的特点,从某种意义上,也可以说是'人的发现'时期,就是说,与'天命'和鬼神比较起来,'人'被提到了首要的地位,认为人应该是自己命运的主宰者。"②人的发现不仅表现在对天命的超越,而且亦表现在对兽性的超越。换言之,这个时候人已经开始思考人何以为人,人何以摆脱命运的束缚,何以不同于动物的问题。二者可以说是一个问题的两个方面,同时,也是一个进阶的关系,即人在力图从天命的主宰下得到解脱后,便将重心放到现实中的人、物关系上。具体来说,即是开始重点思考人和物(动物、植物)的同异问题。其中,人和动物(禽兽)的区别是其关注的一个重要内容。这一问题,概括来说即"人禽之辨"。

对"人禽之辨"的讨论,学界常将目光聚之于孟子,认为其是申辩"人禽之辨"的先行者。其实早在孟子之前,就有人曾经对这一问题做了阐释。晏子是较早关注"人禽之辨"问题的人,他在《晏子春秋》中明确谈及了人禽之别:"今

---

① 钱穆:《致徐复观书三十一通》,《钱宾四先生全集》第 53 册,台北:联经出版事业公司 1998 年版,第 348—349 页。
② 冯友兰:《三松堂全集》第 7 卷,郑州:河南人民出版社 1989 年版,第 81 页。

君去礼,则是禽兽也。群臣以力为政,强者犯弱,而日易主,君将安立矣。凡人之所以贵于禽兽者,以有礼也。"①在晏子看来,礼是区别人和动物的关键点。如果君臣之间无礼的规范,那么便可以易君而居,如此,则必然导致社会动荡。并以此作为人之所以为人的原因。但是晏子主要还是基于政治的角度来论"人禽之辨",并不是主要落脚于这一问题本身。

孔子对这一问题的关注逐渐增加,同时,论证的视角也逐渐多样化。孔子作为儒家学派的创始人,其立论的基础便是从现实出发,从人出发,所以儒家也可称为"人"学。故,孔子所关注的必然是对人本身、人的价值的关注。孔子"人禽之辨"的意识首先来自人不能群居于禽兽之中,"鸟兽不可与同群,吾非斯人之徒与而谁与?"②其所以如此,在于人所具有的德性,表现在生活中,便是"敬"。孔子曾回答弟子问孝:"今之孝者,是谓能养。至于犬马,皆能有养。不敬,何以别乎?"③在孔子看来,养者,并不是一个特别难的事,关键在于以什么样的态度去养。如果,奉养父母没有诚敬之心,那么便和豢养禽兽无异。换句话说,是否有"敬"是人和动物的区别。

当然,"诸子中最盛言'人禽之辨'的是孟子"④,这不仅表现在其讨论次数之多,更表现在其论证之深刻。孟子是有意识地区分人与物的差别,并将之作为一个道德哲学问题来思考。他从生物之性到道德之性,系统地说明了人和动物的差别。在孟子看来,人之性自然不能同于牛之性、马之性,而是有着更高的追求,"人之所以异于禽兽者几希,庶民去之,君子存之。舜明于庶物,察于人伦,由仁义行,非行仁义也。"⑤首先,孟子还是承认了人和动物具有诸多相同的地方,即从生理方面来说,人也会饥而欲饱、寒而欲暖。但孟子所注重的并不在此,他认为这些并非其所论的人之性。对此他有专门的说明:"口之于味也,目之于色也,耳之于声也,鼻之于臭也,四肢之于安佚也,性也,有命焉,君子不谓性也。仁之于父子也,义之于君臣也,礼之于宾主也,智之于贤者也,

---

① 张纯一:《晏子春秋校注》,北京:中华书局2014年版,第6页。
② [梁]皇侃:《论语义疏》,北京:中华书局,2013年,第482页。
③ [梁]皇侃:《论语义疏》,第29页。
④ 李智福:《人之发现与类之自觉:晚周诸子"人禽之辨"勘会》,《诸子学刊》2017年第十四辑。
⑤ [清]阮元校刻:《十三经注疏》,北京:中华书局2009年版,第5931页。

圣人之于天道也,命也,有性焉,君子不谓命也。"①对于我们常说的眼耳鼻舌等感官所具有的欲望或作用,并非君子所说的"性",君子之言性则是要从道德的角度来审视人的行为,这就是人异于禽兽"几希"的地方。具体来说,即是他所说的"四心":"由是观之,无恻隐之心,非人也;无羞恶之心,非人也;无辞让之心,非人也;无是非之心,非人也。恻隐之心,仁之端也;羞恶之心,义之端也;辞让之心,礼之端也;是非之心,智之端也。人之有是四端,犹其有四体也。"②人如果有了此四心,则是人;反之,则为禽兽。孟子以仁义等道德作为人区别于动物的标准。

在"人禽之辨"的问题上,荀子也有过相关的论述。"人之所以为人者,何已也?曰:以其有辨也。饥而欲食,寒而欲暖,劳而欲息,好利而恶害,是人之所生而有也,是无待而然者也,是禹、桀之所同也。然则人之所以为人者,非特以二足而无毛也,以其有辨也。"③荀子的论证思路其实同孟子很像,他也是先肯定人具有的动物性,之后又针对此性做一破解,从"辨"的角度展开说明人和动物的区别。在荀子看来所要"辨"的内容即是"礼":"夫禽兽有父子而无父子之亲,有牝牡而无男女之别。故人道莫不有辨。辨莫大于分,分莫大于礼,礼莫大于圣王。"④也就是说,动物虽然具有同人一样的父子等关系,但只是有其名而无其实。人的实表现在"有辨"上,通过辨将这些伦理之名贯彻下来。进而,由辨至分,分所体现的是人可以对己之行为做某种判别。而分的背后,又需要有礼来支撑。所以,最后荀子将礼也纳入"人禽之辨"的标准中。之后他又从仁者须敬的维度继续对这一问题做阐释:"仁者必敬人。凡人非贤则案不肖也。人贤而不敬,则是禽兽也;人不肖而不敬,则是狎虎也。"⑤这一点,同孔子一样,也是从人须敬来说明人所以为人的原因。可见,荀子之别禽兽虽以"辨"为始,但总的来看,其落脚点仍在礼、敬、仁等道德条目上,此论同孔孟相同。

先秦诸子大多都曾对"人禽之辨"做过相关论述,或是基于政治的角度,或

---

① [清]阮元校刻:《十三经注疏》,第6039页。
② [清]阮元校刻:《十三经注疏》,第5851—5852页。
③ [清]王先谦:《荀子集解》,北京:中华书局1988年版,第78页。
④ [清]王先谦:《荀子集解》,第79页。
⑤ [清]王先谦:《荀子集解》,北京:中华书局1988年版,第255页。

是基于伦理的角度,但其目的都是一样,即要将人与动物区别开来,"并由此奠定人之为人的本质特征及其尊贵地位。"① 同时,他们的做法也极为相似,都是通过具象化的德性来作为区分二者的标准。如上文所提到的孔子以"敬"、孟子以"仁",抑或是荀子以"礼"。这种做法从人伦的角度来说,确实没有什么问题。但如果基于义理和现实的角度,或存在一定的不足和偏差。例如,从立论的主体出发。在对人和动物进行区别的时候,划分的主体是人,设定标准的也是人,这些标准也是基于人的立场出发所设置的,动物只是被使用者,并没有发言权。所以,无论人如何划定人与动物之间的界限,总是合乎"道理"的。这样,就是从人出发,而不是从物出发,在源头处就断定了人不同于动物且优于动物。并且,动物自然也不会有任何不满或反驳。当然,话说回来,无论先秦还是宋明,甚至是当今社会,再扩而言之,我们在做任何事或制定某种原则的时候多是出于对人的考虑,从人类社会来说,抑或是从理论的角度来说,肯定是无可厚非的。不过如果从社会现实出发,就会发现这种判断或许是存在一定问题的。因为,通过对现实的观察,就可以发现,在生活中,仁禽义兽的例子比比皆是。无论我们所熟悉的"忠犬八公"的故事,还是其他动物具有仁义的行为的事情,这些例子都说明,动物似也具有仁义之性,其行为同样是对忠孝的践行。那么,再以仁义为人所独有,而将动物排斥在外,似乎就不甚合理。

其实,先秦两汉时期就已经有儒者对此类现象加以反思。先秦集中在对人禽的不同的讨论,而"汉代以来的新现象则是在动物身上寻找与人同质的因素。诸如乌鸟反哺、羊羔跪乳、虎狼之仁、蜂蚁之义之类的仁禽义兽典故不断被学者所提及。"② 如《礼记·郊特牲》甚至说:"禽兽,仁之至,义之尽也。"③ 显然,作者就认为禽兽具有仁义等德性。所以,"面对这些现象再笼统地讲人有道德,禽兽没有,已经很难有说服力了"④。因此,就需要我们从新的视角对人和禽兽的差别作出说明,进而也需要对先秦儒学之"人禽之辨"进行反思。而正是基于这种做法的不足,到了宋明理学时期,理学家们便着手打破这一局

---

① 栾俊:《论古今视域转换下的"人禽之辨"》,《天府新论》2017年第2期。
② 杨柳岸:《人禽之辨的基本结构与功能———以孟子、朱子和船山为中心》,《中国哲学史》2020年第3期。
③ [清]孙希旦:《礼记集解》,北京:中华书局1989年版,第695页。
④ 杨泽波:《云南大学学报》(社会科学版),2017年第3期。

限。试图从新的视角去审视人禽之别,其中朱子颇具代表性。一方面,他们吸收借鉴了先秦儒者的观点,也将仁义视为人之所有的德性;同时,他们也借鉴了汉唐儒者从同的视角审视人与动物关系的做法,并吸收其以"气"的视角思考二者关系的做法。另一方面,他们更是从"理""反思"的角度来重新思考这一问题。

二、朱子"人禽之辨"思想的"反动"与开新

不同于先秦诸儒,朱子一反他们所认为的只有人才具有仁义礼等德性的观点,从"一理"的角度出发,得出物(禽兽)同样具有仁义等德性的结论。为了论证这一观点,朱子首先从其"理"论出发,说明万物皆有理,"才有物,便有理。"[①]在他看来,只要有物生成,此物必然就已具理。而其所说的"理",乃是一个理,"天地间只是一个道理。性便是理。"[②]这就说明无论是人还是物,所禀受的理都是一样的。理落在性上说,则性即理。朱子之所以出此言,或是针对前人以人性异于物性的看法,所以其谓:"人物性本同,只气禀异。如水无有不清,倾放白碗中是一般色,及放黑碗中又是一般色,放青碗中又是一般色。……人物之生,天赋之以此理,未尝不同,但人物之禀受自有异耳。"[③]他以将水置于碗中为例,指出无论将水放在什么颜色的碗中,但就水的本来而言,其总是清的。所以有不同的颜色则在于碗的颜色的差异。朱子此喻,说明性就其源头处则是一致的,其差别则是禀受的不同。进而得出无论是由人禀受所形成的人性,还是由物禀受所形成的物性,都是此理的结论,即此理人与物同受。

正是基于这样的理路,朱子说明了人和物之间的关系,即人与物同理而生,从理之禀赋的角度来说,人与动物实为相同。"人物之生,天赋之以此理,未尝不同,但人物之禀受自有异耳。"[④]照着朱子的思路可知,因为人和物都是禀受天地之理,都是造化所生成的结果,那么可以说,人和物"不仅是同源的,而且是平等的,并无高下优劣之分"[⑤]。这样一来,就打破了先秦时期以人高居

[①] [宋]黎靖德:《朱子语类》,北京:中华书局1986年版,第61页。
[②] [宋]黎靖德:《朱子语类》,第68页。
[③] [宋]黎靖德:《朱子语类》,第58页。
[④] [宋]黎靖德:《朱子语类》,第58页。
[⑤] 蒙培元:《朱熹哲学十论》,北京:中国人民大学出版社2010年版,第187页。

于物之上的固有观点。至于说，不同的地方在于其禀受有异，而禀受有异不等于所授有差，而从原本处讲，乃同为一物。而朱子所说的理，除了事物的当然之则外，同时也是从道德的角度来说的。即"理者有条理，仁义礼智皆有之。"①依朱子意，理就是有其条理，其中涵括仁义礼智。换言之，仁义礼智统一于理，都各有其理。所以可知，"朱子所说的天命之性，是指道德性，其内容就是仁义礼智。一般认为，道德属于社会范畴，是人类特有的。但朱子认为，从原则上说，动物也有仁义礼智之性，只是实现的程度极有限。"②那么，从理之生化、人物之所受来说，人与动物自然都会禀得此理。进而，落在个体上，即都具有仁义之性。

朱子在理同的视域下，不厌其烦地论证理同一性同的观点，并着重指出动物亦有仁义之性。"物亦有是理，又如宝珠落在至污浊处，然其所禀亦间有些明处，就上面便自不昧。如虎狼之父子，蜂蚁之君臣，豺獭之报本，雎鸠之有别，曰'仁兽'，曰'义兽'是也。"③他似乎为了彰显动物同人一般而具有仁义之德，反复论说动物所示现的德性。从伦理的视角对动物之行为、关系予以道德的说明。依其意，老虎与豺狼之类同样具有父子之亲；蜜蜂与蚂蚁之属亦具君臣之义，豺獭知报恩，雎鸠也明晓"男女"之别。总之，一切动物之间莫不有仁义诸德。因此，其亦可称为"仁兽""义兽"。这样就消弭了前儒以仁义为人所独有而物无做法所引发的矛盾。这也是朱子在"人禽之辨"问题上对前儒的反动。

但是问题在于，如果推翻前人以仁义别人禽的做法，就等于说明人和动物乃是一样的，并没有任何差别。那么，千年以来的先哲们试图凸显人性之高贵的努力将付诸一炬，追求人类意识之觉醒，主体之彰显的努力也终是梦幻泡影。作为宋代儒学的集大成者，以孔孟圣之徒自道的朱子，自然是不会同意的，也决然不会如此做。其"人禽之辨"的总的观点必然是同于先哲的，即也是认为人是不同于禽兽的。不过，摆在他面前的问题还是需要解决的。既然，从仁义的角度论证二者的差别之路已行不通，就必然需要开拓另外一条理路。

---

① [宋]黎靖德：《朱子语类》，第99页。
② 蒙培元：《朱熹哲学十论》，第187页。
③ [宋]黎靖德：《朱子语类》，第73页。

依照朱子的思想逻辑,在讲理的时候,必然不能少了气的参与,"天下未有无理之气,亦未有无气之理。气以成形,而理亦赋焉。"①理和气二者是紧密相连的,只有理或只有气都是不可以的。因此,朱子抓住气这一概念去讨论人性之差别、人性与物性之差别。一如前述,朱子是认可物也是具有理的,而且此理是同人之理,并且仁义礼智已具焉。按朱子,理同并不代表气同。即是说,人与物虽然在理的层面没有差别,当时从气的角度来看,却具有很大的不同,"论万物之一原,则理同而气异。"气之差别,决定了万物的不同。

朱子有关气的论述,也可以分为两个层面。其一是气的浑浊,其二是气的通塞。就前者而言,又可以从两个方面来论,一是就人与人之间,在朱子看来,禀气之清者为贤人,禀气之浊者为愚人,"有是理而后有是气,有是气则必有是理。但禀气之清者,为圣为贤,如宝珠在清冷水中;禀气之浊者,为愚为不肖,如珠在浊水中。"②此是针对人之差异而言,说明贤愚的不同在于禀气的差异。但朱子更多的是以此作为区分人与动物的条件。如其言:"气质之清者、正者,得之则全,人是也;气质之浊者、偏者,得之则昧,禽兽是也。气有清浊,人则得其清者,禽兽则得其浊者。人大体本清,故异于禽兽;亦有浊者,则去禽兽不远矣。"③大体而言,朱子仍是站在人的立场上,肯定人之不同于禽兽的观点。就禀气而言,人总体上是禀的清气,这是人之所以为人的原因;而动物所禀之气则是浊气,这是动物所以为动物的原因。朱子此解,就是为了解决上述存在的问题。人虽然在理的方面与动物相似,甚至一样,但人终究不是动物,那么不是动物的原因,或不同于动物的地方即在于人与动物禀气的差异。

此外,朱子又从气之偏正的层面对这一问题做了分析。"以其理而言之,则万物一原,固无人物贵贱之殊;以其气而言之,则得其正且通者为人,得其偏且塞者为物;是以或贵或贱而有所不能齐。"④关于气的通塞,主要是根据气的清浊而来。因为根据朱子的设计,由于气之或清或浊,就已然分出了人和禽兽。但是朱子毕竟还要循着先儒们的话头而论,即其虽然肯定了动物具有仁义之性,但总有不合处。所以,朱子在这一问题上,又提出了一个新的解决方

---

① [宋]黎靖德:《朱子语类》,第 2 页。
② [宋]黎靖德:《朱子语类》,第 73 页。
③ [宋]黎靖德:《朱子语类》,第 73 页。
④ [宋]黎靖德:《朱子语类》,第 59 页。

案,即是从禀气的通与不通来说明动物虽有仁义,但总归是不全的。

为了更为清楚地说明这一问题,朱子又从理与心的角度进一步做了论证。在弟子问到孟子所言"人之所以异于禽兽者几希"的问题时,他回答道:"人与万物都一般者,理也;所以不同者,心也。人心虚灵,包得许多道理过,无有不通。虽间有气禀昏底,亦可克治使之明。万物之心,便包许多道理不过,虽其间有禀得气稍正者,亦止有一两路明。"①在朱子看来,人与物不但因为气异而有别,而在心上亦有不同。人心因为虚灵,便可以容纳诸道理,动物则不可以。因为可以包含诸多道理,所以人无所不通,而动物只有一两处通而已。人仍然是优于动物的。但在理气问题上,朱子并非固守一种看法,而是有一个演变的过程,甚至看起来是矛盾的。也正是因此,才导致人们对朱子论理气,论"人禽之辨"的误解。如果仔细寻绎,就可以发现这些看似抵牾的观点,实际上是相互补充的,其论证目的也是一致的。

如前所述,朱子认为人与物是"理同气异"。因为理同,所以人、物之性都同具仁义之德;因为气异,所以人不同物,并优于物。不过,这还是朱子前期的看法。或是由于其后期对儒家人性的进一步复归,所以,在面对传统儒家"反对把人与物同等看待,反对把人之性混同于禽兽之性"②时,他似乎觉察到"由于强调仁义礼智内在的普遍性而牺牲人之所以为人的特殊性"的不妥,所以,在淳熙四年(1177年),其48岁的时候,他在《论孟集注》中就对之前的说法做了改变。

在这一问题上,又可以进一步分梳。朱子首先说明的是"气相近,而理绝不同"。"论万物之一原,则理同而气异;观万物之异体,则气犹相近,而理绝不同。"③从万物之差别来看,人与物之理非是相同。朱子进一步解释了何为"气相近,理不同":"气相近,如知寒暖,识饥饱,好生恶死,趋利避害,人与物都一般。理不同,如蜂蚁之君臣,只是他义上有一点子明;虎狼之父子,只是他仁上有一点子明;其他更推不去。"④即是说,相近之气是从生理上说,人与动物都会知寒暖,识饥饱,好生恶死,趋利避害;而反观其理,动物则与人相差甚远。纵

---

① [宋]黎靖德:《朱子语类》,第1347页。
② 陈来:《朱子哲学研究》,北京:生活·读书·新知三联书店2010年版,第148页。
③ [宋]黎靖德:《朱子语类》,第57页。
④ [宋]黎靖德:《朱子语类》,第57页。

使其有仁义,也只是一点而已。其实,这涉及他另外一个思想,即"理有偏全"。其言:"所以谓'性即理',便见得惟人得是理之全,物得是理之偏。告子止把生为性,更不说及理。孟子却以理言性,所以见人物之辨。"①这一点同前面类似,都是认为,由气所决定的知觉运动等作为生物个体的东西,是基本相同的。但在理的方面来说,人禀得性理全,而动物则偏。以此观点,则"就不能说人物的性理是完全相同的"②。

除此之外,朱子又从"气异理异"的层面对人禽之别做了梳理。按前文所述的"理同气异"说,朱子强调的是因为人物禀气之差,故有人与物的区别,其落脚点是强调"气异"。而在"气异理异"说中,他所注重的是"理异"。之所以有这样的转变,是因为朱子在后期更加注重从理的不同上展开对人禽之别的论述。

首先,朱子仍循其理气不可分离之说,强调:"若论禀赋,则有是气而后理随以具,故有是气则有是理。"这是为了说明气之差异与理之不同的关联。紧接着,他就展开说明人与动物,因为气之不同,所以,其理也存在差异。"因气禀之不同,而所赋之理固有异。"这样,就指出人与动物之理非是全然同矣。甚至认为,动物并不能完全知晓义理,"天下之物,精细底便难见,粗底便易见。饥渴寒暖是至粗底,虽至愚之人亦知得。若以较细者言之,如利害,则禽兽已有不能知者。若是义理,则愈是难知。这只有些子,不多。所以说'人之所以异于禽兽者几希'!"③又说:"'在眼曰见,在耳曰闻,在鼻辨香,在口谈论,在手执捉,在足运奔,遍现俱该沙界,收摄在一微尘。'此是说其与禽兽同者耳。人之异于禽兽,是'父子有亲,君臣有义,夫妇有别,长幼有序,朋友有信'。"④这似乎就接近传统儒家认为人因知仁义之理而不同于动物的观点了。

综上所述,我们可以看出,朱子之以理气论人禽之别并不是固守某一个观点,而是随着时间的变化而存在差异。但,无论是理同气异,还是气异理异说,朱子最后的目的都是一样的,即要高举人禽不同的大纛,严辨人禽之间的差异,从而凸显人的价值。

---

① [宋]黎靖德:《朱子语类》,第 1377 页。
② 陈来:《朱子哲学研究》,第 149 页。
③ [宋]黎靖德:《朱子语类》,第 2013 页。
④ [宋]黎靖德:《朱子语类》,第 1348 页。

三、人性与物性的关联及对物性的超越

与上述问题关涉的是人性和物性的关系。因为朱子通过对理气的论述，其最后要得出的便是人性为何，物性为何的结论。所以，他在承继二程"论性不论气不备，论气不论性不明"的观点，在阐释气之后，着重强调了"性"的问题。

在以往的研究中，学者们多是从"天地之性"和"气质之性"的维度来看朱子的性论，这固然不错，但是如果仅从这个层面去审视朱子的性，或许不甚全面。特别是在人禽之别的问题上，其局限性就更加明显。因此，结合朱子对理一气的论述，可以得知，在朱子的思想中，有关性的论述，或可以从"物性"和"人性"两个向度去理解。

"性"字，许慎在《说文解字》中释义为："人之阳气，性，善者也。"[1]显然，许慎此解是已经受到了孟子人性论的影响，并无法看到其原意。从造字法来看，性从"心"、从"生"，或是和心、生有关。如徐复观先生所言："'性'之原义，应指人生而即有的欲望、能力等而言，有如今日所说之'本能'。"[2]徐之释义，对理解性有所帮助，即性就是生而具有的一些能力，并且此能力不单就人言，同时也针对物言。不过，"性"在以往的使用和研究中，多集中在对"人性"的讨论，这一点在孔子那就已见端倪，延至孟子，其与告子有关人性的辩论，便主要是就人性来谈，并且这一做法影响了后来的儒者。以至于在中国思想史上似乎形成了只要言性便是特指人性的共识。这样一来，便混淆人性与物性，甚至是忽略了物性。这一问题，在宋明理学时期得到了纠正，宋儒们为了解决先秦诸儒论人性之弊，便拈出人性和物性两个概念。这一点在张载、二程那里已经有所注意，到了朱子，这一问题得到了更为详细的区分和论证。

那么，朱子是如何理解"性"的呢？在他看来，"性者，人物之所以禀受乎天也。……自其理而言，则天以是理命乎人物谓之命，而人物受是于天谓之性。"[3]又说："性者，人物所得以生之理也。"[4]即是说，性就是人物从天所禀受的

---

[1] 许慎：《说文解字》，北京：中华书局2020年版，第337页。
[2] 徐复观：《中国人性论史》，上海：上海三联书店2001年版，第6页。
[3] [宋]朱熹：《朱文公文集》，北京：中华书局2010年版，第2688页。
[4] [宋]朱熹：《四书章句集注》，北京：中华书局1983年版，第297页。

东西，是万物得以生生的理，是生命得以呈现的所以然者。显然，朱子对性的规定是从天、理的维度所给出的说明。不仅如此，从他的论述中，我们可以得知，朱子所说的性或给性下的定义是就全体物而言，而不是偏于人或动物任何一方。从这我们就可以明晓朱子之性的所指，乃是万物之性。如其言："物物皆有性，便皆有其理。"①在人性与物性的关系上，朱子亦是从理同的角度说。"万物皆只同这一个原头。圣人所以尽己之性，则能尽人之性，尽物之性，由其同一原故也。若非同此一原，则人自人之性，物自物之性，如何尽得？"②在他看来，万物皆是一个性。朱子认为天地间不存在没有性的物事，只要有物存在，便一定有性，"天下无无性之物。盖有此物，则有此性；无此物，则无此性。"③这样就将性安格在"物"身上，保证了物之有性，也为他展开对人性和物性的论述做了铺垫。

所以，在广义之性的问题上，朱子总的看法是人性同物性，物性近人性之理。也即是说，作为真实而具体的存在，人并不是以赤裸裸的本质形态出现的，他同时还包含更广意义上的动物性、生物性。"人物之性，亦我之性。"④"吕与叔谓物之性有近人之性者，如猫相乳之类。温公集载他家一猫，又更差异。人之性有近物之性者。"⑤要言之，所谓"物性"，即是指万物所具之性。这个"物"自然包括人，即人也是属于物的。而"人性"则是针对狭义的物性，专就人而言，即是人所具有的性。

朱子虽然认可人性在一定程度上等同于物性的说法，但是他还是要凸显出人性。因此，他有意说明人性和物性的分别。"各正性命，保合太和，圣人于乾卦发此两句，最好。人之所以为人，物之所以为物，都是正个性命。"⑥他强调人所以为人，物所以为物，都只是正个性命而已。所谓正性命便是将落在主体上的性尽显。换句话说，即是要区分人性和物性，要明白人性异于物性的地方。因此，如上，朱子虽然从全体之物来论性，但其目的并在此，或者说，这只

---

① ［宋］黎靖德：《朱子语类》，第2484页。
② ［宋］黎靖德：《朱子语类》，第1490页。
③ ［宋］黎靖德：《朱子语类》，第56页。
④ ［宋］朱熹：《四书章句集注》，第33页。
⑤ ［宋］黎靖德：《朱子语类》，第58页。
⑥ ［宋］黎靖德：《朱子语类》，第317页。

能看作是朱子论性之开始,是一个奠基性工作。毕竟作为儒家学说的继承者,朱子还是遵循先儒们别人禽的思路展开对性的区分。在这一问题上,朱子承接横渠与二程之言,对性之于人于物进行了详细的区分。

照前说,朱子将性视为人与物共有之性,不过,这是统而言之,是就大体而论。为了延续其"人禽之辨"的话题,他亦对人物之性的同异做了具体阐释。"人物之性,有所谓同者,又有所谓异者。知其所以同,又知其所以异,然后可以论性矣。"①朱子一开始就意识到人物之性的同异问题,并认为,只有看到了这一点,才能更好地讨论何为性的问题。既然说到了人物之性的同和异,就必然少不了对二者的细节做说明。朱子觉察到(人、物)性的特殊性,认为其是难以论说的。"性最难说,要说同亦得,要说异亦得。如隙中之日,隙之长短大小自是不同,然却只是此日。"②其实,在这朱子就已经显示出其论性的独特处。也就是说,他虽然认为性是极其难说的,但是其对性的论述却是较为完备的。依其义,性既可以以同言,也可以以异言,这里所隐含的内容即是人物之性的或同或异。

在朱子看来,所谓同者,即是"人物之生,同得天地之理以为性,同得天地之气以为形。"③"夫太极动而二气形,二气形而万化生。人与物俱本乎此,则是其所谓同者"④。也就是说人和动物都是禀得此理此气,故同。不过,这似乎和朱子之前以理同气异别人禽的做法存在扞格不通之处。细绎其语,便可以发现,这里的理气主要是从其大体而言,即是从理气的生化角度来论,并不是就其细节处所发。所以,与其理同气异说并不冲突。就其异者而言,朱子认为"二气五行,絪缊交感,万变不齐,则是其所谓异者。"⑤又言:"其不同者,独人于其闻(间)得形气之正,而能有以全其性,为少异耳。虽曰少异,然人物之所以分,实在于此。"⑥从气的生化角度来说,人与物并无差别,但从其具体的气来说,则是有所不同。依朱子,虽然人物都禀此气,但只有人才能得形气之正,进

---

① [宋]黎靖德:《朱子语类》,第59页。
② [宋]黎靖德:《朱子语类》,第58页。
③ [宋]朱熹:《四书章句集注》,第293页。
④ [宋]黎靖德:《朱子语类》,第59页。
⑤ [宋]黎靖德:《朱子语类》,第59页。
⑥ [宋]朱熹:《四书章句集注》,第293—294页。

而使得其性得全。"或问:'人物之性一源,何以有异?'曰:'人之性论明暗,物之性只是偏塞。暗者可使之明,已偏塞者不可使之通也。横渠言,凡物莫不有是性,由通蔽开塞,所以有人物之别。'"[①]循其意,虽然人物都禀此气,但只有人才能得形气之正,使得其性得全;进而,他又从通、塞的角度再次强调人、物的区别。在他看来,人之性是从明暗讲,物之性是从偏塞论。为了突出人优于物,他进一步强调,人性的暗可以使之明,而物一旦偏塞了,就无法使其通。所以,就此而言,人不同于物,并且是高于物的。这同样是沿着他的人禽之别的问题所论。所以,他总结道:"以其理而言之,则万物一原,固无人物贵贱之殊;以其气而言之,则得其正且通者为人,得其偏且塞者为物;是以或贵或贱而有所不能齐"[②]。可见在朱子的"性"思想中,他仍然是高倡人物之别。

通过对朱子人性、物性的阐释,我们明白了这对范畴的涵义及其同异,结合其理气观,其有关物性－人性的论述中,所谓"物性"主要是指人与物同具有的饮食、饱暖等生理需求,亦可以说是"感性"的需求;而所彰显的"人性"则是说除了饮食等之外的行为。此点,有些类似康德之分感性－理性之说。在康德看来,人和动物在感性之需求上是相同的,"但是,人毕竟不完全是动物,对理性自言自语所说的一切都无所谓,把理性仅仅当做满足他作为感官存在者的需要的工具来使用。因为如果理性仅仅为了本能在动物那里所建树的东西而为人效劳的话,那么,人具有理性这一点,就根本没有在价值上把人提高到纯然动物性之上"[③]即人所具有的理性使得人又不同于动物,乃是超越动物。在这一点上,朱子和康德二人较为相似。概而言之,在朱子看来,从万物一体的角度来说人性归于物性;具体展开来说,人性非是物性,并且人性优于物性。而且,我们还可以看到其论性大抵还是延续其理气思想展开,或者说是在理气视域下进一步做了分析。可以看作是一个问题的两个方面。无论是从理气来说,还是依人性物性来论,其目的都是要凸显人的特质,并以此来判定人和禽兽的不同。

---

① [宋]黎靖德:《朱子语类》,第57页。
② [宋]黎靖德:《朱子语类》,第59页。
③ 李秋零:《康德三大批判合集》,北京:中国人民大学出版社2016年版,第580页。

四、反推与觉解：主体性的确立

与其理气和人性－物性紧密相关的一个概念，即"推"，是朱子在"人禽之辨"问题上的一个创新。有关朱子之"推"的思想，远绍孟子，近承程子。于孟子，在其有关推恩施仁的论述中，已涉及"推"义。如"老吾老，以及人之老；幼吾幼，以及人之幼；天下可运于掌。诗云：'刑于寡妻，至于兄弟，以御于家邦。'言举斯心加诸彼而已。故推恩足以保四海，不推恩无以保妻子。古之人所以大过人者，无他焉，善推其所为而已矣！"①再如"凡有四端于我者，知皆扩而充之矣，若火之始然，泉之始达。苟能充之，足以保四海；苟不充之，不足以事父母。"②这里孟子有两说，其一曰"推恩"，其二曰"扩充"，二者似乎是表达同一个意思。"推"是实现内心德性外在化的保障，而且"推恩"已经被预设为是一种人人都具备的能力。但是孟子所言"推"还主要是就人的施恩行仁上说，即为了要说明作为人需要懂得将爱亲之情推广到其他人身上，并不主要针对"人禽之辨"而论。

在程子，他明确将"推"这一思想应用到"人禽之辨"上，"所以谓万物一体者，皆有此理。只为从那里来。'生生之谓易'，生则一时生，皆完此理。人则能推，物则气昏，推不得"③。依程子意，从气化流行、万物一体的角度来看，万物皆具此理，并无分别；其所以不同，在禀气之质量的差别。于人，其禀气清与全，故可以推；于物，其禀气昏与偏，故不可推。其所言之意，是说明人和动物的区别乃在于因了气之不同，能不能推的问题。程子看到了"推"在"人禽之辨"的作用。不过程子在这一问题上，并没有展开详细论证，只是对着理气关系，特别是禀气的问题上谈到了一些。这一思想到了朱子，则得到了极大的发挥。朱子不仅吸收了孟子言"推"的意涵，同时又在程子的基础上，结合理气与性，详细而完备地阐发了这一概念。

如前文所述，朱子先是在理气和人性物性上对人和禽兽做了判定。基本思路是动物同样具有仁义之性，只是不能全部彰显而已。换言之，人和动物其

---

① [清]阮元校刻《十三经注疏》，第5808—5809页。
② [清]阮元校刻《十三经注疏》，第5852页。
③ 程颐、程颢：《二程集》，北京：中华书局2004年版，第33页。

理同,差别在于气的不同。而气异反映在性上,就有了偏正、通塞的人性、物性之别。他认为人同时具有人性和物性两个方面。在物性讲,是人同于动物的性,即是饮食、行动等;在人性讲,则是人超越出物性之后为人所独具的性。朱子之理路,就此而言确实已经较为完备了,但是,他并没有止步于此。而是更前进一步,从"推"的视角,他进一步明确人与禽兽的不同。朱子是非常赞赏程子所言之"推"的,"程子说的'推'字极好。"他之所以如此评价,或正是看到推义在"人禽之辨"中的独特作用。

那么,"推"是什么意思呢?据《说文解字》之释义:"推,排也。从手、隹声。"[①]即是说,推就是向外排的意思。这也是我们常使用的意思,就是推动人或物,使其位置得到改变。慢慢地衍生出推理、推论、推脱等涵义。朱子又是在何种意义上使用它的呢?寻绎朱子相关文本,可以得知,朱子至少在以下几层意涵上使用"推"字(义)。其一,即是推之本义,做一动作使用,与上文《说文》之训义同。如:"人且理会合当理会底事,其理会未得底,且推向一边。"[②]其二是尊崇说,"故圣贤之所推尊,学者之所师慕,亦以其心显白而无暗暧之患耳。"[③]其三作类推讲,"由此类推之,常人莫不皆然。"[④]以上都是我们常见常用的意思,并且朱子在使用的时候,同现在之使用一样。其四,是推字的衍生义,也是我们通常所用,即推理义,"若以理推之,则无有盈阙也。"[⑤]这一义已经不是就实践义说,更多的是从理性、思辨的角度来说。其五,是结合孟子之推恩、扩充义与程子之反思义而来,这也是朱子"人禽之辨"思想的核心要义,即是作"反思""觉解""扩一推"义,"虎狼之父子,只是他仁上有一点子明;其他更推不去。"[⑥]朱子此义是发孟子、程子所未全发之义,并结合二者之同义而言。更为重要的是,朱子将之同天理与人类本质相结合,以此来论证人和动物的不同。

以上是就朱子之使用"推"字义上的总概述。除此之外,朱子对"推"又有过明确的定义。在其弟子问"推"字与"充"字的区别的时候,他回答道:"推,是

---

① 许慎:《说文解字》,第392页。
② [宋]黎靖德:《朱子语类》,第33页。
③ [宋]黎靖德:《朱子语类》,第2773页。
④ [宋]黎靖德:《朱子语类》,第2685页。
⑤ [宋]黎靖德:《朱子语类》,第20页。
⑥ [宋]黎靖德:《朱子语类》,第57页。

从这里推将去,如'老吾老以及人之老,幼吾幼以及人之幼',到得此,充则填得来满了。注水相似,推是注下水去,充则注得这一器满了。盖仁义之性,本自充塞天地。若自家不能扩充,则无缘得这个壳子满,只是个空壳子。"朱子以注水为喻,说明所谓"推",乃是扩充之义。也就是从此推向彼,以达到满塞之境。这里,朱子所定义的"推",乃是从孟子之"扩充"义上说的,即推是扩充①。

另外,朱子在回答弟子问"以己""推己"之辨的时候,又从"反思"的角度解释"推"。

> 杨问"以己""推己"之辨。先生反问:"如何?"曰:"以己,是自然底意思;推己,是反思底意思。"曰:"然。以己,是自然流出,如孔子'老者安之,朋友信之,少者怀之'。推己,便有折转意,如'己欲立而立人,己欲达而达人'。"寓因问:"'推广得去,则天地变化,草木蕃;推广不去,天地闭,贤人隐',如何?"曰:"亦只推己以及物。推得去,则物我贯通,自有个生生无穷底意思,便有'天地变化,草木蕃'气象。天地只是这样道理。若推不去,物我隔绝,欲利于己,不利于人;欲己之富,欲人之贫;欲己之寿,欲人之夭。似这气象,全然闭塞隔绝了,便似'天地闭,贤人隐'。"②

此处涉及的两个概念,即"以己"和"推己"是一相对的范畴。在朱子看来,所谓"以己",就是一种自然流出,用当下语言来说,便是不需要反思就去做某事;而所谓"推己",根据朱子和其弟子的问答可知,便是"反思",也即认为"推己"是对己之行为进行反思。他进一步说到,推己乃有折转意。转折意既是说人需要将己之所为推广到他人身上,又是在行为之前做一反思。

那么,在明晓了朱子所说的"推"字义后,我们来分析朱子是如何从这个角度来判别人和动物的。一如前述,朱子首先从理气的层面总论了人和动物所以不同的地方,并就各自性之内涵做了具体说明。进而,朱子在二者的基础上,便铺陈话语,从"推"的视角分析人禽不同的原因。这一点,可以看作是以理气与人物之性区分人禽的深化。或者可以说,将"人禽之辨"的标准进一步

---

① "此心之量,本足以包括天地,兼利万物。只是人自不能充满其量,所以推不去。或能推之于一家,而不能推之于一国;或能推之于一国,而不足以及天下,此皆是未尽其本然之量。须是充满其量,自然足以保四海。"[宋]黎靖德:《朱子语类》,第 1294 页。
② [宋]黎靖德:《朱子语类》,第 690 页。

思辨化,即不再是简单地从禀气的差异来论人禽之别,而是注重从反思和觉解的视角来分析。当然,不可否认和忽略的是,朱子整个思想体系都是基于理气展开,所以"推"这一概念,同样是在理气的架构下。

前文已经提到,朱子承认禽兽同具有仁义之德,但是他做了限定,即动物只具有一些子。也即其所谓的"至于虎狼之仁,豺獭之祭,蜂蚁之义,却只通这些子,譬如一隙之光。"① 那么转到"推"义上来,朱子之义便是说,动物虽然具有某些仁或义,但是他们只有一点或者说只是具备某一种德性。另外,它们所具有的这些德性,无论是仁是义,都只能就这某一件事来实现,并不能将之扩充到其他方面。而人则不同,人不但能对人具有仁或义,同时亦能将其推展到物事身上。比如,他又说:"理不同,如蜂蚁之君臣,只是他义上有一点子明;虎狼之父子,只是他仁上有一点子明;其他更推不去。恰似镜子,其他处都暗了,中间只有一两点子光。"② 此处就更加清楚地指出动物所具有的仁义之局限性,也就是说对于蜂蚁来说,它们只知道一些义,或只能表现出一些类人的义之行为;于虎狼来说,它们只能呈现出一点仁来,就义而言,它们就不具有。

因此,朱子断言,禽兽之有仁或义,仅是其性上具有些子,不但不全,而且只能就着性中所本具有的仁或义发用。换言之,蜂蚁天生只有义性而不能具有仁性、信性等;虎狼天生只有仁性,而不能具有义性、智性等。所以,它们只能循其本有的东西去做而不能推出其他东西来。并且,也不能将这些仁性、义性发挥到其他物事上来。而与之相反的是,人不但具有仁,亦且具有义、礼、信等德性。更重要的是人可以将这些性推到其他物事上。

关于人何以能推,物不能推的问题,朱子亦从人心—物心的角度做了解释。他认为"人物之所同者,理也;所不同者,心也。人心虚灵,无所不明;禽兽便昏了,只有一两路子明。人之虚灵皆推得去,禽兽便推不去。人若以私欲蔽了这个虚灵,便是禽兽。人与禽兽只争这些子,所以谓之'几希'。"③ 在此,朱子同样认为人所以不同动物的地方,于表现能力而言,便是人可以推,动物推它不去。他意在说明,人所具有的理或性,是一种呈现的性;而动物所具有的理或性,则是一种

---

① [宋]黎靖德:《朱子语类》,第58页。
② [宋]黎靖德:《朱子语类》,第57页。
③ [宋]黎靖德:《朱子语类》,第1347页。

潜在的性,也即不能当下呈现。正是因为不能现实地具有与呈现,所以动物则不能推。而"能不能推在'人禽之辨'的问题上关系重大,因为它所涉及的是主体之性能否得到全尽彰显的问题。即有'"能不能推"说人以外之物,并不能真正地彰显其性之能"万物皆备于我"之实,以分别人与马、牛之性的不同'"①。

根据朱子对"推"的定义,特别是从"反思"的角度对推的阐释,这一点又可以结合其天理说来分析。在理学家看来,天理是人之所以为人的关键,"人之所以为人者,以有天理也。天理之不存,则与禽兽何异矣?"②即是说天理构成了人的本质,是"人之所以为人并区别于别物的终极依据。"③如果没有此天理,则人就是禽兽。那么,朱子所说的天理是什么呢?

从"人禽之辨"的视域来看,朱子所说的天理乃是对人物之自然之性的规约。因为,根据朱子之意,人与物生下来的相同之处在于都具有生理欲望,即作为存在的资料;但"自然人性的活动是不可靠的,它需要某种指南或主宰来超越其自然性,这个主宰者便是普遍天理。"④而其后所隐含的是,人需要经过反思之后的生活,才具有合法性。否则,人只能像动物一样生活。这样的话,人就是动物。所以说,"普遍天理的出场彻底改变了人类顺从本性的自然行为的本质。"⑤这也是朱子为什么重视"推"之反思义的原因。"能推不能推的不同,点出心自觉之重要性。人能有道德自觉,即有心;物不能有自觉,乃无心,自'心'之有无说人禽之辨,此'心'乃道德实践地说"。

朱子的意思是,人的行为应该是一种有反思和觉解的行为,动物则只是根据所禀得一些理去"率性"而为。换言之,人懂得自己为什么行动,以及为了什么行动。而动物则只是去做,并没有反思为什么这么去做。如其在《延平答问》中所言:"熹昨妄谓,仁之一字,乃人之所以为人,而异乎禽兽者,先生不以为然。熹因以先生之言思之,而得其说,敢复求正于左右。熹窃谓:天地生物,本乎一源。人与禽兽草木之生,莫不具有此理。……气有清浊,故禀有偏正。惟有人得其正,故能知其本具此理而存之,而见其为仁;物得其偏,故虽具此

---

① 陈祺助:《"人禽之辨"之本体宇宙论的说明》,《当代儒学研究》2020年第8期。
② 程颐、程颢:《二程集》,第1272页。
③ 沈顺福:《天理与儒家人类本质论》,《江淮论坛》2021年第6期。
④ 沈顺福:《天理与儒家人类本质论》,《江淮论坛》2021年第6期。
⑤ 沈顺福:《天理与儒家人类本质论》,《江淮论坛》2021年第6期。

理,而不自知,而无以见其为仁。"①在这可以看出,朱子之对人禽之别的界定是有一个转变过程,开始以"仁"作为区分二者的条件,而后来体察到此说之谬,故而,以是否觉察到具有理而存之作为区分人禽的标准。戴震有关"人禽之辨"的判断,可以对朱子推之思想做一注解,"夫人之异于物者,人能明于必然,百物之生各遂其自然"。②即是说,人在做某事的时候,不只是顺其性而为,而是知道其所以然,知道为什么这么去做;而动物则只是按照其天生之性去做。有关此点,船山之以"思"和"天明""己明"辨人禽的做法,亦可解释朱子之意。船山言:"夫人之所以异于禽兽者,以其知觉之有渐,寂然不动,待感而通也。……禽兽有天明而无己明,去天近,而其明较现。人则有天道而抑有人道,去天道远,而人道始持权也。耳有聪,目有明,心思有睿知,入天下之声色而研其理者,人之道也。聪必历于声而始辨,明必择于色而始晰,心出思而得之,不思则不得也。"③依其意,"天明"是指人物生而就具有的东西,就是人物生存所需要的东西或行为;而"己明"是指人之反思后的内容,即他所说的"聪必历于声而始辨,明必择于色而始晰,心出思而得之"。而如果不经过反思,那么人和动物就没有什么区别了。转换成朱子之思想视域,那便是人能反思而知天理,推其所以为之理;动物只能由着其性上一点明去做,而且并不知道为什么要如此做。以冯友兰先生之言,即虽然"人与禽兽是同有某些活动底,不过禽兽虽有某活动而不了解某活动是怎样一回事,于某活动时,亦不自觉其是在从事于某活动。"④所以,动物是无觉解的,而人是有觉解的,"有觉解是人生的最特出显著底性质。因人生的有觉解,使人在宇宙间,得有特殊底地位。"⑤

如此一来,人和动物虽然具有相似之行为,甚至动物与人是同禀得一些仁义之理,但它们的行为还是一种自然之行为,也即是说并没有超越其物性本身。而"人之所以为人并区别于禽兽的地方在于人类总是遵循超越的天理而行为。当人们遵循天理而行为时,人类便否定或超越了日常的感受或经验",这样一来,人所同于动物的物性得到超越,而人性得以彰显。因此,我们也可以理解朱子等理

---

① [清]黄宗羲 原撰,[清]全祖望 补修:《宋元学案》,北京:中华书局1986年版,第1281页。
② [清]戴震:《孟子字义疏证》,北京:中华书局1982年版,第16页。
③ [清]王夫之:《读四书大全说》,北京:中华书局1975年版,第458页。
④ 冯友兰:《贞元六书》下,上海:华东师范大学出版社1996年版,第526页。
⑤ 冯友兰:《贞元六书》下,第527-528页。

学家为什么如此重视"天理",原因即在于"它(天理)将人们对人类的理解从早期的具体之物转向某种思辨的超越的实体。由此传统儒家开始用某种抽象而思辨的实体来界定人类的本质。"这也是朱子在"人禽之辨"问题的贡献,即不再以某个具体的、形而下的存在如语言等,也不完全依照先秦儒者简单地以仁义作为标准去严辨人和动物的不同,而是从反思、觉解的视角重新审视二者的关系。

不过,按朱子意,人虽然具有觉解和反思,抑或是从气上总论人不同于动物,并优于动物,但如果人不按照其所说的行为去做,那么人就无异于动物。除此之外,还涉及人性很有可能被人欲等事物隔蔽的可能性,故此,朱子便主张"变化气质"来复归人性之光。"人性本明,如宝珠沉溷水中,明不可见;去了溷水,则宝珠依旧自明。自家若得知是人欲蔽了,便是明处。只是这上便紧紧著力主定,一面格物。今日格一物,明日格一物,正如游兵攻围拔守,人欲自消铄去。"由之可见,朱子所以重视工夫之修养,也在于对人禽之别的重视。

五、结语

"人禽之辨"这一话题,从孔子到朱子,时间已逾数千年,在这期间,有无数学者从不同的角度对之加以分析,这无疑深化了我们对这一问题的了解。特别是到了宋明理学时期,儒学的思辨化致使学者再看一些问题的时候,不仅仅停留在对其的现象化的阐释,而力图从更深层次的视角去挖掘其价值。就"人禽之辨"这个问题来说,理学家们不再局限于从现象层面去区分人和动物的差别,而是从反思、觉解、主体性等方面去审视。具体来说,即是其从理气的视域下,通过言理同而性同,性同则表示,仁义非是人所独有;以至后来又补充的"气同理异""气异理异"等方面的说明。特别是,朱子在继承和发展孟子和程子之"推"的内容,赋予其反思和觉解的涵义,从更高的层面分析了人和动物所以不同的原因。

总而言之,朱子之论人禽之别,先是循着前儒严守人禽不同理路,"凸显人的主体地位,高扬人的价值"[①],进而能够从思辨和抽象的视角去重新审视这一古老的道德命题,无疑是他对"人禽之辨"问题的贡献,并且这种做法,在当下仍然具有某些适用性。

---

① 王闻文,沈顺福:《立人极、续道统:宋儒视域下的"孟子与〈易〉之关系"思想发微》,《社会科学论坛》2022年第2期。

对非共情传播能力建设——一项基于民族志的研究

王宇栋

(浙江师范大学非洲研究院)

摘要：共情传播坚持"平等性""对话性"的传播理念,旨在打破文化传播的"自我中心主义"。共情传播认为应基于受众的价值观、兴趣与目标,建构针对性的传播内容、搭建精准的传播渠道,实现有效传播。文章基于人类学民族志,为反思共情传播实践提供质性案例,并认为："理解""对话""热爱""问题意识""区域国别研究"等是实现共情传播的必要因素。

关键词：共情传播；非洲；民族志

超越文化中心主义,是实现共情者与共情对象的文化理解的前提。共情者应基于对共情对象的社会环境、民族文化心理、语言系统等的研究,建构出针对性的文化叙事内容、选择针对性的媒介形式、培育相应的文化传播主体。已有的共情传播研究少有关注具体的传播实践,尚未对如何建构共情传播体系进行讨论。本文借助民族志质性研究的方法,以两则"对非洲文化传播"的事件为分析对象,通过第一则实践,反思共情性的缺乏导致对非传播效果的有限性,通过第二则实践,总结共情传播的经验与模式。其中坚持非洲研究、坚持对话精神是构成共情传播的必要条件。

一、"共情"的基础：超越文化中心主义

"巴别塔"隐喻了"人与人的理解是难的"。因为理解受阻、共识难达,人类需要建立一种与他者共在的理念,努力发展共情的关爱,以解决"对空言说"的传播困境——站在他人立场上,将自我"客体化",以"第三者"的视角来表征、

监控和调节自我和他人的关系,抑制自我中心化偏差(egocentric bias),以促使共情摆脱自我中心的禁锢,逐渐指向他人。[①] 质言之,超越巴别塔困境的关键步骤在于超越自身的文化前理解,突破文化中心主义,建立起互为主体性的对话关系。

在文化传播实践中看,过分强调文化本土性与文化相对主义都将阻碍文化间的理解与对话。打破由狭隘民族主义带来的自我中心主义需要把握"地方"与"全球","民族"与"世界"的辩证关系,认识到伴随经济全球化的纵深发展以及超国家组织的突破性发展和扩张,地方文化间与民族文化间联系不断加强的必然性,认识到民族文化走向世界带来的政治与经济利益。在实践层面,开展区域国别研究,理解对象国的价值观念、把握对方的语言逻辑;基于经济合作、外交合作和学术合作建立互信基础,促进文化互动、建立对话关系。

超越文化中心主义,实现有效共情,需要把握"共情对象""共情者"与"社会文化"三要素。共情对象在何种程度上愿意以及能够表露自己的想法和感受,会很大程度影响共情者的共情准确性;共情者接收(共情对象)信息的能力、共情的意愿以及即时状态均会影响共情的准确性;理解共情对象的社会与文化背景,能够为共情者共情提供重要的参考背景。[②]

二、对非传播实践的反思与经验——以两则田野观察为例

本节将以"某市媒体宣传部门对非传播研讨会及实践"和"浙江师范大学非洲研究院对非传播"为田野观察对象,反思与总结共情传播的相关经验。

(一)某市媒体宣传部门对非传播研讨会及实践

田野场景(1):对非传播城市形象研讨会

2022年4月3日,笔者以大学学者身份参与某市媒体部门对非传播研讨会。与会人员还包括市委宣传部工作人员、市电视台栏目总策划、市电视台外文节目负责人、电视台主持人、市委网络安全办工作人员。

会议围绕"对非传播的具体举措"展开。

[①] 参见吴飞.共情传播的理论基础与实践路径探索[J].新闻与传播研究,2019,26(05):59-76+127.
[②] 潘晗希,郭杨,高齐,许楠,陈泽锋,吴静岚,陈芝韵,盛槿懋,任沁源,高在峰.共情准确性研究30年:回顾与展望[J].应用心理学,2022,28(03):255-269.

栏目总策划介绍了对非传播的节目设想,比如打造"打卡中国""中非 hand in hand""老外看 xx"等栏目。相关节目将围绕"中非一家亲""某市在一带一路发展中取得的成就"等主题展开。具体节目将借助融媒体在国内外各大网络平台进行传播。

外文节目负责人接着补充道:"打卡中国"等节目将主要呈现本地的非遗文化,借此让非洲人民更加了解中国、了解本市。

市委宣传部的工作人员就一些传播技术层面的问题与上述两位负责人进行了交流,比如传播平台的运营、主播的选择等。

网络安全办的工作人员表明了政府对于推进中非文化交流的重视态度,强调相关部门要做好对外传播工作、讲好中国故事。

轮到笔者发言时,笔者咨询了栏目策划与外文节目负责人一些问题:在确定相关传播主题之前,是否对非洲各区域国别间的社会风俗文化有基本的了解?是否就不同类型的非洲受众进行访谈,了解他们对传播方案的看法?是否考虑过相关传播内容的有效性与针对性?是否寻找过中国故事与非洲文化的共性?未来是否会邀请非洲方面的人员参与到传播作品的构思与策划活动中?

栏目制作方几乎没有考虑过上述问题。他们认为:电视节目从创意的产生、节目内容的策划到最终的拍摄与制作实践,坚持"热点性""时效性"与"政治性"的原则,很难花费太多时间在前期调研上(质言之,非洲话题在这里并不具备长期性,只是众多社会热点中的一个,只是领会上级精神的一次实践。这也就不难理解,相关栏目往往"主题先行",而不是在考察、调研之后获得叙事切入点)。

另外,相关部门缺乏了解非洲文化的人员,难以做到有针对性的、精准的策划。当然,制作方客气地表示"将在日后与笔者讨论非洲相关的问题"(时至 2022 年 9 月,相关讨论也并未发生)。

在回应完笔者的问题后,相关人员主要就传播的技术问题、平台建设以及传播资源获得等问题进行讨论,比如:"海外平台账号的建立与运营""各部门之间的协调"等,直至会议结束。

田野场景(2):《中非友好》宣传片的拍摄

研讨会确定了一项议程,即市媒体部门将围绕"中非 hand in hand"这一主题,在浙江师范大学非洲博物馆拍摄一段宣传视频。

在拍摄前,拍摄团队就设置好了脚本:

首先,以非洲黑人留学生的第一视角参观浏览非洲博物馆,用跟拍镜头与特写呈现博物馆中的非洲艺术品,用中景镜头与特写镜头描绘了中国师生认真参观博物馆、聆听馆员讲解的情态。再者,采访博物馆的负责人员,让他们介绍一下博物馆与藏品的基本情况,并谈谈博物馆对于中非文化交流的重要意义。

概而言之,一张黑人面孔、一些非洲艺术符号、一些面露好奇的参观者(猎奇者)以及一些政策性总结话语,构成了一段"关于中非友好"的叙事。这种拍摄形式,业内人称为"行活",即指不关注内容个性,靠程式与套路制造文化工业品。

两则事件呈现了一类"对非传播的知识生产"模式:追逐政治热点-悬置非洲文化语境-悬置非洲受众的文化体验-主题先行-关注技术层面的问题-叙事风格刻板化。

从传播伦理的角度看,在当今多元化、对话性的世界语境下,这类忽视受众、受众背景与缺乏个性的单向宣传(propaganda)违背了"对话""理解"的伦理原则;文化接受理论将读者置于文化生产的中心环节。"隐含读者"应贯穿在整个创作过程中,支配和制约作者的构思、选材、风格、语言运用和意义表达,即创作者应充分理解文化接受者的文化传统、时代精神、审美特征与情感诉求,使之与作品想要传递的意识形态实现融合;应充分考虑受众的语言模式,选取合理的表现方式;应为受众提供足够的阐释空间,减少不必要的说教等。违背"受众中心",不去共情受众的单向传播理念反映了传播主体强烈的"自我中心主义",它终将导致传播实践的"对空言说"。

(二)浙江师范大学非洲研究院对非文化传播的实践

浙江师范大学非洲研究院是在教育部、外交部等支持下于 2007 年 9 月 1 日成立的中国高校首个综合性、实体性非洲研究机构。在创始和现任院长刘鸿武教授的带领下,学院以高起点、国际化的举措,致力于对"当代非洲发展问题"与"当代中非关系"两大领域展开综合研究。在探索实践中总结出"学科建设为本体、智库服务为功用、媒体传播为手段、扎根非洲为前提、中非合作为路径、协同创新以赋能"的"六位一体"发展模式。

笔者将基于"自我民族志"的视阈(以非洲研究院教职工的视角),深描、阐释并概括非洲研究院基于共情与对话的理念,实践对非文化研究与交流的经验模式。

(1)热忱与坚守:刘鸿武教授与他的非洲研究

如今,中非合作已被提到国家战略的高度,原本边缘的"非洲话题"因此成为政府、知识界、媒体等部门的重要问题,非洲研究也逐渐发展为一门"显学"。笔者曾询问过一些从事非洲研究或非洲文化实践的学者或学生:为什么要报考非洲研究相关专业的研究生?为什么要结合非洲写你们的论文?为什么要去非洲的孔子学院任教?他们的理由真诚却又现实:"新领域,考研更容易""非洲是热点,论文好发""去非洲孔院报酬高,又能刷履历"。以实用主义与功利主义为出发点投身于学术研究、文化传播已经成为一部分人之间"心照不宣"的事实。

刘鸿武院长在 1990 年从尼日利亚拉各斯大学留学回国后在云南大学组建非洲研究学科,30 多年来致力于非洲研究事业,足迹遍布非洲 20 多个国家。20 世纪 90 年代,知识分子们普遍将西方与西方知识话语奉为圭臬,非洲研究处于边缘的位置,科研条件差,从事非洲研究的科研人员寥若晨星。那么,为什么当时刘鸿武院长有逆"潮流"而动的勇气?他凭什么能够久久为功,坚持坐几十年的冷板凳?这些答案要在学者的生活史与思想史中去寻找。

"反思西方中心主义"是刘鸿武院长年轻时就坚持的问题意识。借助这一意识,他能够对欧美世界散发的"光晕"保持理性的距离;"寻找另一种可能"成为刘院长开启学术之路的初心,而正在走向新生的非洲大陆为实现这一新的可能提供了广阔田野。

刘鸿武出生在中国西南边陲西双版纳,在滇西北的丽江小城、金沙江—澜沧江江畔乡村度过了青少年时代。从小浸润在口头文学、地方民歌等少数民族艺术中的刘鸿武,逐渐培育出了质朴、浪漫的性格特质;云南少数民族崇尚血缘、族群的集体主义精神促进了他的"共同体"政治观的形成,可以说,伟大的家乡为他的学术成长提供了养分。在即将踏上神秘的非洲大陆之时,刘鸿武难免心生背井离乡的惆怅。但令他惊喜的是,中国边疆与非洲大陆居然有着极其相似的神韵,"我体会到非洲人民与我的云南乡亲一样质朴与豪爽,他们热爱生活、热爱自然、热心助人、团结勇敢、反抗命运。""我在非洲大陆获得了回家般的踏实与安宁。"当云南边疆经验与非洲经验实现了"视阈融合"时,他也获得了对非洲的信任感、认同感、归属感与责任感。这种根植于生命本体的体验与信念是能够超越眼前利益与得失的凭借,是他能够坚定"以非洲研究作为人生志业"的精神力量。

"走遍非洲""拜非洲人民为老师""和非洲人民交朋友""为非洲人民发声"是刘鸿武理解非洲、共情非洲的实践手段。与非洲人民的真诚交往,让刘鸿武身边聚集了一大堆非洲朋友;对中非事业的卓越贡献,也让他获得了非洲人民的爱戴。约罗·迪亚洛教授(前马里驻华第一参赞、国际博物馆理事会马里委员会主席,现为浙江师范大学非洲研究院高级研究员)说:"我是冲着刘鸿武教授才来浙江师范大学任职的。研究非洲的中国学者很多,大部分人主要从中国的视角看非洲,而刘教授却能够突出非洲的主体位置,在理解、共情非洲基础上,以中非对话的角度开展研究。"尼日利亚阿贾伊基金会执行总裁兼创意总监阿伊娜女士高度评价刘鸿武院长对尼日利亚历史文化的深入研究与推广工作,称赞他是在非洲享有盛誉的中国学者,也非常认同他"中非两大古老文明基于相互尊重是拥有巨大合作共赢潜力的"的观点,认为刘鸿武院长是真正的非洲之友。2009年刘鸿武获得由中国非洲人民友好协会颁发的中非友好贡献奖,被评为"感动非洲的十位中国人"。非洲学者与社会大众的认可为刘鸿武教授带领的非洲研究院获得了更多的学术资源与研究机会,更有利于推动非洲研究的长远发展。

本小节对刘鸿武院长的介绍旨在强调:理解非洲、共情非洲需要超越狭隘的功利主义,需要有不随波逐流的学术主见,需要对非洲抱有认同、尊重与热爱,需要对非洲朋友抱有热情、善意与谦恭。这些都是做好非洲文化研究、中非文化对话的态度准备。

(2)《非洲学发凡:实践与思考六十问》:对非传播的问题意识

问题意识为文化实践活动提供了思想指南。问题意识的一个重要来源是对现实问题的关注,或对现实需要的回应。

《非洲学发凡:实践与思考六十问》作为非洲研究的问题指南,为非洲研究院的科研人员提供了重要方向,帮助大家明确了非洲研究的价值、学科属性、结构特征,探讨了应如何构建非洲研究的田野基础以及如何对非讲好中国故事。其中"如何讲好中国故事"的相关章节,为对非传播提供了一套反思与实践模式。

对非讲好中国故事应把握五点原则[①]:

一是要分对象,对象不同,听者不同,讲中国故事的方式也要有所不同。

二是要研究对方、懂得对方,有针对性地讲中国经验与问题。

三是要讲中国故事时多一点自省,多一点谦恭。

四是讲中国的故事与听世界故事的有机结合,讲述与倾听需要同步推进,同等重视。

五是讲中国好故事时,可能要特别重视讲"中国与世界合作的好故事",讲"中国与世界一起发展的好故事",讲"中国与世界共同利益结合的好故事"。

对非传播应是一个双向的、平等的对话互动过程,要让非洲学者用自己的经历讲述中非合作。刘鸿武院长牵头学院与学校鼓励非洲学者与友人发声[②]:持续资助非洲学者参与学术活动,分享研究成果与心得;鼓励非洲学者在媒体撰文发声,畅谈中非合作美好前景;安排学者参与外事接待,宣传中国非洲研究事业;积极推荐非洲籍学者参加中国政府组织的历史文化考察活动。

另外对非讲好中国故事也要强化传播媒介的建设:

第一,搭建和利用各类新兴媒体传播平台,即时传递中国声音。

第二,推进与国外尤其是非洲国家的媒体合作,发挥协同传播的能力。

第三,创建非洲影视研究和制作中心,运用专业化的影视手段传播中非合作故事。

第四,创建非洲艺术博物馆,建构对非传播本土化的依托,让国内群众理解非洲文化,优化对非工作的国内舆论环境。

第五,整合校内外优质学科资源,在各种场合向非洲国家介绍发展经验。

综上,《发凡》紧密围绕"理解"与"共情"等关键词展开传播理念的建构:点

---

① 刘鸿武:《非洲学发凡:实践与思考六十问》,人民出版社,2019年5月,第204页—206页。
② 刘鸿武:《非洲学发凡:实践与思考六十问》,人民出版社,2019年5月,第210页—213页。

明了对非传播应坚持"互为主体性"的伦理原则;确定了"了解对象""共性切入""个体表达"与"情感共鸣"的对非传播准备与叙事技巧;认为传播媒介的类型选择应结合对非传播对象所在的具体场景。

(3)综合性的共情传播实践:以非洲博物馆的艺术传播为分析中心

经过15年的探索、建设,浙江师范大学非洲研究已经形成了多领域的对非传播平台:非洲艺术研究中心、非洲博物馆、非洲法律中心、非洲文学研究中心、非洲影视研究中心、中非水文明研究中心、中国南方人文交流中心、埃及研究中心、尼日利亚研究中心、东非区域国别研究中心、南苏丹研究中心。

本节以非洲博物馆的艺术传播为分析中心,旨在概括对非传播的实践经验模式。其中,"综合性"所指的是:传播实践不局限于信息的传输与接受,还包括传播平台的建构、传播伦理的落实等。

从博物馆建设的角度看,非洲博物馆是中非合作的产物,展馆建设与装潢、展厅布置与策展活动都由中非专家及中非文化志愿者共同完成,其文化生产过程具有平等性与对话性。国际博物馆理事会马里委员会主席约罗·迪亚洛教授长期服务于非洲博物馆,为博物馆编撰馆藏手册(提供关于藏品的意义解释)、为博物馆的策展活动建言献策、帮助培训博物馆工作人员;另外,中国政府与浙江师范大学积极为博物馆建设提供政策与资金支持。可以说,借助浙江师范大学非洲研究院的科研能力、国家智库的平台优势以及相应的资金支持,非洲国家能够在世界艺术场域中获得更多的政治资本、经济资本与文化资本,继而提升非洲对非洲艺术文化的话语权。这充分说明,中国政府与非洲研究院尊重、支持非洲人民的表达自身话语权的意愿。

从博物馆的叙事模式来看,展馆主要由传统非洲艺术品与当代艺术品构成。传统艺术品主要以面具、塑像、乐器等为主,博物馆主要从功能主义的视角阐释它们的文化意义,即祖先崇拜、自然崇拜与集体意识;现代非洲艺术品主要以现代主义非洲绘画和非洲工艺品为主。前者说明非洲艺术也在与时俱进地发展,并非那般陈旧与落后,后者说明非洲艺术也开启了商业化,积极融入世界市场经济的大潮中。这些设置旨在强调非洲文化的地方性、世界性与发展性。

概言之,以"传统"与"当代"作为策展的主题,建构了非洲艺术史的连续性与发展性，而非如同西方博物馆只片面呈现"原始非洲"。可以说，非洲博物馆超越了"遗留物"与"进化论"人类学观（即西方中心主义）。

从资料准备来看，除了丰富的馆藏展品，博物馆依托非洲研究院区域国别研究与交叉学科研究的成果，为非洲博物馆策展逻辑与艺术品意义阐释提供资料支持与理论支持。人类学、历史学与博物馆艺术学的联袂，突破了纯艺术文本阐释的"随意性"与"抽象性"，增强了艺术阐释的现实性与历史厚重感。

从受众主体来看，博物馆以对内传播为主，兼顾对外传播。参观群体主要是中国本土的教师、学生、政府领导以及非洲文化爱好者。对内传播与对外传播的关系是：对内传播旨在让本国人民感受非洲、理解非洲与共情非洲，为之后的中非合作奠定氛围。值得强调的是，研究非洲的科研人员、制定相关政策的政府工作人员更应当积极品味非洲艺术的审美意蕴，借艺术品这一感性形式获得对非洲艺术以及非洲文化的共情与理解，继而指引相关学术生产与政策制定不断朝向"非洲立场"与"中非对话"发展。对于研究者来说，"爱非洲"是做好非洲研究的情感准备。而审美感性形式是个体走向新生活世界的情感通道，也是相关研究人员走向对非洲"真""实""亲""诚"的通道；浙江省许多领导都参与过非洲博物馆的建设，借此，他们对非的理解就不只是停留在抽象的文件报告上，而是初步具备了精神上的共鸣，为他们的对非决策工作提供了情感基础与形式指引。

综上，非洲博物馆的建构充分尊重局内人的话语权力，以积极、乐观、理解与发展的视角建构非洲历史文化的脉络；另外，非洲博物馆对内传播的意义在于为中非文化交流、对非研究与政策制定提供感性层面的理解基础，更加积极有效地推进相关实践的展开。

通过对两则田野材料的对比，我们一方面反思部分对非传播实践中的问题：以"抓热点"的心态看对待非文化活动，缺乏对非问题的长久热情；不了解非洲，不明确对非的问题意识，难以制造针对性的传播内容，导致"自说自话""对空言说"的无效传播；另一方面，浙江师范大学非洲研究院"坚持非洲情怀""坚持久久为功的工作态度"，"确立对非传播的问题意识"，"保障非洲话语、非洲意志在传播过程中得以体现"，"借助区域国别研究、交叉学科研究的成果，为传播实践提供资料支持"。

三、余论:"做好共情""立足中国""坚持对话精神",讲好中国故事

以对非传播为代表的对外讲好中国故事实践,是提升中国国际形象、增强国家软实力的必要途径。

从传播与接受的角度看,单向度的、以传播者为核心的宣传(propaganda)模式既不符合平等对话的伦理精神,也难以产生理想的传播效果。积极理解传播对象的地方性知识,理解他们的文化传统,以对话、参与为形式是做好有效传播的基本保障。这需要文化传播者拥有超越眼前功利的热情与对传播对象的问题意识,更需要有区域国别研究的知识支持;另外叙事与传播平台是连接理念、理论与实践的中间环节。传播叙事应始终围绕理念、传播主题和典型事件展开,避免主题先行、避免叙事元素的刻板化与模式化。传播平台的建设也需要重视"对话"精神,注重与传播主题、叙事紧密结合。

新时代儒学视域下中国外交理论探析

王曰美

(曲阜师范大学孔子文化研究院)

摘要:儒家文化作为中华传统文化的支柱与核心,是中国外交理论创新的立足点之一,亦是中国外交理论取之不尽、用之不竭的思想宝库。近年来,我国领导人不断推动中国外交理论的创新,提出高举和平、发展、合作的旗帜,始终不渝走和平发展道路,始终不渝奉行互利共赢的开放战略,推动建设和谐世界,倡导构建人类命运共同体等一系列外交战略新思想,开拓了新时代中国特色外交理论与实践的新境界。儒家文化在这方面的借鉴作用主要体现在三个方面:其一,"仁义道德"是中国坚持走和平发展道路的历史根基;其二,"天下大同"是构建人类命运共同体的精神内核之一;其三,"中庸和谐"则是构建全方位中国外交布局的指导方针的历史依据。

关键词:儒家;中国外交理论;天下大同;中庸

21世纪以来,以习近平同志为核心的党中央不断推动中国外交理论的创新,提出高举和平、发展、合作的旗帜,始终不渝走和平发展道路,始终不渝奉行普惠共赢[①]的开放战略,推动建设和谐世界,倡导构建人类命运共同体等一系列外交战略思想和政策理念,开拓了新时代中国特色外交理论与实践的新思路。

"中华优秀传统文化是中华民族对世界文明的独特贡献,是马克思主义中国化和中国特色社会主义植根的沃土,是中国人的骨气和底气的重要源泉"。[②]而儒家文化作为中华传统文化的支柱与核心,是中华民族赖以生存延续的根

[①] 本文系儒家文明省部共建协同创新项目"域外儒学研究"(项目编号 2021RXTD005)的阶段性成果。
[②] 王学典:《加快构建中国特色哲学社会科学体系》,《人民政协报》2021年5月27日。

和魂,是中华儿女五千年来延续至今形成的思维方式和行为习惯,是构建中国外交理论的历史渊源。在中国前所未有地靠近世界舞台中央的新时代,中国的外交已进入了中国特色大国外交的创新时期。中国外交理论的创新要立足于中华优秀传统文化的深厚土壤,而儒家文化则是中国外交理论取之不尽、用之不竭的思想宝库,为我国构建中国特色大国外交提供了重要的思想资源和智慧支持。

一、仁义道德:坚持走和平发展道路的历史根基

习近平总书记在2014年5月15日举行的中国国际友好大会暨中国人民对外友好协会成立60周年纪念活动中强调:"中华民族历来是爱好和平的民族,一直追求和传承和平、和睦、和谐的坚定理念。中华民族的血液中没有侵略他人、称霸世界的基因,中国人民不接受'国强必霸'的逻辑,愿意同世界各国人民和睦相处、和谐发展"。[1] 儒家文化中的"仁义道德"思想是中国坚持走和平发展道路的历史根基。

"仁"是孔子学说的核心思想。"樊迟问仁。子曰:'爱人。'"[2] 即"仁者爱人"。这种"爱人"思想起源于人之初就有的孝悌情感。"孝悌者也,其为仁之本与"[3],是基于人之血缘关系而产生的一种自然而然的情感。孔子认为,这种基于孝悌的"爱人"情感可以扩充为对天下普通民众的爱,将"泛爱众,而亲仁"[4]的仁爱思想上升到国家层面就是实行德政、仁政。"道之以政,齐之以刑,民免而无耻;道之以德,齐之以礼,有耻且格"。[5] 孔子主张要以德政管理国家,而不应该严刑酷法。"为政以德"要求各国的国君必须做到行为端正,"政者,正也。子帅以正,孰敢不正"。[6]《孔子家语·大婚解》:"君为正则百姓从而正矣。"《论语·子路》:"其身正,不令而行;其身不正,虽令不从。"这些话都是在强调为政者的表率作用,即作为一名统治者必须严以律己、以身作则,想让老

---

[1] 习近平:《中华文化崇尚和谐 以和为贵与人为善》,《人民日报》,2014年5月16日。
[2] 《论语注疏》卷十二《颜渊》,《十三经注疏》下册,北京:中华书局2003年版,第2504页。
[3] 《论语注疏》卷一《学而》,《十三经注疏》下册,第2457页。
[4] 《论语注疏》卷一《学而》,《十三经注疏》下册,第2458页。
[5] 《论语注疏》卷二《为政》,《十三经注疏》下册,第2461页。
[6] 《论语注疏》卷十二《颜渊》,《十三经注疏》下册,第2504页。

百姓做的事,你自己首先做到,"己欲立而立人,己欲达而达人"①"己所不欲,勿施于人"。② 只有国君做到了"正",成为道德的典范,才能以自己的模范行为感染臣民,使其行为端正,臣民也会发自内心地敬仰统治者,心悦诚服地接受他的统治。这就是我们平日常说的:榜样的力量是无穷的。

那么国君怎样才能做到"正"呢? 答案是:修身。众所周知,孔子与儒家思想的一贯主题就是"修身、齐家、治国、平天下",而"修齐治平"的根本就是"修身"。《大学》第一篇就说:"自天子以至于庶人,壹是皆以修身为本。"好好修身,成就自我的"内圣",再通过社会实践这个渠道,造福周边的人,建立博施广济的事功,也就成就了"外王","内圣外王"是儒家推崇的最高、最完满的人格理想。正如梁启超在其著作《儒家哲学》中所言:

> 儒家哲学,范围广博。概括说起来,其用功所在,可以《论语》"修己安人"一语括之。其学问最高目的,可以《庄子》"内圣外王"一语括之。做修己的功夫,做到极处,就是内圣;做安人的功夫,做到极处,就是外王。③

也就是说,作为一名为政者必须具备良好的道德,才能拥有其位置。即为政者应为"德位相配"之人,在此基础上,为政者以上率下,老百姓心怀道德,服从管理,达到人民安居乐业,国家和谐稳定,社会长治久安的目的,从而也就实现了孔子提倡的社会管理的最终目标——身修、家齐、国治、天下平,为政者也就成就了自我的内圣外王,此即《中庸》所言"大德必得其位,必得其禄,必得其名,必得其寿"④。反之,没有良好的德性,却身居高位,就一定没有好下场,就如民间谚语所言:"德不配位,必有灾殃"。⑤

孟子在性善论的基础上,发展了孔子"仁"的思想,提出了仁政的主张。孟子曰:"恻隐之心,仁也;羞恶之心,义也;恭敬之心,礼也;是非之心,智也。仁义礼智,非由外铄我也,我固有之也。"⑥每个人固有的善心,在君王这里就可以发展为仁政,即"人皆有不忍之心,先王有不忍之心,斯有不忍之政矣。以不忍

---

① 《论语注疏》卷六《雍也》,《十三经注疏》下册,第 2479 页。
② 《论语注疏》卷十二《颜渊》,《十三经注疏》下册,第 2502 页。
③ 梁启超:《儒家哲学》,北京:中华书局,2015 年版,第 3 页。
④ 《礼记正义》,卷五十二《中庸》,《十三经注疏》下册,第 1628 页。
⑤ "德不配位,必有灾殃"系对孔子的这句话:"德薄而位尊,知小而谋大,力小而任重,鲜不及矣。"(《周易·系辞下》)的民间阐发。
⑥ 《孟子注疏》卷十一上《告子上》,《十三经注疏》下册,第 2749 页。

人之心,行不忍人之政,治天下可运之掌上"。① 先王因性善而有"不忍人之心",有了"不忍人之心"才能行"不忍之政",即仁政。仁政得民心,于是天下大治。而孟子仁政思想的核心内容是"民贵君轻"思想:

> 民为贵,社稷次之,君为轻。是故得乎丘民而为天子,得乎天子为诸侯,得乎诸侯为大夫。诸侯危社稷则变置。牺牲既成,粢盛既洁,祭祀以时,然而旱干水溢,则变置社稷。②

这段话的意思是:民贵君轻,故得到天下民众爱戴的人为天子,得到天子喜欢的人为诸侯,得到诸侯喜欢的人为大夫。若诸侯危害到了国家,就换掉他。若祭祀以时,且用的祭品既丰盛又洁净,但人们依然遭受旱灾水患,那就改立新的土谷之神。但人民是国家的根本,是永远都不能更换的,故"桀纣之失天下也,失其民也;失其民者,失其心也。得天下有道,得其民,斯得天下矣;得其民有道,得其心,斯得民矣;得其心有道,所欲与之聚之,所恶忽施尔也"。③即:民心向背是政治成败的决定力量,得民心则国家昌盛,失民心则国家衰亡。真正行仁政的国家会形成一种强大的向心力来吸引其他国家归顺,而不是靠武力去征服他国。"远人不服,则修文德以来之。既来之,则安之"④"德不孤,必有邻"⑤,只要以仁政治理国家,无论路途远近,都会有人来亲近。这也说明了仁政对于处理国家之间关系的重要性。"叶公问政。子曰:'近者说,远者来。'"⑥故实行仁政的最终结果就是"近悦远来""仁者无敌"。

综上所述,我们可以看出:以孔孟之道为核心的儒家思想是以天下人民的利益,作为其衡量世间万物是否符合仁义道德的最高标准,而儒家的仁义道德要求一个负责任的大国在处理国家之间的矛盾时,不应只在意本国人民的利益,还要在意邻国人民的利益,乃至全天下人民的利益。因此,在儒家仁义道德思想影响下形成的中华民族基因注定是内敛的、防守的,更是反对战争、爱好和平的,这正是形成中国和平崛起负责任大国形象的主要原因,更是中国坚

---

① 《孟子注疏》卷三下《公孙丑上》,《十三经注疏》下册,第 2690—2691 页。
② 《孟子注疏》卷十四上《尽心下》,《十三经注疏》下册,第 2774 页。
③ 《孟子注疏》卷七下《离娄上》,《十三经注疏》下册,第 2721 页。
④ 《论语注疏》卷十六《季氏》,《十三经注疏》下册,第 2520 页。
⑤ 《论语注疏》卷四《里仁》,《十三经注疏》下册,第 2472 页。
⑥ 《论语注疏》卷十三《子路》,《十三经注疏》下册,第 2507 页。

持走和平发展道路的历史渊源。日本学者渡边秀方曾感慨道:在我们看来,各民族中大概再没有中国人那样渴望和平了。四千年的历史是渴望和平的历史,他们很少对别的民族进行侵略。他们的战争目的是保护自己的文明。他们的革命,是饱尝国家苦难后的革命,其战争常是防御性的。①

外交是历史的延续,中国的外交承载着实现中华民族伟大复兴的历史重任。2015年10月21日,习近平总书记在伦敦金融城发表演讲时再次强调:"中国人民想的是和平与发展的世界。和为贵、和而不同、协和万邦等理念在中国代代相传,和平的基因深植于中华民族的血脉之中。近代以后,中国人民历经苦难,所以更珍视和平;中国致力于发展,所以更需要和平;中国期待美好未来,所以更爱护和平。中国坚持走和平发展道路,不接受'国强必霸'的逻辑。任何人、任何事、任何理由都不能动摇中国走和平发展道路的决心和意志。"②

事实证明,我们在中国共产党的坚强领导下,充分发挥出中国特色社会主义的制度优势,牢牢把握住了和平发展的时代潮流和历史前进的正确方向,持续推进中国特色大国外交,为推动人类和平与发展进步事业贡献中国智慧和中国方案。

二、天下大同:构建"人类命运共同体"的精神内核之一

十八大以来,党中央在总结我国外交工作的实践经验基础上,与时俱进,紧紧抓住和平发展、民族复兴这条主线,提出了一系列具有中国特色、中国风格、中国气派的外交战略新思想。其中,人类命运共同体理论是进入新时代以来中国特色大国外交最鲜明的特征,亦是习近平外交思想的精髓,"成为引领时代潮流和人类前进方向的鲜明旗帜"。

2015年9月29日,在纪念联合国成立70周年的联大一般性辩论中,习近平总书记发表题为《携手构建合作共赢新伙伴 同心打造人类命运共同体》的重要讲话,指出:

---

① 参见[日]渡边秀方:《中国人的国民性》,见《三只眼睛看中国》,北京:中国社会出版社,1997年版,第140页。
② 习近平:《共倡开放包容 共促和平发展——在伦敦金融城市长晚宴上的演讲》,北京:人民出版社2015年版,第8页。

"大道之行也,天下为公。"和平、发展、公平、正义、民主、自由,是全人类的共同价值,也是联合国的崇高目标。目标远未完成,我们仍须努力。当今世界,各国相互依存、休戚与共。我们要继承和弘扬联合国宪章的宗旨和原则,构建以合作共赢为核心的新型国际关系,打造人类命运共同体。①

人类命运共同体意识,不仅深深植根于中华优秀传统文化沃土,体现了儒家文化的精神内涵和自信担当,而且立足于政治多极化、经济全球化、文化多元化的国际形势,探索了中华文明与其他文明取长补短、交流互鉴的圆融汇通模式,承载了对人类生存和发展的理性思考和终极关怀。正如《中庸》所言:"万物并育而不相害,道并行而不相悖。"②世界有足够的空间容纳多样性文明的共生共荣,"文明是多彩的,人类文明因多样才有交流互鉴的价值。……文明是平等的,人类文明因平等才有交流互鉴的前提"。③ 因此,习近平总书记推崇的多边主义理念和人类命运共同体意识高扬了新时代中国外交创新理论,引发了世界各国强烈的反响和积极回应。中美作为当下世界上两个最重要的国家,在国际社会中扮演着重要的角色,两国关系的发展关乎世界的和平与稳定、人类的生存和发展。故习近平总书记曾多次强调:"宽广的太平洋有足够的空间容纳中美两个大国",中美"合则两利,斗则俱伤。"④

中国人自古就有对"天下大同"的美好追求,正如王学典所言:"四海一家、天下大同是中华五千年文明一以贯之的人文情怀,折射出中华民族对和谐相处、平等富足生活的向往。"⑤

生活在春秋乱世的孔子,为挽救礼坏乐崩、诸侯争霸的现状,奔走列国十四载,以期建立"天下有道"的和谐秩序。《礼记·礼运》记载了孔子对大同社会的推崇与向往:

> 大道之行也,天下为公,选贤与能,讲信修睦。故人不独亲其亲,不独

---

① 习近平:《携手构建合作共赢新伙伴 同心打造人类命运共同体——在第七十届联合国大会一般性辩论时的讲话》,《人民日报》,2015年9月29日。
② 《礼记正义》,卷五十三《中庸》,《十三经注疏》下册,第1634页。
③ 习近平:《文明交流互鉴是推动人类文明进步和世界和平发展的重要动力》,《求是》,2019年第9期。
④ 习近平:《努力构建中美新型大国关系——在第六轮中美战略与经济对话和第五轮中美人文交流高层磋商联合开幕式上的致辞》,《人民日报》,2014年7月10日。
⑤ 王学典:《用中华优秀传统文化凝聚人心》,《人民政协报》2021年3月18日。

子其子,使老有所终,壮有所用,幼有所长,矜寡孤独废疾者,皆有所养,男有分,女有归。货恶其弃于地也,不必藏于己;力恶其不出于身也,不必为己。是故谋闭而不兴,盗窃乱贼而不作,故外户而不闭。是谓大同。[①]

《礼记集解》云:"大道,言道之广大而不偏私也。行,谓通达于天下也。"这里的"道"是指人道,政治清明、社会太平、人民安居乐业的为政之"道"。天下大同是儒家政治构想中的理想社会。"大同社会"高倡"天下为公",即财物、权利为全民所共有,天下处于全民共有的一种理想社会状态。在这种政治理想状态下,秉承的是"选贤与能"的人才选拔标准。儒家认为,只有能者在位、贤人治理国家,社会才能有序和谐地运行。孟子亦特别强调选贤任能的重要性:

尊贤使能,俊杰在位,则天下之士皆悦,而愿立于其朝矣;市廛而不征,法而不廛,则天下之商皆悦,而愿藏于其市矣;关讥而不征,则天下之旅皆悦,而愿出于其路矣;耕者助而不税,则天下之农皆悦,而愿耕于其野矣;廛无夫里之布,皆天下之民皆悦,而愿为之氓矣。信能行此五者,则邻国之民,仰之若父母矣。率其子弟,攻其父母,自有生民以来,未有能济者也。如此,则无敌于天下。无敌于天下者,天吏也。然而不王者,未之有也。[②]

由于实行仁义道德,国内政治清明,重视人才,"尊贤使能,俊杰在位",使天下英才都愿意归服;远方的农夫、商贾、行旅都愿意前来经商与观光;那些在自己国内深受欺压的人都愿意成为其臣民。那么,这个国家不仅天下无敌,更是天下的乐土。"讲信修睦"是大同社会中构建良好人际关系的基本原则。大同社会建立了全方位的社会制度保障体系,从而使得社会的每一分子皆能幼有所育、学有所教、劳有所得、病有所医、老有所养、住有所居、弱有所扶。每个人不仅可以为社会贡献自己力量,同时也能享受到社会发展的成果和红利。这是儒家民本思想的重要体现,更是大同社会的美好愿景和远景。年龄和性别是划分社会职能的主要依据,人们分工明确,才能各司其职,各尽其能,实现自我的社会价值。因此,在大同社会中,人与人之间平等、博爱,各得其所,政治民主,社会祥和。可以说,大同社会是儒家治国理政追求的最终目标,也是

[①]《礼记正义》卷二十一《礼运》,《十三经注疏》下册,第 1414 页。
[②]《孟子注疏》卷三下《公孙丑上》,《十三经注疏》下册,第 2690 页。

对内圣外王之道的完美诠释。

"构建人类命运共同体"的战略构想应受"天下大同"思想之启发,是在新的历史背景下我国外交政策对全球治理观的一种中国式创新,具有重要的理论价值与现实意义。"人类命运共同体"理念超越了狭隘的单边主义和民粹主义,是意识形态的多边主义与开放共赢,它不仅致力于中国的发展、繁荣、富强,也谋求与其他国家的合作、发展与共赢,最终形成"你中有我,我中有你"的全球观发展格局。正如习近平总书记所指出的:要"坚持合作共赢,建设一个共同繁荣的世界。……要维护世界贸易组织规则,支持开放、透明、包容、非歧视性的多边贸易体制,构建开放型世界经济。如果搞贸易保护主义、画地为牢,损人不利己。"[①]

早在战国时期,孟子就批评魏国大夫白圭:"以邻国为壑,……仁人之所恶也。"[②]孟子的意思是:大禹治理水患采取开挖疏导、开凿引水的方式,使山川河流的水由高处流向低处,小河流向大江,最终汇入四海,为周围广大民众带来了福祉;白圭治水却广建高台堤防,以堵塞为主,不仅劳民伤财,耗时耗力,还"以邻为壑",将洪水引入邻国,将自己国家的安全构筑在损害其他国家的利益之上,最终造成损人不利己的严重后果。习近平总书记便用"以邻为壑"的典故强调说:"如果奉行你输我赢、赢者通吃的老一套逻辑,如果采取尔虞我诈、以邻为壑的老一套办法,结果必然是封上了别人的门,也堵上了自己的路,侵蚀的是自己发展的根基,损害的是全人类的未来。"所以,中国作为一个负责任大国"应该坚持你好我好大家好的理念,推进开放、包容、普惠、平衡、共赢的经济全球化,创造全人类共同发展的良好条件,共同推进世界各国发展繁荣"。[③]

可以说,"人类命运共同体"理念的提出不仅体现了新一代国家领导人带领中国人民求和平、谋发展、促合作、助共赢的美好愿景,而且契合了当今中国与世界"你中有我,我中有你"的新型国际发展格局。"人类命运共同体意识"涵盖政治、安全、经济、文化、生态等多个领域:"政治上,要建立平等相待、互商

---

① 《习近平关于社会主义经济建设论述摘编》,北京:中央文献出版社,2017年版,第311页。
② 《孟子·告子下》载:白圭曰:"丹之治水也,愈于禹。"孟子曰:"子过矣。禹之治水,水之道也。是故禹以四海为壑,今吾子以邻国为壑。水逆行,谓之洚水。洚水者,洪水也,仁人之所恶也。吾子过矣。"(见《十三经注疏》下册,第2761页)
③ 《十九大以来重要文献选编》(上),北京:中央文献出版社,2019年版,第111页。

互谅的伙伴关系。安全上,要营造公道正义、共建共享的安全格局。经济上,要谋求开放创新、包容互惠的发展前景,打造兼顾效率和公平的规范格局。文化上,要促进和而不同、兼收并蓄的文明交流。生态上,要构筑尊崇自然、绿色发展的生态体系"[①]。如果说儒家"协和万邦"的大同社会是孔子为我们勾画的美好社会蓝图,体现了生逢乱世的古代思想家对和谐天下的向往,那么人类命运共同体意识,则是新时代的中国在谋求本国和平发展利益时,兼顾他国合理关切的外交理论创新,既体现了儒家"仁者爱人,泛爱众"对生命主体价值的敬畏和尊重,又体现了中国领导人基于对世界大势的准确把握而贡献的"中国方案""中国智慧"。

人类只有一个地球,各国共处一个世界。经济全球化让"地球村"越来越小,社会信息化让世界越来越平。不同国家和地区已是你中有我、我中有你,一荣俱荣、一损俱损。因此,在国家交往中,应该坚决杜绝你输我赢、以邻为壑的"零和"思维和冷战模式,树立长远的发展眼光,在发展自身合理利益的同时,兼顾其他国家的合理关切,奉行互相尊重、和平相处、合作共赢的外交理念,牢固树立正确的义利观,达到义利共举、义利双赢。人类命运共同体理念成功打破了种族、国界乃至国家与意识形态的边界,是对全人类、全世界乃至全球生存与发展的理性思考,为中国与其他国家的和平发展,中国梦与世界梦的最终实现提供了一个全新的视角,是中国外交理论的重大创新,获得了国际社会的广泛认可,而"一带一路"的快速健康发展及北京冬奥会的成功举办,不仅体现了中国自信开放的大国风范和坚定有力推动世界和平发展的大国担当,更是贯彻落实了人类命运共同体理念。因此,筑牢人类命运共同体意识已成为中国外交所秉持的价值理念和目标追求,在推进新时代中国特色大国外交事业的征程中必将发挥着越来越重要的作用。

三、中庸和谐:构建全方位外交布局的指导方针的历史依据

中庸思想是孔子提倡的最佳的处事之道。"吾有知乎哉?无知也。有鄙夫问于我,空空如也。我叩其两端而竭焉。"[②]孔子认为要想做到中庸,首先要认识

[①] 孙聚友:《儒家大同思想与人类命运共同体》,《东岳论丛》,2016年第11期,第63页。
[②] 《论语注疏》卷九《子罕》,《十三经注疏》下册,第2490页。

事物的两端,并全面地分析,才能把握事物的本质,从而形成正确的判断,为恰当地解决问题提供依据。孔子的中庸思想可以概括为"过犹不及"和"和而不同"两个方面。关于"过犹不及"《论语·先进》有很生动的记述:

> 子贡问:"师与商也孰贤?"
>
> 子曰:"师也过,商也不及。"
>
> 曰:"然则师愈与?"
>
> 子曰:"过犹不及。"①

这里孔子强调对事情的处理要有适中、适度的把控。弟子颛孙师的"过"和卜商的"不及"是一样的,都没有达到中庸的要求。而《论语·学而》中,有子的"礼之用,和为贵",不仅将"和"视为万事万物的本质属性,而且将其看作人与人、人与社会、人与自然和谐相处的自然法则和理想追寻。"君子和而不同,小人同而不和"②"和无寡,安无倾"③。在孔子看来,"和"的最终目标不是化异为同,而是融合万物、协和并生。因此,只要国内太平和谐,就无所谓人少;只要社会安定富足,就不会被颠覆。"和"即合宜、和谐;"和而不同",就是以和平的方式协调不同事物之间的矛盾,从而达到和谐祥和的状态,是处理各种关系、各种矛盾的最佳方法。"中也者,天下之大本也,和也者,天下之达道也。致中和,天地位焉,万物育焉"。④"致中和"乃中庸思想的核心要旨,即中庸不仅要求对事物的表征与本质进行适中、适度的把握,而且强调采取适中、适时、适宜的方法待人处事,以达到尽善尽美的中和境界,进而实现民族与民族、国家与国家、种族与种族、文明与文明……乃至整个世界的和谐有序运转。

在外交层面,中庸之道的关键是对"度"的把握,在处理国与国的关系中,坚持适度原则,把握分寸,无过无不及,能够恰如其分地分析错综复杂的国际形势,权衡利益,协调矛盾,从而建立国家之间的和谐友好关系。国家之间的交往要奉行"双赢""多赢"的基本准则,以不损害他国利益为前提,统筹兼顾,找到平衡协调双方最佳利益的结合点,避免不必要的矛盾冲突,采取中和、适度的方法妥善解决各类争端,最终实现和平共处、合作共赢的目标。

---

① 《论语注疏》卷十一《先进》,《十三经注疏》下册,第 2499 页。
② 《论语注疏》卷十三《子路》,《十三经注疏》下册,第 2508 页。
③ 《论语注疏》卷十六《季氏》,《十三经注疏》下册,第 2520 页。
④ 《礼记正义》卷五十二《中庸》,《十三经注疏》下册,第 1625 页。

2015年9月,习近平主席在纽约联合国总部出席第七十届联合国大会一般性辩论时发表重要讲话,指出:"当今世界,各国相互依存、休戚与共。我们要继承和弘扬联合国宪章的宗旨和原则,构建以合作共赢为核心的新型国际关系,打造人类命运共同体。"①中庸之道在国际关系中的运用讲究的是对各种力量的平衡,以利益共赢为核心,构建全方位的外交布局。在当今形势下,大国是影响国际和平的决定性力量,周边国家事关我国安身立命之所。因此,在和平发展的道路上,没有一个国家可以置身事外,广大发展中国家作为中国的同路人更不能落下。中国始终不渝地奉行和平相处、合作共赢理念:构建"不冲突、不对抗、互相尊重、合作共赢"的新型大国关系;经营"亲、诚、惠、容"的周边关系;共同维护安全有序的国际环境;共同构筑和谐稳定的"世界梦"。可以说,我国的外交布局,完美诠释和践行了儒家的中庸之道。

当今,在和平发展道路上,世界呈现出政治多极化和经济全球化两大发展趋势,国际环境变化多端,国际形势曲折复杂。尽管我国的GDP已在2010年跃居全球第二,在维护国际秩序、发展全球经济、建设世界和平方面贡献了中国智慧和中国力量,取得了令世人瞩目的成就。然而在综合国力较高的西方发达国家面前,我国在全球的影响力还远远不够,究其主要原因,一是因为新中国成立后,由于东西方意识形态的长期严重对立,再加上新中国缺少有效的对外传播渠道,中国的国家形象一直被西方社会所扭曲。二是因为改革开放使中国经济快速崛起,但在国家形象宣传方面还没有打破西方话语对中国形象塑造的"围剿",还没有构建起一套行之有效的集大众话语、学术话语、国际话语为一体的中国话语体系。三是以美国为首的西方发达国家不愿意看到意识形态、社会制度与其不同的国家赶上和超越他们,对我国的快速发展充满焦虑,千方百计地丑化甚至妖魔化中国形象。

2016年9月12日,华东政法大学政治学研究院联合中国外文局对外传播研究中心和中国与全球化智库共同发布《二十国集团参与全球治理指数2016》,报告显示:在对全球治理的参与度和贡献度上,中国高居榜单第4位,而在2016年全球最佳声誉国家的排行榜中,中国仅位列第57位。2021年12

---

① ⑧习近平:《携手构建合作共赢新伙伴 同心打造人类命运共同体——在第七十届联合国大会一般性辩论时的讲话》,《人民日报》,2015年9月29日。

月3日,华东政法大学政治学研究院与中国外文局当代中国与世界研究院联合发布《全球治理指数2021报告》,报告显示:在对全球治理的参与度和贡献度上,中国2018—2020年连续三年位列前三,而在2021年全球最佳国家形象排行榜中,中国仅位列第31位。由此可见,中国对世界作出的贡献度与相应的声誉度严重不符,"西强我弱"的话语格局并未改变,正如李红岩所言:"长期以来,在中西文明比较研究当中,西方文明实际上被当作了比较的标准。"①于是,"中国崩溃论""中国威胁论""国强必霸论"等不实言论甚嚣尘上。在全球化的时代背景下,国家形象已经成为国家间博弈的重要变量,如何塑造、传播和平崛起、负责任大国的中国良好形象,是我们当下面临的一个重要的时代命题。

所以,站在"两个一百年"的历史交汇点,我们在加快中国特色社会主义建设的同时,还要高举仁义道德和平崛起的外交大旗,展现中国文明古国的历史底蕴,彰显中国泱泱大国的气度;从人类文明互鉴的高度,讲好中国故事,传播好中国声音,构建中国国际话语体系,提升中国文化软实力;以中庸和谐为指导方针,处理好与其他国家的关系,塑造合作共赢、担当负责的当代中国形象。正如2021年5月31日习近平总书记就"加强我国国际传播能力建设"进行中共中央政治局第三十次集体学习,所强调的"讲好中国故事,传播好中国声音,展示真实、立体、全面的中国,是加强我国国际传播能力建设的重要任务。要深刻认识新形势下加强和改进国际传播工作的重要性和必要性,下大气力加强国际传播能力建设,形成同我国综合国力和国际地位相匹配的国际话语权",②真正让当代中国形象在世界上不断树立和闪亮起来。

中国者,执中而立于天下,安定四海,天下大同。在全球政治经济日趋一体化的过程中,中国前所未有地靠近了世界舞台的中央。中国在走近世界舞台中央的过程中,我们既要坚定地走和平发展的道路,但也决不能以牺牲本国利益为代价,去换取"变味有害"的所谓"和平"。正如有子所言:"礼之用,和为贵。先王之道,斯为美,小大由之。有所不行,知和而和,不以礼节之,亦不可

---

① 李红岩:《文明比较与中华思想的逻辑特性》,《文化软实力》2022年第1期。
② 《习近平主持中共中央政治局第三十次集体学习并讲话》,新华社2021年6月2日,时政要闻。

行也。"①意思是说：礼的施行，以和谐为美。前代君王的治道，最可贵的地方就在这里，小事大事都遵循这个道理。如果有行不通的地方，却一味地为了和谐而和谐，不懂用礼来节制的话，也是行不通的。

孔子"失信盟约"之事就很好地践行了"中庸"之道。我们知道：孔子是特别重视和强调诚信的。孔子把"信"作为人安身立命的根基，所谓"人而无信，不知其可也，大车无輗，小车无軏，其何以行之哉。"②《论语·颜渊》载有"子贡问政"一事：

子曰：足食，足兵，民信之矣。

子贡曰：必不得已而去，于斯三者，何先？

曰：去兵。

子贡曰：必不得已而去，于斯二者，何先？

曰：去食。自古皆有死，民无信不立。③

孔子与子贡的这段对话生动地说明了：在孔子的心里，诚信比军备和粮食更为重要，取信于民才是治国之本。但《史记》中却记载了孔子"言而无信"的史事。据《史记·孔子世家》记载：孔子师徒一行在周游列国途经蒲邑时被扣留，蒲邑人对孔子说："如果你们不去卫国的都城，我们就放了你们。"孔子和他们立了盟誓，答应决不去卫国都城。蒲邑人将孔子师徒放行后，孔子却率领着弟子们前往卫都了。子贡质疑道："盟誓难道可以背弃吗？"孔子曰："要盟也，神不听。"④意思是：被要挟订立的盟誓，神是不会理睬的。这一事例说明了孔子处事绝不教条刻板，一味追求"诚信"，若是在被要挟情况下作出的承诺，就不必遵守。孔子的倡"信"与背"信"说明：处理问题时要根据具体条件的变化而灵活地加以变通，掌握最好的"度"，最恰当的"分寸"，这就是"中庸"。故而孟子称赞孔子曰："仲尼不为已甚者。"进而说："大人者，言不必信，行不必果，惟义所在。"⑤孟子的这句话与孔子的"要盟也，神不听"有异曲同工之妙。

在坚持走和平发展道路的问题上，我国领导人是"极高明而道中庸的"。

---

① 《论语注疏》卷一《学而》，《十三经注疏》下册，第 2458 页。
② 《论语注疏》卷二《为政》，《十三经注疏》下册，第 2463 页。
③ 《论语注疏》卷十二《颜渊》，《十三经注疏》下册，第 2503 页。
④ 司马迁：《史记·孔子世家》，北京：中华书局 1959 年版，第 1923 页。
⑤ 《孟子注疏》卷八上《离娄下》，《十三经注疏》下册，第 2726 页。

2014年3月28日,习近平总书记应德国科尔伯基金会邀请,在柏林发表重要讲话时再次强调:"中国早就向世界郑重宣示:中国坚定不移走和平发展的道路。既通过维护世界和平发展自己,又通过自身发展维护世界和平。走和平发展道路,是中国对国际社会关注中国发展走向的回应,更是中国人民对实现自身发展目标的自信和自觉。这种自信和自觉,来源于中华文明的深厚渊源,来源于对实现中国发展目标条件的认知,来源于对世界发展大势的把握。"①发言结束后,习近平总书记回答现场观众提问时指出:"我们主张通过协商和对话妥善管控分歧,解决争议。在事关中国主权和领土完整的重大原则问题上,我们不惹事,但也不怕事,坚决捍卫中国的正当合法权益。"②正如孔子所言:"可与共学,未可与适道;可与适道,未可与立;可与立,未可与权。"③儒家不强调一成不变的绝对律令、形式规则,而重视"常"与"变""经"与"权"的圆融结合。

鲁定公十年(前500年),齐鲁夹谷会盟,时任鲁国大司寇的孔子担任了这次会盟的傧相。临行前,孔子对鲁定公说:"有文事者必有以武备。"于是鲁国为这次会盟做好了充分的军事保障。本来齐国在军事实力及综合国力方面远胜出鲁国,本想借此会盟要挟鲁国以获取更多的土地和权力。但由于孔子的运筹帷幄:既有强大的军备,又有娴熟的礼仪,再加上孔子的沉着应对与据理力争,在夹谷之会上本来处于弱势的鲁国反而占尽了上风,并在盟誓后迫使齐国归还了以前侵鲁的郓、汶阳、龟阴之田。④夹谷之会的胜利,显示了孔子卓越的政治智慧和杰出的外交才能,也再次证明了强国必须强军,强军不是为了发动战争,而是为了更好地维护本国的合理利益,乃至全世界的和平。

十九大以来,中国以更加积极的姿态参与到国际事务中,这是儒家积极入世精神的体现,更展示了以儒学为核心的中华文化的自信与担当。可以说,新时代中国特色外交理论的创新不仅是立足于对复杂多变的国际外交发展大势的精准把握,而且深深根植于中华优秀传统文化的深厚土壤,是对中国古代思想智慧的汲取与弘扬。正如美国美利坚大学国际关系学专家赵全胜所说:"儒

---

① 习近平:《在德国科尔伯基金会的演讲》,《人民日报》,2014年3月30日。
② 《习近平在德国发表重要演讲:中国坚定不移走和平发展道路》,《人民日报》,2014年3月30日。
③ 《论语注疏》卷九《子罕》,《十三经注疏》下册,第2491页。
④ 司马迁:《史记·鲁国公世家》,第1544页。

学已经深刻地影响了中国的内政与外交政策。"[①]

西方学者常将中国称为"孔子的中国",两千多年来孔夫子"仁者爱人""和而不同""成人之美""利己达人""天下大同"的叮咛在斗转星移的千年过往中从未间断。"子曰:'为政以德,譬如北辰,居其所,而众星共之。'"[②]面对变化多端、错综复杂的国际形势,中国必将以坚如磐石的信念、时不我待的精神、锐意进取的决心,像北辰般灿然居中,屹立于世界民族之林,为构建人类命运共同体的"世界梦"贡献中国智慧,彰显大国担当。

---

① 赵全胜:《论儒学对中国政治及外交政策的影响》,《辽宁大学学报》(哲学社会科学版),2016年第6期。
② 《论语注疏》卷二《为政》,《十三经注疏》下册,北京:中华书局,2003年版,第2461页。

论儒学与辩证唯物主义之共性
——以宇宙物质观、演化观、认识论为中心

解光宇

(安徽大学中国哲学与安徽思想家研究中心)

摘要：习近平主席提出了马克思主义与中国优秀的传统文化相结合,给我们学术研究提供了一个重要的研究方向。辩证唯物主义是马克思主义哲学的核心,儒学是中国优秀传统文化的主干,辩证唯物主义与儒学在宇宙物质观、演化观上有其共性;在认识论上有其共性,等等。习近平主席提出关于中国优秀传统文化的六个方面,即"讲仁爱、重民本、守诚信、崇正义、尚和合、求大同",是马克思主义与中国优秀传统文化相结合的产物。

关键词：辩证唯物主义;儒学;共性;相结合

习近平主席提出了马克思主义与中国优秀的传统文化相结合,给我们学术研究提供了一个重要的研究方向。儒学是中国优秀传统文化的主干,马克思主义如何同儒学结合？这是当前我们值得认真思考的一个问题。

在这里,我想汇报两个问题。一个是辩证唯物主义与儒学的共性。第二个问题是习近平主席提出关于中国优秀传统文化的六个方面,是马克思主义与中国优秀传统文化相结合的产物。

一、辩证唯物主义与儒学的共性

我们一般认为,辩证唯物主义是马克思主义哲学的核心。那么,辩证唯物主义与我们优秀的传统文化中的主干儒学有没有共性呢？我认为共性很多,我想从宇宙物质观、演化观、认识论这几个方面来谈谈。

(一)在宇宙物质观、演化观上辩证唯物主义与儒学的共性

无论什么哲学,都要对世界的本源作一说明,辩证唯物主义也不例外。辩证唯物主义认为,世界是物质的,并且是经过长期发展形成的。辩证唯物主义关于世界起源和本质的认识,是奠定在自然科学基础上的。康德的星云说第一个打开了形而上学自然观的缺口,生动地论证了宇宙间的空间联系和天体演化过程。接着地质学、胚胎学、动植物生理学、有机化学等,陆续建立和发展起来,特别是三大科学发现,为深入研究宇宙的起源和发展,提供了可靠的科学依据。"由于这三大发现和自然科学的其他巨大进步,我们现在不仅能够说明自然界中各个领域内的过程之间的联系,而且总的说来也能说明各个领域之间的联系了。这样,我们就能够依靠经验自然科学本身所提供的事实,以近乎系统的形式描绘出一幅自然界联系的清晰图画。"(《马克思恩格斯选集》第4卷,第246页)这就是说,哲学在概括自然科学成就的基础上,全面深刻地解释自然界发展的唯物辩证性质。

辩证唯物主义承认世界的物质性,承认世界是在时间、空间中依其固有的规律、运动、变化和发展着的物质世界,这是辩证唯物主义正确解决哲学基本问题、彻底坚持唯物主义一元论的基本前提。辩证唯物主义关于世界物质性的学说,为我们提供了一幅包括社会和人类在内的、辩证的、发展的、科学的世界画面。

辩证唯物主义继承和发扬了以往唯物主义的传统,在总结科学特别是19世纪以来自然科学的重大成就基础上,创立了辩证唯物主义的物质观,这是哲学物质理论发展史上的重大飞跃,是哲学物质观历史发展的高级阶段,恩格斯更是对哲学的物质观做了唯物辩证的说明。他指出,"实物、物质无非是各种实物的总和,而这个概念就是从这一总和中抽象出来的。"(《马克思恩格斯选集》第3卷第556页)。列宁说:"物质是标志客观实在的哲学范畴,这种客观实在是人通过感觉感知的,它不依赖于我们的感觉而存在,为我们的感觉所复写、摄影、反映。"(《列宁选集》第2卷,第128页)。

辩证唯物主义认为,整个物质世界的存在,有自在和自为两种基本形式。自然界是一种自在的存在,而社会和人类是自为的存在。与自然界不同,社会和人类的活动是有目的、有意识的活动。社会和人类这种自为的存在形式是客观物质世界的高级运动形式,是物质世界运动多样性的体现。因而,本质上是物质世界的组成部分。承认社会和人类的客观物质性,绝不是否认他的运动的特殊性。相反,要进一步把握社会和人类的运动,就要把握实践这一特殊形式的客观物质运动。

人类社会是统一的物质世界中最高级、最复杂的一种存在形式,从自然界的演化到人类社会的形成,是自然史上一次巨大的飞跃,这个飞跃的关键就在于劳动,劳动创造了人和人类社会。在劳动的基础上形成的人类社会既是自然界长期发展的产物,又是一个不同于自然界的特殊领域,具有自己独特的运动规律。

历史唯物主义证明,人类社会固然同自然界有着本质的区别,但它却是自然界长期发展的产物,是物质世界发展的高级阶段。所不同的是,在自然界和生物界中,这种目的性不是自身意识到的,而是无意识地进行的,而在人类社会中,这种目的过程则是人类意识到的自觉过程。

那么,儒学对世界的形成和发展是如何认识的呢?与辩证唯物主义认识有共性吗?

我国在远古时代先哲们就开始探讨宇宙的起源和演化,提出"太极"是宇宙的源头,并构想"太极——八卦"的宇宙演化模式。作为"殷商派老儒"的老子,对古"太极"以及"太极——八卦"的宇宙演化模式进行扬弃,提出了以"道"作为宇宙本原的"道生一,一生二,二生三,三生万物"的宇宙演化模式,丰富和发展了中国古代宇宙起源和演化学说。尤其是老子抽象具体的"道"扬弃形象直观的"太极",标志着人类对宇宙起源和演化的认识从感性阶段转向理性阶段,是我国古代对大自然认识的一次重大飞跃。

从有关史料看,我国古代对宇宙演化的认识,最早可追溯到伏羲画八卦时代。《易传·系辞》里所表述的"易有太极,是生两仪。两仪生四象,四象生八卦",并提出以"太极"为宇宙的最初本原,这是我们的古先哲们第一次提出宇宙演化的构想。不过这个时候的太极不是发展到后来的一种神乎其神的概念,而是一种直观的感性实物,即位于北极的"太一"星座,可以说"太极"是我国古代认识宇宙的开端。老子继承并发展了"太极"的思想,提出了"道"作为宇宙的本原。"太极"与"道"都是用来说明宇宙生成的终极原因,"太极"形象

311

直观,"道"抽象具体。正是由于这样的不同点我们看到了古人对宇宙生成探讨的深化,认识和思维水平的提高。从形象直观的"太极",到抽象具体的"道",是我国古代对宇宙演化认识的首次飞跃。

在老子那里,"道"如同星云一样是物质,并且还蕴含着形状、意识等因素。老子对道是这样论述的:"道之为物,惟恍惟惚。惚兮恍兮,其中有象。恍兮惚兮,其中有物。窈兮冥兮,其中有精。其精甚真,其中有信。自今及古,其名不去,以阅众甫。"(《老子》21章)

根据老子对"道"的论述,可以看出,第一,"道"是一片混沌的恍惚,即是现代宇宙学所说的气云,这种恍惚不是子虚乌有,而是有物混成,是宇宙演化前的云雾状。是恍惚的有物,是宇宙的源头。这与我国古代盘古开天地的神话传说是一致的。我国古代神话传说认为,天地没有形成前是一片混沌的云雾,其中沉睡者一位叫盘古的神,忽一日醒来,手持一柄利斧,将混沌世界一分为二,清者为阳上为天,浊者为阴下为地,从此便有了天和地。这个混沌的云雾就是"道"。

可见,"道"并不是什么精神实体,而是有内容的客观实在。这种客观实在还可以从现代宇宙学中得到说明。

现代宇宙大爆炸理论认为,宇宙大约诞生于150亿年前一个非常小的奇点,能量和物质就是从这时开始存在的。随着宇宙膨胀和温度降低,各种基本粒子诞生,并结合成各种恒星体系,也就是今天的宇宙形式,20世纪60年代,发现星际分子,并且在星际分子中发现了有机分子,这足以证明宇宙形成之前的确存在着气云时代,即老子所说混沌、恍惚时代,恍惚混成的物,就是气云,恍惚物中的精、信,就是气云中的有机分子,气云形成天体,气云中的有机分子演化为生命与万物,故曰"道"可以为天下母。

可见,老子在古人关于宇宙演化模式基础上,首次提出以"道"作为宇宙演化的起点。"道"既区别于特殊的实物,又具有各种实物的属性;"道"是特殊里的一般,个性里的共性。可以说"道"与辩证唯物主义的物质观,具有异曲同工之妙。

另外,老子也构建了整个自然界的演化模式,即"道生一,一生二,二生三,三生万物"。这个模式是笼统的、宏观的,也就是说"道"生一,即是生一个混沌世界；一生二，即生阴阳二气，或者说理解为天地；二生三，即是阴阳二气加和气；三生万物，在和气的作用下，阴阳接、天地合而诞生万物。老子这个宇宙演化是宏观的。那么接下来周敦颐在太极图说中，比较详细地勾画了宇宙演化的进程。

周敦颐的宇宙生成论思想，主要体现在《太极图·易说》中，并且还涉及人与自然的关系、道德论、政治论及修养方法等。其辞曰：

> 无极而太极。太极动而生阳，动极而静，静而生阴，静极复动。一动一静，互为其根，分阴分阳，两仪立焉。阳变阴合，而生水火木金土，五气顺布，四时行焉。五行一阴阳也，阴阳一太极也。太极本无极也。五行之生也，各一其性，无极之真，二五之精，妙合而凝。乾道成男，坤道成女，二气交感，化生万物。万物生生，而变化无穷焉。唯人也得其秀而最灵。形既生矣，神发知矣，五性感动而善恶分，万事出矣。圣人定之以中正仁义（自注：圣人之道，仁义中正而已矣）而主静（自注：无欲故静），立人极焉。……故曰：立天之道，曰阴与阳；立地之道，曰柔与刚；立人之道，曰仁与义。

《太极图·易说》文字简约，概括了周敦颐的宇宙生成论、万物化生论、人性论的思想。其宇宙生成论认为宇宙是从无而为有，即"自无极而为太极"，意思是从无而为有，有生于无。无极是无，太极是有。太极能动能静，动生阳，静生阴。阴阳是从太极的动静中产生的。"一动一静，互为其根"，即动根于静，静根于动。从太极的动静分出了阴与阳，于是形成两仪，天地就是这样形成的。再从阳变阴合，产生水、火、木、金、土五行，五行之气的流布，就推动着春、夏、秋、冬四季的运行。可见无极是最原始的、最根本的，而太极、阴阳、天地、五行等，则是派生的。

其万物化生论认为，水、火、木、金、土五行，各有自己的特性。"无极之真"促使阴阳二气与五行的"精"发生巧妙的凝合，于是形成天地间的男女、牝牡、雌雄。由于阴阳二气的"交感"，化生了天地间的万物。

其人性论认为，在变化无穷的万物之中，人得天地之秀而为万物之灵。有了形就有神，五行之性感于外物而动，呈现出善与恶，遂形成错综复杂的万事，圣人定出中正仁义的规范，无欲而静则为人的最高标准。

辩证唯物主义为我们提供了一幅包括社会和人类在内的、辩证的、发展的、科学的世界画面,在这里,周敦颐也为我们提供了一幅包括人类和社会在内的世界画面,二者同样有异曲同工之妙。

(二)在认识论方面辩证唯物主义与儒学的共性

认识论是研究人能否认识世界和怎样认识世界的问题。在认识论方面,辩证唯物主义和儒学同样有共性。辩证唯物主义认识论认为,人能够认识世界,并且把实践作为认识的基础。从感性认识到理性认识,再回到实践检验是否真理。那么儒学呢?在认识论方面讲践履,讲格物致知,二者是有共同性的。

辩证唯物主义认识论认为,认识主要有三大要素组成,即认识的主体、认识的客体以及实践。认识运动是一个辩证过程,感性认识是认识的第一步,是认识的初级阶段。感性认识所把握的是具有可感性特征的客体的外部结构,它不能摆脱一定的时间、空间模式,因此感性认识以直接性为特点,离不开生动、具体、直观的形象,所揭示的是事物的现象和现象之间的外部联系。

理性认识是认识的高级阶段,使人借助于抽象的思维对感性认识材料进行加工、整理、概括,形成了关于事物的本质、事物的全体和事物的内部联系的理性认识,它以间接性和抽象性为特点,所揭示的是事物的本质和规律性的认识,是感性认识的进一步的发展,是认识过程的第一次飞跃。感性认识和理性认识是认识过程的两个不同阶段,他们既相互区别又相互联系,是辩证的统一。即是说,理性认识依赖于感性认识,感性认识有待于发展深化为理性认识,反过来,理性认识又促进感性认识的发展。同时,感性认识和理性认识是相互渗透的。总之,感性认识和理性认识是辩证统一的,这种统一的基础是实践。无论是感性认识还是理性认识,都是实践中产生的,由感性认识到理性认识的过渡,也是在实践基础上实现的。

儒学的格物致知论强调践履,也就是辩证唯物主义强调的实践。格物致知论强调在格物中认识世界,认识真理,也就是说在实践中认识事物,认识事物的规律。在这一问题上,程朱理学的格物致知论更贴近辩证唯物主义认识论。

格物致知是二程对《大学》中"致知在格物"、"物格而后知至"的发挥,以此来说明致知即"穷理"。何谓格物？"格犹穷也,物犹理也,犹曰穷其理而已也"(《二程遗书》卷二十五,316页),格物就是穷理,即在实践中认识就是为了寻求真理。

关于格物致知的方法,程颐说:"凡一物上有一理,须是穷致其理。穷理亦多端:或读书,讲明义理;或论古今人物,别其是非;或应接事物而处其当,皆穷理也。或问:格物须物物格之,还只格一物而万理皆知？曰:怎生便会该通？若只格一物便通众理,虽颜子亦不敢如此道。须是今日格一件,明日又格一件,积习既多,然后脱然自有贯通处。"(《二程遗书》卷十八,188页)在这里说格物要"物物格之",就是说认识有一个外求物理的过程,即是说,每一事物都有自身的规律,我们必须对每一事物进行研究,然后才能掌握其规律。真理性的认识来自实践,实践具有多端性,尤其重要的是这里提出"应接事物而处其当",类似于辩证唯物主义的"实践是检验真理的唯一标准"。另外,"凡一物上有一理,须是穷致其理",这与毛泽东同志所说"将丰富的感觉材料加以去粗取精、去伪存真、由此及彼、由表及里的改造制作工夫,造成概念和理论的系统"。(《毛泽东选集》第1卷,第268页)以及毛泽东同志在《实践论》一文中指出:"你要有知识。你就得参加变革现实的实践。你要知道梨子的滋味,你就得变革梨子,亲口吃一吃。你要知道原子的组织同性质,你就得实行物理学和化学的实验,变革原子的情况。你要知道革命的理论和方法,你就得参加革命。一切真知都是从直接经验发源的"等观点都有一致性。

此外,二程就认识问题还涉及感性认识向理性认识的飞跃:"格物穷理,非是要尽穷天下之物,但于一事上穷尽,其他可以类推。"(《二程遗书》卷十五,157页)"物我一理,才明彼即晓此,合内外之道也。语其大,至天地之高厚;语其小,至一物之所以然,学者皆当理会。"(《二程遗书》卷十八,193页)即二程"格物致知"认识论最终还是要有感性认识向理性认识的飞跃,即"脱然贯通"处以"穷理"。

格物致知为了"穷理","穷理"的目的是什么？是指导行,由此提出了知行关系,认为"知先行后",知指导行。如"不致知,怎生行得？勉强行者,安能持久？除非烛理明,自然乐循理。"(《二程遗书》卷十八,187－188页)。即先求知以明理,后循理而乐行。最后得出"以识为本,行次焉"的结论。虽然有理论指导实践之意,但没有辩证地理解认识和实践关系以及知行关系。

朱熹继承二程"格物致知"的认识论,他认为"已知之理"即客观之理,如果不通过格物来穷究,这个客观之理仍是"悬空底物",所以,"自家虽有这道理,须是经历过方得"。所谓经历,就是经历一个格物的过程,也就是认识的过程,只有格物才能穷理。朱熹在《大学章句》注中训格为至,训物为事,认为"格物"即"穷至事物之理,欲其极处无不到也";又以"致"犹"推极","知"犹"识","致知"即"推极吾之知识,欲其所知无不尽也"。朱熹从"理一分殊"中引申出逐件格物、渐进积累的认识方法。因为"知者,吾心之知;理者,事物之理"(《朱文公文集》卷四十四《答江德功》,1969页),所以就必须以"吾心之知"去知"事物之理",即"即物而穷其理":"(致知)只是推极我所知,须要就那事物上理会。致知,是自我而言;格物,是就物而言。若不格物,何缘得知?"(《朱子语类》卷十五,292页)既然理分殊于万事万物之中,因此穷理就必须逐一格物:"上而无极、太极,下而至于一草、一木、一昆虫之微,亦各有理。……一物不格,则阙了一物道理。须著逐一件与他理会过。"(《朱子语类》卷十五,295页)"惟一日而格一物焉,明日又格一物焉,积习既多,然后脱然有贯通处耳。"(《大学或问》卷二)"格物穷理"无疑包含着向外求知的成分,由逐一格物、渐进积累到豁然贯通,则是对认识的过程性、阶段性的具体论述。当然朱熹的"穷理"方法不仅是具有践履意义的格物,而且更是强调以读书为穷理的重要手段。

认识的过程通过"一日而格一物焉,明日又格一物焉",格到一定程度,"则众物之表里精粗无不到,而吾心之全体大用无不明矣",(《大学章句·补格物章》),就是认识由感性阶段上升到理性阶段:"格物,是物物上穷其至理。致知,是吾心无所不知。格物,是零细说,致知,是全体说。"(《朱子语类》卷十五,291页)

"穷得一分之理,即我之知亦知得一分。……于物之理穷得愈多,则我之知愈广,其实只是一理,才明彼,即晓此。"(《朱子语类》卷十八,399页)格物是零细的,须一物一物地去认识。但久而久之,由零细的认识可上升到对全体、对本质的认识,即"一旦豁然贯通"含有认识从感性向理性的飞跃,可以说是朱熹认识论的科学成分。

在论述"格物致知"时,朱熹也谈到知行关系。他说:"知、行常相须,如目无足不行,足无目不见。论先后,知为先;论轻重,行为重。"(《朱子语类》卷九,148页)即知先于行、行重于知,知行相互依赖、相互影响。

我们知道,辩证唯物主义认识论强调实践在认识中的作用,程朱在论述格物致知说的时候,也重视践履,即实践,"格物"本身就是实践。但特别强调实践的是清初颜李学派,即以颜元与李塨为代表。他们批判理学空谈心性,倡导经世致用、注重实学的学风,重视实际操习之"行",强调"习行""习动""践行",反对死读书。颜元为了纠正宋代理学这种空虚的学风给社会带来的危害,针锋相对地提出要犯手实做其事,即提倡习行。他要人"只向习行上做工夫"(《言行录·五次亭》),只有习行,才能精通各项具体的事物。例如行医,若只千百卷地遍览医书,而不按触病人,不行"诊脉"、针灸等医术,即使书本知识再丰富,也不能把病人治好。因此,他认为,欲从静坐读书中讨有用的见识是不可能的,若指望于此,便会误事。他说:"但凡从静坐读书中讨来识见议论,便如望梅画饼,靠之饥食渴饮不得。"(《存学编》卷三《性理评》)"读书欲办天下事,如缘木而求鱼也。"(《朱子语类评》)他解释理学中常谈的"格物"谓:"格物之格,王门训正,朱门训至,汉儒训来,似皆未稳……元谓当如史书'手格猛兽'之格,'手格杀之'之格,乃犯手捶打搓弄之义,即孔门六艺之教是也。"(《习斋记余》卷六)他所言的习行有用之学,一曰兵,二曰农,三曰礼乐,他说:"如天不废予,将以七字富天下:垦荒,均田,兴水利;以六字强天下:人皆兵,官皆将;以九字安天下:举人才,正大经,兴礼乐。"(《年谱》)这表达了他的治世主张,也表达了他在经世致用思想的指导下,发挥古代儒家的学说,并批判了宋明理学空谈心性、不务实用的理论倾向。颜元强调"践行",似更重视实践,但也有轻视理论指导的一面。

二、习近平主席提出关于中国优秀传统文化的六个方面,是马克思主义与中国优秀传统文化相结合的产物

习近平主席曾经就中国优秀传统文化的本质有过概括。习近平主席指出,培育和弘扬社会主义核心价值观必须立足中华优秀传统文化。要深入挖掘和阐发中华优秀传统文化的时代价值,使中华优秀传统文化成为涵养社会主义核心价值观的重要源泉。习近平主席对中华优秀传统文化的核心价值概括为六个方面:"讲仁爱、重民本、守诚信、崇正义、尚和合、求大同",可以说这

六个方面不仅是中华优秀传统文化的本质,更是马克思主义与中国优秀传统文化相结合的产物。

仁爱、民本是儒学的核心理念之一。孔子提出"仁者爱人",将仁看作最高的道德范畴,同时又表现为各种具体的道德规范。孟子继承了孔子的仁学思想,并主张"亲亲而仁民,仁民而爱物"。讲仁爱的基本目标就是建构和谐的人际关系和社会秩序。仁爱与民本是密切相关的。孔孟继承"民唯邦本,本固邦宁"、"敬德保民"等儒家先贤的"重民本"思想,尤其是孟子第一次明确提出了"民贵君轻"的观点,强调民心向背是政治统治的基础。民本思想还表现在"制民之产",如《孟子·梁惠王上》曰:"五亩之宅,树之以桑,五十者可以衣帛矣。鸡豚狗彘之畜,无失其时,七十者可以食肉矣。百亩之田,勿夺其时,数口之家可以无饥矣。谨庠序之教,申之以孝悌之义,颁白者不负戴于道路矣。七十者衣帛食肉,黎民不饥不寒,然而不王者未之有也。"

马克思主义非常重视人民,认为没有社会的人就没有社会的一切,就没有人类的历史。社会的发展过程是社会的人创造历史的过程。在历史上活动的一切人中,归根到底,人民是历史的创造者。正如毛泽东同志所说:"人民,只有人民,才是创造世界历史的动力。"(《毛泽东选集》第三卷,第932页),即充分肯定人民群众创造历史的决定作用。人民群众创造历史体现在社会生活的各个方面:第一,人民群众是社会物质财富的创造者;第二,人民群众是社会的精神财富的创造者;第三,人民群众是变革社会制度的决定力量。

中国共产党更是将爱民、重民放在首位。中国共产党从建立之初就树立了为人民服务的宗旨。新中国党和国家领导人,从毛泽东到习近平,都是民本思想的积极继承者和弘扬者。党的十八大以来,习近平主席提出的"民生观"在实践中得到广泛应用,在脱贫攻坚中取得显著成绩,具有鲜明的时代性、创造性、发展性。习近平主席的"民生观"在重民本、惠民生、增进人民福祉、繁荣经济发展、稳定社会秩序以及彰显中国智慧等方面,具有划时代意义。

同样,守诚信、崇正义与马克思主义伦理学相关联;尚和合、求大同与马克思主义在全世界实现共产主义相关联。

程明道思想中的"德福一致"观念：
以牟宗三的观点为线索

郑宗模

（韩国国立安东大学东洋哲学系）

一、前言："圆教论"与"儒家传统"

牟宗三先生在《圆善论》一书中正式探讨了"圆教"问题。依牟先生的介绍，从思想史的角度来看，"圆教"模式来源于天台判教。此时，"圆教"是就"最高的境界"而言的。天台判教以区分"圆教"和"别教"而显出了"圆教"的意义。另外，依牟先生的看法，就西方哲学传统而言，所谓"圆善"比较接近"圆教"的观念。对康德来说，他所谈论的"最高善（summum bonum）"属于"圆善"观念。[①]

依牟先生的看法，无论东方还是西方哲学，"圆善"观念的关键在于"德福一致"问题。从西方哲学传统来看，康德对"圆善"问题的探究和发挥最有代表性。众所周知，在康德的系统里，"德福一致"乃是决定"最高善"的重要判准。另外，就中国哲学而言，"德福一致"始于孟子。在《圆善论》中，牟先生指出，孟子所提出的"天爵"和"人爵"问题相应于康德所说的"德福一致"问题。而且，孟子通过对"道"与"命"或"性"与"命"的解释发挥有关"德福一致"的见解。而且，在西方哲学的传统里，康德认为，"圆善"或"德福一致"的领域是涉及"实践理性"的。"实践理性"必然指向于"圆满的善"或"最高善"，所以优越于"思辨理性"。因而，康德重建了古代希腊给哲学赋予的内涵，即"实践的智慧论"。牟先生指出：

[①] 牟宗三，《中国哲学十九讲》，台北：学生书局2002年版，第369页。

  照康德讲，哲学的古义，古希腊的意义，哲学就是爱智慧，什么叫智慧呢？这有确定的意义，向往最高善，这才叫做智慧。向往最高善，而且要通过实践衷心追求它，这才叫做爱智慧。所以，康德从这个意思讲，哲学的古义是实践的智慧学。[①]

可见，就哲学的目的而言，康德算是属于古代希腊传统的哲学者。可是，关于"德福一致"或"最高善"的可能根据，康德所采取的路线却不同于古人。康德把"道德法则"或"道德性"当作"最高善"的核心原理。而且，"道德性"的根源在于服从道德义务，即依无条件的道德律令而行动。牟先生认为，以"道德性"为基础而建立"最高善"的模式，孟子与康德之间有相当的共同点。可是，现代西方世界失去这种哲学传统，而只运用基督教信仰，以代替这些智慧。相反地，儒释道三教皆以"实践的智慧论"当成自身的骨干。尤其，它们使用"教"的概念来表达了"智慧学"的观念。牟先生指出：

  所以我说现在西方哲学都是纤巧的哲学。中国人将来读哲学要正视这个问题，要恢复希腊哲学的古意：实践的智慧学。这个意思的哲学保留在哪里？就是保留在中国，因为中国传统的哲学就是实践的智慧学。这个实践的智慧学等于中国人以前所谓"教"。教就是《中庸》说："天命之谓性，率性之谓道，修道之谓教"那个"教"。还有《中庸》说："自诚明，谓之性；自明诚，谓之教"那个"教"。这个意义的"教"都是实践的智慧学。[②]

由此可见，通过"教"的方式，儒家传统早就对"实践的智慧论"有深厚的体会。儒家所说的"性""道""诚"等概念绝不是单纯思辨活动的产物。就是说，这些概念在实现"实践的智慧论"的过程中才有意义。可是，"实践的智慧论"只是有关某种哲学的方向或形式的规定。因此，"实践的智慧论"自身还不足以保障"圆教"模型的构成或成熟。所以，就"圆教"模型而言，先秦儒家仍然有不足之处而有待进一步的发展。牟先生在《圆善论》序文中指出：

  我今讲圆教与圆善则根据儒家传统，直接从《孟子》讲起。孟子的基本义理正好是自律道德，而且很透辟，首发于二千年以前，不同凡响，此则

[①] 牟宗三，《四因说讲录》，《牟宗三先生全集》第31册，台北：联经出版事业股份有限公司2003年版，第109页。
[②] 牟宗三，《四因说讲录》，《牟宗三先生全集》第31册，第113页。

是孟子的智慧,虽辞语与思考方式不同于康德。圆满的善,以前儒者不甚措意,孟子亦未积极考虑此问题而予以解答,此盖由于先重"德"一面故。然而天爵、人爵亦是孟子所提出者,……由孔子之仁开端,本有上下内外本末通而为一的粗略规模。道家老、庄亦有。然而圆教之所以为圆教之独特模式却必须首先见之于佛家天台宗之判别、圆。若以此为准而予以郑重注意,则儒圣之圆境却首先见之于王弼之圣人体无以及向、郭之注《庄》。此等玄言虽是假托道家理境以显,然而圆境却必须归之于儒圣。由此即可启发出依儒家义理而说儒家之圆教。依儒家义理而说儒家圆教必须顺王学之致良知教而发展至王龙溪之"四无",再由此而回归于明道之"一本"与胡五峰之"天理人欲同体异用",始正式显出。[1]

以"快乐"等的"感性原理"当作道德性的基点,康德明显反对这种模式。康德强调,服从理性的命令才有真正的道德行为之资格。通过"仁义内在"的说法或对"天理"的强调,孔孟以及宋明儒者也赞同以"德性""义理"为主的道德原理。这一点,康德与儒家的立场是一致的。可是,儒家的"圆教"的模式,经过天台宗判教或道家玄学的启发之后,达到了更成熟的阶段。再者,如牟先生所指出,跟王阳明、王龙溪、胡五峰等一起,程明道在儒家"圆教"传统里面建立了重要的标志。此时,程明道所发挥的"圆教"模型主要表现于他的"一本论"。

在下面,本文要对程明道的"圆教"观念加以分析,尤其从两个方面论述程明道德的"圆教论"。第一是程明道对"有德"观念的理解。第二是程明道对颜回的评价和他的"孔颜乐处论"。前者牵涉到"教"的观念,而后者牵涉到"德福一致"的观念。通过这些分析,本文期待接近程明道德的"圆教论"的意义和架构。

二、"教"与程明道的"有德"观念

如上所说,"圆善"问题是属于"实践的智慧论"的。中国哲学用"教"观念来表达同样的意思。关于"教"的定义,牟先生指出:"教既是指'能开启人之理性使人运用其理性通过各种形态的实践以纯洁化其生命而达至最高的理想之

---

[1] 牟宗三,《圆善论》,《牟宗三先生全集》第22册,序言第11页。

境'者而言,则非如此者便不可说为教。"① 又说:"只是形式地表示'推理自身'之学,故只是逻辑学,并非是教。……推理自身只是思考上的一个'法',而逻辑学中的诸概念只是思考上的一些逻辑形式法,并非是教。"② 简言之,"教"便是"智慧"的学问,不是"知识"的学问。它是"实践"的学问,不是"思辨"的学问。尤其,牟先生注意到了"教"与"德"之间的联系。牟先生说:

> 我们如何能判之为圆教?现在,我们先就所说"教"之定义立一大体之纲格以明在什么关节上才可达至"教"之极致。"依理性通过实践以纯洁化一己之生命",这是教中的一主要部分。这一部分,笼统地言之,就是成德的一部分,不管这所成之"德"是什么意义的德,是儒家的,道家的,抑或是佛家的。我们先独立地把这德训为"德者得也"。将某种东西通过实践而实有诸己谓之"得"。如此得之而纯洁化人之感性生命便是"德"。③

三教说说的"教"的目的是"生命的纯洁化",即"成德"的实现。程明道也着眼于"德"之字义而说道:"德者得也,须是实到这里须得"。④ 就是说,所谓"德"表示自己做工夫而体会到的境界。所以,这些境界必然是与追求知识的活动有分别的。关键不在于"知"和"不知",而在于"得"和"不得"之间。程明道看来,就主观方面而言,"得"的主体是"个体生命",而就客观方面而言,"得"的对象是"天理"。程明道指出:

> 有德者,得天理而用之,既有诸己,所用莫非中理。知巧之士,虽不自得,然才知稍高,亦能窥测见其一二,得而用之,乃自谓泄天机。若平心用之,亦莫不中理,但不有诸己,须用知巧,亦反失之,如苏、张之类。⑤

值得注意的是,程明道所谓"天理"并不意味着主体外部的对象。"得"之对象是"天理",而"天理"之所在乃是个体生命之内部。因此,在掌握"天理"的过程时,道德主体要求的是主体的具体修养和自觉,而不是逻辑的理智活动。因此,"成德"之过程不必建立在"主观"与"客观"之间的分离。程明道以"内外合一"来表达这种意义。他指出:

---

① 牟宗三,《圆善论》,台北:学生书局1985年版,第268页。
② 牟宗三,《圆善论》,第268页。
③ 牟宗三,《圆善论》,第269—270页。
④ 程颢、程颐,《二程遗书》,《二程集》,北京:中华书局2004年版,第42页。
⑤ 程颢、程颐,《二程遗书》,第14页。

子曰:"志于道",凡物皆有理,精微要妙无穷,当志之尔。德者得也,在己者可以据。"依于仁"者,凡所行必依着于仁,兼内外而言之也。①

得而后动,与虑而后动异。得在己,如自使手举物,无不从。虑则未在己,如手中持物以取物,知其不利。②

由此可见,程明道所说的"有德"观念完全符合牟先生所说的"实践的智慧论"或"教"的观念。我们可以从"尊德性"与"道问学"之间的紧张的脉络下解释程明道的看法。的确,程明道采取了"尊德"或"成德"优先的立场。在这样的观点下,程明道特别强调"修养"或"工夫"的必要性。经历"修养"或"工夫"之后,其效果自然地显露出来。程明道指出:

要修持佗这天理,则在德,须有不言而信者。言难为形状。养之则须直不愧屋漏与慎独,这是个持养底气象也。③

"睟面盎背",皆积盛致然;"四体不言而喻",惟有德者能之。④

所谓"气象"是指"主体的状态",而同时成为"有德"的判断根据。孟子曾经说过:"君子所性,仁义礼智根于心,其生色也睟然,见于面,盎于背,施于四体,四体不言而喻"。⑤宋明儒学以这些文字为根据,对"圣人之境界论"做了深入理解。程明道也不是例外。他认为,孟子的这句话明显描述"有德者"所达到的境界。程明道对圣人的气象的理解,如下的描述有代表性。程明道说:

仲尼,元气也。颜子,春生也。孟子,并秋杀尽见。仲尼,无所不包。颜子示"不违如愚"之学于后世,有自然之和气,不言而化者也;孟子则露其才,盖亦时然而已。仲尼,天地也。颜子,和风庆云也;孟子,泰山岩岩之气象也。观其言,皆可以见之矣。仲尼无迹,颜子微有迹,孟子其迹著。⑥

在这段内容中,程明道比较孔子、颜回、孟子三人的气象。孔子完全发挥了圣人的气象。"仲尼,天地也"或"仲尼无迹"都反映了"与天地合德"的境界。

---

① 《二程遗书》,《二程集》,第107页。
② 《二程遗书》,《二程集》,第22页。
③ 《二程遗书》,《二程集》,第30页。
④ 《二程遗书》,《二程集》,第18页。
⑤ 《孟子·尽心上》。
⑥ 《二程遗书》,《二程集》,第76页。

有趣的是,程明道认为,与孟子相比,颜回有了一层高远的气象。换言之,如果从"圣人境界"的角度而言,孟子不但达不到孔子的境界,亦位于颜回之后。例如,程明道说:"孟子有功于道,为万世之师,其才雄,只是雄才,便是不及孔子处。人须当学颜子,便入圣人气象"。① 又说:"孟子之于道,若温淳渊懿,未有如颜子者,于圣人几矣,后世谓之亚圣,容有取焉。"② 其实,在《二程遗书》中,对比颜回、孟子的文字不少出现。我们可以提问,这些的对比如何可能?笔者认为,牟先生所阐释的"圆教论"可以提供一个最合适的头绪。简言之,程明道按照自己的判教模式来评价孔子、颜回、孟子三人之"生命境界"。在此,可以确认程明道特别注意到颜回的理由。在下一节,本文要加以进一步的分析。

三、孔颜乐处与德福一致

二程兄弟受学于周敦颐。依《二程遗书》的记载,周敦颐令他们寻找孔子、颜回之乐处。③ 程明道又说:"某自再见茂叔后,吟风弄月以归,有'吾与点也'之意。"④ 所谓"孔颜乐处"或"曾点气象"表示生命的自得境界。这种"乐处"或"安顿处"不是汉唐儒学所讨论的。⑤ 到宋代儒学,周敦颐掌握了这种儒学精神而重建了宋代"内圣之学"之基础。可以说,程明道能够吸收周敦颐的宗旨而奋斗一生进行了发挥。⑥

可是,从某种角度来看,所谓"孔颜乐处"四个字含有内在矛盾。就是说,孔子没有实现政治理想,而颜回在贫困的环境下早死了。到底如何可谓他们享受"乐"或"安顿"呢?他们所遇的命运游离于"乐"和"安顿",甚至是"德福相悖"的典型。牟先生指出:

---

① 《二程遗书》,《二程集》,第 76 页。
② 《二程遗书》,《二程集》,第 21 页。
③ 程明道说:"昔受学于周茂叔,每令寻颜子、仲尼乐处,所乐何事。"《二程遗书》,《二程集》,第 16 页。
④ 《二程遗书》,《二程集》,第 59 页。
⑤ 陆象山提出了类似的见解。他说:"颜子问仁之后,夫子许多事业,皆分付颜子了。故曰:'用之则行,舍之则藏,惟我与尔有是。'颜子没,夫子哭之曰:'天丧予!'盖夫子事业,自是无传矣。曾子虽能传其脉,然参也鲁,岂能望颜子之素蓄。幸曾子传之子思,子思传之孟子,夫子之道,至孟子而一光,然夫子所分付颜子事业,亦竟不复传也。"〈象山语录上〉,《陆九渊集》(北京:中华书局,2008),397 页。
⑥ 有趣的是,陆象山认为,程伊川失掉了周敦颐的心传。他指出:"二程见周茂叔后,吟风弄月而归,有'吾与点也'之意。后来明道此意却存,伊川已失此意。"同前书,401 页。

那么孟子为什么说:"古之人修其天爵,而人爵从之"？还有,《中庸》为什么说:"大德必得其位,必得其禄,必得其名,必得其寿?"如何能说"必"呢？大德之人不一定有其寿,如颜渊短命而死。大德之人也不一定有其位,如孔子是圣人,其德可谓大矣,却不得其位。①

从客观情形上来看,孔子和颜回的一生却不是平顺的。这是不可否认的事实。可是,如果接受这些"有德者"的"不幸"的话,所谓"孔颜乐处"成为空头的口号。换句话说,"孔颜乐处"在肯定孔、颜之"德福一致"的前提下才可以成立的规定。那么,程明道如何解决这种难题呢？

按照笔者的理解,关于如何理解颜回的夭折,程明道提出三个解决模式。第一,历史的观点;第二、"以德为主"的观点;第三、"德福并进"的观点。三个模式中,只有第三个观点可以解释"孔颜乐处"的义理。此时,这种模式与"圆教"观念有密切的关系。下面要讨论这三个模式。

第一,历史的观点主要借用历史的视野来说明颜回的境界。比如,程明道说:

> 颜子短命之类,以一人言之,谓之不幸可也;以大目观之,天地之间无损益、无进退。譬如一家之事,有子五人焉,三人富贵而二人贫贱,以二人言之则不足,以父母一家言之则有余矣。若孔子之至德,又处盛位,则是化工之全尔。以孔、颜言之,于一人有所不足,以尧、舜、禹、汤、文、武、周公群圣人言之,则天地之间亦富有余。②

由此可见,程明道认为,如果采取宏观的观点的话,虽然孔子、颜回处于不幸的命运,然而大体的圣学传统不断地维持了。类似地,程颐再进一步以天理的运行来解释这些历史的出入。他说:

> 莫之为而为,莫之致而致,便是天理。司马迁以私意妄窥天道,而论伯夷曰:"天道无亲,常与善人。若伯夷者,可谓善人非邪?"天道甚大,安可以一人之故,妄意窥测？如曰颜何为而夭？跖何为而寿？皆指一人计较天理,非知天也。③

---

① 牟宗三,《中国哲学十九讲》,第131页。
②《二程遗书》,《二程集》,第131页。
③《二程遗书》,《二程集》,第215页。

如此，二程兄弟区分个人的层次和历史的层次。而且，后者更接近天理的普遍法则。可是，这种理解只提供历史的乐观论，而无法解释孔、颜个人层面的"德福一致"境界。所以，探讨孔子、颜回的一生时，历史的观点算是间接的、第二次性的接近方式。

第二，程明道又肯定了"以德为主"的观点。可以说，这种观点是以"德"吸收"福"的方式，即只投身于"德"一面，而不照顾"福"一面。程明道指出：

> 贤者惟知义而已，命在其中。中人以下，乃以命处义。如言"求之有道，得之有命"，是求无益于得，知命之不可求，故自处以不求。若贤者则求之以道，得之以义，不必言命。①

> 大凡利害祸福，亦须致命。须得致之为言，直如人以力自致之谓也。得之不得，命固已定，君子须知佗命方得。"不知命无以为君子"，盖命苟不知，无所不至。故君子于困穷之时，须致命便遂得志。其得祸得福，皆已自致，只要申其志而已。②

有些"道德者"只考虑"义理"而作行动。他不理"得祸得福"而"申其志而已"。程颐也有同样的见解。③ 按照牟先生的理解，他们所说的"以德为主"方式与"斯多亚派"的德行观念很相似。"斯多亚派"只讲"德行"而不讲"幸福"。牟先生指出：

> 他（按指康德）一定主张德与福相合，也就是 virtue 与 happiness 两方面相配合在一起。当然也有人说德就是福，凡事只要心安理得即是福。这种说法，是把福等同于德，由德即可以分析出福来。这是分析命题，斯多亚学派就主张这种论调。儒家立教在初步的扭转使人向上时，也有而且重视这个意思，如主张"杀身成仁就是福"。杀身成仁是很壮烈的牺牲，具有强烈的悲剧意识。……照康德则不这样讲，他认为如此讲德福的关系，就没有福的意义了。所以康德所说的德福的关系不是分析命题，而是

---

① 《二程遗书》，《二程集》，第18页。
② 《二程遗书》，《二程集》，第31—32页。
③ 程颐说："圣人言命，盖为中人以上者设，非为上知者言也。中人以上，于得丧之际，不能不惑，古有命之说，然后能安。若上智之人，更不言命，惟安于义。借使求则得之，然非义则不求，此乐天者之事也。上智之人安于义，中人以上安于命，乃若闻命而不能安者，又其每下者也。"《二程遗书》，《二程集》，第194页。

综合命题。①

可以说,"以德为主"方式也是从强烈的道德意志所发出的。② 儒家传统虽然很重视这些说法,可是,康德所说的"最高善"一定包含"德行"和"幸福"两个因素。所以,"以德为主"的模式不足以达到"最高善"的境界。就是,我们必然要求"德福并进"的第三阶段。宋明儒家所的追求的最高境界也并不停留在"以德为主"的层次。如康德的理论体系所说一样,儒家所说的"最高善"或"圆善"观念足以包含幸福与道德之间的合一。可是,在现实世界中,有德者未必有幸福。就是说,"德行"和"幸福"的和谐与统一是难得的。就这个问题而言,康德走向了道德的神学。简言之,上帝的存在才能保证"德福一致"的实现。关于这一点,牟先生指出:

> 圆善所以可能,依康德之思路,必须肯定上帝之存在。上帝是圆善可能的根据,因为圆善中福一面有关于"存在"——我的存在以及一切自然的存在,而上帝是此存在之创造者。上帝创造了自然——使自然存在,故能使自然与德相谐和,而保障了人在现实上所不能得的德福一致。但是适所说的"故能"一连接词所示之推断,依上章末之提示,是有问题的,不能使人坦然明白。但是说福涉及存在,这是对的。存在是既成的,不是我所能掌握的,人不能创造存在,这也是对的。必须肯定一"无限存有"来负责存在,这也未尝不对。但是这无限存有若人格化而为一无限性的个体存有,这却有问题。上帝所以能创造自然是因为它的无限的智心,因此,本是无限的智心担负存在。说到存在,必须涉及无限的智心。但是无限的智心并非必是人格化的无限性的个体存有,是故将此无限的智心人格化而为一个体性存有,这是人的情识作用,是有虚幻性的。因此,欲说圆善所以可能,只须说一无限的智心即可,并不必依基督教的途径,将此无限的智心人格化而为一个体性的无限存有。中国的儒释道三教都有无限的智心之肯定(实践的肯定),但却都未把它人格化。若依此三教之路而

---

① 牟宗三,《中国哲学十九讲》,《牟宗三先生全集》,第 372—328 页。
② 牟先生又指出:"斯多亚派以德为主,德之所在即福之所在。这样一来,只成就德的这一面,福的那一面则被吞没了,没有独立的意义。最高善一定包含德行和幸福两面,两者有隶属关系,但不能以一者化掉另一者。斯多亚派便是把幸福——康德把它当作圆善的第二个成分——化掉了。"牟宗三,《中国哲学十九讲》,第 373 页。

言圆善可能之根据,则将一切是理性决定,而毫无情识作用,因此,这是圆实之教。圆者满也,实践上的圆满;实者无虚也,实践上的无虚。①

依康德,只有上帝用智的直觉(无限智心)来完成"德福一致"。为了"德福一致"的实现或保障,康德要求"灵魂不灭"与"上帝的存在"。其结果,在人类的观点下,康德所说的"德福一致"或"德福并进"不是分析关系,而是综合关系。可是,牟先生认为,真正的"德福一致"必须肯定现实上的实现。在这一点,康德仍然属于"别教"形态。相反地,儒释道三教肯定"个体存在"的无限智心而肯定当下的"德福一致"。程明道也不是例外。而且,他通过道德主体的"德福一致"来解释"孔颜乐处"的现实性。结果,我们可以理解为什么孔子、颜回是达成"幸福"的人物。在下一章要探讨这些问题。

除了"历史的观点"以及"以德为主"的方式以外,程明道进而以顺着"德福一致"的肯定来处理颜回的夭折而说明"孔颜乐处"的可能性。上面的一段引文中,牟先生以"悲剧意识"来规定"以德为主"的奋斗。有趣的是,程明道把这些路线收入于"勇敢"的范围而指出其局限性。程明道以子路为例子说:

> 子路曰:"愿车马、衣轻裘与朋友共,敝之而无憾。"此勇于义者。观其志,岂可以势利拘之哉?盖亚于浴沂者也。颜渊"愿无伐善,无施劳",此仁矣,然尚未免于有为,盖滞迹于此,不得不尔也。子曰:"老者安之,朋友信之,少者怀之。"此圣人之事也。颜子,大贤之事也。子路,有志者之事也。②

所谓"勇于义"是指投身于"义理"而不顾"幸福"的态度。可是,此"有志者"的态度不如孔子、颜回所采取的行动方式。程明道以"圣人之事"与"大贤之事"来规定孔、颜的境界。有时候,程明道以"无我"和"有我"来区分"圣人"(孔子)与"贤人"(颜回)的境界。③ 可是,孔子和颜回之间的间隔只不过程度上的问题而已,不是本质上的断绝。关于孔子的境界,程明道又说:

> 孔子所遇而安,无所择。自子路观孔子,孔子为不恭。自孔子观吾

---

① 牟宗三,《圆善论》,第 243 页。
②《二程遗书》,《二程集》,第 107 页。
③ 比如,程明道说:"无妄,震下乾上。圣人之动以天,贤人之动以人。若颜子之有不善,岂如众人哉?惟只在于此间尔,盖犹有己焉。至于无我,则圣人也。颜子切于圣人,未达一息尔。'不迁怒,不贰过,无伐善,无施劳','三月不违仁'者,此意也。"《二程遗书》,《二程集》,第 126 页。

辈,吾辈便隘。惟其与万物同流,便能与天地同流。①

所谓"所遇而安"是包括"幸福"的一面。换言之,圣人的境界超过子路的态度而进入"德福一致"的阶段。程明道以"老者安之,朋友信之,少者怀之"当作一个例子。其理由可以确认在下面的引文中:

> 圣人即天地也。天地中何物不有?天地岂尝有心拣别善恶,一切涵容覆载,但处之有道尔。若善者亲之,不善者远之,则物不与者多矣,安得为天地?故圣人之志,止欲"老者安之,朋友信之,少者怀之。"②

如此,程明道从圣人的"天人合一"的境界来解释"老者安之"的理想。而且,此"老者安之"的志向是与"万物一体"的境界相应的。可见,程明道对先秦儒家进行重新解释。而且此时,他的确发扬了"圆教"的精神。关于这一点,牟先生特别注意到明道的"识仁"和"一本论"。牟先生指出:

> 儒家的无限的智心由孔子之"仁"而开示。仁所以能被引发成无限的智心是由于孔子所意谓的仁之独特的基本性格而然。孔子之言仁主要地是由不安、不忍、愤悱不容已之指点来开启人之真实德性生命。中间经过孟子之即心说性,《中庸》《易传》之神光透发——主观面的德性生命与客观面的天命不已之道体之合一,下属宋明儒明道之识仁与一本,象山之善绍孟子而重言本心,以及阳明之致良知——四有与四无并进,刘蕺山之慎独——心宗与性宗之合一;经过这一切之反复阐明,无限的智心一概念遂完全确立而不摇动,而且完全由实践理性而悟入,绝不涉及思辨理性之辩证。③

依牟先生的见解,程明道在儒家圆教传统中开启了重要的环节。其重点在于"识仁"和"一本"。其实这两者是不可分离的。牟先生在《心体与性体》中说过:"此《识仁篇》当与《一本篇》合看,义理完全相同"。④ 其理由是,程明道在《识仁篇》中发挥的"万物一体观"是"一本论"的核心所在。例如,《识仁篇》的开宗明义是:"学者须先识仁,仁者,浑然与物同体。"程明道又说:

> 医书言手足痿痹为不仁,此言最善名状。仁者,以天地万物为一体,

---

① 《二程遗书》,《二程集》,第 86 页。
② 《二程遗书》,《二程集》,第 17 页。
③ 牟宗三,《圆善论》,第 255-256 页。
④ 牟宗三,《心体与性体(二)》,《牟宗三先生全集》6 册,247 页。

莫非己也。认得为己，何所不至？若不有诸己，自不与己相干，如手足不仁，气已不贯，皆不属己。故"博施济众"，乃圣人之功用。仁至难言，故止曰"己欲立而立人，己欲达而达人，能近取譬，可谓仁之方也已"，欲令如是观仁，可以得仁之体。①

由此可见，程明道把"天人合一""万物一体"等境界与"博施济众"的道德实践视为一体。如此，程明道认为，圣人的关怀首先在于道德理性的高度发扬。所以，这里所说的境界决不是主观的神秘主义，而是道德意志的扩张和呈现。在这一点，冯友兰和劳思光或多或少误解了孟子的"万物皆备于我"以及程明道的天道观。牟先生说：

> 仁确是一无限的智心。仁者或大人即是能操存践履以天地万物为一体的人。其能以天地万物为一体非意之也，意即非主观造作臆想虚设其是如此也，乃是"其心之仁本若是其与天地万物而为一也"。此即由大人之操存践履定知仁心为一无限的智心。②

儒家的"仁"基于主体的道德自觉。而且，这些自觉通过克服个体的有限性而表现为道德主体的超越性。这乃是"无限智心"的可能根据。这些"无限智心"是与个体的"感性"或"气质"无关的。结果，道德主体在发挥"无限智心"时，可以消灭个体的局限性而完成道德理性。牟先生说：

> 有此无限而普遍的理性的智心，故能立道德之必然且能觉润而创生万物使之有存在。只此一无限的智心之大本之确立即足以保住"德之纯亦不已"之纯净性与夫"天地万物之存在以及其存在之谐和于德"之必然性。此即开德福一致所以可能之机。③

康德和儒家都以道德的行为或意义为基础建立了"圆善"的可能性。可是，就"德福一致"而言，人类只是被动的存在。相反地，儒家认为，我们通过"万物一体"或"内外合一"的境界，能够享受"德福一致"。此时，世界并不是上帝创造的被造物，而是变成为道德主体所创生的道德世界。这就是"道德本心"或"无限智心"的功能。程明道说："圣人之心，未尝有在，亦无不在，盖其道

---

① 《二程遗书》，《二程集》，第 15 页。
② 牟宗三，《圆善论》，第 262 页。
③ 牟宗三，《圆善论》，第 263 页。

合内外,体万物。"① 又说:"圣人于忧劳中,其心则安静,安静中却是有至忧。"②又说:"'乐则行之,忧则违之',乐与忧皆道也,非己之私也"。③ 如此,程明道所说的"安静"是超出相对的"苦痛"与"快乐"的心灵境界。这就是前面引文中的"孔子所遇而安"的意思。在程明道看来,颜回像孔子一样具有圣人气象,也体现了圣人境界。结果,按照这些思考模式,程明道提示了孔、颜之"德福一致"的可能性。当然,这不是可以与"历史的观点"或"以德为主"的方式一概而论的。

四、结语

本文以牟宗三先生的"圆教论"为资源,探讨了程明道哲学所蕴含的"德福一致"观念。康德从"实践智慧论"的观点讨论"德福一致"的可能性。虽然康德和儒教都注意到自律道德的重要性,但康德否定人类具有的"德福一致"之能力,故终于走了"道德神学"之一路。相反地,孔孟以来的儒家传统始终支持了人类的"无限智心"之可能性。而且,就儒家的观点而言,人类通过"道德心"的发挥可以达成"德福一致"的理想。

周敦颐给二程启发了"道学"的理想主义精神。如何体会"孔颜乐处"之境界,这就是周敦颐哲学的贡献所在。程明道忠实地继承这种宗旨,而再进一步建立了"识仁"和"一本"的智慧。而且,以这些思维模式为基点,他把"孔颜乐处"和"德福一致"结合在一起而建立了儒家圆教论的模式。我们不可否认,后来胡五峰与王阳明等受到这些体系的影响,而留下的丰富的思想遗产。因此,我们可以理解程明道在儒家圆教传统中的地位和贡献。

---

① 《二程遗书》,《二程集》,第66页。
② 《二程遗书》,《二程集》,第91页。
③ 《二程遗书》,《二程集》,第141页。

天人合一思想的现代价值

郑吉雄

（香港教育大学）

一、天人合一思想的源起

天人合一思想源起很早，从考古材料已可以看出，例如甲骨文的"天"字作 吴，古文字学家王国维《释"天"》：

> 古文天字本象人形……其首独巨。案《说文》："天，颠也。"《易·睽》六三"其人天且劓"，马融亦释"天"为"凿颠之刑"。[1]

将人体最重要的器官——头颅——放大，形象化为文字，去象征神秘而伟大的"天"，这就是天人合一的观念。美国汉学家顾立雅（Herrlee G. Creel）也用同一题目撰写论文《释天》[2]，将"人、大、天"三字结合起来论证它们分别代表三种阶级身份，认为"天"字最上一划是神圣化的标记，故在人体之上加一笔以象征超凡入圣的天神。可惜囿限于古文字学专业研究，王国维和顾立雅都没有将这个观念继续推展去谈天人合一。

哲学史大师冯友兰讨论"天"则说：

> 在中国文字中，所谓天有五义：曰物质之天，即与地相对之天。曰主宰之天，即所谓皇天上帝，有人格的天，帝。曰运命之天，乃指人生中吾人所无奈何者，如孟子所谓"若夫成功则天也"之天是也。曰自然之天，乃指自然之运行，如《荀子·天论》篇所说之天是也。曰义理之天，乃谓宇宙之

---

[1] 王国维：《释天》，《观堂集林》第一册，北京：中华书局1999年版，第282页。王氏下文接着讨论"天"字另一构形上笔为一横划，究属指事抑或象形的问题。

[2] 顾立雅：《释天》，刊《燕京学报》第18期（1935年），第59—71页。

最高原理，如〈中庸〉所说"天命之为性"之天是也。《诗》、《书》、《左传》、《国语》中所谓之天，除指物质之天外，似皆指主宰之天。《论语》中孔子所说之天，亦皆主宰之天也。①

"天之五义"之说影响深远，广为学者征引，其实此说并不严谨。首先，五个意义是平列式的，缺乏意义发展历程的说明，读者摸不清这五义是怎么发展出来的。其次，他所说的"中国文字中……"原本已经碰触到形音义统一的汉字，但在这里一语带过，没有从严格意义讨论古文字学的字义。这显示他根本没有去注意王国维和顾立雅的研究，导致他的"天之五义"所列的五个意义，失去了应有的焦点。如果他知道甲骨文"天"字用人体作为取象譬喻苍天，那就不至于和这样形象化的"天人合一"象征失之交臂。

"天人合一"思想也反映在殷商的习俗中。殷先王先公以"干、支"记日，又以日名来命名帝王，故有武丁、祖乙、祖甲等名。王国维指出：

> 夏之季世，若胤甲、若孔甲，若履癸，始以日为名，而殷人承之矣。②

看来以日为名、以时为名，殷商也是沿袭自夏朝。殷商不但帝王以日为名，皇族中之女性也如此。③ 不但以日命名，亦以辰为名，如王亥；更准确地说，"以时为名"根本上是殷人的习俗。相关的讨论，详见拙文《释天》。

二、从《易》经天人合一思想谈起

1.身体观

《周易》六十四卦中多次用人的足部譬喻初爻，以头部譬喻上爻，亦即以人体譬喻卦体（偶尔也用动物的头部和尾部），方法上高度一致。这种喻象方式，可视为殷周文化上一脉传承的高度抽象化理念：

卦名	以足部（或足履之物）喻初爻	以头部（或头部器官）喻上爻
坤	履霜坚冰至	
比		比之无首

---

① 冯友兰：《中国哲学史》，台北：台湾商务印书馆1996年版，上册，第55页。
②《观堂集林》第二册，第452－453页。
③ 王国维《殷周制度论》："据殷人文字，则帝王之妣与母，皆以日名，与先王同。诸侯以下之妣亦然（原注：传世商人彝器多有妣甲妣乙诸文）。"

续表

卦名	以足部（或足履之物）喻初爻	以头部（或头部器官）喻上爻
履	素履,往,无咎	
大有		自天佑之
噬嗑	屦校灭趾	何校灭耳
贲	贲其趾	
剥	剥床以足	
大畜		何天之衢
颐		由颐,厉吉,利涉大川
大过		过涉灭顶
离	履错然	有嘉折首,获匪其丑
咸	咸其拇	咸其辅颊舌
遯	遯尾	
大壮	壮于趾	羝羊触藩,不能退,不能遂
晋		晋其角,维用伐邑
明夷		初登于天
夬	壮于前趾	无号,终有凶
姤	羸豕孚蹢躅	姤其角
萃		赍咨涕洟,无咎
革		小人革面
鼎	鼎颠趾	
震		视矍矍
艮	艮其趾	
归妹	跛能履	
中孚		翰音登于天

续表

卦名	以足部（或足履之物）喻初爻	以头部（或头部器官）喻上爻
既济	濡其尾	濡其首
未济	濡其尾	濡其首

"大有"上九"自天佑之"，"大畜"上九"何天之衢"，"明夷"上六"初登于天"，"中孚"上九"翰音登于天"的"天"字虽与人首无关，但考虑"天"本像人之"颠顶"，多次系于上爻，其含义与以头部器官系于上爻，取象实亦一致。

《易经》用身体取象，决非偶然。六十四卦结构，每两卦为一组，一组两卦的卦画，非"覆"即"变"，（如〈干〉☰〈坤〉☷之属为"变"，〈咸〉䷞〈恒〉䷟之属为"覆"）。"覆"的例子共有五十六卦，二十八种形式。每组两卦，一自上而下，另一自下而上，循环发展，如〈剥〉卦（左侧）上九"覆"而成〈复〉卦（右侧）初九：

反过来"复"卦上六也就成"剥"卦初六。这样看，"剥"上九"君子得舆"之象与"复"初九"不远复，无祗悔，元吉"其实表达相同的意思；而"复"上六"迷复，凶，有灾眚。用行师，终有大败，以其国君，凶；至于十年，不克征"意思与"剥"卦初六"剥床以足，蔑贞凶"一样，都是凶险。

后世道教信徒汲取《易经》思想，将"覆卦"左右顺逆阅读的形式变为内丹修炼的图式。如《道藏》所录《上方大洞真元妙经品》的《太极顺逆之图》。

阅读这幅图的方法：右方"顺"图自上而下，即"顺则生人"之意，自"无极而太极"顺下，指世人顺应生理功能，因婚媾而生儿育女，故至于最下一圈则"万物化生"。发展至左图"逆则生丹"，则自下而上，绝欲绝育，达到形神分离的境界，回归"混沌未分"的状态。

其实《易经》卦爻体现的身体形象，早在《说卦传》已有阐说：

乾为首。坤为腹。震为足。巽为股。坎为耳。离为目。艮为手。兑为口。

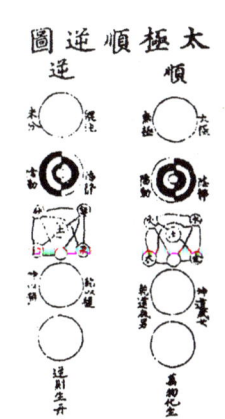

可见《易》卦用一卦六爻比喻身体（如〈咸〉卦由初爻至上爻："咸其拇""咸其腓""咸其股""憧憧往来""咸其脢""咸其辅颊舌"指喻足部发展至头部），《易传》则直接将八经卦（三爻卦）分别指为身体不同部位的象征。清华简《筮简》即将之化为图形如下：

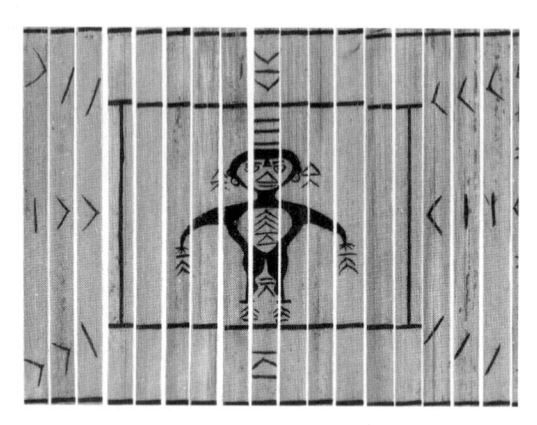

八卦位置中，除了"离"卦改置于腹部"坤"卦下方，不符《说卦传》"离为目"外，其余与《说卦传》八卦象征身体各个部位一概相同。

《易》卦的以身体取象，不但譬喻人体，也常常用动物身体作譬喻。像《大壮》卦初爻"壮于趾"，上爻"羝羊触藩，不能退，不能遂"，是以"羊"取象；〈既济〉卦和〈未济〉卦初爻，辞则皆是"濡其尾"；上爻爻辞则是"濡其首"，都以"狐狸"取象，不是讲人类。

2.感应

《易经》的感应思想一直是学者研究的焦点之一。《系辞传》：

> 是故易者，象也；象也者，像也。

这里讲的"象"是指《易经》中的卦象和物象之间有共通性，就是《系辞传》所说的古人"观象制器"。约一个世纪以前，顾颉刚批评"观象制器"的说法，认为古人制作各种器皿不可能参考卦象。不过顾颉刚可能误读了原文，《系辞传》的作者只是指出制作器物时的灵感可以和《易》卦多元化思维有相通之处，就像《说卦传》里面将八经卦（三爻卦）比附人体不同部位。我们看六十四卦中的五十八卦《兑》卦所说的"和兑、孚兑、来兑、商兑、引兑"等等，都和言谈有关，就像高亨在《周易古经今注》中称赞说《兑》卦"其辞虽简，而于谈说之道，可云周备"。① 这就是《说卦传》"《兑》为口"之说的来源。《系辞传》又说：

> 同声相应，同气相求，水流湿，火就燥，云从龙，风从虎，圣人作而万物睹。

而慧远就直接指"《易》以感为体"。《世说新语·文学》：

> 殷荆州曾问远公："易以何为体？"答曰："易以感为体。"殷曰："铜山西崩，灵钟东应，便是易耶？"远公笑而不答。

殷仲堪引"铜山西崩，灵钟东应"追问，慧远却笑而不答。宗教学说常涉神秘，认为世间道理无穷，人的知识却有限。我猜想慧远认为这八个字的例子虽然不算错，却将"感应"讲得太具体了，恐怕无法说明天地万物之间数之不尽的感应事例，所以笑而不答。其实，即使今天量子物理学观察粒子现象，也有很多无法解释之处，例如超过半世纪以前杨振宁和李政道提出对"宇称守恒"的质疑，论文题目"Question of Parity Conservation in Weak Interaction"，②或者后来量子物理学家做各式各样的"双缝实验"（double-slit experiment），都存在难以解释的地方。即使不讲高深的"量子"（quantum）现象，我们看生物界的"拟态"就神奇得无法解释，但又不得不承认这是生物与生物之间存在"感应"的关系。下方上图的螳螂寿命不过一年或数月，怎能让自己的身体演化出和周遭环境（兰花）惟妙惟肖的形状呢？

下图的"蛾"寿命更短，以"天"计算，又没有能力从远方窥视自己，它们又怎能在演化（evolution）的过程中让自己身体长出高度对称且呈现足以吓退敌

---

① 高亨：《周易古经今注》重订本（北京：中华书局，1984年），页333。
② 现代人常说"宇称不守恒"是中文的讲法，杨、李二人原发表的题目名称是"质疑"，尚未敢用"不"这样的确定词。

人的凶猛双目呢？

生物界如此奥妙，而人类也是生物的一种，上文论及"天"字甲骨文用人的头颅作为"天"的取象，读者千万别以为这是人文学者无知的猜想。其实自然科学对此课题也有研究。

意大利天文物理学家（astrophysicist）Franco Vazza 和脑神经科学家 Alberto Feletti 在 2017 发表论文"The Strange Similarity of Neuron and Galaxy Networks"研究超星系团（superclusters）的纤维状结构（Galactic filament）和人脑神经纤维状结构（neuronal filament）高度相似的神秘现象。二人在 2020 年再度发表"The Quantitative Comparison Between the Neuronal Network and the Cosmic Web"做了更周延观察。由此可知中国古代文明常讨论的"天人合一"观念，在自然科学界也有近似的研究。我说"近似"，是要提醒人文学者不要见猎心喜，急急忙忙就将自然科学家所做的"人脑→星系"比较研究立即跳跃到"天人合一"的课题。不但因为任何研究都需要小心谨慎，步步为营，也因为"天人合一"的解释在中国哲学上另有天地。

三、戴震学说的启示

清代哲学家戴震对宋明理学尤其是程颐和朱熹的"天理"学说有深刻的批评，针对"理"提出"条理"、"分理"、"条分缕析"之说：

> 阴阳五行，道之实体也；血气心知，性之实体也。有实体，故可分；惟分也，故不齐。古人言性惟本于天道如是。[①]

[①] 见戴震：《孟子字义疏证》卷中"天道"条，第 175 页。"分殊"的问题，详参拙作：《戴震"分限"、"一体"观念的思想史考察》，收入拙著：《戴东原经典诠释的思想史探索》，台北：台大出版中心，2008 年。

戴震"分殊"就是英语"particularity",强调的是天地万物相互间的不同。所以这段话突出了阴阳气化,过程中气类不同,万物气禀也各不相同。"血气心知"为人"性"的实体,亦重在"分殊""不齐",所以人人都有不同的气禀,不能笼统地用一个"理"字,抹杀了人人不同的质性。

戴震畅论"分殊"的同时,也有天地一体的观念,深刻注意到人与人、人与物、物与物之间的共通性。《礼记·礼运》说"夫礼之初,始诸饮食",戴震就以"饮食"为譬喻:

> 饮食之化为营卫,为肌髓,形可并而一也。形可益形,气可益气,精气附益,神明自倍。散之还天地,萃之成人物。与天地通者生,与天地隔者死。以植物言,叶受风日雨露以通天气,根接土壤肥沃以通地气。以动物言,呼吸通天气,饮食通地气。人物于天地,犹然合如一体也。①

这是非常具有现代性的譬喻。五谷杂粮、水、人,三者都是阴阳气化而成,各得气类之分殊而成形,但人吃了五谷杂粮,喝了水,二者就化为营养(营卫)壮大了人体,增益了人的精气(血气),让人的神明(心知)倍增。于是"人"也就能成为顶天立地的万物之灵,能治己治人,能践履道德。人类吃的是由大地力量(地气)滋长的五谷杂粮、飞禽牲畜;呼吸的是由阳光雨露季风带来的能量(天气)。由此而知,人不但与天地相通,也与万物相通。戴震不但聚焦于"分殊",也着眼于天地一体。再深入,尚有知识上的互通。他说:

> 夫资于饮食,能为身之营卫血气者,所资以生之气,与其身本受之气,原于天地非二也。故所资虽在外,能化为血气以益其内,未有内无本受之气,与外相得而徒资焉者也。问学之于德性亦然。有己之德性,而问学以通乎圣贤之德性,是资于圣贤所言德性埤益己之德性也。②

知识互通之理,和饮食的营卫吸收之理一模一样。人体本身有承自天地的"气",同样作为天地气化的食物始能资以养人,内外之"气"相融,生命便得到保存。学问之道亦然,人禀有内禀的德性,而问学(汲取知识)则能与内在德性相通,古贤圣的训诲即能为人所吸收而裨益自身的德性。"血气""心知"的互通,实无二致,共同为人类生命与自然生命的全体互通,不但包括空间上万物的

---

① 戴震:《答彭进士允初书》,《戴震全书》,黄山书社1995年版,第6册,第358页。
② 戴震研究会编纂,《戴震全集》,北京:清华大学出版社1991年版,第一册,第87页。

形气、营卫、精爽、神明、智慧,也包括时间上的古往今来的贤圣学问德性。

透过戴震提醒我们"人、物"之间的关系,追溯到中国古文明中天人合一的思想,再参考自然科学的探索结果,我们不难理解到"天人合一"思想对今天人类文明而言,仍然深有意义。

四、结论:从生物多样性谈天人合一的现代价值

人类约到了 20 世纪 70 年代末期才警觉到物种灭绝的惊人速度超乎人类的意料之外,约到了 1984 年才警觉到物种灭绝威胁到人类的生存。事实上"生物多样性"(biodiversity)一词是在 1986 年才被提出的,它是"生物学上的多样性"(biological diversity)一词的缩写。读者可参阅 Virginia Morell 女士所撰的"Biodiversity"(收入 *National Geographic*,February,1999)一文。据 University of Missouri 的学者 Professor Peter Raven1989 年在台湾中央研究院发表的论文中指出,人类演化可以追溯到大约二百万年前。当时人类只是地球上千万物种之一。人类大部分的历史里,在自然生态中仅仅扮演一个微不足道的小角色。但在近一万年以来,世界人口急剧增加,从数百万增加至近一百亿。地球亿万年间逐渐累积的各种资源,包括煤、石油、天然气等,泰半已被我们在一万年之间消耗掉。与此同时,我们改变了许多物种赖以生存的环境,包括大气的质量、地球的温度、海洋的温度、水质、土地的养分等等数不清的各方面。今年世界大面积地区受热浪侵袭,造成死亡枕藉。而各种自然环境条件彼此之间是相关联的:一个环节遭到改变,其他环节也同时受到冲击。这使得与我们一同在地球分享生存权利的其他物种,不断面临来自人类世界的庞大挤压,在不断变化的自然环境之中苟延残喘,甚至殒命。虽然新的物种仍然随着环境和生存条件改变而不断产生,但这和既有物种灭绝的速度比较起来,就显得微不足道。各种数据显示,至 2050 年将有高达三分之一的全球物种灭绝或濒临灭绝,另外三分之一亦将在 21 世纪末走向绝路。"世界野生动物基金"(The World Wildlife Fund)形容:"人类不需要一颗子弹,就可以在短短十年间杀死全球物种总数的五分之一。"据田纳西州立大学的 Stuart Pimm 教授指出,物种灭绝的情况并不是只发生在岛屿或雨林,而是在全球的每一个角落。2006 年 4 月《时代杂志》(*Times*)杂志主题报道全球暖化(Global warming)的现象已经成为恶性循环(vicious cycles)席卷而来,直至2022年的今天,人类已尝到太多苦果。

今天世界各国学术界以 The Sixth Extinction 为题目出版的专书,已有至少数十种。学者大抵归纳地球经历过物种的巨大灭绝,共计五次。最近的一次发生在6500万年前恐龙的全数死亡。今天我们面临的则是"第六次灭种",而导致这次灭种危机发生的主因,既不是流星,亦不是自然的天候,而是人类的行为。有些科学家甚至称人类为"物种的终结者"。近三十年来,生态学家已经注意到地球上物种数量急遽减少的危机,而思考到生物多样性对于地球大环境的重要性。地球生态的自然平衡,完全仰赖于不同物种彼此之间的支持。一个物种的消灭,可能威胁到多个物种的生存。以人类而言,我们生存所必需的各种资源,有太多是来自大量不同的物种。人类对自然环境的持续破坏,使物种数量剧减,其最终结果,竟将导致人类自身的灭亡。讽刺的是,近年来科学家之所以对这个问题特别关注,恐怕主要不是因为关怀自然,而是因为物种的消灭会威胁到人类的生存。换言之,我们关怀地球的心理背景,私心恐怕远远大于公义之心。当然今天再谴责任何人都已无补于事,幸而今天全球生态学已经和社会学以及人文学的学者携手合作,共同思考如何解决生态保护、宗教信仰和伦理价值的问题。在过去二十年间,世界各国科学家和生态学家已积极携手合作,应对环境挑战和气候变迁,不过"新能源"的开发仍处于瓶颈期,各国在"碳排放"方面尚未能落实共识。从事人文学研究的我们,不应该落后于自然科学领域学者,应该充分理解本文所论证的"身体为宇宙之中心""感应""天人合一"等观念,在这些观念的基础上建立生命科学的普世价值。如此则中国古代人文学智慧将不但不会湮没,更能获得新诠释、新生命,在人类未来命途多舛的命运中,扮演更积极、更具建设性的角色。